괴롭힘예방

행복한 학교문화 조성과 사회적 역량 개발

BULLYING PREVENTION

Creating a Positive School Climate And Developing Social Competence

Pamela Orpinas, Arthur M. Horne 지음 | 이화여자대학교 학교폭력예방연구소 편역

아카데미프레스

Bullying Prevention

Creating a Positive School Climate and Developing Social Competence

by Pamela Orpinas, Arthur M. Horne

역자 서문

최근 학교폭력의 문제는 우리나라의 뜨거운 사회적 쟁점으로 논의되고 있다. 학교폭력 사건이 언론에 보도될 때마다, 학교폭력이 심각해지는 이유는 무엇이며 어떻게 하면 학생들을 도와줄 수 있을지 깊은 고민에 빠지게 된다.

이러한 가운데 역자들은 학교폭력 분야의 저명한 학자로서 Orpinas과 Horne의 책을 접하게 되었다. 『Bullying Prevention: Creating a Positive School Climate And Developing Social Competence』라는 책의 제목에서도 알 수 있듯이, 학교폭력 문제를 해결하기 위한 답을 행복한 학교문화 조성과 학생의 사회적 역량 개발에서 찾고 있다. 학교폭력의 문제는 단지 가해자와 피해자만의 문제가 아니라 모든 학생들의 관계 맺기에 관한 문제이며 학교 전체가 개입해야 할 사안이라는 것이다.

이러한 그들의 주장은 학교폭력의 사후처리에 급급한 우리의 대처 방식에 새로운 시사점을 전해주고 있다. 학교폭력 사안의 시시비비를 가리고 가해학생의 처벌을 강화하는 접근방식으로는 오히려 다양한 부작용들을 양산해낼 가능성이 있다. 학교폭력 문제를 근본적으로 해결하기 위해서는 이 책에서 주장하는 바와 같이 예방과 조기 개입에 더욱 중점을 두어 교육적으로 접근해야 할 필요가 요구된다.

이 책은 교육부와 한국연구재단이 학교폭력 정책중점연구소로 지정한 이화여대 학교폭력예방연구소의 연구진들에 의해 번역되었다. 번역에 참여한 연구진은 교육행정, 교육상담, 교육과정, 교육사회학, 학교심리학, 법사회학 등 다양한 전공의 현직 교수 또는 박사들로서, 1장은 한유경 소장(이화여대 학교폭력예방연구소), 2장은 정제영 교수(이화여대), 3장은 김성기 교수(협성대), 4장은 김성식 교수(서울교대), 5장은 장원경 교수(이화여대), 6장은 박주형 박사(한국교육개발원), 7장은 이주연 박사(이화여대 학교폭력예방연구소), 8장은 오인수 교수(이화여대),

9장은 이승연 교수(이화여대), 10장은 서경혜 교수(이화여대)가 각각 번역하였다. 이들은 번역을 하는 과정에서 이 책에서 주장하고 있는 학교폭력 문제해결의 접근법에 깊은 공감을 나타내었으며, 이러한 대안적 관점을 우리나라의 학자, 교사, 상담자들과 공유하고 싶은 뜻을 함께하였다.

이 책의 저자들은 자신들의 오랜 연구경험과 학식을 바탕으로 학교폭력과 관련된 이론과 실제를 균형 있게 제시하고 있다는 점에서 탁월하다. 저자들은 학교폭력 현상과 원인을 이해하는 데 도움이 되는 다양한 이론을 제시하는 한편, 효과성이 검증된 프로그램 정보들을 제공하여 교사 및 상담자들에게 실제적인 도움을 주고자 노력하고 있다.

따라서 이 책이 학교폭력에 대해 전문적으로 연구하는 학자들뿐만 아니라, 교육현장에서 학교폭력 문제로 고군분투하고 있는 교사와 상담자들, 심리 상담 및 교육 전문가가 되기 위해 훈련 중에 있는 대학원생들이나 예비교사에게 유용한 자료가 되길 바란다. 궁극적으로는 학교폭력에 대한 이러한 교육적 접근이 학생들의 사회적 역량 개발과 행복하고 안전한 학교환경 조성에도 실질적으로 도움이 되길 바란다.

마지막으로 이 책이 나오기까지 관심을 가지고 도와주신 아카데미프레스 홍진기 사장님과 꼼꼼하게 교정을 봐주신 편집부 관계자들, 번역의 검토를 도와준 이화여대 박사과정 김수진 조교에게 진심으로 감사의 마음을 전한다.

2013년 8월
역자 대표

감사의 글

이 책에는 아동, 가족, 학교와 함께 하였던 우리의 노력뿐 아니라 미국과 세계 각국의 수많은 연구자, 학자, 프로그램 개발자, 실천가들의 헌신이 반영되어 있다. 이러한 전문가들은 학교와 지역사회 내에서의 괴롭힘 문제를 줄이고 아동과 성인들이 긍정적인 관계를 발전시키도록 돕는 데 그들의 에너지와 기술을 쏟아왔다. 특별히, 우리는 Dorothy Espelage, Susan Swearer, Susan Limber, Richard Hazler, John Hoover, William Quinn, Alfred McAlister, Guy Parcel, Steven Kelder, Nancy Murray, Lileana Escobar, Andrew Sprigner, Kris Bosworth, Aleta Meyer, Franklin Gay, Rebecca Stern, Stuart Twemlow, William Porter, David Jolliff, Nicki Crick, Gilbert Kliman, Shelly Hymel, Deborah Staniszewski와 그들의 아이디어 및 프로그램을 우리에게 공유해 준 분들에게 감사를 전한다. 우리는 또한 지난 30년간 괴롭힘 분야에서 연구와 개입 발전에 가장 큰 역할을 한 Dan Olweus에 대해서도 감사를 전한다. 우리 연구에 중요하게 기여한 이러한 분들의 괴롭힘과 폭력 예방, 학교 건강 증진에 대한 많은 공헌에 감사한다. 우리는 그들의 많은 아이디어와 노력들을 통합해 왔으며, 이 책 전반에서 그들의 공헌을 밝히려고 시도해 왔다. 우리는 그들의 훌륭한 업적에 감사를 전한다. 만일 우리의 동료 중 한 사람의 활동을 명확하게 밝히지 못했다면 사과를 전한다.

우리는 조지아 대학(University of Georgia) 동료들의 작업으로부터 상당한 지지를 받았으며, 이 프로젝트가 열매를 맺을 수 있도록 그들이 도와 준 모든 것에 감사를 전한다. 우리는 몇몇 연구팀의 구성원들을 밝히고자 한다. 8년 동안 진행된 'ACT Early Project' 에는 더욱 효과적인 교사-학생 참여를 위한 아이디어와 개입에 Jean Baker, Randy Kamphaus, Ann Winsor가 참여하여 도움을 주었다. 'I-CARE' 와 'Multisite Violence Prevention Project' 에 참여한 Tracy Elder는 이 책의 집필 과정 전반에 참여하였고, 다양한 상황에서 그녀의 실천적 전문성을 우리와 공유해 주었다. 게다가 Kat Raczynski, Kate Lindsey, Jenny VanOverbeke Curtis, Ashley Carpenter Wells, Natasha Howard, Nick Elzey는 검토하고 추천하고 제안하고 참여하는 데 도움을 주었다. 몇 년 동안은 조지아 대학(University of Georgia)의 괴롭힘 개입 연구 팀이 우리의 작업에 큰 영향을 주었다. Dawn Newman-Carson, Christie Bartolomucci, Jennifer Stoddard, Christopher Bell, Natasha Howard는 괴롭힘 프로젝트를 수행하였고, 이 책에 긍정적이고 흥미로운 방식으로 아이디어와 프로그램 제안하여 도움을 주었다.

우리 부서의 교직원들은 우리가 이 프로젝트를 계속하고 마칠 수 있도록 지원해 주었다. 건강증진 및 행동 부서(Department of Health Promotion and Behavior)에서 우리는 특히 Mark Wilson, Stu Fors, Betty Blum을 알게 되었다. 우리는 Diane Cooper, John Dagley, Brian Glaser, Georgia Calhoun, Mary Cash, Jacquee Rosumny를 포함하여 이 작업에 도움을 준 상담 및 인적 개발 서비스 부서(Department of Counseling and Human Development Services)의 모두에게 감사를 전한다.

무엇보다 우리는 지난 10년 동안 자신의 경험을 공유해 준 많은 교장, 상담자, 심리학자, 교사, 학생들에게 감사를 전하고 싶다. 그들의 기여는 이 책을 집필하는 데 있어 매우 값진 것이었다. 수년에 걸쳐 우리가 실시한 많은 교사 연수 워크숍 동안 교사들은 최선의 실천, 가장 성공적인 개입, 회피해야 할 일들에 깨달은 교훈들을 공유해 주었다. 우리는 그들 모두에게 감사를 전한다.

우리는 특히 처음부터 끝까지 이 책을 읽고 편집한 Lindsay Della의 노고를 인정한다. 그녀는 책을 내용을 수정, 추가, 변경하는 데 소중한 제언을 제공해 주었다. 그녀는 창의적인 사고 내의 차이를 확인하며, 누락된 연결고리를 인식하고, 우리가 중복을 알아차리도록 하는 데 민첩한 도움을 주었다. 또한 우리의 작업을 성심성의껏 검토하고 격려해 주었으며 함께 일하는 것을 기뻐했던 미국심리학회(American Psychological Association)의 Susan Reynolds, Susan Herman, Genevieve Gill에게도 감사를 전한다.

마지막으로 집필과 편집의 많은 시간 동안 우리를 지지해 준 가족들에게 감사를 전한다.

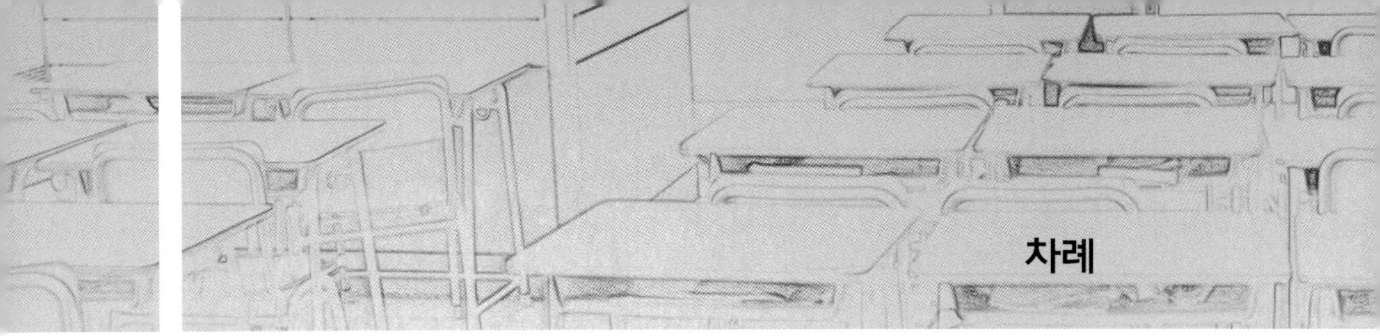

차례

서론

편을 들어주자. 중립은 가해자만 도울 뿐, 피해자에게는 전혀 도움이 되지 않는다. 침묵은 괴롭히는 사람을 부추길 뿐, 괴롭힘을 당하는 사람에게는 힘을 주지 못한다.
— Elie Wiesel, 1986, 노벨 평화상 수락 연설

이 책은 괴롭힘의 예방을 넘어 아동과 청소년의 문제 행동을 이해하고 다루는 접근방법을 제시한다. 우리는 모든 아동들이 안전하고 보살핌을 받는 환경에서 학습하고 성장해야 한다고 굳게 믿는다. 병이 없다고 건강한 것이 아닌 것처럼 괴롭힘의 감소 그 자체가 건강하고 훌륭한 공동체를 의미하는 것은 아니다. 학부모, 심리학자, 학교 전문가는 공격을 강조하는 것을 넘어서 아동들의 학습 환경을 긍정적으로 조성할 필요가 있다. 긍정적 환경을 조성해 주는 것과 더불어, 아동들이 또래나 성인들과 긍정적인 관계를 구축하는 사회적 기술과 학교에서 성공하는 데 필요한 학업 기술을 배울 수 있는 기회를 제공할 필요가 있다. 이 책은 괴롭힘 및 공격의 감소와 관련하여 다음의 두 가지 요소를 강조한다. 곧 긍정적이고 보살핌을 받는 환경을 조성하는 것과 아동이 건강한 관계에 참여할 수 있도록 사회적 역량 기술을 발달시키는 것이 그것이다. 교실, 학교, 가족에 체계적인 변화를 가져오기 위해 활용될 수 있는 종합적인 접근은 이 책에서 소개된 '학교 사회적 역량 개발과 괴롭힘 예방 모델(School Social Competence Development and Bullying Prevention Model)' 에 요약되어 있다.

이 책을 통해 우리는 괴롭힘과 공격에 대한 문헌들로부터 최신의 지식을 조사하고 학교와 가정에서 괴롭힘 문제를 줄일 수 있는 방법을 논의한다. 이 책에서 우리는 '증거 기반' 즉, 효과성이 검증된 프로그램에 초점을 두고 있다. 학교와 지역

사회 프로그램은 검증할 수 있는 효과를 보여주는 것이 필요하다.

우리는 또한 아동과 청소년의 학습 및 생활환경의 질을 향상시키는 것과 관련된 최근의 문헌들을 검토하였다. 연구는 학교와 가정에서의 공격 문제를 종합적이고 시스템적으로 접근하는 것의 중요성을 지지해 왔다. 특정 전략이 개인의 행동을 바꾸는 데 효과적일지라도 건강한 상호작용과 문제해결 방식을 지지하는 문화 조성은 더욱 중요하다. 우리는 이 책이 이러한 높은 목표를 성취하는 과정을 설명한다고 믿는다.

우리는 괴롭힘의 감소와 학생 및 가족의 삶의 질을 향상시키는 과정과 관련된 광범위한 경험을 이 책에 담았다. 우리는 각각 학교에서 20년 이상 근무한 경력을 가지고 있다. 우리는 가해자에게 피해를 당한 개별 아동을 돕는 것, 가해자들이 공격성의 대안을 개발하도록 돕는 것, 긍정적이고 매력적인 학교 환경을 조성하는 것을 포함하여 다양한 상황에 참여할 수 있는 기회를 가졌다. 우리는 어떤 특정 문제를 다루기 위해 개인적으로 접근하는 것을 지지하지만 그러한 문제들이 일어나지 않도록 예방하는 포괄적이고 안전한 환경 조성을 더욱 강조하여 지지한다.

어떤 아동이나 성인도 학교를 감옥으로 접근해서는 안 된다. 학교는 안전이 위협받고 존중과 돌봄이 사라진 두려움과 위협의 장소여서는 안 된다. 대신에 학교는 입학한 모두가 개인적인 차이를 존중받으며 공동체의 모든 구성원들이 가치 있게 여겨지는 매력 있고, 신나며, 포괄적인 장소여야 한다. 우리가 학교에서 근무한 경험에 비추어 봤을 때, 이 목표는 불가능한 꿈이거나 쓸모없는 공상이 아니다. 학교문화는 학교 공동체의 모든 구성원들에 의해 결정된다. 우리는 교사와 학생이 용납될 수 없는 환경에 순응하고 굴복하는 존재라기보다는 그들의 주장을 제시하고 학교를 창조해 가는 존재로 지켜봐 왔다. 훌륭한 학교에서 교사와 행정가들은 공격을 감소시키는 것뿐 아니라 학생, 교사, 학교 공동체의 영향력을 키우는 긍정적인 환경을 조성하는 것에 대해 스스로 책임을 지고 있었다. 건강한 학교는 학생들이 싸움이나 언어폭력을 삼가는 것뿐 아니라 긍정적인 관계를 발달시키는 곳이다.

이 책은 예방과 조기 개입에 초점을 두고 있다. 우리는 학생, 교직원, 행정가, 학부모가 원하는 학교의 모습에 대해 논의하고 그러한 학교를 만들어 가는 데 필요한 단계를 규명하는 선제적 접근을 제안한다. 교육자들은 이제 심각해진 문제를 해결하는 것보다 문제가 발생하기 이전에 문제를 다루는 것이 더욱 쉽고 비용이 적게 든다는 것을 안다. 마찬가지로 괴롭힘과 관련하여 문제가 발생했을 때 교사가 괴롭힘과 잘못된 행동을 엄하게 다루어야 하는 사람으로 변하는 것보다 아동의 효과적인 사회적 역량 기술을 개발하고 보살피는 환경을 조성하여 공격을 예방하는 것이 더욱 좋다.

예방이 아무리 중요하다 할지라도 우리는 학교의 질을 향상시키기 위해 고안된 가장 최선의 프로그램들조차 모든 괴롭힘과 공격의 문제를 제거하지는 못할 것임을 안다. 그러므로 이 책의 마지막 세 장에서는 지속적인 가해자들 또는 개별적으로 도움이 필요한 가해자들의 문제를 다룬다. 이러한 아동들은 문제 행동이 깊이 몸에 배어 그들을 변화시키기 어렵거나 불가능해지기 전에 조기 개입을 할 필요가 있다. 가해자나 공격자에게 효과적으로 개입하는 것은 그들로 하여금 학교와 삶에서 성공하는 데 필요한 감성적, 사회적, 학업 기술을 쌓을 수 있도록 도움을 줄 것이다.

책을 집필할 때 우리는 특별한 의도 없이 사례에서 남성과 여성 인물을 사용하였다. 괴롭힘과 공격적인 행동은 모든 성별, 모든 인종 및 민족, 다양한 문화, 모든 경제적 및 사회적 지위 집단에서 발견되었다. 가해자와 공격은 '기회 균등' 의 범죄자와 범행으로 언급될 수 있다. 우리는 우리가 경험하고 있는 상황을 반영하는 예들을 제시하고자 노력했다. 집필의 편리함을 위해 우리는 '괴롭힘 행동을 저지른 아동' 과 '괴롭힘 행동의 표적이 되는 아동' 보다는 '가해자' 와 '피해자' 라는 용어들을 사용하였다. 그러나 이는 우리가 아동을 낙인하는 것을 의미하지 않으며, 이러한 아동들이 불변의 성격 특성을 지닌다고 가정하지 않는다. 문제는 아동이 아니라 행동과 행동이 일어나는 맥락이다.

책의 구성

이 책을 집필한 우리의 목적은 설명서와 같은 처방을 제공하는 것이 아니라 응용적이고 실제적인 전략을 제공하는 것이다. 우리는 학교가 그들의 필요에 적합한 다양한 전략들을 사용하여 괴롭힘 문제를 다룰 수 있다는 것을 안다. 그러므로 우리는 이 책의 내용이 다양한 환경과 상황에 유용하기를 바란다. 이 책은 세 부분으로 구성되어 있다: 문제 이해하기(1~3장), 문제를 다루는 보편적인 개입(4~7장), 지속적인 가해자를 위한 목적적 개입(8~10장). 부록에서는 괴롭힘 예방을 위한 많은 자료들을 제공하고 있다.

1장에서는 아동기와 청소년기의 괴롭힘과 공격성 문제에 대한 일반적인 정의를 제시하고 문제의 심각성을 논의한다. 1장에서는 폭력, 공격, 괴롭힘 개념들을 구분한 후에 괴롭힘의 개념을 확대하고 괴롭힘의 세 가지 유형(공격적, 추종자, 관계적)과 피해자의 세 가지 유형(수동적, 도발적, 관계적), 주변인의 두 가지 유형(문제의 일부분인 주변인, 해결의 일부분인 주변인)에 대해 논의한다. 이 장에서는 또한 세 가지 틀에 주목하여 폭력적, 공격적, 괴롭힘 행동의 일반적인 유형들을 검토한다: (a) 도구적 또는 반응적, (b) 신체적, 언어적, 관계적, 성적, (c) 내재적 또는 외재적. 마지막으로 이 장에서는 괴롭힘의 발생이 높고 그 결과가 심각할 수 있다고 결론지으면서 괴롭힘의 발생과 결과에 대해 보고한다.

2장에서는 효과적인 공격성 감소 프로그램을 개발할 때 인식하고 있어야 하는 아동기 공격과 괴롭힘의 위험 및 보호요인들에 대한 최근의 문헌들을 요약하여 제시하고 있다. 하나의 위험요인들이 반드시 중요한 문제는 아닐지라도 다양한 위험요인들의 상승 효과는 공격의 확률을 상당히 증가시킬 수 있다. 역으로 보호요인들의 상승 효과는 공격성의 가능성을 줄일 수 있다. 학교와 가족이 아동에게 영향을 미치는 잠재적인 위험 및 보호요인들을 인식하고 건강한 상호작용을 이룰 수 있는 상황을 제공하고자 조치를 취하는 것은 중요하다. 2장에서는 수준(예를 들면, 아동, 가족, 또래, 학교, 더 넓은 지역사회)에 따라 다양한 위험 및 보호요인들에 대해 논의한다. 그러나 생태학적 모형에 기반하면, 이러한 수준들은 서로 영향을 미치며 서로 독립적인 것으로 간주될 수 없다.

3장에서는 아동의 공격과 괴롭힘의 발달을 이해하는 데 이론이 중요한 이유에 대해 논의하고 몇 가지 이론들과 모형들을 강조한다: 귀인이론, 애착이론, 가족체계론, 사회적 상호작용 모형, 폭력발달경로이론, 생태학적 모형. 이는 결코 공격을 설명하는 데 사용되는 이론과 모형을 완벽하게 열거한 것이 아니며 다만 현재 가장 흔히 사용되는 이론들이다. 각각의 모형은 "실제적인 것만큼 좋은 이론은 없다."는 Lewin(1951, p.169)의 말에 신빙성을 부여하면서 학교 괴롭힘의 원인을 제거하고 문제에 대한 해결책을 제시하는 강점을 지닌다. 이론은 괴롭힘 예방과 개입 프로그램의 개발 근거로 활용되며, 프로그램 평가틀을 제공한다.

4장과 5장에서는 School Social Competence Development and Bullying Prevention Model의 두 가지 요소, 곧 긍정적인 학교 풍토의 조성과 학생의 사회적

역량 기술 향상에 대해 정의하고 설명한다. 4장에서는 긍정적인 학교 풍토를 학습 향상과 개인의 자질을 키우는 학교의 특성으로 기술한다. 긍정적인 학교 풍토는 학업의 수월성을 증진하는 것뿐 아니라 괴롭힘과 공격을 예방하는 데에도 매우 중요하다. 이 장에서는 긍정적인 학교 풍토의 여덟 가지 요소를 상세히 다룬다: 교수의 우수성, 학교 가치, 강점과 문제점의 인식, 정책과 책무성, 배려와 존경, 긍정적인 기대, 교사 지원, 물리적 환경.

5장에서는 사회적 역량 기술을 공동체 또는 사회적 환경에서 평온하고 창의적으로 기능하는 데 필요한 연령에 알맞은 지식과 기술로 정의하고 이에 대해 논의한다. 이 장에서는 School Social Competence Development and Bullying Prevention Model에서 기술된 사회적 역량의 여섯 가지 요소에 대해 확인하고 설명한다: 인식, 감정, 인지, 인성, 사회적 기술, 정신건강과 학습 능력. 이러한 요소들은 서로 중복되고 영향을 미치기 때문에, 하나의 요소만을 다루는 예방 프로그램을 개발하는 것은 어려울 수 있다. 사회적 역량의 여섯 가지 요소들은 교육과정을 선택하거나 교사가 그들의 학생과 실천할 수 있는 활동을 선정할 때 준거 틀로 사용되어야 한다.

6장에서는 괴롭힘 예방 프로그램에서 간과된 두 가지 요소, 곧 평가와 프로그램 평가의 필요에 대해 다룬다. 평가는 문제가 정확하게 규명되고 수량화되었는지를 확인하고 최상의 프로그램을 선정하는 기초를 제공하는 데 있어서 매우 중요하다. 이 장에서는 문제를 측정하고, 평가 결과와 일치하는 프로그램을 선정하며, 프로그램의 효과성을 평가하는 방법을 정의하고, 개입 프로그램을 실행하며, 실행과 결과를 평가하고, 과정을 정련하는 단계들을 상세히 다루고 있다. 평가는 개입 과정의 핵심요소이며 의사결정자에게 사용된 자원들의 결과에 대한 정확한 평가를 제공하는 핵심 단계이다. 게다가 프로그램 평가의 목적은 어떤 프로그램이 '합격' 또는 '불합격' 인지를 결정하는 것이 아니라, 어느 정도로 문제가 완화되었고 더욱 긍정적인 환경이 조성되었는지를 조사하고, 향후 개입 계획의 방향을 제공하며, 현재의 개입을 향후 실행을 위해 개선하는 것이다.

7장에서는 보편적인 괴롭힘 예방 프로그램들의 선정과 실행에 대해 검토한다. 폭력 예방 분야의 연구자들과 전문가들은 공격 감소와 예방을 위한 가능성 있는 프로그램을 확인하는 데 두 가지 전략을 사용해 왔다: 메타분석과 전문가 패널. 이 장에서는 학교를 위한 최상의 예방 프로그램을 선정하는 데 있어서 교육자들이 다양한 기준들(예를 들면, 프로그램의 목적, 성공의 이전 증거, 활동들의 문화적 타당성)을 따져 보아야 함을 주장한다. 7장에서는 또한 성공이 학교 환경의 특성과 프로그램 실행의 질에 따라 달라질 수 있다는 주의사항과 함께 몇 가지 프로그램들을 인용한다. 이 장에서는 일반적인 그러나 수정 가능한 예방 프로그램들의 결점—새로운 환경에서 행동의 일반화 부족—을 줄이기 위한 제안을 제시한다.

8장에서는 지속적인 가해자들—즉, 학교 환경과 교실의 긍정적인 변화에도 불구하고 괴롭힘을 계속하는 일부 아동—을 위한 상담 개입들에 대해 검토한다. 지속적인 가해자들과 함께할 때, 상담자, 심리학자, 사회복지사, 학교 행정가, 다른 정신건강 전문가들은 문제의 본질과 정도에 대해 철저히 이해해야 한다. 다른 문제들이 지속적인 가해자와 함께 발생하기 때문에 상담자들은 또한 아동의 행동에 불리한 영향을 미칠 수 있는 병(예를 들면, 불안, 우울, 과잉행동장애)에 대해서도 인식해야 한다. 게다가 지속적인 가해자들에 대한 평가는 아동의 가족과 공동체를 고려하면서도 종합적이어야 한다. 전체적으로 이 장에서는 상담자가 가해자와 치료적인 관계를 발달시키고, 해결중심의 접근을 사용하며, 부적절하거나 공격적인 행동을 영속화시키는 요인들을 밝혀낼 필요를 강조한다. 마지막으로 성공적인 상담 개입들은 기술 발달, 행동 변화, 학업 성공, 교사와 학부모의 참여를 강조한다. 이러한 전략들의 예를 제시하기 위해서 우리는 두 가지 상담 개입을 기술한다.

9장에서는 긍정적인 학교 전반의 개입보다는 더 많은 도움이 제공될 필요가 있는 아동들의 공격성 감소를 위해 고안된 가족 개입에 대해 검토한다. 이 장의 첫 번째 부분에서는 가족 개입의 역사와 성공에 대해 기술한다. 이 역사에 뒤이어 효과적인 학부모 프로그램들의 일곱 가지 핵심요소와 가족과의 유대감 형성 기술, 회기와 개입을 구조화하는 기술을 포함하여 가해자들의 가족과 함께하는 열 가지 기술에 대한 논의가 계속된다. 마지막 부분에서는 가해자 및 그들의 가족과 함께 하는 개입의 여섯 가지 요소에 대해 검토하며 각각의 구체적인 전략들을 상세히 다룬다. 자료의 마지막에 주석이 달린 참고문헌에서는 상담자와 학부모가 자녀의 괴롭힘 문제를 다루도록 돕는 자료들을 제시한다.

10장에서는 괴롭힘의 대상이 되는 아동들을 돕는 전략들을 제공한다. 이 장에서는 괴롭힘의 문제가 지속되는 요인들이 피해자의 유형에 따라 어떻게 다른지, 피해자의 행동이 문제에 기여하는 정도를 성인들이 어떻게 평가할 수 있는지에 대해 논의한다. 이 장에서는 또한 위험한 괴롭힘과 성가신 괴롭힘을 구별하며 각 유형에 대처하는 전략의 사례들을 제시한다. 이 장에서는 교육자와 학부모가 괴롭힘의 신호를 인식하고 문제 해결을 돕기 위해 해결중심의 접근을 사용할 필요가 있음을 강조함으로써 결론을 맺는다.

부록에서는 정신건강 전문가, 교육자, 아동, 가족들이 괴롭힘과 공격의 감소 및 학교 풍토의 질 향상과 관련된 자료들을 찾는 데 도움이 되는 조직과 웹 사이트들을 열거한다. 자료들은 웹 사이트에서 목표로 하는 청중들을 나타내는 표로 시작된다. 특정 웹 사이트에 대한 추가 정보 또한 제시된다. 웹 사이트에 대한 정보가 오래되고 URL이 바뀌었다 하더라도 우리는 학교와 학부모들이 유용하고 쉽게 활용할 수 있도록 기술된 자료들을 찾아왔다.

Martin Luther King은 "마침내, 우리는 원수의 말이 아닌 친구의 침묵을 기억할 것이다."라는 유명한 말을 하였다. 우리는 다른 성인들이 아동들을 위해 목소리를 높이고 그들이 누릴 만한 안전한 환경을 제공하는 데 우리와 함께하기를 바란다.

제1부

Bullying Prevention: *Creating a Positive School Climate and Developing Social Competence*

문제 이해하기

제1장

괴롭힘: 문제와 영향

괴롭힘! 괴롭힘! 괴롭힘! 학교의 모든 곳에 괴롭힘이 있다. 나는 자랄 것이고,
그러면 우리는 누가 가장 큰 가해자인지 알게 될 것이다.
— 6학년 학생

이 장에서는 유년기와 청소년기의 괴롭힘(bullying)과 공격(aggression) 문제에 대한 명명법(nomenclature) 혹은 용어를 논의하는 동시에 이 문제가 얼마나 만연되어 있고 그 결과가 어떠한지를 검토한다. 이 장은 세 절로 구성되어 있다. 첫 번째 절은 개념을 정의하고, 공격의 네 가지 형태를 살펴봄으로써 ***폭력***과 ***공격***, ***괴롭힘***의 차이점을 서술하며 가해자, 피해자, 방관자의 유형을 구별한다. 두 번째 절에서는 괴롭힘 문제가 얼마나 심각한지, 누가 괴롭힘에 더 쉽게 연루되고 어디에서 괴롭힘이 발생하며, 그리고 시간이 지나면서 어떻게 변화하는지 등 괴롭힘의 역학(epidemiology)을 기술한다. 마지막 절에서는 공격과 괴롭힘의 표적이 되었을 때 경험하게 되는 피해를 살펴본다.

개념 정의

학교에서의 괴롭힘은 만연해 있는 문제이며 학생, 교사, 행정가들이 대처하기 가장 어려운 문제 중 하나이다. 괴롭힘의 문제에 관한 많은 논의가 있지만 놀랍게도 그에 대한 실제 행동(action)은 거의 없었다. 이 책에서 우리는 교육자, 상담자, 심리학자, 부모, 그리고 관심 있는 모든 사람들이 괴롭힘에 대해 말하는 것에서 그치지 않고 괴롭힘에 대해 무언가 행동하기를 희망한다. 하지만, 이 과업을 이루기 위

해서는 괴롭힘은 무엇이며, 이 문제의 범위는 어디까지이고, 이것이 학생들과 학교 풍토에 어떻게 영향을 미치는지에 대해 아는 것이 중요하다.

폭력, 공격, 괴롭힘

폭력*(violence)*, ***공격****(aggression)*, ***괴롭힘****(bullying)*이라는 용어는 자주 혼용되지만 폭력 예방 분야에서는 세 용어가 분명히 구별된다. 이 책은 상호 공격과 괴롭힘, 특히 아동기와 청소년기의 공격 및 괴롭힘에 초점을 맞추고 있다. 폭력, 공격, 그리고 괴롭힘의 사례는 글상자 1.1에 제시되어 있다.

글상자 1.1 ■ 폭력, 공격, 괴롭힘의 예

폭력: Nick과 Jake

Nick과 Jake는 Madison 중학교의 Hinson 선생님의 역사 수업을 들었다. 둘 다 친구들 사이에서 인기가 많지 않았고, 반 친구들을 험담하였다. 결국 친구들 중 몇몇이 헐뜯는 악담으로 직접 반응했고, 다른 친구들은 더 자극적으로 Nick과 Jake에게 부딪쳤다. Nick과 Jake는 교실에서 자주 소동을 일으켰기 때문에, Hinson 선생님은 정기적으로 그들을 꾸짖게 되었고 꽤 파괴적인 사건 후에는 그들을 교무실로 보내기도 했다.

학기말 몇몇 급우들은 학교 교장선생님에게 Nick과 Jake가 자신들을 괴롭힌 이들에게 복수하겠다고 말하는 것을 들었다고 알렸다. 교장은 경찰을 불러 조사를 요청했으며, 경찰은 Nick과 Jake의 집에서 무기와 학교 평면도를 찾아내었고, 학기말에 Hinson 선생님과 그들의 계획 실행을 방해하는 학생들을 죽일 세부적인 계획을 세웠다는 것을 발견했다.

공격: Naomi와 Jacquee

Naomi는 쉽게 화를 잘 낸다. 그녀는 화가 났을 때 주변에 있는 누구에게나 주먹을 휘두른다. 어느 날 아침 등교 준비를 하면서 그녀는 교과서를 찾을 수 없었다. 결국 그녀는 수업 첫 시간에 늦었고 그것 때문에 혼이 났다. 그녀가 교실을 떠날 때, 그녀는 가장 가까이 있던 Jacquee를 벽으로 밀었고 Jacquee가 화가 나서 "왜 밀쳤어?"라고 물었을 때, Naomi는 "네가 거기 있었고 네가 못생겼기 때문이지"라고 대꾸하고 떠났다.

괴롭힘: Naomi와 Saundra

위의 사건이후 Naomi는 Jacquee의 경우 대신 싸워 줄 친한 친구가 많기 때문에 앞으로 Jacquee를 밀치면 안 되겠다고 생각했다. 하지만 Naomi는 여전히 화가 많이 나 있었고 누군가에게 화풀이하기로 작정했다. Naomi는 Jacquee를 괴롭히는 대신에 Saundra의 이름을 부르기 시작했다. Saundra는 여드름 투성이 외모에, 시끄러운 목소리였으며, 게다가 누구도 좋아하지 않았다. Naomi는 Saundra를 지속적으로 괴롭혀서 Naomi가 다가오기만 해도 Saundra는 우는 지경에 이르렀다.

세계보건기구(WHO; Krug, Mercy, Dahlberg, & Zwi, 2002)는 ***폭력***을 다음과 같이 정의했다.

> 폭력은 자기 자신이나 다른 사람에 대해 또는 집단이나 사회에 대해 신체적인 무력과 힘을 고의적으로 사용하거나 위협함으로써 부상, 죽음, 심리적 상처, 발달장애, 박탈의 결과를 초래할 가능성이 높거나 실제로 그런 결과를 초래하는 것이다. (p. 5)

WHO 보고서에서, 폭력은 대인간(interpersonal) 폭력, 개인 내(intrapersonal) 폭력, 집단적(collective) 폭력으로 분류된다. ***대인간 폭력***은 한 개인이 다른 사람을 상대로 싸우고, 모르는 사람이나 아는 사람, 가족, 배우자 사이에서 일어날 수 있다. 대인간 폭력은 살인, 강간, 폭행과 같은 극단적인 행동들을 포함한다. 그러나 ***개인 내 폭력***은 자살이나 자살 시도와 같은 자기 자신에 대한 폭력을 가리킨다. ***집단적 폭력***은 집단의 사람들이나 정부, 기관들에 의해 자행되는 사회적, 정치적, 경제적 폭력을 의미한다. 집단적 폭력은 폭력단의 폭력, 인권 학대, 소수의 이익을 위해 다수의 경제활동을 의도적으로 방해하는 것을 포함한다.

공격은 적대적인 신체 행위들을 배제하지는 않지만 일반적으로 다른 사람의 심리적·신체적 해를 입힐 수 있는 덜 극단적이고 의도적인 행동들을 의미한다. 공격은 위험할 수 있지만, 일반적으로 그 영향은 적대적인 신체적 폭력과 연관되는 것들보다는 심하지 않다. 의도적으로 친구를 때리기, 밀기, 고립시키기, 욕하기 모두 공격적 행동의 예들이다.

괴롭힘은 공격의 부분집합으로 여겨질 것이다. 때때로 "double I R(힘의 불균형

(Imbalance of power), 고의적 행동들(Intentional acts), 계속적인 반복(Repeated over time))" 으로 언급되는데, 가해자는 피해자보다 훨씬 더 강력하고, 공격적인 행동들을 고의적으로 그리고 반복적으로 오랜 시간 동안 자행한다(Newman, Horne, & Bartolomucci, 2000). 예를 들어, J.K. Rowling의 책 「Harry Potter」에서 비열한 캐릭터인 Draco Malfoy는 Harry Potter에 대해 공격적인 행동을 한다. 이러한 행동들은 두 학생들이 모두 비슷한 수준의 힘(몇몇 Harry Potter의 팬들은 동의하지 않을 수 있겠지만)을 가지고 있기 때문에 필히 괴롭힘이 아니라 공격으로 분류될 것이다. 그러나 이 책의 다른 인물인 Neville Longbottom에게 한 Draco Malfoy의 공격적 행동들은 분명히 괴롭힘이다. 왜냐하면 Neville은 자신을 방어할 수 있을 만큼의 기술을 가지지 못하기 때문이다(적어도 첫 번째 책에서는).

키, 몸무게, 체력 그리고 심지어 지능의 차이는 누가 가해자이고 피해자인지 쉽게 알 수 있게 만든다. 하지만 이 구별은 명확하지 않다. 특히 아이들은 능력적인 면에서 비슷하게 보일지라도, 가해자는 다른 아이를 협박하는 수단으로 위협과 암묵적인 공격을 사용할 수 있다. 경우에 따라, 가해자의 힘은 가해자 개인의 특성에서 나오는 것이 아니고 그가 속한 집단의 힘에서 유래된다. 또한 힘의 차이는 아이들의 신념체계가 작용하는 방식의 차이일 수도 있다. 즉, 공격이 적절한 문제해결 전략이라고 배웠을지도 모르는 반면에 다른 아이는 평화롭게 갈등을 해결하는 것을 배웠을지도 모른다. 결과적으로, 공격을 믿는 아이는 다른 아이가 가지지 못하거나 어떻게 사용하는지 모르거나 혹은 사용하기를 바라지 않는 신체적 위협의 힘을 가지게 된다.

모든 사람이 폭력, 공격, 괴롭힘 간의 이러한 구분을 받아들이지는 않으며, 이 용어들은 자주 동의어로 사용된다. 교육자, 학교 심리치료사, 상담사에게 이들 개념의 경계선은 중요하지 않을 수도 있다. 분명히 다른 사람을 다치게 하는 모든 고의적인 행동들을 예방해야 한다. 더욱이 아이들 사이에서 괴롭힘과 공격은 밀접하게 연관되어 있다. 예를 들어, 미국의 대규모 연구에서 가해자들은 무기를 학교에 가지고 다니는 경향이 있으며 가해자가 아닌 학생들보다 싸움에 쉽게 연루된다고 밝혀졌다(Nansel, Overpeck, Haynie, Ruan, & Scheidt, 2003). 하지만 괴롭힘과 공격을 막기 위한 전략들은 가해자와 피해자의 힘의 차이의 역할만큼이나 다양할지도 모르며, 가해자의 공격은 임의적인 것이 아니기 때문에 스스로를 덜 방어할 수 있는 학생을 표적으로 삼는다.

모든 사람들은 어느 정도의 공격을 경험하지만, 대부분 공격에 의해 야기되는 고통의 두려움과 모욕이라는 괴롭힘의 특성을 예상하며 살아가지는 않는다. 일상적인 공격의 예는 여러 가지이다. 고속도로 주행 중에 다른 운전자를 막을 수도 있고, 식료품점 통로에서 다른 쇼핑객에게 무례하게 부딪힐 수도 있다. 거의 모든 사람이 이런 일상적인 공격을 보거나 경험한다. 하지만 그들은 일반적으로 다른 사람이나 집단으로부터 반복되는 괴롭힘을 경험하지는 않는다. 반복되는 공격을 경험하는 것은 혼자 고립되는 것보다 훨씬 큰 두려움과 위협을 느끼게 된다는 것을 의미한다.

의도(intention)의 개념은 폭력, 공격, 괴롭힘의 정의에 있어 주요요소이다. 폭력, 공격, 괴롭힘은 모두 다른 사람을 다치게 할 수 있는 가능성이 있는 고의적인 행동이다. 예를 들어, 만약 남자 아이가 다치게 할 의도가 없는 거친 신체 놀이에서 다쳤다면 그 행동은 공격으로 간주되지 않았을 것이다. 그런 부상은 종종 운동경기, 경쟁적 스포츠, 운동장 놀이를 하는 동안 발생한다. 그러나 만약 아이가 의도를 가지고 다른 아이의 얼굴을 향해 공을 던졌지만 실패했다면, 즉각적인 피해가 있지 않았더라도 공격행동으로 간주될 것이다.

불행하게도, 심지어 객관적 관찰자도 쉽게 다른 사람의 의도를 파악할 수 없다. 학교에서 아이들의 거친 신체 놀이는 자주 공격으로 확대되고 이 전환이 이루어지는 시점이 항상 분명하지는 않다. 사실, 전환점은 같은 아이가 연루되었다고 하더라도 동일하지 않을 것이다. 유사하게 한 아이의 친근함의 표시로 놀리는 것도 도를 넘어 다른 아이의 기분을 상하게 했을 때 울음으로 끝날 수도 있다. 이 전환을 설명하기 위한 시도로 Horne, Bartolomucci, Newman-Carlson(2003)은 장난(예, 거친 신체 놀이, 농담, 스포츠 활동, 장난치는 괴롭힘), 괴롭힘(예, 신체적, 언어적, 관계적, 성적 공격이나 괴롭힘 행동), 그리고 범죄(예, 무기소지, 심한 공격, 심각한 위협, 강간, 절도, 재산상의 손해)의 연속선을 제시했는데, 이는 교사나 학교 행정가들에게 다른 개입전략을 요구하게 된다. 거친 놀이와 괴롭힘의 추가적인 구분은 글상자 1.2에 나타나 있다. 논점을 좀 더 깊게 살펴보면, 비록 공격의 정의에 의하면 공격은 의도적이지만, 공격에 의해 발생할 가능성이 있는 심각한 피해는 자주 의도적이지 않다. 예를 들어, 소녀들이 다른 소녀를 놀리는 것이나 고립시키는 것이 재미있다는 것을 알게 될 수도 있고, 다른 여학생들은 여자 같은 행동을 하는 남자 아이를 조롱하는 것이 괜찮은 것이라고 생각할 수도 있다. 이러한 가해자들은 그들의 표적이 된 아이의 자존감이 다쳐서 자살을 고려하게 만들 수도 있는 가능성을 생각하지 않는다. 그러므로 다른 사람을 괴롭히는 의도는 다른 사람을 다치게 하는 것과는 다를 것이다.

글상자 1.2 ■ 거친 놀이인가 괴롭힘인가?

거친 놀이와 괴롭힘을 구별하는 것은 항상 쉽지만은 않다. 언제 놀이가 선을 넘어서 괴롭힘이 되는가? 아래 제시된 것은 거친 놀이와 괴롭힘을 구별할 수 있는 세 가지 방법이다.

1. 놀이가 재미있지 않고 상처주기 시작할 때는 선을 넘은 것으로 놀이를 중단할 때이다. 각각의 아이는 아이의 문화, 스트레스, 우정의 정도에 비추어 그들의 경험을 평가하고, 거친 신체놀이에 대한 인내 수준이 다르다. 인내의 수준이 날마다 다르기 때문에 "상처를 준다면 멈추어야 한다."는 일반적인 이 규칙은 적용되어야 한다.
2. 어른들은 스스로에게 "놀이에서 아이들의 역할은 바꿀 수 있는 것인가?"라고 물을 수 있다. 만약에 대답이 '아니오'라면 행동은 괴롭힘일 가능성이 있다. 예를 들어, Ringo와 George는 카우보이 놀이를 좋아했다. Ringo는 보안관이고 George는 도둑이었다. Ringo는 George를 쫓아 그를 잡았고, 그를 감옥으로 끌고 갔다. 어른은 "Ringo는 항상 쫓고, 끌고, 다른 사람을 감옥에 집어넣는 보안관이고 George는 항상 나쁜 사람인가?"라고 스스로에게 물어야 한다. 만약에 대답이 '예'라면 어른은 괴롭힘을 의심해야 한다.
3. 놀이가 너무 거칠어서 다른 학생들을 방해하거나 교사를 괴롭히는가? 학생들이 서로를 괴롭히지 않을지라도 그들의 거친 놀이가 다른 사람을 괴롭히는 형태가 될 수도 있다. 최소한으로, 그런 행동은 다른 사람들을 방해하는 것이고 그러므로 그 시점에 그 행동은 적합하지 않은 것이다.

WHO는 폭력을 힘(power)의 사용이라고 정의했다(Krug et al., 2002). 폭력적 행동은 물리적 폭력뿐만 아니라 사람들이 특정한 행동을 따르도록 강요하기 위해 위협과 협박을 사용하는 것을 포함한다. 힘의 남용은 다양한데 예를 들어, 주거지역과 직장을 인종에 의해 분리하는 과거의 남아프리카 공화국 인종차별 정책은 정치적 힘 남용의 예이다. 부인이 직장을 관두게 하는 질투심이 많은 남편은 배우자 힘 남용의 대표적인 예이다. 그리고 여러 명의 아이들이 한 아이가 그들에게 점심값을 주지 않으면 때리겠다고 위협하는 것은 괴롭힘 형태의 힘의 남용이다. 괴롭힘은 자주 위협, 협박의 형태로 발생하고, 괴롭힘은 피해자의 침묵과 목격자의 방관에 의해 확장된다.

가해자, 피해자, 방관자

항상 진실은 아닐지라도, 괴롭힘은 동료가 있는 사회적 상황에서 거의 항상 발생한다. 그러므로 학생들은 '괴롭힘 과정' 에서 하나 혹은 그 이상의 역할을 맡을지도 모른다(Atlas & Pepler, 1998; Salmivalli, Lappalainen, & Lagerspetz, 1998; Sutton, Smith, & Swettenham, 1999b). 이러한 역할들은 항상 안정적이지 않다. 아이들은 항상 필연적으로 같은 역할을 맡지는 않는다. 학생들은 다른 상황들에서 다양한 수준으로 가해자가 될 수도 있고 피해자가 될 수도 있다. 더욱이 최근의 많은 연구들에서 가해자로 행동하는 어떤 학생들은 다른 상황에서 피해자가 될 수도 있다. 다음의 글상자 1.3에서 가해자, 피해자, 그리고 방관자의 유형을 제시하였다.

글상자 1.3 ■ 가해자, 피해자, 방관자의 유형

가해자	공격적
	추종자
	관계적
피해자	수동적
	도발적
	관계적
방관자	문제의 일부
	선동
	감시
	무서워하는
	도와주지 않는 것에 대해 부끄러워하거나 죄의식을 느끼는

해결책의 일부
도움을 요청하는
문제를 완화시키는 데 도움을 주는

가해자

우리는 가해자의 세 가지 유형을 공격적 가해자, 추종자, 그리고 관계적 가해자로 구별했다(글상자 1.4가 각각의 예를 보여준다). 대부분 선생님이나 친구들이 공격적 가해자의 역할을 알아차리며, 공격적 가해자는 공격을 시작한다. 공격적 가해자는 그들의 목표를 성취하기 위해 위협과 협박뿐만 아니라 신체적이거나 언어적 공격을 하는 경향이 있다. 가해자가 노련한 조종자이든 사회적으로 서투르든 논의의 여지가 있으나 인기가 있거나 급우들이 회피하는 여러 종류의 공격적 가해자가 있다는 사실이 문제를 복잡하게 한다. 어떤 가해자는 공격으로 자신이 원하는 것을 가질 수 있게 됨으로써 가해 행동이 강화되어 왔다. 이들에게 괴롭힘은 그들의 목적을 이루기 위한 도구가 되었다. 예를 들어, 가해자는 점심식사 줄에서 앞자리를 차지하기 위해서나, 다른 아이들이 어떤 것을 하게 만들기 위해서, 또는 운동장 놀이기구를 다른 아이들보다 오래 사용하기 위해 힘과 위협을 사용할 수 있다. 다른 가해자는 사회성이 떨어지거나 화가 나서 공격을 할 수 있으며 결과적으로 급우들은 그의 공격적이고 부적절한 행동들 때문에 가해자를 거부한다.

글상자 1.4 ■ 가해자의 예, 공격적 가해자, 추종자, 관계적 가해자

공격적 가해자: Elijah

Elijah와 Brock은 같은 6학년 반이었다. Elijah는 학교에서 스타 운동선수였고 그가 가장 좋아하는 스포츠가 농구이긴 하지만 어떤 종류의 스포츠든 좋아했다. Brock도 마찬가지로 농구하는 것을 좋아했고 Elijah만큼 잘 했다. 금요일 자유 시간에 Elijah는 농구를 하기 위해 항상 아이들을 모았다. Brock이 경기에 참여하려고 했을 때, Elijah는 선생님이 관전하지 않으면 경기에 참여할 수 없다고 말했다. 만약 선생님이 본다면, Elijah는 Brock을 경기에 참여하게 할 것이다. 경기 시간 동안 Brock이 경기에 참여했을 때, Elijah는 계속 그를 향해 비열한 몸짓을 하고 Brock의 이름을 부르고 발을 걸었다. Brock이 Elijah의 스포츠 정신에 대해 선생님에게 불평했을 때, 선생님은 Elijah의 행동이 부적절하거나 너무 공격적이라기보다는 재미와 스포츠 정신의 일부라고 믿었다. (이런 경우에, 교사의 행동은 문제가 지속되게 만든다.)

추종자: Doug

Doug는 Elijah와 Brock과 같은 학교에 다닌다. 그는 친구가 거의 없고 보통 사회적 모임에 포함되지 않는다. 그는 학교에서 인기있고 싶지만 어떻게 하면 다른 사람이 그를 좋아하게 될지 모른다. 어느 날, 그는 농구 코트에서 Elijah가 Brock을 조롱하는 것을 보았다. Elijah와 동맹이 되어 Doug는 Brock을 놀리기 시작했다. 며칠이 지나고 Doug의 놀림은 정도를 더해갔고 심지어 Brock에게 신체적 공격을 시작했다. 다른 학생들이 Doug가 Brock에게 하는 것을 보고 웃었다. 갈등이 확대됨에 따라 Brock은 Elijah와 Doug에게 매우 화가 나기 시작했다. 몇몇 사건 후에 Brock은 더 이상 참을 수 없다고 소리쳤다. 학교 교장선생님이 갈등을 알았을 때, Doug와 Brock은 징계를 받았고 Brock은 교장의 징계에 대해 당황했다. 그러나 Doug는 인기를 얻고 있다는 사실을 자랑스러워했는데 자신이 다른 학생들과 교장에게 알려졌고 Brock을 곤란에 빠뜨림으로써 그의 영향력을 확인했고, 그 자신이 Elijah와 연합하게 되었다는 것을 알게 되었다.

관계적 가해자: Kamieka, Tosha, and Lexi

Kamieka, Tosha, Lexi, Reanah는 모든 것을 함께하는 가장 친한 친구이다. 그러나 일 년 동안 Reanah는 다른 친구들보다 높은 수준의 수학 반에 배치되었다. Reanah는 그녀의 친구들을 그리워했지만, 그녀는 수학 수업을 좋아했고 이전에 알지 못했던 Lola와 친구가 되었다. Reanah가 친구들에게 Lola에 대해 이야기하고, 그녀를 토요일에 쇼핑센터에 같이 가자고 초대하자고 이야기했을 때, 그녀의 친구들은 다른 친구를 만든 것에 대해 격분했다. Kamieka와 Tosha, Lexi는 배신자가 된 Reanah에게 크게 화가 나서 토요일 쇼핑센터에 같이 가지 않고 그녀만 빼고 놀기로 했다. 월요일에 Reanah가 친구들과 주말에 대해 이야기를 하려고 했지만 Lexi가 그녀에게 우리는 더 이상 친구가 아니라고 알리고 화를 냈다. 시간이 흐르면서 Reanah의 친구들은 점점 더 그녀에게 차가워졌고, Reanah는 화장실에서 그녀에 대해 험담하는 것을 듣게 되었다.

학생들은 흔히 같은 학급친구들이 자기를 싫어하는지 잘 모르기 때문에 사회적 관계를 개선하기 어렵다. 급우들은 왜 화가 났는지에 대해 이야기하는 것을 두려워하거나, 왜 싫어하는지를 설명할 만큼 가해자에 대한 관심이 없을 수도 있다. 그러므로 가해자가 사회적 관계를 개선하기는 매우 어렵다. 공격적 가해자는 자신의 공격적인 행동을 다른 사람 행동의 탓으로 돌리기 때문에 거부될 수도 있다. 그들은 자신들이 공격을 받거나 괴롭힘을 받는다고 믿는 경향이 있다는 것이다(Dodge & Fame, 1982; Olweus, 1994; Ross, 1996). 그들은 실제 공격이나 공격으로 인지되는 것에 즉각적으로 반응하는데 이러한 행동이 급우들 사이에서 적개심을 불러 일으키고 가해자로서의 악명을 드높이게 된다. 예를 들어, 가해자가 복도에서 누군가 의도적이지 않지만 밀쳤다는 것을 공격으로 인지하고 그에 따라 반응할 것이다. 더욱이 이러한 개인들은 그들의 행동("그녀가 내가 시켜서 했어요.")과 부정적인 결과들("그의 잘못이에요. 그가 나를 화나게 해서 나도 그를 때렸어요.")에 대해서 그들 자신보다 다른 사람들을 비난하기 쉽다.

가해자들의 공격적인 행동은 열등감과 낮은 자아개념 때문이라는 인식과 달리, 몇몇 연구는 가해자들이 때때로 높은 수준의 자존감을 가지고 있다고 언급한다(O' Moore & Kirkham, 2001). 그러나 Staub(1999)는 가해자들이 다른 이들을 모욕한다든지 친구들을 조종한다든지 위협과 신체적 우월함으로 힘을 행사하는 것과 같은 모호한 방법들로 그들의 자존감을 유지하기 때문에 이것을 '거짓된' 높은 자존감이라고 지적한다.

추종자들(그들은 또한 수동적 가해자로 불려왔다)은 공격적 가해자보다 덜 일반적이다. 그들은 괴롭히는 행동을 시작할 가능성이 적지만 괴롭힘 행동이 보상을 받으면 공격적 가해자들을 따른다. Olweus(1991)는 이런 아이들의 특성을 불안한, 불안정한, 관심 끌기로 묘사하였다. 그들은 가해자와 어울리고, 가해자를 돕는 '조수' 가 되거나 가해자를 환호하거나 그저 웃는 '강화자' 로서 행동하면서 그들의 자존감을 보강하려고 한다(Salmivalli, 1999).

괴롭힘의 마지막 형태는 관계적 가해자이다. 관계적 가해자는 고의적으로 다른 학생을 고립시키거나, 집단에서 친구를 배제시키거나, 우정을 끊을 것을 위협하거나, 한 아이에 대한 안 좋은 이야기나 거짓말을 퍼뜨리는 것과 같이 은밀하거나 간접적인 형태의 공격을 한다. 관계적 가해자들은 우정이나 개인적인 관계를 손상하면서 해를 끼친다. 그렇게 함으로써 관계적 괴롭힘은 아이의 자존감에 특히 해를 입힐 수 있다.

학교는 아이들이 우정을 쌓고, 관계를 증진시키고, 학교에 있는 동안 친구들로부터의 인정을 추구하는 사회성 발달을 위한 중요한 장소이기 때문에, 교사와 상담자가 다른 유형의 괴롭힘과 더불어 관계적 괴롭힘을 파악하는 것이 중요하다. 폭력 예방에서 상대적으로 새로운 분야인 관계적 괴롭힘 연구들의 대부분이 문제가 얼마나 만연되어 있는지와 가해자와 피해자의 특징에 대한 통계에만 초점을 두는 것은 애석한 일이다. 소수의 연구들만이 관계적 괴롭힘의 행동적, 심리적, 사회적 결정요인을 언급해 왔다. 많은 연구들은 관계적 괴롭힘의 가해자들이 성별에 따라 차이가 있는지 검토해 왔으나 결론은 나지 않았다. 몇몇 연구들은 여학생들이 남학생들보다 관계적 괴롭힘의 사례가 더 많다고 하고(예, Crick & Grotpeter, 1995), 다른 연구들은 성별에는 차이가 없다고 이야기하며(Prinstein, Boerger, & Vernberg, 2001), 그리고 여전히 다른 연구들은 남학생이 여학생보다 관계적 공격을 더 많이 한다고 말한다(Tomada & Schneider, 1997). 이러한 연구들이 발견한 다양한 사실들은 관계적 공격이 성별이 아닌 지역사회와 학교의 문화 같은 다른 요인들에 의해 영향을 받을 수도 있다는 것을 암시한다. 초등학교와 중학교 학생들을 대상으로 한 우리의 연구에서, 여학생과 남학생 사이에서 비슷한 수준으로 관계적 공격이 나타난다는 것을 발견했다. 그러나 교사들은 남학생들보다 여학생들 사이에서 관계적 공격을 보다 자주 목격한다고 우리에게 이야기한다.

피해자

피해자는 가해자로부터 체계적이고 반복적으로 괴롭힘을 당하거나 학대를 받는 사람을 말한다. Stein과 그의 동료들은 피해자라는 용어가 무력함을 내포하지 않기 때문에 가장 적합한 용어가 아닐 수도 있다고 주장했다. 대신에 그들은 '공격의 표적' 이라는 용어를 사용하자고 주장했고(Stein, Gaverman, & Sjostrom, 1996) 우리는 그 주장에 동의한다. 그러나 때때로 피해자라는 용어는 특히 교사와 학부모에게 더 친숙한 일반적인 용어이기 때문에 사용하기 쉽다. 그래도 '공격의 표적' 이라는 용어를 더 편하게 생각하는 독자도 많을 것이다. 우리는 이 책에서 두 가지 용어를 같은 의미로 사용할 것이다.

우리는 수동적 피해자, 도발적 피해자, 관계적 피해자 이렇게 세 가지로 피해자의 유형을 구분했다(글상자 1.5가 각각의 예를 보여준다). 수동적 피해자는 화를 내지 않는 아이들이다(Olweus, 1993a). 그들은 친구가 거의 없거나 우정이 오래 지속되지 않고, 놀림에 반응할 만한 언어적 능력이 부족하거나, 수줍어하거나 불안해 보이는 것과 같은 공격의 표적이 되기 쉬운 특징을 가지고 있다. 때로는 다른 것(예, 사고를 당했거나, 키가 많이 크거나, 유행을 따르지 않는 옷을 입거나)이 공격의 표적이 될 가능성을 높인다. 수동적 피해자는 사람들이 '괴롭힘의 피해자'라는 꼬리표를 다는 아이들이다.

글상자 1.5 ■ 피해자의 예, 수동적, 도발적, 관계적 피해자

수동적 피해자: Macarena

새로 전학을 온 Macarena는 자신이 뚱뚱하고 아는 친구가 거의 없으며 수줍음이 많아 굉장히 힘들게 느꼈다. 그녀는 친구를 만들려고 시도했으나 기존의 집단이 너무 공고하여 성공적이지 못했다. Corinne는 Macarena를 '뚱뚱보' 나 '땅달보' 라고 놀리기 시작했다. 다른 학생들은 Corinee가 좋지 않은 성격이라는 것을 알고 있어서 상관하고 싶지 않았다. 반 친구들은 웃으며 지나갔고, 놀리는 것을 무시했다. 며칠이 지나고 Macarena는 Corinne가 다가왔을 때 경직됨을 느꼈고, 선생님에게 이르면 때릴 것이라고 Corinne가 협박할 때 점점 자포자기하게 되었다.

도발적 피해자: Mike

Mike는 인기 없는 5학년이다. 다른 학생들은 Mike를 보통 무시하거나 그에게 말할 때 '보잘것없는 Mikey' 나 '바보' 와 같은 무시하는 말을 했다. 학교생활을 하면서 Mike는 무시당하는 것과 그런 이름으로 불리는 것에 화가 났다. 그는 그의 반에서 인기 있는 남자 아이들 몇몇을 놀리거나 그들의 이름을 심술궂게 부르면서 반응했다. 두세 명의 남자 아이들이 Mike의 욕설에 지쳐서 그에게 닥치라고 말했다. 갈등이 고조되어 가면서 인기 있는 남자 아이 중 한 명이 Mike를 밀어 복수했고 결국 Mike는 다쳐서 병원 치료를 받았다.

관계적 피해자: Tyson

Tyson은 동경의 대상도 아니었지만 인기가 없는 것도 아니었다. 그는 마치 그가 다니는 중학교에 단지 '존재' 하기만 하는 것처럼 느꼈으나 내심 친구들과 더 잘 어울려서 많은 친구들을 가지고 싶었다. 결과적으로 Tyson은 그의 사회적 참여를 높이기 위한 노력으로 식당에서나 운동장, 다른 학교 모임에서 발언하기 시작했다. Stanley는 Tyson이 느닷없이 끼어들려고 하는 것에 화가 나서 다른 친구들에게 Tyson을 놀리자고 설득했다. 며칠 동안 남자아이들은 Tyson에게 매우 친절하게 대했다. 그들은 Tyson에게 어떤 것을 하면 행복한지와 어떤 종류의 우정을 갖고 싶은지 물었다. 그리고 Tyson이 생각과 느낌을 말하자 남자아이들은 Tyson에게 이 집단에 어울릴 수 없으며 좋아하지 않는다고 말하면서, Tyson이 준 정보로 그를 계속 괴롭혔다.

역으로, 도발적 피해자는 가해자의 공격을 야기할 수 있는 '촉발 버튼'을 알고 있다(Boulton & Smith, 1994; Olweus, 1993a; Schwartz, Dodge, & Coie, 1993). 괴롭히거나 성가시게 구는 등의 부적절한 행동을 통해서 그들은 가해자뿐만 아니라 반 전체에 대항할 수 있다. 그들은 누군가가 비난할 때까지 괴롭히는 행동을 계속하고, 피해자가 된 것을 고발한다. 그들의 행동이 확실히 보여주듯이, 이 아이들은 적절한 사회적 및 대인관계 상호작용에 관한 기술을 개발해야 한다. 교육자는 도발적인 피해자에게 주의를 기울일 필요가 있는데 이들은 반에서 가장 거부되는 학생들이고, 그들의 자살 위험성은 증가될 수 있다(Pellegrini, 1998; Kusel, & Perry, 1988).

마지막으로 관계적 피해자는 미묘하고 암묵적인 괴롭힘의 피해자이다. 비록 남학생과 여학생 중 누가 더 자주 가해자가 되는지는 불분명하지만, 여학생들이 더 자주 관계적 괴롭힘의 피해자가 된다. 그러나 남학생도 또한 피해자가 될 수 있다. 미국 여대생 협회(American Association of University Women)에서 2001년 대규모로 시행한 설문조사에서 19%의 남학생들이 동성애자라고 놀림당한 적이 있다고 보고했다. 관계적 괴롭힘을 경험한 학생들은 집단에서 무시되고, 점심시간이나 게임에서 학생들의 집단에서 배제되고, 그들을 표적으로 안 좋은 소문이 퍼지기도 한다.

가해자들이 어떻게 다른 학생에게 관계적 공격성을 나타내는지는 분명하지 않지만, 피해자를 질투해서 그나 그녀가 배제되기를 원하거나, 힘을 과시하거나 보복을 하고 싶거나 관심을 얻고 싶을 때 혹은 피해자에게 일어나는 일을 통제함으로써 다른 친구들로부터 인정을 받고 싶어하는 등이 포함될 수 있다. 관계적 괴롭힘의 표적은 구체적인 특징이 부족할 수도 있지만 그들은 거의 통제할 수 없는 관계에 처해 있다. 예를 들어, 그들은 학교에 전학 온 것일 수 있고, 집단에서 힘 있는 사람의 경멸이나 분노의 대상이거나 그리고 집단에 속한 사람들이 가진 기술이나 자원이 결핍되었을 수 있다.

방관자

괴롭힘의 목격자인 방관자들은 크게 두 가지 유형으로 분류되는데 우선 괴롭힘 문제를 일으키는 사람과 문제 해결을 하는 사람이다. 문제를 일으키는 방관자는 가해자가 싸움이나 보복을 계속하도록 부추긴다. 싸우고 있는 학생들 주변에 모여, 그들은 공격자에게 "계속해."라고 소리치거나 피해자에게 "너 계속 참을 거야?"라고 소리친다. 그들은 심지어 가해자를 피해 도망친 피해자들에게 다시 돌아가서 싸우라고 말한다. 그들은 괴롭힘 사건의 목격자이고 심지어 그것을 부추기거나 괴롭힘 사건을 조용히 즐기기도 한다(Slaby, Wilson-Brewer, & Dash, 1994). 문제해결을 하는 방관자는 문제를 해결하고 완화시키기 위해 노력한다. 그들은 어른들에게 도움을 요청하거나 긴장을 완화시킬 수 있는 말이나 행동(예, "제발, 그건 싸울 가치가 안 돼; 다른 것 같이 하자."라고 말하기)을 하거나 자주 괴롭힘의 표적이 되는 학생을 그들의 집단에 초대한다. 어떤 방관자들은 괴롭힘을 멈출 수 있는 기술이나 지식이 없으며 아무것도 할 수 없음에 죄책감을 느낀다. 이런 방관자들은 괴롭힘 과정의 부차적인 피해자이다(Newman et al., 2000).

폭력적, 공격적, 괴롭히는 행동의 유형

우리는 폭력, 공격, 공격의 하위 영역으로서의 괴롭힘의 유사점과 차이점을 살펴보았다. 이 개념을 이해하는 것뿐 아니라, 행동이 어떻게 분류되는지를 살펴보는 것 또한 중요하다. 폭력, 공격, 괴롭힘 행동을 분류하는 과정은 불완전하고, 보편적으로 인정받지 못한다. 다음의 주의사항이 적절한데, 이들 유형은 상호배타적이지 않아서 특정 행동들은 하나 이상의 범주에 속할 수 있고, 공격적 사건은 자주 여러 범주에 포함된다. 그래도 폭력, 공격, 괴롭힘 행동을 분류하려는 시도는 측정 · 평가되어야 할 필요가 있는 문제들에 대한 인식을 높이는 데 도움이 될 수 있다.

공격적 행동을 구별하는 데 사용된 유명한 분류법은 공격의 목적에 따라 행동을 분류한다(예, 수단적이거나 반응적). ***수단적 공격***은 돈이나 사물 혹은 타인으로부터 존경 등 가치 있는 상품들을 얻기 위한 행동을 말한다. 반대로 ***반응적 공격***은 지각하거나 실제로 일어난 선행 공격이나 협박에 대한 복수로서 하는 공격적인 행동을 말한다(글상자 1.6이 두 유형에 대한 예를 제시해준다). 비록 수단적 공격과 반응적 공격의 구별이 학술적으로 보일지라도 그것은 예방을 위한 주요한 시사점을 가지고 있다. 공동체나 학교에서 폭력의 문제를 평가할 때, 적절한 예방 계획을 세우기 위해서는 공격의 동기를 아는 것이 중요하다.

글상자 1.6 ■ 수단적 공격과 반응적 공격의 예

쉬는 시간에 Fred와 Barney가 운동장에 도착하자마자, 그들은 하나 남은 그네를 향해 돌진했다. Barney가 빨라서 그네를 탈 수 있었다.

수단적 공격: Fred

힘이 센 Fred는 Barney를 밀어내고 그네를 탔다.

반응적 공격: Barney

Fred는 실망한 Barney에게 겁쟁이라고 놀렸고 이에 화가 난 Barney는 모래를 집어 Fred에게 던졌다.

공격의 가장 일반적인 두 번째 분류법은 ***신체적***, ***언어적***, ***관계적*** 혹은 ***성적 공격***과 같이 행위의 속성에 따라 분류하는 것이다(표 1.1에 정의와 예가 나와있다). 대부분의 학교는 공격을 막을 수 있는 규정이 있고, 교사들이 제기할 수 있다. 그러나 교사, 상담자, 행정가가 문제를 인식하지 못하거나 그것을 다룰 기술이 부족하여 학교 규정에는 언어적, 관계적 공격에 대해 자세히 다루고 있지 않다. 언어적, 관계적 공격은 많은 경우 그들이 피해자에게 부정적 학습 환경을 지속시키고, 신체적 공격의 전조일 가능성이 높아 신체적 공격만큼이나 주목받는 것이 정당하다.

성적 공격(sexual harassment) 형태의 괴롭힘은 신체적, 언어적 혹은 관계적일 수 있다. 법적 용어로 성적 공격은 원치 않는 성적 유혹, 성적 그외의 요구, 혹은

이성적으로 그것을 공격이라고 인지하는 사람에게 강요되는 성적인 언어 또는 신체 행위를 말한다. 성적 공격을 구성하는 행동은 다음 요건을 충족시킨다.

- 고용 기간이나 조건이 될 때, 교실에서의 지위가 될 때, 혹은 활동에 참여할 때
- 그 사람에 대한 평가에 영향을 미칠 때(수업의 학년이나 팀의 참여)
- 개인의 작업, 교육성과 혹은 그 밖의 일을 방해하는 심각하고, 지속적이며, 침략적인 경우
- 협박하는 적대적 혹은 공격적인 작업 및 학습 환경을 만들 때

어른들의 세계에서 동의의 개념은 성적 학대의 논의를 고안한다. 그러나 성적 행동은 합의에 의한 것일지라도 절대로 학교 환경에서는 적절하지 않으며 묵인되어서도 안 된다. 어떤 학생들은 성적 학대에 대해 익숙하지 않을 수도 있다. 그들에게는 ***괴롭힘***이나 ***성적 괴롭힘***이 더 이해하기 쉬울 수 있다.

〈 표 1.1 〉 공격의 유형

공격의 유형	정의	예
신체적	사망과 신체장애, 부상이나 손해를 입힐 가능성이 있는 신체적 힘의 고의적인 사용	살인, 무기로 싸우기, 때리기, 치기, 찰싹 때리기, 물어뜯기, 머리 뽑기, 차기, 찌르기, 태우기, 밀기, 떠밀기, 목 조르기, 물건 던지기, 재산 상해
언어적	심리적, 감정적 상처를 야기할 수 있는 언어의 고의적인 사용	무기를 사용할 것이라고 위협하기, 신체적 폭행을 할 것이라고 위협하기, 소리치기, 협박, 강요, 몰아세우기, 모욕, 욕설, 놀리기, 말다툼, 싸움 부추기기
관계적	친구관계를 손상시키는 행동	집단에서 어떤 사람을 배제하기, 활동에서 어떤 학생 빼기, 안 좋은 소문 퍼트리기, 험담, 친구관계 끊기, 다른 학생을 좋아하지 못하도록 막기, 점심시간이나 스포츠 활동시간 동안 고립시키기, 어떤 사람에 대한 부정적 메시지 보내기
성적	원치 않는 성적인 언어나 행동	강간, 강간시도, 성적인 것 강요하기, 성적인 소문 퍼트리기, 옷 입거나 샤워할 때 훔쳐보기, 강제로 키스하거나 만지기, 성적인 낙서의 표적, 원하지 않는 성적 언급의 표적이 되는 것, 성적 제의, 외설적 몸짓, 외설적인 얼굴 표정, 만지기, 꼬집기, 움켜쥐기, 옷 벗기기

마지막 분류는 명시적 공격과 드러나지 않는 공격을 구별하는 것이다. ***명시적 공격*(overt aggression)**은 직접적인 신체적 · 언어적 · 성적 공격의 형태이고, ***드러나지 않는 공격*(covert aggression)**은 관계적 공격과 같이 간접적인 공격이다.

괴롭힘 현상에 대한 설명: 문제의 심각성 정도

많은 연구들은 아이들이 얼마나 자주 그리고 얼마나 심각하게 학교나 공동체에서 괴롭힘을 당하는지에 대한 해답을 찾기 위해 노력해왔다. 불행하게도, 문제의 정도를 측정하려는 시도는 질문, 사용한 반응 범주들, 참여자가 기억하여 답변해야 하는 기간(예: 항상, 지난 해, 지난 달, 지난 주, 오늘) 등에 대해 표준 프로토콜(protocol)에 기반하여 수렴될 수 없었다. 이런 요인들은 연구들을 비교 분석할 수 없게 했다. 어떤 연구자들은 "얼마나 자주 괴롭힘을 당하느냐?"와 같은 일반적인 질문을 했다. 이런 광범위한 질문은 "다른 아이가 몇 번 너를 밀었느냐"와 같은 구체적인 질문들보다 괴롭힘의 발생률을 낮출 가능성이 있다. 더욱이, 이 두 질문에 대한 긍정적인 대답은 얼마나 자주 아이가 괴롭힘을 당했거나 밀쳐졌는지 나타내지만, 얼마나 심하게 괴롭힘을 당하거나 밀쳐졌는지, 신체적 혹은 정신적으로 피해가 있었는지를 나타내지 않는다.

응답자가 문제에 대해 인식하지 못하고 괴롭힘을 성장하는 과정의 '정상적인' 부분이라고 여겨서 괴롭힘이 만연되고 있는 현상을 과소평가할 수 있다. 게다가, 괴롭힘에 대해 묻는 것은 아이들이 친구가 자신보다 강하거나 더 힘이 세다는 것을 알려야 한다는 것을 의미한다. 설문응답의 해석을 더 어렵게 만듦으로써, 표적이 된 학생은 자신이 친구보다 덜 강하고 약하다는 것을 인정하고 싶어 하지 않는다. 괴롭힘의 발생률을 추정하는 것은 연구자가 설문응답자로 아이들, 교사, 부모 중 누구를 대상으로 하느냐에 따라 다양하다. 일반적으로, 공격의 발생률은 학생의 응답이 교사나 학부모의 비율보다 높다(Stockdale, Hangaduambo, Duys, Larson, & Sarvela, 2002).

표 1.2와 표 1.3은 공격, 괴롭힘, 희생의 유병률에 대한 자료를 제시한다. 일관되게 남학생들은 여학생들보다 신체적, 언어적 공격의 가해자와 피해자가 되기 쉽고, 대부분의 연구가 여학생들은 관계적, 성적 공격의 희생자가 되기 쉽다고 말한다. 괴롭힘과 공격은 초등학교부터 중학교까지 증가하는 경향을 보이고, 일반

〈 표 1.2 〉 공격성과 괴롭힘의 발생률 연구 실태

저자	행동	기간	표본	발생
Grunbaum et al. (2004): 청소년 위험 행동 감시	심각한 공격행동(자기보고)	설문 전 12개월	9~12학년 미국 학생 15,240명 표본 조사, 2003년	신체적 싸움: 소년 41%, 소녀 25% 학교에서 신체적 싸움: 소년 17%, 소녀 8% 학교에서 무기소지: 소년 9%, 소녀 3% 학교에서 무기로 위협을 받거나 부상: 소년 12%, 소녀 7%
Nansel et al. (2001): WHO 괴롭힘 설문 조사	괴롭힘(자기보고)	조사 기간 현재	6~10학년 미국 학생 15,686명 표본 조사	가끔 괴롭힘: 전체 44%, 소년 53%, 소녀 37%, 6학년 46%, 10학년 36% 매주 괴롭힘: 전체 9%, 소년 12%, 소녀 5% 6학년 10%, 10학년 7%
Orpinas et al. (2000): 평화를 위한 학생들	공격적 행동(자기보고)	지난주	Texas 도심에 있는 공립학교 8개의 6~8학년 9,377명 학생(라틴계 63%, 흑인계 19%, 백인계 5%), 1996년	지난주에 적어도 한 번: 다른 사람 욕하기 60% 다른 사람 놀리기 55% 다른 사람 밀기 44% 다른 사람 차거나 가볍게 때리기 39% 다른 사람을 다치게 하거나 때린다고 협박 36%
Crick and Grotpeter (1995)	명시적 및 관계적 공격(친구지명)	기간 없음	중서부 도시에 있는 4개의 공립학교의 3~6학년 491명 학생(백인계 60%, 흑인계 37%)	평균에서 1 표준편차 이상을 공격적 집단으로 정의 각 범주의 백분율: 소년: 명시적 공격 16% 소년: 관계적 공격 2% 소년: 명시적이고 관계적인 공격 9% 소녀: 명시적 공격 〈1% 소녀: 관계적 공격 17% 소녀: 명시적이고 관계적인 공격 4%
Silvernail, Thompson, Yang, and Kopp(2000)	공격적 행동(자기보고)	기간 없음	Maine주에 있는 127개 공립학교의 3학년 4,496명 학생, 1999년	적어도 한 달에 한 번: 비열한 것을 말하기 18% 다른 사람 놀리기 14% 다른 사람 욕하기 14% 때리고 차고 밀기 14%

〈 표 1.3 〉 피해율 관련연구의 실태

저자	행동	기간	표본	발생
Grunbaum et al. (2004): 청소년 위험 행동 감시	안전하지 않다고 느낌; 성적 피해(자기보고)	설문 조사 이전 12개월	9~12학년 미국 학생 15,240명 표본 조사, 2003년	학교에 가는 것을 안전하지 않다고 느낌: 소년 6%, 소녀 5% 강압적 성관계: 소년 6%, 소녀 12%

〈 표 1.3 〉 피해율 관련연구의 실태(계속)

저자	행동	기간	표본	발생
Nansel et al. (2001): WHO 괴롭힘 설문 조사	괴롭힘 당하는 것(자기보고)	조사 기간 현재	6~10학년 미국 학생 15,686명 표본 조사	일부 피해: 전체 41%, 소년 47%, 소녀 36%, 6학년 50%, 10학년 28% 매주 피해: 전체 8%, 소년 11%, 소녀 6%, 6학년 13%, 10학년 5%
미국여대생 협회(2001)	학교에서 다른 학생들에게 성적 학대를 받는 것 (자기보고)	학교에서 항상	8~11학년 미국 학생 2,064명(학교에서 1,559명 표본 조사, 온라인으로 505명 표본 조사), 2000년	성적 발언, 농담, 행동, 표정: 소년 34%, 소녀 48% 성적으로 만지고 움켜잡고 꼬집힘: 소년 20%, 소녀 29% 그들에 대한 성적 루머가 퍼짐: 소년 14%, 소녀 21% 자주 성적 학대를 경험함: 소년 24%, 소녀 30%
Orpinas et al. (2000): 평화를 위한 학생들	특정한 피해 행동 (자기보고)	지난주	Texas 도심에 있는 공립 학교 8개의 6~8학년 9,337명 학생(라틴계 63%, 흑인계 19%, 백인계 5%), 1996년	지난주에 적어도 한 번: 욕설을 들음 49% 밀침을 당함 43% 차거나 때림을 당함 21% 기분이 상함 23%
DeVoe et al. (2002): 국가 범죄 희생자 조사	학교에서의 괴롭힘 (가계 조사 기간동안 자기보고)	지난 6개월	12~18세 8,374명, 2001년	전체 8% 6학년 14%, 12학년 2% 소년 9%, 소녀 7% 백인계 9%, 흑인계 6%, 히스패닉계 8%
Silvernail et al. (2000)	특정한 피해행동 (자기보고)	조사 기간 현재	Maine에 있는 127개 공립학교의 3학년 학생 4,496명, 1999년	지난달에 적어도 한 번: 비열하게 놀림 받음 41% 상처를 받게 하는 이름으로 불리움 40% 고의로 제외 34% 위협 23% 때리고 차고 밀침 38%
Crick and Bigbee(1998)	명시적 피해와 관계적 피해 (자기보고)	기간 없음	Illinois에 있는 4개 공립 학교의 4~5학년 383명 (백인계 90%, 아프리카계 미국인 9%)	평균에서 1 표준편차 이상을 희생 집단으로 정의 각 범주의 백분율: 소년: 명시적 피해 9% 소년: 관계적 피해 4% 소년: 명시적 및 관계적 피해 12% 소녀: 명시적 피해 1% 소녀: 관계적 피해 12% 소녀: 명시적 및 관계적 피해 4%
Kochenderfer and Ladd (1996)	피해행동(인터뷰 동안 자기보고)	교실에서 항상	미국 중서부의 200개 유치원 아이들 (백인계 74%, 아프리카계 미국인 20%)	때때로 혹은 많이: 괴롭힘 51% 상대방에게 나쁜 말 들음 54% 다른 아이들에게 나에 대한 나쁜 말을 한 것 42% 맞음 43%

적으로 6학년에서 최고조를 이룬다. 고등학교에서는 비록 이 감소의 이유가 분명하지는 않지만, 싸움, 무기소지 사건, 싸움으로 인한 부상이 9학년부터 시작하여 12학년까지 줄어든다. 희망적인 관점에서 이러한 현상은 9학년에서 12학년 사이의 학생들이 사회적 관계 맺는 기술이 늘고 성숙해지기 때문이라고 설명될 수 있다. 좀 더 비관적인 관점에서는 이 감소가 높은 중퇴율이나 공격적 청소년의 강제수용에 의해 영향을 받았다고 설명하는 것이다. 낮은 피해율은 피해자가 합법적으로 허가가 나자마자 학교를 떠난 결과일 수도 있다. 상담과 교수, 자문 경험에서 우리는 많은 어른들이 학교가 위협적이라는 것을 알고 그들의 교육을 마치지 않는다는 것을 알았다. 그러나 어쨌든 학년이 높아질수록 증가하는 공격적 청소년의 높은 중퇴율은 고등학교에서 최고조에 이르는 범죄사건(강간, 절도, 도둑질, 무기를 사용하거나 사용하지 않는 신체적 공격, 강도, 파괴)이 만연하는 것과 일치하지 않는다(DeVoe et al., 2002).

학교에서의 폭력적 범죄와 절도는 지난 수십 년 동안 줄어드는 경향을 보였으나 괴롭힘 현상은 증가해왔다(DeVoe et al., 2002). 비록 괴롭힘의 사건이 1995년 이후 단계적으로 확대되었다는 것이 가능할지라도, 이는 괴롭힘의 사건 수는 그대로이지만 사람들이 괴롭힘을 인식하는 민감도가 높아졌기 때문이다. 발생률이 증가된 것으로 해석될 수도 있다. 일반적으로 공격과 괴롭힘의 발생은 높아지고 있으며 주의할 필요가 있다.

교사들 또한 학생들에 의한 공격의 피해자였다. 미국 교육부가 1999학년도에서 2000학년도에 시행한 전국 설문조사에서, 10%의 공립학교 교사들이 학생이 조사 기간 이전 1년 동안 그들을 위협했다고 보고했다. 비록 10%가 의미 있어 보이지 않을지라도 이것은 거의 1년에 311,000명의 교사가 위협을 당했다는 것을 의미한다. 게다가 교사의 4%는 지난 기간 동안 학생들로부터 실제 공격을 받은 경험이 있다고 보고했다. 아프리카계 미국인 교사, 중등학교 교사, 공립학교 교사가 백인, 초등학교, 사립학교 교사보다 피해받을 가능성이 높았다(Gruber, Wiley, Broughman, Strizek, & Burian-Fitzgerald, 2002). 다행히 교사의 피해는 지난 6년 동안 줄었는데, 부상의 위협을 당해왔다고 보고해온 교사들이 1993년부터 2000년 기간 동안 25%까지 감소했다(DeVoe et al., 2002).

역학적인 관점에서, 언제 어디에서 괴롭힘이 발생하는지 교사가 아는 것이 중요하다. 간단하게 답하면 어른이 없는 곳이거나 어른이 보지 않을 때이다. 화장실,

운동장, 식당, 학교복도 등과 같은 감독받지 않는 장소가 가해자가 피해자를 괴롭히는 데 선호되는 장소이다. 일반적으로, 이러한 장소를 감독하면 신체적 공격 행동을 상당히 줄일 수 있다. 관계적, 언어적 폭력은 아이들이 마치 단순히 모여 이야기하는 것으로 보이기 때문에 신체적 공격보다 발견하기 어렵다. 미국여대생협회(2001) 연구에 의하면, 나이가 많은 학생(다시 말해서 8학년에서 11학년)조차도 성적 공격이 학교 어디에서든 발생할 수 있다고 보고하지만 보다 빈번하게는 교실, 복도, 체육관, 혹은 놀이공간에서 주로 일어났다.

공격이나 괴롭힘을 받은 학생들의 피해

괴롭힘의 피해자가 두통이나 복통, 수면장애, 야뇨증과 같은 스트레스가 연관된 다른 문제들뿐만 아니라 우울증, 낮은 자존감을 호소하는 것은 당연하다(Hawker & Boulton, 2000; O' Moore & Kirkham, 2001; Williams, Chamgers, Logan, & Robinson, 1996; Wolke, Woods, Bloomfield, & Karstadt, 2001). 괴롭힘의 표적이 된 학생들은 그들의 안전에 대한 두려움 때문에 등교를 회피할 가능성이 높다(Berthold & Hoover, 2000). 그들은 친구가 거의 없고 그래서 학교에서 외로움을 느낀다고 보고한다(Boulton & Underwood, 1992). 또한, 그들이 친구가 거의 없다는 사실은 괴롭힘의 표적이 쉽게 되게 한다. 다른 아이들은 가해자의 다음 표적이 되는 것이 두려워서 그들의 친구가 되기를 원하지 않을 수도 있다. 모든 이런 결과들은 피해자가 낮은 성적을 받게 하고 학교를 싫어하게 하고 심지어 학교를 자퇴하게 하는 결과를 초래하는 등 개인 및 학교생활에 피해를 입힌다.

성희롱 형태의 피해는 남학생보다 여학생에게 더 영향을 미친다. 최근 연구에서 남학생들(28%)보다 더 많은 여학생들(66%)이 학교에서 성희롱을 당한 후 조금 화가 나거나 매우 화가 났다고 보고했다. 피해자는 남의 시선을 의식하게 되고, 당황스러움, 그리고 두려움을 느꼈다. 4분의 1의 소녀들이 건전한 이성교제를 할 수 있을지 의심했고, 어떤 학생들은 심지어 학교를 졸업할 수 있을지 의문을 제기했다(미국여대생협회, 2001).

괴롭힘의 결과 자살과 살인이 초래되는 경우는 드물지만, 현실적으로 괴롭힘이 비극적인 참사로 이어질 수 있다. 2002년 스코틀랜드의 에든버러(Edinburgh)에서 12살 소녀가 그녀의 침대에 목을 매 죽은 채로 발견되었다. 그녀의 조부모는 그녀가 학교 친구들로부터 잔인한 언어 · 신체적 학대를 받아왔다고 말했다. 유사한 비극적 참사가 디트로이트(Detroit)에서도 최근 발생했다. 계속된 괴롭힘이 극단적인 보복의 형태를 초래할 수 있다. 예를 들어 매사추세츠(Massachusetts)주 노샘프턴(Northampton)에서 친구들로부터 동성애자라고 불리며 지속적인 괴롭힘을 당해온 15살 학생이 가해학생들의 우두머리 학생을 찔러 죽였다. 최근에 미국비밀검찰국(U.S. Secret Service)과 미국 교육부는 학교 총격사건의 범인이었던 학생들의 특성을 조사했다. 이들의 3/4이 괴롭힘의 피해자였고 이에 대한 분노와 복수를 위해 학교 총격 사건을 저지르게 된 것이라는 것을 알아냈다(Vossekuil, Fein, Reddy, Borum, & Modzeleski, 2002).

결론적으로, 괴롭힘과 공격은 그에 따르는 심각한 결과 때문만이 아니라 그 자체가 잘못된 것이기 때문에 우리는 그것을 받아들일 수 없으며 용납되어서는 안 된다고 강조한다. 어른들이 신체적 · 감정적 상처에 대한 두려움 없이 일을 하러 가는 권리가 있는 것처럼 학생들도 학교에 가는 것을 두려워해서는 안 되고, 그들을 방어할 필요가 없어야 한다. 어른들이 일을 해야 하는 것과 달리, 학생들은 법적으로 학교 출석을 해야 한다. 학생들을 보호하고 그들에게 안전한 환경을 만들어주는 것이 부모와 교사의 역할이다. 학생들과의 인터뷰에서 학생들은 배우고 친구들과 함께 있기 위해 학교에 가고 싶다고 말했다. 배우고, 자라고, 우정을 쌓아가는 것이 학교 가는 것의 핵심이어야 한다. 따라서 학교는 학생들이 지적 · 사회적 역량을 극대화할 수 있는 안전하고 긍정적인 환경을 제공하여야 할 것이다.

제2장

괴롭힘과 공격성에 관련된 위험요인과 보호요인

나는 많은 어려움을 겪고 있다. 학교에서 실패하고, 싸우고, 마약을 시작하고…
아버지는 오래전에 집을 나가셨고, 어머니는 본인의 어려움에 대해서 나를 원망하고,
나를 돌봐주지 않는다. 할머니가 없었다면 난 지금 아마 감옥에 있을 것이다.
— 9학년 학생

이 장은 지난 10년간 괴롭힘이 급격하게 증가하였다는 점에 초점을 맞추지만 많은 연구들처럼 학생들의 공격성과 관련한 위험요인(risk factor)에만 초점을 맞추는 것은 아니다. 이 장에서는 아이들의 공격성과 괴롭힘에 관련된 위험요인과 보호요인(protective factor)에 대한 최근의 연구들에 대해 균형 있게 설명하고자 한다. 먼저 공격성과 관련된 위험요인과 보호요인의 개념에 대해 논의하고, 특별한 위험요인과 보호요인에 대해 개인, 가족과 교우관계, 학교, 지역사회와 문화 등 네 가지 수준의 생태학적 관점에서 살펴보고자 한다.

왜 괴롭힘과 공격성이 나타나는가?

미국에서는 1999년에 콜로라도 주의 Columbine 고등학교에서 2명의 학생이 12명의 같은 반 친구들과 교사를 사망하게 만든 총기사건이 발생하였고, 2005년에는 미네소타 주의 Red Lake에서 한 학생이 교사와 경비원, 5명의 학생을 쏘고 자살한 비극적인 사건이 발생하였다. 사람들은 "왜 이런 일이 발생했을까?"라고 질문하지만, 이런 질문에 간단하게 답하기는 어렵다. 사람들은 폭력과 공격성이 복잡한 문제라는 점을 알고 있음에도 불구하고 대부분 간단한 답을 원하고 있다. 간단한 답을 할 수는 있겠지만 그 답은 문제의 전체를 포괄하기 어렵고, 부분적이거나 부정

확하게 될 경우가 많다.

논쟁이 되고 있지만, 아이들에게 나타나는 공격적 성향의 근본적인 원인은 가족적 가치의 결핍, 폭력적인 대중매체에 노출, 가난, 무기소지의 용이함, 마약 등이 지적되고 있다. 근본적인 원인을 찾는 연구 중에는 문제의 중요한 부분을 놓치는 경우가 많다. 첫째, '원인' 으로 지적되고 있는 위험요인들이 모두 결합되는 것은 아니다. 위험요인은 개인이 특정한 문제행동을 하게 만드는 개인적 · 환경적 특징들이다. 공격성이나 괴롭힘과 관련된 위험요인들은 어떤 아이가 공격적으로 행동할 가능성을 높이는 요인들이다. 하지만 어떤 아이가 위험요인을 갖고 있다고 해서 반드시 공격적으로 행동하는 것은 아니다. 둘째, 하나의 명백한 위험요인이 있는 상황보다는 여러 가지 위험요인들이 누적적 · 종합적으로 영향을 미칠 때 공격적인 행동을 하게 된다(Garmezy, 1993). 예를 들면, 건강에 해로운 음식을 먹는 것 자체로 심장질환의 위험을 높이게 되지만 이에 더하여 담배를 피우고, 운동을 하지 않고, 심장질환과 관련된 가족력이 있는 경우에는 심장질환 발병의 위험성이 급격하게 높아지게 된다. 마찬가지로 공격성과 관련된 여러 가지 위험요인들이 복합적으로 결합되고 누적되면 공격적인 행동을 할 가능성은 급격하게 높아지는 것이다.

반면에 보호요인은 개인이 문제 행동을 할 가능성을 줄이거나, 질병이나 상처받지 않도록 도와주는 개인적 · 환경적 특징을 의미한다. 공격성에 대한 보호요인은 잘 구성된 방과후 활동에 참여하거나, 긍정적인 부모-자녀 관계를 형성하는 것처럼 아동들이 공격적인 행동을 하게 될 가능성을 줄여주는 요인이라고 할 수 있다.

지난 50년 동안 아동기와 청소년기 아이들의 공격적 행동, 폭력, 비행에 대한 연구들은 주로 위험요인에 초점을 맞춰서 이루어졌다. 위험요인에만 초점을 맞춘 연구의 결과는 중요한 부분이 간과되거나 잘못된 결론을 내린 경우가 많이 있다. 문제 해결을 위한 프로그램들은 위험요인과 상반되는 측면인 보호요인에 대해서도 살펴봐야 한다. 문제를 해결하려는 개입(intervention) 프로그램은 위험요인에 대해서 개선하는 것뿐 아니라 긍정적이고 보호적인 환경을 만드는 방법을 찾아서 아이들의 장점을 이끌어내는 프로그램이 되어야 한다. 최근에 교육자와 연구자들은 학생들의 공격성을 줄이고 잘 지낼 수 있도록 도움을 주는 보호요인과 방법들에 대해 관심을 갖기 시작하였다. 하지만 보호요인에 대해 설명하는 것은 쉽지 않다. 연구자들은 위험요인과 보호요인들이 하나의 연속선의 양 극단에 있는 것인지, 또는 보호요인은 위험요인과 완전히 독립되어 구분될 수 있는 것인지에 대해 완전한 합의에 이르지는 못하고 있다. 예를 들어 자녀에 대한 부모의 관리 수준이 낮아지면 자녀의 공격성이 높아지고, 관리 수준이 높아지면 자녀의 공격성이 낮아진다는 연구결과를 보면 부모의 관리라는 요인은 연속선상에 있는 것으로 보인다. 하지만 부모가 자녀를 잘 관리하는 것만으로 부모가 할 수 있는 보호요인이 충족된 것으로 볼 수 있을까? 일부의 연구자들은 보호요인이라는 것은 아이들의 삶에 긍정적인 요인으로 작용하는 것으로 단순하게 부모가 자녀를 관리하는 것과는 다른 것이라고 지적한다. 아이가 피아노를 연주하거나, 운동경기에 참여하거나, 무술을 하는 것처럼 특정한 기술을 갖고 있을 때, 아이들이 자존감을 갖고 긍정적인 교우관계를 갖게 되는 것은 보호요인이 위험요인과 독립적으로 존재하는 것이라는 것을 보여주는 예라고 할 수 있다. 위험요인과 보호요인의 개념을 명확하게 하는 것은 학교 폭력을 예방하고 줄이는 개입 프로그램을 개발하는 데 도움을 줄 수 있다. 공공건강모델(public health model)은 이러한 전형적인 사례라고 할 수 있다(글상자 2.1에서 구체적으로 제시하고 있다).

글상자 2.1 ■ 공공건강모델을 활용한 프로그램 개발에 적용된 위험요인과 보호요인 사례

폭력과 공격성을 예방하기 위한 공공건강모델에서 공격성과 관련된 위험요인과 보호요인의 개념을 명확하게 하는 것은 중요한 단계이다(Mercy, Rosenberg, Powell, Broome, & Roper, 1993). 학교내 괴롭힘을 연구하는 연구자들은 괴롭힘을 줄이고 예방하기 위해 4단계 모델을 활용한다. 공공건강모델은 공격적 행동의 대부분이 우연히 발생하는 것이 아니며, 예방할 수 있는 것이라고 가정한다. 폭력의 원인을 이해하는 것은 위험요인을 줄이고, 보호요인을 강화하며, 대상과 지역에 따라 다양한 처방을 할 수 있도록 유용하게 활용될 수 있다. 4단계 모델은 다음의 네 가지 질문에 대한 대답으로 구성되어 있다.

1. ***문제가 무엇인가?*** 첫 번째 단계는 문제에 대해 명확하게 규정하는 것이다. 하지만 공격성과 괴롭힘의 개념 규정이 사람마다 다르기 때문에 어려울 수 있다. 문제를 규정하기 위해서는 우선 다음의 질문들에 대해 답해야 한다. 누가 피해자이고 누가 가해자인가? 언제 어디서 공격적 행동이 발생하였는가? 얼마나 자주 공격적 행동이 발

생하였는가? 공격적 행동이 얼마나 심각한 수준인가? 어떤 종류의 폭력, 공격적 행동, 괴롭힘이 발생하였는가? (1장과 6장에서 문제의 개념과 평가에 대해 설명하고 있음)

2. ***공격적 행동의 발생 가능성을 높이거나 낮추는 요인은 무엇인가?*** 두 번째 단계는 문제를 줄이도록 변화시킬 수 있고 예방할 수 있는 위험요인과 보호요인을 찾아내는 것이다. 교사들은 종종 변화시킬 수 없는 요인(성별, 사회경제적 지위)이나 통제할 수 없는 요인(가족 관계)들을 문제요인으로 찾아내는 경우가 있는데, 이러한 경우에 해결의 희망이 없다는 결론에 이르게 된다. 2단계에서는 변화를 주거나 긍정적인 영향을 줄 수 있는 요인들을 찾아내는 데 중점을 두어야 한다. 예를 들면 가해학생이 괴롭히는 행동을 그만두도록 할 수 있는 요인을 찾아내는 것이다.
3. ***공격적 행동을 예방하거나 줄이는 데 효과적인 개입은 무엇인가?*** 세 번째 단계는 수집된 정보에 기반하여 효과적인 개입을 만드는 것이다. 공격적 행동과 괴롭힘을 줄이고 사회적 역량을 높이기 위해서 많은 프로그램들이 적용되어 왔다. 그 결과 폭력을 예방하는 긍정적인 활동들이 늘어나고 있다(7장에서 프로그램들에 대해 설명하고 있음).
4. ***어떻게 효과적인 처방을 확산할 것인가?*** 4단계는 공인된 전략들을 일반화하여 적용할 수 있도록 효과적인 확산전략을 만드는 것이다. 처방의 개발단계에 따라 일반화할 수 있는 수준을 다르게 적용해야 한다. 예를 들면 학교의 상담교사가 새로운 교육과정을 실험적으로 개발하여 처음에는 6학년 2개 학급에서 적용하고, 학생들의 의사소통 역량이 개선된 것을 확인한 후에 6학년 전체 학급으로 확산하게 된다. 만약에 전체 학급에서 성공적인 것으로 확인되면, 학교구 전체로 확산하여 적용할 수 있다. 최종적으로 이 교육과정은 주(州) 전체로 확산되는 '파급효과(ripple effect)'를 보일 수 있다. 적용범위가 확대되면 구조화된 확산전략을 만들어야 한다. 예를 들면 다양한 문화적 상황에서 적용할 수 있는 기술, 예상치 못한 결과에 대해 대응하는 방법, 운영자에 대한 훈련 방법 등을 포함하는 처방의 핵심적인 요소들을 반드시 매뉴얼 형태로 만들어야 한다.

아이들이 다른 애들을 괴롭히거나 공격적인 행동을 할 가능성을 높이는 요인들과 이러한 가능성을 줄이는 요인들을 정리하기 위하여 생태학적 모델을 활용하여 위험요인과 보호요인들을 정리하였다(표 2.1에 요약되어 있음). 자세한 내용은 3장에서 설명한다. 공공건강모델에 적용된 생태학적 모델을 요약하면 개인의 행

〈 표 2.1〉 위험요인과 보호요인

구분	위험요인	보호요인
개인	아이가 • 남자 • 학업성적이 낮음 • 공격성에 대한 높은 자아 효능감 • 공격적 행동을 했을 때 성공의 경험을 하고 부정적인 결과가 없었음 • 공격적 행동의 결과에 대해 높은 가치를 부여함 • 폭력을 지지하는 신념 • 공격적 행동의 이유를 무관한 타인에게 돌림 • 문제해결 능력의 부재 • 음주나 마약, 무기 소지, 폭력집단 가입 등의 위험한 행위 • 주의력결핍 과잉학습장애 혹은 학습장애	아이가 • 여자 • 학업성적이 높고, 열심히 공부하며, 학교에서 동기가 높고, 독서에 즐거움을 느낌 • 학교생활에 적극적이고, 학교활동에 적극적으로 참여함 • 정직, 우정, 평화, 존경 등의 긍정적인 가치를 보여줌 • 사회적 역량이 높음(문제해결 능력이 높고, 목표 지향적이며, 친구를 잘 사귐) • 문화적 역량이 높음 • 긍정적 자아 정체성, 높은 자아 효능감, 목적 지향적인 삶, 미래에 대한 긍정적 사고 • 시간을 건설적으로 활용
가까운 관계: 가족과 친구	부모나 보호자가 • 아이와 부정적인 관계 • 아이와 의사소통이 원활하지 못함 • 아이에 대한 관리가 소홀함 • 아이의 부정적 행동을 제한하거나 대응하지 못함 • 아이에게 부부간 폭력, 아동 학대, 비난, 비행 등 공격적 행동을 보여줌 • 폭력을 많이 사용함 • 아이를 거부함 아이의 친구들이 • 공격적이고 비행행동을 함 • 담배나 술, 마약을 함	부모나 보호자가 • 아이를 사랑하고 보호함 • 아이와 긍정적으로 의사소통함 • 명확한 규율을 갖고 대응행동을 함 • 분쟁 해결과 통제의 롤 모델이 됨 • 아이의 학교생활과 일상생활에 함께 함 • 가족이 함께하는 활동을 함 아이의 친구들이 • 긍정적이고 배려적임 • 학업에 관심이 많음
학교 환경	학교가 • 부정적 풍토를 갖고 있음 • 교사와 학생간의 긍정적 관계를 조장하지 못함 • 관리감독의 부재 • 괴롭힘 예방 정책의 부재 • 교사의 학생 괴롭힘 허용 • 체벌 시스템을 갖고 있음	학교가 • 긍정적 풍토를 갖고 있음 • 교사와 학생간의 긍정적 관계를 조장함 • 높은 수준의 관리감독 • 분명한 괴롭힘 예방 정책을 갖고 있음 • 훌륭한 수업을 장려함 • 학습 지원이 필요한 학생들에게 기회 제공 • 학교활동에 적극적으로 참여할 수 있는 기회 제공 • 모든 학생에 대한 높은 기대
지역사회와 문화, 대중매체	지역사회의 폭력 수준이 높음 • 폭력을 지지하는 문화 • 대중매체의 빈번한 폭력 노출 • 무기 소지가 용이함 • 인터넷 접근이 관리되지 않음	지역사회가 청소년과 교육을 가치 있게 여기고 갈등을 평화적으로 해결함 • 청소년들에 대한 지역사회의 관리감독 • 지역 경찰이 문제해결에 중점을 둠 • 다양성을 가치 있게 여기는 문화 • 대중매체가 교육적임

동에는 다양한 개인적 · 환경적 요인들이 영향을 미친다는 것이다. 이 장에서 활용하는 폭력성에 대한 생태학적 모델은 먼저 아이들 개인의 상황이나 심리적 특성과 관련한 요인을 살펴보고, 아이들을 둘러싸고 있는 생태학적 특징들을 가족, 친구, 학교, 지역사회, 문화적 수준으로 확대하면서 다양한 요인들의 영향력을 포괄하는 것이다. 생태학적 모델의 각 수준은 서로 독립적이지 않고 상호 관련성이 높기 때문에 실제 폭력성에 미치는 요인은 더 복잡하다고 할 수 있다.

생태학적 모델을 살펴보기 위해서 먼저 개인수준에서 개인의 심리적 위험요인과 보호요인들에 대해 논의할 필요가 있다. 그 다음에 가족과 친구처럼 아이와 가까운 관계를 맺고 있는 사람들의 영향력에 대해 논의한다. 마지막으로 학교 환경의 영향, 지역사회와 문화적 요인, 대중매체의 영향력 등에 대해 살펴보고자 한다.

학생 개인의 내적 위험요인과 보호요인

학교 폭력과 관련된 아이의 내적인 위험요인과 보호요인은 다양하게 존재한다. 이 부분에서는 크게 아이의 성별, 생물학적 · 행동주의적 요인, 학교생활, 심리적 요인 등 네 가지 범주에서 위험요인을 살펴보고자 한다.

위험요인

남성이라는 사실 자체는 공격적 행동을 유발하는 위험요인이다. 한 회의에서 어떤 여자 교장이 "공격적 행동을 유발하는 가장 중요한 요인이 무엇인가?" 라고 질문하고, 곧바로 "테스토스테론(남성 호르몬)!" 이라고 답하였다. 문화와 상관없이 남자 성인과 아이들은 여자 성인과 아이들보다 폭력적이고 공격적이며 남을 괴롭히려는 성향이 강하다. 많은 연구들은 일반적으로 남자 아이들이 여자 아이들보다 공격적인 성향을 갖고 있음을 밝혀냈다(Crunbaum et al., 2004; Hyde, 1984; Maccoby & Jacklin, 1974). 하지만 단순히 테스토스테론 때문인지에 대해서는 명확하지 않다. 모든 남자 아이들이 공격성을 갖고 있는 것은 아니며, 사회화 과정이 중요한 요인이 될 수도 있다. 1장에서 논의한 바와 같이, 몇몇 연구들에서는 여자 아이들의 공격적 성향이 남자 아이들에 비해서 낮게 나타난다. 남자 아이들이 신체적 · 언어적 방식으로 공격성을 보이고 있지만, 여자 아이들은 안 좋은 소문을 퍼트리거나 고립시키는 경우와 같이 관계적 측면에서 다른 아이들에게 상처를 입히는 경향이 있다(Crick & Grotpeter, 1995). 그렇지만 이러한 관계적 공격성과 같이 유형에 따른 성별 차이는 논의되지 않고 있다.

여자 아이들과 비교할 때 남자 아이들이 공격적 행동의 가해자가 되는 경우가 많다는 경험적 증거는 매우 많다. 또한 성폭행이나 가족 사이의 신체적 폭력을 제외하고는 대부분의 폭력 상황에서 남자 아이들이 여자 아이들에 비해 피해자가 되는 경우가 더 많다. 청소년의 위험행동에 대한 관찰을 위해서 미국의 질병통제예방센터(Centers for Disease Control and Prevention)는 2년마다 전국 고등학생을 대상으로 표집하여 'Youth Risk Behavior Survey'를 실시하고 있다. 2003년의 조사 결과에 의하면 지난 1년간 신체적 싸움을 한 남학생(41%)은 여학생(25%)의 두 배에 가까운 것으로 나타났다. 그 중에서 학교에서 신체적 싸움을 한 경우는 1년 동안 남학생 17%, 여학생 8%로 나타났고, 학교에 있는 물건(골프채, 하키채, 야구 방망이, 칼, 권총) 등을 사용하여 싸운 경우는 1달 동안 남학생 9%, 여학생 3%에 이르고 있다(Grunbaum et al., 2004). 더욱 놀라운 것은 2003년의 응답이 지난 10년 동안의 조사 결과 중에서 가장 낮은 수치라는 점이다.

특히 남녀관계에서는 남성이 폭력과 관련된 가해자와 피해자가 될 가능성이 높다는 결과와는 다른 점이 나타난다. 2003년 설문조사(Grunbaum et al., 2004)에 의하면 남자 친구나 여자 친구에 의한 신체적 폭력은 남녀 모두 9%로 성별에 따른 차이가 없는 것으로 나타났다. 반면에 성관계를 강요당한 것에 대해서는 여학생(12%)이 남학생(6%)에 비해 많은 응답률을 나타냈다. 다양한 검사도구와 지표(순위평가, 설문지, 투사검사 등)에 의해 조사된 관찰연구나 실험연구의 결과들은 일관되게 남학생이 여학생보다 높은 공격성을 갖고 있다고 밝히고 있다(Eagly & Steffen, 1986; Hyde, 1984; Maccoby & Jacklin, 1974). 다른 연구들은 실제 행동뿐만 아니라 상상이나 꿈에서도 남학생들이 여학생들에 비해서 높은 공격성을 나타내는 것으로 보고하였다(May, 1980; Munroe et al., 1989; Pollak & Giligan, 1982). 하지만 이러한 연구 결과만으로 남성이 더 높은 공격성을 갖는 것이 생물학적 영향에 의한 것인지, 아니면 사회화의 과정에서 영향을 더 받은 것인지에 대한 결론을 내리기에는 한계가 있다.

아이들의 생물학적·행동적 특징들은 폭력에 대한 위험을 높이는 요인이 될 수 있다. 주의력 결핍이나 과잉행동증후군(ADHD)을 앓고 있는 아이들은 공격적 행동을 하거나 피해자가 될 위기에 있다. 과잉행동증후군인 아이들은 과업을 수행하거나, 가만히 앉아 있거나, 행동하기 전에 생각하거나, 미래의 계획을 수립하는 데 어려움을 겪는다. 이런 아이들의 경우에는 일반 아이들을 관리하는 상벌체제 방식만으로 행동을 통제하기 어렵다. 과잉행동증후군인 아이들은 예측하기 어렵고, 혼란스러우며, 주변 사람들을 힘들게 만들 수 있다. 정보통신 기술이 급격히 발전하고 학업성취도에 관심이 높아지는 상황에서 이런 아이들이 학교에서 제대로 생활할 수 있도록 하기 위해서는 숙련된 부모와 교사의 지원과 더불어 의약적 치료, 전문가에 의한 상담 등이 함께 필요하다. 하지만 모든 과잉행동증후군 아이들이 이러한 지원을 받을 수 있는 상황이 아니므로, 일반 학교에서는 학생이 수년간 어려움을 겪고 난 이후에 진단이 되는 경우가 많이 발생한다. 학업의 실패와 어른들과의 관계에서 어려움을 겪는 상황은 폭력을 유발하는 위험요인이 될 수 있다. 심지어 이러한 아이들은 성적이 낮은 아이들, 규칙을 위반하는 아이들, 학교폭력의 가해학생들에게서 도움을 받는 경우도 있는데, 이런 경우에는 폭력을 유발하는 또 다른 위험요인으로 작용하게 된다(Tripp & Alsop, 1999, 2001). ADHD뿐만 아니라 신체적 능력이 부족하거나, 학습장애가 있거나, 임신중독, 뇌손상 등의 경험이 있는 아이들의 경우에도 폭력이나 비행행동을 하게 될 위험성이 더 높아질 수 있다(Buka & Earls, 1993).

학교생활에서 실패했다는 사실은 10대 학생들의 비행과 폭력, 그리고 성인의 폭력에 대해서 강력한 예측변수가 된다(Busch, Zagar, Hughes, Arbit, & Bussell, 1990; Farrington, 1989; Huesmann & Eron, 1984; Loeber & Dishion, 1983). 공격적 행동과 학업성취도는 어느 정도의 상관관계를 갖고 있을까? 공격적 성향을 갖고 있는 아이들은 일반적인 아이들에 비해서 우울하거나, 쉽게 화를 내거나, 낮은 수준의 사회적 지지를 받고 있다(Kaahani, Deuser, & Reid, 1991; Kashani & Shepperd, 1990; Ney, Colbert, Newman, & Young, 1986). 학업성취 수준이 낮은 아이들은 학교에서 행동에 대해 긍정적인 보상을 받는 경험을 많이 하지 못한다. 더욱이 공격적인 아이들은 교사와 다른 학생들과의 관계에서도 부정적인 경험을 더 많이 하게 된다. 교사들은 공격적인 아이들에게 부정적인 피드백을 하게 되고, 낮은 수준의 지지를 하게 된다(Fry, 1983). 학업을 중단한 아이들이 신체적 폭력, 성폭력, 마약중독, 무기사용 등의 폭력적 삶을 살게 되는 경우가 많기 때문에 학업성취도는 매우 중요하다고 할 수 있다(Chavez, Edward, & Oetting, 1989).

개인의 심리적 특징들도 폭력을 유발하는 위험요인이 될 수 있다. 많은 연구들은 공격적 아이들의 심리적 특징들을 조사하였다. 많은 연구가 어린아이들, 특히 남자 아이들을 조사했는데, 그 결과에 대해서는 주의해서 살펴봐야 한다. 왜냐하면 개인의 심리적인 특징들은 폭력의 상황과 가해자와 피해자의 성별에 따라서 매우 다양하게 나타나기 때문이다. 공격적 아이들의 심리를 살펴본 연구에 따르면 다음과 같은 특징들을 포함하는 경우가 많다.

- 폭력과 관련한 자아 효능감: 어떤 행동을 정확하게 수행할 수 있는 능력에 대한 본인의 판단 ("나는 그 아이를 때릴 자신이 있다.")
- 폭력의 결과에 대한 기대감: 어떤 행동이 유발할 수 있는 결과에 대한 판단 ("그 결과 그 아이가 나를 존경할 것이다.")
- 폭력의 결과에 대한 가치 부여: 어떤 행동의 결과에 대해 중요성을 인식하거나 관심을 갖고 있는 수준 ("나는 정말 존경받는 것을 좋아한다.")
- 폭력을 지지하는 신념 ("다른 아이들을 때리는 것은 괜찮다.")
- 폭력의 원인에 대한 귀인: 폭력과 무관한 다른 친구들에게 원인을 돌림 ("그 아이가 복도에서 고의로 나를 치고 지나갔다.")
- 문제해결 능력을 효과적으로 사용하는 수준 ("그 아이를 때리는 방법 이외에는 없었다.")

공격성이 높은 아이들은 공격적인 행동을 통해 목적을 달성할 수 있고, 성공할 것이라고 자신감을 갖고 있는 경향이 있다(Perry, Perry, & Rasmussen, 1986). 불행하게도 그들의 생각이 옳을 때도 있다. 공격적인 행동을 통해서 또래집단에서 우위에 서고, 점심을 사먹기 위해 돈을 빼앗고, 운동장에서도 놀이기구를 오래 사용할 수 있는 경험을 했다면 계속해서 그런 공격적 행동을 하게 되는 것이다. 아이들은 보상을 받는 행동과 처벌을 피하는 행동을 더 많이 하게 되는 것을 사회생활에서 학습하게 된다. 아이들의 공격적인 행동에 대해서 어른들이 적극적으로 막지 않고, 그 행동으로 인해 부정적인 결과도 없었다면 아이들은 공격적인 행동을 지속적으로 유지하여 원하는 것을 얻게 된다. 이러한 아이들은 공격적인 행동을 통해서 보상을 기대하게 되고, 부정적인 결과는 없을 것이라고 믿게 된다(Perry, Williard, & Perry, 1990). 더욱 심각한 문제는 공격성이 심한 아이들은 다른 사람들의 부정적인 반응에 대해 전혀 신경을 쓰지 않는 경우도 있다는 것이다(Guerra & Slaby, 1989). 교사들은 종종 이런 아이들이 교실에서 교사의 지시에 신경을 쓰지 않는다고 말한다. 공격성이 높은 아이들은 자신들의 행동이 정당한 반응이라고 믿고 있고, 자신들의 자존감을 높이는 것이며, 다른 학생들에게 별로 해를 끼치지 않는다고 생각하고 있다(Slaby & Guerra, 1988).

공격성이 높은 아이들은 문제해결 능력이 낮은 수준이다. 일부 연구들은 공격성이 높은 아이들의 문제해결 방식에 특별한 부분이 있다는 점에 주목하고 있다. 공격적인 아이들은 적대적으로 보이는 관심에도 동기화가 되고, 폭력의 필요성을 지지하는 신념을 갖고 있고, 공격적 행동의 결과에 대해서는 관심이 없고, 비폭력적인 문제해결 방식은 잘 선택하지 않으며, 비폭력적인 문제해결에 대해서는 자신감이 없고, 결과적으로 효과적이지 않은 해결방안을 선택하여 실행하게 된다(Bosworth, Espelage, & Simon, 1999; Guerra & Slaby, 1989; Joffe, Dobson, Fine, Marriage, & Haley, 1990; Neel, Jenkins, & Meadows, 1990; Slaby & Guerra, 1988). 갈등해결의 과정과 단계에 대해서는 5장에서 논의하고 있다. 공격성이 높은 아이들이 갖고 있는 문제행동은 단지 공격적인 행동뿐만이 아니다. 공격성이 높은 아이들은 음주와 마약중독, 흡연, 무기 소지, 폭력조직 가입 등의 문제행동 경향을 보이고 있다(Orpinas, Basen-Engquist, Grunbaum, & Parcel, 1995).

공격성이 높은 아이들은 사회적 역량(social competence)이 부족한 것인지, 아니면 다른 아이들을 괴롭히는 특별한 사회적 기술을 갖고 있는 것인지에 대해 오랫동안 논란이 계속되어 왔다(Arsenio & Lemerise, 2001). 연구자 사이에 사회적 역량의 개념에 대한 인식의 차이가 있기 때문에 양쪽의 견해는 모두 나름의 논거를 갖고 있다. 어떤 연구자들은 사회적 역량을 '사회적 관계를 긍정적인 방향으로 이끄는 것' 으로 정의하고 있는데, 이러한 관점에서는 폭력성이 높은 아이들은 사회적 역량이 부족하다고 평가할 수 있다. 반면에 사회적 역량을 '한 개인이 사회적 관계를 넓히고 다른 사람을 본인이 원하는 방향으로 조정해 나가는 것' 으로 보는 중립적 관점에서는 공격성이 높은 아이들은 다른 아이들의 약점을 포착하여 본인이 원하는 방향으로 상황을 조정해 나가는 능력이 있으며, 반사회적 목적이기는 하지만 일종의 사회적 역량을 갖고 있다고 평가하고 있다.

보호요인

보호요인은 학생들의 ***올바른 성장과 발달의 자산(developmental assets)***이며, 앞에서 언급한 다양한 위험요인들과는 상반되는 요인이라고 할 수 있다. Search Institute[1)]의 Scales와 Leffert(1999:1)는 올바른 성장과 발달의 자산을 "청소년들이 갖추어야 할 긍정적인 관계, 기회, 역량, 가치, 자아인식"이라고 정의하였다. Search Institute는 미국 전역의 213개 커뮤니티에 소속한 약 10만 명의 공격성이 높은 중학생과 고등학생의 표본을 갖고 연구를 진행하고 있다. Search Institute는 성장과 발달의 자산을 다음의 네 가지 영역에서 20개의 개념으로 정의하였다: 학습에 대한 열정, 긍정적 가치, 사회적 역량, 긍정적 자아개념.

학습에 대한 열정(commitment to learning)은 학교 폭력에 대한 중요한 보호요인이다. 학업성취도가 낮은 것은 학교 폭력의 위험요인이지만 반대로 학업성취도가 높은 것은 공격적 성향에 대한 보호요인이라고 할 수 있다. 학습에 대한 열정은 단순하게 성적으로 판단할 수는 없고, 독서를 즐기고, 학교에 대한 인식이 긍정적이며, 학교활동에 적극적으로 참여하고, 과제물을 잘 하는 등 학교생활 전반에 걸쳐 생활을 잘 하려는 동기가 높은 것을 의미한다. 이러한 요인에는 개인적인 특성뿐 아니라 학교의 특성도 반영된다. 아이들이 학교생활을 잘 하는 것은 학교, 가족, 아이의 상호작용에 의해 결정되는 것이다. 학교생활을 잘 하는 것은 직접적으로 공격적 행동과 비행행동을 줄이는 효과를 발휘하게 된다(Fors, Crepaz, & Hayes, 1999; Scales & Leffert, 1999).

긍정적 가치(positive values)의 기본적인 중요성은 갈등 조정의 수단으로 평화적인 방법을 사용하는 것에 대해 지지하는 자세라고 할 수 있고, 그 밖에도 중요한 보호요인들을 포함하고 있다. 긍정적 가치는 다른 사람을 배려하고, 다른 사람의 상황을 이해하고 공감하며, 공정함과 사회적 정의를 추구하고, 자신의 신념에 대해 의지를 갖고 있으며, 정직함과 책임감을 갖고 있고, 음주 · 마약 · 성행위에 대한 절제를 행동으로 옮기는 것 등을 포함한다.

사회적 역량(social competence)은 긍정적인 결정을 내리고, 비폭력적으로 갈등을 해결하며, 미래의 계획을 세우고, 부정적인 교우관계에 대해서는 반대 입장을 보이며, 친구를 잘 사귀고, 다른 문화와 환경에 있는 사람들과 함께 잘 지내는

---

1) 역주: Search Institute의 홈페이지 주소는 http://www.search-institute.org/임.

것을 의미한다. 사회적 역량을 갖춘 아이들은 학업성취도가 높은 것으로 나타나고 있다(Welsh, Parke, Widaman, & O' Neil, 2001).

*긍정적 자아개념(positive identity)*은 높은 자아존중감, 명확한 인생의 목표 설정, 미래에 대한 긍정적 관점, 미래의 상황에 대해 통제할 수 있다는 자신감 등을 포함한다. 자아존중감과 괴롭힘에 대한 연구에서는 괴롭힘을 당하는 아이들을 도와주는 아이들은 자아존중감이 높은 반면에 다른 아이들을 괴롭히는 아이들은 '방어적(defensive)' 이며 낮은 자아존중감을 갖고 있는 것으로 나타났다(Salmivalli, Kaukianen, Kaistaniemi, & Lagerspetz, 1999). 괴롭힘을 당하는 피해 학생들도 낮은 자아존중감을 갖고 있는 것으로 나타났다(O' Moore, 2000).

가족 및 친구들과 관련된 위험요인과 보호요인

아이들에게는 가족이 지원과 학습의 가장 근본적인 원천이며, 위험요인과 보호요인은 가족과의 관계를 통해서 명확해진다. 대부분의 아이들은 가족 단위로 태어나서 자라게 되며, 위험요인과 보호요인은 가족관계를 통해서 강력한 영향력을 미치게 된다. 또한 아이가 자라면서 친구와 또래집단과의 관계는 아이들의 삶에 중요한 영향을 미치게 된다.

위험요인

부모 및 가족과 관련된 위험요인은 세 가지 영역으로 구분해볼 수 있다. 일상적인 부모의 역할, 가족 사이의 폭력 정도, 가정에서 아이를 방치하는 수준 등이다. 훌륭한 부모가 되기 위해서는 책임감이 필요하다. 부모들은 아이를 사랑해야 하고, 대화를 나눠야 하며, 가치관에 대한 토론을 나누고, 그러한 가치에 대해 역할 모델이 되어야 하며, 아이들과 즐거운 활동이나 가정의 사소한 일도 함께 하고, 아이들이 어디에 있는지 확인해야 하며, 아이의 친구나 부모들과도 만나고, 학교 숙제를 도와주며, 아이가 친구관계나 사회적 관계에서 겪는 문제들에 대해서 함께 고민하고 해결해줘야 한다. 하지만 실제 부모들이 하는 역할은 매우 다양하다. 일부의 부모들에게는 훌륭한 부모의 역할을 수행하는 것이 자연스럽고 즐거움을 주는 일이지만 어떤 부모들에게는 이러한 역할을 해내기 어렵기 때문에 부담으로 작용하기도 한다. 자녀 양육에 어려움을 겪는 부모들은 환경을 바꾸기 위해 노력하거나 사회적 지원을 이끌어내기 위한 사회적 기술이 부족한 경우가 많다. 한부모 가정이나 경제적으로 어려운 경우에는 사회적 지원 체제를 이용하기 어려운 상황인 경우가 많다. 자녀 양육의 준비가 되지 않은 부모들에게 감정적 · 신체적 장애가 있는 아이들은 더 큰 부담이 될 수 있다. 문제가 있는 부모와 아이들에게 필요한 처방을 찾아내기 위해서는 자녀교육에 대한 부모의 지식과 기술에 대해 먼저 이해해야 한다. 예를 들면 경제적으로 여유로운 부모에 비해 경제적 형편이 어려운 부모들은 아이들과 보낼 수 있는 시간적 여유가 적을 수밖에 없다. 두 가지 상반된 유형의 가정에서 아이들에게 문제가 생긴 경우에는 각각 다른 위험요인과 원인이 있기 때문에 상황에 맞는 다른 방식의 처방이 필요하다.

학교 폭력과 관련된 부모의 양육방식에 관하여 자녀와의 의사소통, 자녀와의 관계, 부모의 관리방식 등 세 가지 주제로 나누어 연구가 진행되고 있다. 자녀와의 의사소통, 자녀와의 관계, 부모의 관리방식에서 문제가 있는 경우에는 아이들이 반사회적 행동, 비행행동, 술과 약물 남용, 흡연, 이른 시기의 성행위 경험 등 다양한 종류의 위험행동을 하는 것으로 나타나고 있다(Diglan, Duncan, Ary, & Smolkowski, 1995; Cohen, Farley, Taylor, Martin, & Schuster, 2002; Ledoux, Miller, Choquet, & Olant, 2002; Metzer, Noell, Biglan, Ary, & Smolkowski, 1994; Patterson, DeBaryshe, & Ramsey, 1989; Patterson & Stouthamer-Loeber, 1984; Steinberg, Fletcher, & Darling, 1994).

부모들이 아이들과 어떻게 의사소통하고 위험이 높은 문제행동을 할 때 어떻게 대화를 하는지에 따라 긍정적으로나 부정적으로 상당히 중요한 영향을 미칠 수 있다(Herrenkohl et al., 2001). 어떤 부모들은 아이들이 거친 행동을 할 때 칭찬하기도 하는데 이것은 부정적인 영향의 예라고 할 수 있다. 텍사스 주에서 중학생을 대상으로 조사한 연구에 의하면 부모가 아이들의 싸움에 대해 지지하는 경우에는 학생들의 공격적 행동, 싸움, 무기 소지의 가능성을 높이는 요인이 되는 것으로 나타났다(Orpinas, Murray, & Kelder, 1999). 학교와 관련 기관에서 '가장 좋은 방어는 공격' 이라고 믿는 부모들의 자녀를 상대로 공격적 성향을 줄이기 위해 노력하는 것은 성공하기 힘들다. 학교와 지역사회가 가족의 가치와 맞지 않아서 부모와 다툼이 일어나거나 서로 옳다고 줄다리기를 하게 되면 학생들의 공격적 성향을 줄이는 것은 더욱 어려워진다. 어떤 부모들은 자신의 아이들이 학교에서 괴롭힘의 대상이 되지 않도록 하기 위해서 다른 아이가 때리면 맞서서 싸우라고 하기도 한다. 이런 부모들은 대화로 문제를 해결하는 등 비폭력적으로 문제를 해결하는 방식에 대해 이해하려 하지 않는다. 이런 부모들의 가치관을 바꾸고 아이에게 바람직한 역할 모델이 되도록 하는 것은 매우 어려운 일이다.

부모와 자녀의 관계는 아이들의 공격성에 강력한 영향을 미친다. 부모와의 관계가 약해질수록 서서히 아이들의 공격적 행동은 체계적으로 늘어나게 된다(Orpinas, 1999). 다른 아이들을 괴롭히는 아이들의 부모는 따뜻함이 없고, 권위에 대해 저항하지 못하게 하는 등 권위적인 부모인 경우가 많고, 자녀에 대해 지원적이지 않다고 연구들은 일관되게 보고하고 있다(Baldry & Farrington, 1998; Ladd, 1992).

부모가 자녀에 대해서 관찰하지 않거나, 너무 허용적이거나, 자녀가 원하는 것에 대해 전혀 제한하지 않는 경우에는 아이들이 위험한 또래들과 어울릴 가능성이 높아진다. 자녀 관리가 부족한 경우에는 자녀의 폭력성이 높아지거나 마약과 같이 건강에 해로운 행동을 하게 되는 것뿐 아니라 아이에게 부모가 자신을 돌보지 않는다는 의미로 전달되게 된다. 우리가 수행한 연구에서 만난 청소년들은 일반적으로 10대들이 부모에게서 독립적으로 생활하기를 바랄 것이라는 생각과는 다르게 부모가 좀 더 관심을 갖고 본인들을 관리해주기를 바라는 것으로 나타났다. 다음은 비행행동을 하는 학생도 엄마의 관심을 그리워한다는 사실을 보여주는 사례이다.

부모와의 관계가 아주 좋고, 똑똑하고 친절한 고등학생이 술이 제공되는 파티에 초대되었다. 고등학교에서 '일진(the big bully)' 인 한 학생이 "내가 술을 마시면 모두 마셔야 해"라고 위협을 하였다. 그러자 "너는 술 마실 때 엄마한테 허락을 받을 필요는 없지만 난 엄마한테 허락을 받아야 해"라고 응답하자, 그 일진 학생은 잠시 생각하다가 "나도 그런 엄마가 있으면 좋겠다."라고 대답했다.

둘째, 가족의 위험요인은 부모의 공격적 행동이다. 부모나 가족이 아동학대, 부부간 폭력, 신체적 체벌, 과도하게 엄격한 훈육을 하게 되면 아이의 공격성을 높이게 되는 위험요인이 될 수 있다(Widom, 1989a, 1989b). 부모의 폭력을 지켜본 아이들은 공격적 행동을 어떻게 하는 것인지 배우게 되고, 폭력이 갈등을 관리하는 가장 좋은 방법이라고 학습하게 된다. 아이에 대한 폭력은 부모와 자녀 사이에 반드시 있어야 하는 부모에 대한 신뢰와 존경을 무너뜨리게 된다는 점이 가장 심각한 문제이다. 자녀가 부모와의 유대감을 잃게 되면 반사회적인 행동을 하게 된다(Straus, 1994; Straus, Sugarman, & GilesSims, 1997). 아이에 대한 부모의 학대를 못하도록 하더라도, 부모 사이에 폭력이 존재한다면 학교 폭력을 높이는 위험요인이 될 수 있다(Baldry, 2003). 부모의 학대를 받은 아이들은 일반 가정의 아이들보다 쉽게 우울증에 빠지게 되고, 전체적인 건강이 나빠지거나 특히 정신건강상 문제를 겪게 될 가능성이 높아지게 된다(Walker et al., 1999).

셋째, 가족과 관련된 학교 폭력의 위험요인은 부모가 아이를 보살피지 않고 무관심한 경우이다. Eron(1987)은 부모에게 보살핌과 인정을 받지 못한 아이들은 집에서 더 많은 벌을 받고, 부모를 인정하지 않으며, 학교에서 더 공격적으로 행동한다는 사실을 발견하였다. 또한 10년간의 종단연구에서 부모에게 버림받았다는 사실은 아이들이 공격성을 갖게 만드는 중요한 요인이라는 점이 밝혀졌다. 22년간의 종단연구에 의하면, 가장 훌륭하게 성장한 성인들의 부모들을 살펴보면, 수용적이고, 벌을 줄 때 권위적이지 않으며, 자녀에 대해 인정해주는 유형인 경우가 많은 것으로 나타났다(Dubow, Huesmann, & Eron, 1987).

가족의 위험요인은 아이들의 공격성을 높이는 데 직접적으로 영향을 미치기도 하지만 친구를 사귀는 과정에서 간접적으로 영향을 미칠 수 있다. 관리와 보호가 되지 않은 가정에서 자란 아이들은 마약이나 어린 나이에 성행위를 하는 등 일탈행동을 하는 또래집단에 소속될 가능성이 높아진다(Pettit, Bates, Dodge, & Meece, 1999).

보호요인

부모의 올바른 역할에 대한 연구를 위해 수많은 인터뷰가 이루어졌고 수백만 달러의 연구비가 지원되어 왔다(Resnick et al., 1997). 마약, 폭력, 비행행동, 어린 나이에 하는 성행위, 흡연, 자살 시도 등을 막는 가장 중요한 보호요인은 많은 시간과 열정을 자녀 교육에 쏟는 부모의 사랑이라고 할 수 있다. 부모는 아이가 잠자리에서 일어날 때, 학교에서 돌아왔을 때, 학교 숙제를 할 때, 저녁시간과 잠자리에 들 때 등 부모를 필요로 하는 순간에 함께 있어주어야 한다. 부모는 어린아이들에게만 필요한 것이 아니라 청소년기에도 매우 중요하다. 부모들은 흔히 10대의 청소년기에는 아이들이 독립적인 것을 원한다고 믿고 있지만, 아이들이 불평을 하더라도 적극적으로 아이들과 함께 있는 것은 아이의 올바른 성장에 도움이 된다. 일반적으로 성공적인 부모는 다음과 같은 특징을 갖고 있다.

- 아이들과 다양한 활동을 함께 하고, 가족 행사를 지속적으로 하는 것 (예를 들면 저녁식사를 함께 하는 것)
- 아이들과 함께 의사소통하는 것 (폭력, 섹스, 마약 등 문제가 되는 행동에 대해 함께 토론하는 것)
- 자녀의 고등학교, 대학 입학에 관심을 갖고, 학교 성적에 대해 높은 기대수준을 유지하는 것
- 아이들의 활동에 대해 관심을 표시하고, 하루에 좋았던 일과 나빴던 일에 대해 함께 얘기하고 공유하는 것

평소에 부모와 자녀가 긍정적인 의사소통을 하는 것은 자녀가 어려운 상황에 직면했을 때 부모에게 도움과 조언을 구하고 문제를 해결하는 데 도움이 된다(Magen, 1998).

아이들의 역할 모델로서 부모는 갈등을 어떻게 해결하고, 분노를 조절하고, 타인의 감정을 상하게 하지 않으며, 사랑을 표현하는 방법 등을 자연스럽게 가르치게 된다(Bandura, 1986; Scales & Leffert, 1999). 아이들은 부모로부터 갈등관리에 핵심적인 역량인 자기조절 능력을 배우게 된다. Scales와 Leffert(1999)는 역할을 효과적으로 수행하는 부모가 되기 위해서는 자녀의 행동에 대해서 하지 말아야 할 사항(규칙)을 정하고, 자녀들이 어디에 있는지를 파악하고, 자녀의 친구들이 누구인지 알고, 자녀의 친구 부모들과도 의사소통을 해야 한다고 조언한다. 또한 자녀들이 학교나 지역사회의 잘 계획된 활동들에 참여하도록 해야 한다고 제시하였다. 이러한 활동에 참여하는 것은 시간을 건설적으로 활용하도록 하여, 궁극적으로 폭력에 대한 보호요인으로 작용하게 된다. 부모들은 학교에서 개최되는 회의나 함께 하는 활동에 적극적으로 참여하는 것이 중요하다. 이를 통해 자녀의 학교생활을 이해하고, 폭력의 가해학생이나 피해학생이 되지 않았는지에 대해 알 수 있게 된다. 자녀가 학교 폭력의 가해학생이나 피해학생이 된 경우에 부모가 어떻게 행동해야 할지에 대해서는 9장과 10장에서 설명하고 있다.

아이들은 친구나 또래집단과 가까운 관계를 형성하게 된다. 학생들은 학년이

올라가서 10대가 되면, 가족과 함께 지내는 시간은 줄어들고, 혼자 있는 시간이나 친구와 함께 있는 시간은 늘어나게 된다(Larson & Richads, 1991). 1950년대와 1960년대에 수행되었던 연구에서 청소년기의 자녀에게는 부모의 영향력이 매우 약해지고 또래집단이 가장 큰 영향력을 미친다고 제시하였다. 하지만 최근 15년간 이루어진 연구에 의하면 청소년기에 있는 자녀에 대한 부모의 영향력은 매우 클 수 있다고 보고하고 있다. 자녀가 친구와 어디에 있는지 확인하고, 긍정적인 부모-자녀 관계를 형성하고, 마약과 폭력을 하지 않도록 하고, 학업성취도 향상을 지원하는 방법 등을 통해서 청소년기에도 부모가 매우 강력한 영향력을 미칠 수 있다는 것이다(L. Steinberg & Morris, 2001).

10대의 청소년들에게 또래집단의 규칙을 지키도록 하는 압력이 있지만 학교에는 반사회적이지 않은 다양한 긍정적 또래집단이 있으며, 아이들은 그 중에서 하나에 소속되게 된다. 아이들은 집단에 소속되어 있더라도 집단의 가치에 무조건 영향을 받거나 문제아가 되는 것이 아니라 본인의 가치관과 행동성향과 비교하여 본인의 행동을 결정하게 된다. 본인이 생각하는 가치관에 의해 친구와 또래집단을 선택하게 되는데 이러한 선택에는 부모의 영향력이 강하게 작용하게 된다(Brown, Mounts, Lamborn, & Steinberg, 1993).

자녀가 부모를 필요로 할 때 함께 있어 주고, 가족의 의사결정에 아이들을 참여시키고, 폭력과 마약복용 같은 문제행동에 반대하도록 가치관을 형성해주며, 사랑과 칭찬을 수시로 해주는 등 따듯하고 보호하는 환경에서 자녀를 키우는 것은 매우 중요하다. 긍정적인 가족관계는 자녀의 또래관계에 두 가지 측면에서 중요한 영향을 미치게 된다. 첫째, 자녀들이 또래집단에서 나쁜 영향을 받을 가능성을 줄여준다(Bogenschneider, Wu, Raffaelli, & Tray, 1998). 둘째, 자녀들이 친구들과 긍정적이고 친근한 관계를 형성할 가능성을 높여준다(Lieberman, Doyle, & Markiewicz, 1999).

학교 환경과 관련된 위험요인과 보호요인

학교 폭력과 관련된 많은 위험요인과 보호요인들이 가정 폭력과 밀접한 관련을 맺고 있다. 가족과 학교에서 학생들이 경험하는 부모와 교사의 역할이 매우 중요하다. 어른들이 어떤 유형으로 행동하는지, 아이들과 어떤 종류의 의사소통을 하는지, 아이들과 얼마나 따뜻하거나 적대적인 관계를 형성하는지, 아이들이 어디에서 무슨 행동을 하는지에 대해 관리가 잘 되는지, 어른들이 어떻게 갈등을 해결하는지는 모두 아이들에게 중요한 영향을 미치게 된다. 이 부분에서는 학교 환경과 관련되어 있는 위험요인과 보호요인에 대해 살펴보고자 한다.

위험요인

학교 환경과 관련된 위험요인은 교사의 학급관리 기술의 부족, 교사의 교수역량 부족, 학생의 성공에 대한 교사의 낮은 기대, 교사의 비효율적인 훈육 방식 등이다(Bear, 1998; Hyman & Perone, 1998; Olweus & Lember, 2002; Sugai & Horner, 2002).

앞에서 살펴본 위험요인 중에서 학교의 훈육방식은 중요하다고 인정되지만 구체적인 방법에 대해서는 논란이 많다. 폭력의 발생을 줄이기 위해서 일부 학교들은 폭력적 행동에 대해서 무관용 정책(zero tolerance policies)을 채택하거나, 안전관리 요원을 채용하거나, 감시체제를 갖추거나, 정학이나 퇴학과 같은 엄격한 벌을 주기도 한다. 이러한 전략들은 규정을 어기는 경우 엄중한 처벌을 해서 학교 폭력과 마약을 줄이거나 없애기 위해서 활용된다. 하지만 무관용 정책이 학교를 안전하게 만들고 긍정적인 학교 풍토를 조성한다는 것에 대한 검증된 증거는 없다. 또한 무관용 정책은 실제 적용되는 과정이 공정하게 이루어지는가에 대해서 논란이 되고 있다(Skiba, 2000; Sugai & Horner, 2002). 무관용 정책은 학생과 학부모들에게 학교 폭력은 받아들일 수 없다는 강력한 메시지를 전달할 수는 있지만, 강력한 의사소통 방식으로도 학생들이 잘 듣지 않는다거나 교사의 전문적 판단이 문제해결과는 무관하게 이루어지는 상황이 발생한다면 문제가 될 수도 있다(Curwin & Mendler, 1997). 폭력에 대한 강력한 처방이기는 하지만 무관용 정책이 장점보다는 단점이 많을 수도 있다. 무관용 정책은 학교 폭력의 예방에 초점을 맞추기보다는 훈육제도의 개선에 가깝다. 학교 폭력의 복잡한 문제를 해결하기보다는 폭력의 문제를 칼로 자르듯이 단답형으로 해결하려는 것이다. 반면에 무관용 정책은 학교 폭력에 대해 학교가 인지하면서도 은근히 인정하거나 참고 견디는 것은 공식적인 학교정책으로는 부적합하다는 점에서 의미를 갖는다. 무관용 정책을 통해서 괴롭힘과 공격적 행동에 대해서는 용인할 수 없다는 학교의 명확하고 일관된 입장을 밝히고 실제 적용할 수 있다. 4장에서 다시 설명하겠지만 가장 훌륭한 훈육방식은 단순히 문제 학생을 처벌하는 것을 넘어서서 괴롭힘의 문제를 근본적으로 해결하기 위한 방법을 찾는 것이다.

또 하나의 잘 알려진 학교 폭력의 위험요인은 학생들에 대한 관리 소홀이다. 괴롭힘은 교사가 없는 장소, 즉 화장실, 복도, 운동장, 눈에 띄지 않는 곳에서 주로 이루어진다(Glover, Gough, Johnson, & Cartwright, 2000).

학생에 대한 교사들의 공격적 행동과 괴롭힘은 학교 환경을 부정적으로 만들고, 학교 폭력을 오히려 조장하는 문제를 일으킬 수 있다. 'Texas Students for Peace' 프로젝트의 연구 결과에 의하면, 응답자 중 과반수 이상의 교사들은 1달 동안 다른 교사가 학생을 무시하는 것을 본 적이 있는 것으로 나타났다(Orpinas et al., 2000). 교사가 교실에서 일어나는 괴롭힘을 무시하거나, 교실에서 원칙에 어긋나거나 불공평하게 학생들을 대하거나, 학생들에게 소리를 지르거나, 학생의 말을 불신하거나, 편애하거나, 학생을 싫어하는 모습을 보이는 행동들은 모두 교실의 환경을 부정적으로 만들게 된다. 부정적인 환경을 갖고 있는 교실에서는 학생 간의 갈등이 심각하게 발생하고, 학생들이 교사를 존경하지 않으며, 공부를 열심히 하지 않는 현상이 발생하기 쉽다. 학생과 교사의 관계에 대한 Pianta(1999)의 광범위한 문헌연구에 의하면 부정적인 교사-학생 관계는 교실 안에서 발생하는 공격적 행동, 낮은 학업성취 수준, 학교에 대한 학생의 부정적 태도에 직접적으로 영향을 미치는 것으로 나타났다. 이러한 연구결과는 Aspy와 Roebuck(1977)의 연구결과와 일치하는 것이다. Aspy와 Roebuck(1977)는 교사가 학생에 대해 부정적인 태도를 보이면 학생들은 낮은 학업성취를 보이고, 자주 결석하며, 학교기물을 파손하거나 공격적인 행동을 보일 가능성이 높아진다고 보고한 바 있다. 따라서 다른 사람이나 학생을 괴롭히는 교사는 학교에서 발생하는 폭력에 대해 상당한 책임이 있는 것이다.

보호요인

많은 학교들이 학교 내에서 발생하는 괴롭힘과 수업 진행의 어려움을 어쩔 수 없는 일로 받아들이고 있는 반면에 일부 학교들은 이러한 문제들을 상당히 줄이거나 완전히 해결해가고 있다. 재정 형편이 어려운 공립 초등학교의 교장과 교사를 대상으로 면담한 조사결과에 의하면 긍정적인 학교 풍토를 만들기 위해 다양한 노력을 기울였다. 성공적인 학교를 만든 사례를 다섯 가지 소개해보면 다음과 같다.

1. 성공적인 학교의 교사들은 모든 학생들과 긍정적인 관계를 형성하기 위해 오랜 시간이 걸리는 과정을 거쳤다. 한 여교사의 경우 원래 수업에서 권위적인 방식을 사용하였으나, 학생들은 이를 피해가는 방법을 찾아서 문제를 일으켜왔다. 그 교사가 수업을 자유방임적인 방식으로 바꾸어 보았더니 교실의 상황은 더욱 악화되었다. 마지막으로 모든 학생들과 긍정적인 관계를 맺는 방식을 적용해야겠다고 인식하였다. 그 교사가 학생들을 순수한 마음으로 보살피려고 노력하자 학생들은 선생님을 사랑하게 되었다. 학생들은 긍정적인 관계를 유지하기 위해 노력하였고, 결과적으로 학급의 규칙을 준수하게 되었다.
2. 성공적인 학교의 교사들은 학생들의 흥미를 유발하기 위해 프로그램을 개발하는 데 많은 노력을 기울였다. 교육과정은 매주 성취해야 할 명확한 목표를 담고 있으며, 수업 내용은 여러 과목이 연계된 형태로 구성되었다. 아이들은 학습에 더 흥미를 갖게 되었고, 지루해하는 시간은 줄어들었다.
3. 성공적인 학교는 추가적인 학습이 필요한 학생들에 대해서는 멘토링 프로그램이나 방과후 활동과 같은 개별적인 처방을 시행하였다. 교사들은 모든 학생에 대해 높은 수준의 학업성취를 기대하였고, 뒤떨어지는 학생이 없도록 관리하였다.
4. 성공적인 학교는 괴롭힘에 대해서 반대하는 분명한 정책을 채택하였다. 교장은 교사들이 괴롭힘에 대해 무심하게 지나가는 것이 학교 폭력을 더 강화시킬 수 있으며, 가해학생은 이러한 무관심을 잘못된 행동이 용인되고 있다고 느끼게 된다는 것을 분명하게 이해하도록 하고, 교사들이 학교 폭력에 관심을 갖도록 변화를 유도하였다(Hoover, Oliver, & Hazler, 1992). 학교는 교사가 학생들에게 소리를 지르거나 조롱하는 것에 대해서도 절대 금지한다는 정책을 분명하게 확정하였다.
5. 학교차원에서 음악과 무용 등 예술교육 프로그램을 강화하였다. 학생들이 참여하고 싶어 하는 예술프로그램을 방과후 프로그램으로 개설하고, 프로그램에 참여하기 위해서는 일정 수준 이상의 성적을 받아야 하는 것을 조건으

로 설정하였다. 학생들은 예술프로그램에 참여하기 위해 매우 열심히 공부하였다. 학교가 학생들의 예술프로그램 발표회와 연계하여 학부모회의를 개최하자 모든 학부모회의에 300명 이상의 학부모들이 참석하는 등 학부모들의 학교 참여가 급격하게 활성화되었다.

Hein(2004)은 한 학기동안 두 명의 우수한 중학교 교사를 대상으로 연구를 수행하였다. Hein은 우수한 교사들이 수업을 하는 교실에서는 공격적 행동이나 괴롭힘이 일어나지 않는다는 것을 관찰하였다. 다른 교실에서는 문제를 일으키는 학생들이 두 교사가 진행하는 수업에서는 같은 반 학생들과 긍정적인 상호작용을 하면서 열심히 공부하는 모습을 관찰할 수 있었다. Hein은 이 연구를 통해서 학생들의 행동을 개선하여 긍정적인 교실 분위기를 만들 수 있도록 하는 가장 중요한 요인은 학생 스스로 존중받고 보호받고 있다고 느끼도록 해주는 것이라는 것을 밝혀냈다. 다른 연구자들도 긍정적인 교실과 학교 풍토를 만들면 학교 폭력을 줄일 수 있다고 보고하고 있다(Kasen, Berenson, Cohen, & Johnson, 2004; Pianta, 1999; Somersalo, Solantaus, & Almqvist, 2002).

Bosworth(2000)는 약물남용을 예방하는 긍정적인 학교 풍토를 만드는 10단계를 제안하였다. 약물남용과 학교 폭력은 공존하는 경우가 많기 때문에 이러한 전략은 학교 폭력과 공격적 행동을 예방하는 데 도움이 될 수 있다. 긍정적인 학교 풍토를 만드는 10단계는 다음과 같다.

1. 성공의 비전 설정
2. 보호적인 학교문화 형성
3. 교사들의 참여 유도
4. 학업성취도 향상 프로그램 지원
5. 연구에 기반한 예방교육 실행
6. 다양한 학생 서비스 시행
7. 교사의 전문성 개발
8. 가정-학교-지역사회의 연계 강화
9. 인적 · 물적 자원의 확보
10. 데이터에 기반한 의사결정

Henderson과 Milstein(2003)은 학생들이 어려움에도 불구하고 성공할 수 있는 회복탄력성을 높이기 위한 여섯 가지 학교의 특징을 설명하였다.

1. 학생과 학교의 관계를 강하게 만드는 것
2. 학생들이 행동할 수 있는 한계를 명확하고 일정하게 유지하는 것
3. 학생의 삶에 필요한 기술을 가르치는 것
4. 보호적이고 지원적인 학교 환경을 조성하는 것
5. 교사들이 모든 학생에 대해 기대수준을 높게 갖는 것
6. 학생들이 의미 있게 참여할 수 있도록 기회를 제공하는 것

Search Institute는 학교 폭력을 줄이는 중요한 요인을 다음과 같이 제시하였다(Scales & Leffert, 1999).

1. 학생들이 안전하다고 느낄 수 있는 명확한 규칙과 처분이 있는 보호적인 학교 풍토
2. 교사들의 기대수준을 높여서 학생들이 학업성취 수준을 높일 수 있도록 최선을 다하도록 격려해주는 학교 환경
3. 다른 학교나 기관의 창의적인 프로그램에 참여하는 것에 대해서 격려해주는 학교문화

학교 폭력을 적극적으로 줄이고 예방하는 학교의 특징에 대해서는 4장에서 자세하게 제시한다.

지역사회, 문화, 대중매체와 관련된 위험요인과 보호요인

모든 아이들은 이웃이 있고, 지역사회에 소속되어 있으며, 문화를 갖고 있고, 이러한 요인들은 아이들의 행동에 영향을 미치게 된다. 이 부분에서는 지역사회, 문화, 대중매체와 관련된 학교 폭력의 위험요인과 보호요인에 대해 살펴보고자 한다.

위험요인

아이들이 폭력의 위험이 높은 불안한 지역사회에 사는 것은 새로운 공격적 행동을 배우고 부정적인 행동이 강화되며, 불량한 또래집단과 어울릴 가능성을 높이는 요인이 된다(Bandura, 1986; Pettit et al., 1999). 불행하게도 일부 아이들은 지역사회에서 상당히 많은 폭력에 노출되어 있다. 약 9,000명의 중학생을 대상으로 진행한 텍사스 주의 연구는 지난 1년간 TV나 영화를 제외하고 실제 생활에서 폭력을 경험한 적이 있는지에 대한 설문조사를 실시하였다. 조사결과 80%의 중학생이 지역사회에서 경찰에 체포되거나 어떤 사람이 맞고 있는 것을 본 적이 있고, 66%의 중학생은 집 근처에서 조직적인 폭력을 본 적이 있고, 50%의 중학생들은 마약거래를 보았으며, 33%의 중학생들은 총을 꺼내서 다른 사람을 겨냥하는 것을 본 경험이 있는 것으로 나타났다(Orpinas et al., 2000). 집이나 친구 집 또는 지역사회에서 쉽게 총을 구할 수 있다는 것은 타인에 대한 폭력뿐 아니라 자살의 확률도 높이는 문제가 있다. 텍사스 주의 연구에서 과반수의 학생들은 집에 총이 있어서 소지가 용이하다고 응답하였다. 아이들의 폭력에 대한 문화적 태도는 지역사회에서 폭력이 만연해 있는 것을 경험하는 것과 직접적인 관계가 있는 것으로 나타났다(Orpinas, 1999).

지역사회뿐만 아니라 TV, 영화, 노래 가사 등 전통적인 대중매체와 최근 활용이 늘어난 인터넷은 아이들의 폭력적 행동에 강력한 영향을 미친다. 선진국에서는 모든 가정에서 TV를 보유하고 있고, 일부 아이들과 청소년들은 학교생활보다 TV를 보는 시간이 더 길 수도 있기 때문에 민감한 부모와 교사들은 관심을 집중하고 있다. 미국의 18세 학생들은 평균적으로 18년의 삶에서 TV를 보면서 2년을 보낸 것으로 나타났다(Van Evra, 1990). 미국심리학회(American Psychological Association: APA)는 TV가 시청자의 폭력성을 높일 수 있다고 공식 입장을 발표하였다(APA Council of Representatives, 1999). 이와 비슷하게 여러 연구자들은 아이들이 매일 TV를 보면서 엄청나게 많은 폭력에 노출되고 있다고 지적하고 있다(Donnerstein, Slaby, & Eron, 1996; Huesmann & Malamuth, 1986; Price, Merrill, & Clause, 1992; Rule & Ferguson, 1986; Thomas, Horton, Lippincott, & Drabman, 1977). 심리학자들은 아이들이 대중매체를 통해 공격적인 행동에 반복적으로 노출되면, 폭력에 대한 태도가 바뀌고 공격적 행동을 배우게 된다고 단언하고 있다

(Anderson et al., 2003). 대중매체는 폭력을 사용하는 것이 많은 상황에서 적절한 방법이라는 메시지를 전달하고 있기 때문이다.

TV를 보면서 아이들은 평화롭게 문제를 해결하는 것보다 폭력을 사용하여 앙갚음을 하는 것이 더 전략적이라는 것을 배우게 된다. 아이들은 대중매체를 통해서 폭력은 문제를 해결하는 데 적절한 방법이라는 도덕적 가치관을 형성하게 된다. 예를 들어 영화에서 착한 편으로 나오는 인물은 나쁜 인물보다 더 많은 폭력을 사용하기도 하고, 착한 사람이 쓰는 폭력은 칭찬을 받고 보상을 받는 것으로 묘사된다. 따라서 영화를 보는 아이들은 자신들의 폭력도 사회적으로 인정받을 수 있고, 정당화될 수 있는 것이라고 생각하게 된다. 심리학자들은 대중매체에서 폭력을 보는 것은 폭력에 대한 시청자의 일반적인 감성을 바꿀 수 있다고 지적한다. 시청자들은 폭력의 결과에 대해 고민하지 않는 주인공들을 보면서 실제 폭력에 대해서도 둔감해진다. 특히 대중매체에서는 폭력을 당하는 피해자의 고통, 피해자 가족의 고통, 피해자 친구의 고통 등에 대해서는 묘사하지 않고 있다. 결과적으로 아이들이 대중매체를 통해 폭력을 반복해서 보게 되면 실생활에서 폭력을 경험하게 되었을 때 반응이 무디게 되어 버린다.

최근에 아이들에게 많은 영향을 주는 것은 인터넷이다. 컴퓨터를 통해 인터넷에 접속할 수 있는 기회가 급속하게 증가하였다. 인터넷은 지식과 정보를 검색하고 문화를 이해할 수 있는 중요한 원천인 반면에, 아이들과 청소년들에게 심각한 위험요인이 될 수 있다. 아이들은 인터넷에서 폭탄을 만드는 방법과 자살하는 방법까지 검색할 수 있다. 음란물에 접근하기도 쉬우며, 이메일과 채팅을 통해서도 탈선하게 될 위험성이 높아진다. 미국연방조사국(The Federal Bureau of Investigation, FBI)에서 발행한 「인터넷 안전을 위한 부모용 가이드」는 아이들이 인터넷을 사용하면서 부적절한 정보에 접속하는 징후를 제시하고 있다(글상자 2.2).

글상자 2.2 ■ 부모와 보호자를 위한 아이들의 인터넷 사용 관련 위험 징후

- 아이가 인터넷에 너무 많은 시간을 사용하며, 특히 밤에 사용하는 시간이 많다.
- 아이가 부모도 모르는 사람으로부터 전화나 선물을 받는다.
- 부모가 방에 들어가면 아이가 컴퓨터를 끄거나 화면을 전환한다.

- 아이가 가족과의 활동에 참여하지 않는다.
- 아이가 다른 사람의 은행계좌를 사용한다.
- 부모가 아이의 컴퓨터에서 음란물을 발견한다.

주: From *A Parent's Guide to Internet Safety*, by Federal Bureau of Investigation, n.d., Washington, DC: Author, Retrieved February 20, 2005, from http://www.fbi.gov/publications/pguide/pguidee.htm

일반적으로 집에서 인터넷에 접근할 수 있는 컴퓨터는 자녀의 방에 두지 말고 공개된 거실에 두어야 한다. 그리고 부모는 자녀와 함께 인터넷의 위험성에 대해 항상 공개된 논의를 할 필요가 있다.

보호요인

아이들을 보호하는 가치를 존중하는 지역사회는 폭력에 노출되는 아이들을 보호해줄 수 있다(Scales & Leffert, 1999). 이러한 지역사회의 보호는 교과외 활동이나 방과후 활동을 운영할 때 꼭 필요하다. 갈등을 평화롭게 해결하고, 교육적 성취에 높은 가치를 부여하며, 지역사회에서 평화적으로 문제해결을 하는 어른들이 많은 곳은 긍정적인 지역사회이며 폭력에 대한 보호요인이 될 수 있다. 긍정적인 지역사회는 아이들이 폭력을 통해 문제를 해결하는 것을 보게 될 기회를 차단할 수 있다. 결론적으로 개인 간 차이를 존중하고, 문화적 다양성을 이해하는 지역사회는 아이들을 폭력으로부터 보호할 수 있을 것이다.

제3장

괴롭힘과 공격성에 대한 이론적 관점

좋은 이론이야말로 가장 실제적이다.
— Kurt Lewin, 「사회과학에서의 장이론: 선별된 이론적 논문들」

이 장에서는 괴롭힘 예방에 관한 이론의 역할을 두 부분으로 나누어 논의한다. 첫 번째 절에서는 중재활동을 전개하고 평가할 때 이론적 틀을 세우는 것이 왜 중요한지를 검토한다. 두 번째 절에서는 괴롭힘과 공격에 대한 예방책을 다룰 때 일반적으로 사용되는 이론과 모형, 즉 귀인이론, 사회적 정보처리 모형, 사회인지론, 애착이론, 가족체제론, 사회적 상호작용 모형, 폭력발달경로이론, 생태학적 모형을 검토할 것이다.

왜 이론이 실제를 이끌어가는가?

사회심리학자인 Kurt Lewin(1951: 169)의 유명한 명제인 "좋은 이론이야말로 가장 실제적이다."라는 말을 학자들은 진리처럼 받아들이지만, 많은 실천가들은 이론을 중재활동시 유용한 도구로 보기보다는 지적 훈련 정도로 인식한다. 보건교사(health educators)와 상담사, 학교심리학자, 교사, 사회복지사(social workers), 그 밖에 청소년들의 괴롭힘을 예방하고 감소시키기 위해 일하는 전문가들은 대부분 스스로를 연구자나 이론가보다는 실천가로 정의한다. 달리 말하면, 그들은 문제를 확인하고 그것을 해결하기 위해 무언가를 할 뿐이지 행동계획에 관해 이론적으로 깊이 숙고하지는 않는다. 이러한 실천가들은 늘 시간에 쫓기고 예산에 쪼들리고 행정적 · 공적 압박에 시달리기 때문에 이론이나 이론적 틀은 눈 앞에 보이는 현실적 문제들을 다루는 데 있어 관련이 없거나 심지어 방해가 된다고 여긴다. 이러한 사고방식으로 보면 폭력 예방의 실천이나 그에 관한 연구들이 이론적이지 않은 것은 더 이상 놀랍지도 않다.

이론, 즉 실제에 대해 체계적으로 설명하는 것은 사건을 설명하고 예언하며, 인간행동의 복잡성을 풀어주는 데 도움을 준다. 연구자들은 각각의 분야에서 다루는 인간행동에 관한 특정이론들을 제시하지만, 일반인들도 그들이 맞닥뜨리는 문제들에 대한 일반적 이론을 머리 속에 갖고 있다. 사실, 어떤 일들이 왜 일어나는지에 대해 연구자들이 제시하는 이론들은 일반인들이 기술하는 설명체계와 다르지 않다. 연구자들은 단지 그러한 생각에 대해 공식화되고 표준화된 구조를 제시할 뿐이다. 예컨대, 우리는 교사들에게 왜 어떤 아동들이 다른 아동들을 괴롭히는지를 물어봤다. 대부분은 부모의 영향 때문이라고 답한다. 예컨대, 가해학생의 배경에는 그들과 긍정적 관계를 정립하지 못한 부모가 있거나(애착이론), 자녀를 공격적으로 다룬 부모들이 있다(사회인지론에서 말하는 모델링)는 것이다. 이미 일탈한 친구들이 다른 아동들로 하여금 공격적으로 행동하도록 영향을 준 것이라고 말하는 교사들도 있다(사회적 상호작용 모형). 좀 더 종합적인 관점을 견지하는 사람이라면 개인 혹은 가정과 친구, 학교, 사회의 문제들이 그들에게 부정적으로 영향을 주었을 것이라고 주장할지 모른다(생태학적 모형). 이러한 교사들의 이론은 폭력 예방에 관한 연구자들이 제시하는 이론과 크게 다르지 않다.

이론은 어떤 프로그램이 어떻게 왜 성공적인지를 분류하는 데 있어 중요한 역할을 한다. 괴롭힘 예방활동을 전개하는 데 있어 명확한 이론적 모형이 결여될 경우에는 실제 현장에서 효과를 발휘하기 어렵다. 예방프로그램을 개발하거나 선택할 때 이론들을 이용하지 않는 경우나, 프로그램 평가가 그 이론의 주요한 요소를 평가하지 않는 경우나, 문제에 대한 이론적 설명이 프로그램 선택과 조응하지 않는 경우에 이러한 문제가 나타난다.

교원들이 괴롭힘 예방 프로그램을 선택할 때 (과학적 근거에 기초를 두고 선택하는 것이 아니라) 상황적 근거에 기초를 두고 "적당해 보이는" 프로그램을 선택하거나 쉽게 이용할 수 있는 프로그램이라는 이유에서 선택한다. 이렇게 프로그램을 선택하고 평가하는 과정을 이끌어갈 때 이론들을 이용하지 않는다. 교장은 학교에 폭력 예방 프로그램이 필요하다고 여길 때 예전에 성공했던 프로그램을 찾을 것이다. 그러나 확인된 프로그램이 원래 이론적 관점에서 나온 것이라도 교장이 그 이론적 기초를 검증할 것 같지는 않다. 불행히도 그러한 비공식적인 프로그램 선택 과정은 많은 중요한 문제를 남겨 둔다. 교사나 관리자들은 최초에 프로그램을 성공으로 이끌었던 주요 요소에 대해서는 생각지 않고 성공적인 프로그램을 복제하려고만 할 때가 있다. 예컨대, 한 중학교 교사가 학생들에게 괴롭힘을 예방하기 위한 사회적 기술(인간관계 기술)에 대해 수업을 한다고 하자. 수업 전후로 실시한 학생대상 조사결과는 괴롭힘의 빈도가 줄어든 것을 알려준다. 그러나 다음 질문은 여전히 남아 있다. 학생들은 사회적 기술을 향상시키는 데 목적을 둔 그 수업을 통해 더 효과적으로 의사소통하는 법을 배웠는가? 만약 학생들의 사회적 기술이 향상되었더라도 그것이 괴롭힘의 감소와 관련이 있다고 할 수 있는가? 아마도 괴롭힘이 감소한 것은 다른 요인으로 설명될 수도 있다. 교사는 더 긍정적인 학급 풍토를 만듦으로써 공격적 행동을 줄이는 방식으로 학생들과 더 좋은 관계를 맺지 않았는가? 괴롭힘에 대한 새로운 학급 규칙이 학생들로 하여금 공격적으로 행동하는 것을 제어한 것은 아닌가? 전에는 개입하지 않던 방관자들이 피해자를 돕기 위해 개입하지 않았는가? 아마도 그 프로그램은 전혀 효과가 없고, 다만 가해학생이 그 사이에 다른 학교로 전학을 가서 괴롭힘이 감소한 것일지도 모른다.

충분한 평가와 이론 없이는 학교 전문가들도 이러한 질문에 결코 답할 수 없을 것이다. 프로그램이 실패하는 경우에 그 문제는 더욱더 복잡하다. 프로그램 실패의 원인이 되는 근본적 요소들을 모르는 실천가들은 바람직한 결과를 이끌어내기 위해 근본적인 요소들을 개선하기보다는 이상적 프로그램을 찾아 또다시 헤맬 것이다.

중재활동이 이론적 관점에서 나온 경우에도 중재활동에 대한 평가는 그 이론의 구성요소나 주요개념을 검토하는 것을 소홀히 하곤 한다. 많은 이론들이 궁극적인 결과(예, 괴롭힘과 가해)뿐만 아니라 이론적 구인(예, 의사소통 기술)에 관련된 변인들에 영향을 주도록 설계되어 있기 때문에 효과적 평가는 이론적 구인과 결과를 동시에 측정할 수 있는 도구를 이용해야 한다. 예컨대, 김 교사는 그가 담당하는 학급에서의 괴롭힘 문제에 관심을 갖고 있었다. 그는 가해학생들이 급우들에 대한 이해심이 부족하다고 판단하고 괴롭힘을 감소시킬 목적으로 이해심을 증대시키도록 고안된 수업을 개발했다. 그런데 일련의 수업들이 종료된 후에도 괴롭힘의 빈도가 변하지 않았다는 것을 알게 되었다. 이해심에 어떤 변화가 있었는지를 측정하지 않았기 때문에 무슨 변화가 있었는지를 확신할 수 없었다. 측정을 했는데 이해심이 증대한 것으로 확인된다면 그는 다음과 같이 가설을 세울 수 있다. (a) 괴롭힘과 이해심 간에는 관계가 없다. (b) 이해심 외에 그 프로그램이 효과를 발휘할 수 있도록 다른 사회적 자원들을 증가시킬 필요가 있다. 만약 이해심이 증대하지 않은 것으로 나타났다면 그 프로그램은 이해심을 증대시킬 만큼 강하지 않고, 따라서 괴롭힘에 영향을 줄 수 없다고 결론 내릴 수 있다. 의도는 좋았지만 그 경험적 실천을 이론적 접근에 의해 검증하지 않았기 때문에 그 프로그램이 어떻게 실패했는지, 그것이 어떻게 개선될 수 있는지를 해석하기는 어려운 것이다.

마지막으로, 실천가들은 프로그램을 설계할 때 왜 그 문제가 존재하는지에 대한 이론적 설명을 무시하고 단지 다양한 공격성 결정인자를 대상으로 한 프로그램을 개발하기만 한다. 예컨대, 교사들이 학생들의 공격적 행동이 부모의 영향과 경제적 결핍과 관련되어 있다는 이론을 지지하면서, 한편으로는 아동들의 사회적 기술[역자: 의사소통기법과 같은 기술]을 향상시키도록 고안된 프로그램을 개발하는 것은 실천을 이론과 연계하지 않고 있는 것이다. 전문가들이 생각하기에 제시되어야 할 이론적 구인들, 예컨대 증가된 학교 연계성, 향상된 사회적 기술과 이해심 등과 같은 개념을 실제로 전개되는 프로그램 활동에 명확히 연계시키는 것은 개입의 효과성을 증가시킬 것이다.

이러한 형식적인 이론들뿐만 아니라 프로그램 성공 사례와 학생, 학부모, 교사, 관리자들의 경험에 대한 선행연구를 포함한 다양한 정보원도 중재활동을 전개할 때 중요하다. 이러한 정보를 신뢰롭게 하는 것은 공식적 · 비공식적 면담이나 관찰이다. 가장 좋은 중재전략을 확인하는 것뿐만 아니라 관련된 이론과 구인들을 확인하는 과정에서 연구자나 교육자는 대상집단의 구성원들과 정보를 교환할 필요가 있다. 어떤 구인과 이론이 중요한지, 그러한 구인들이 어떻게 평가되는지, 어떤 중재가 가장 적절한지를 확인할 때 학생과 학부모, 교사들이 중요한 정보를 줄 수 있다. 연구자들은 반복적인 과정을 통해 이론과 관련연구, 대상집단으로부터 정보를 수집한다(Bartholomew, Parcel, Kok, & Gottlieb, 2001; Murray, Kelder, Parcel, & Orpinas, 1998).

예컨대, 가해자나 피해자, 방관자들은 괴롭힘에 대해 각기 다르게 정의할지 모른다. 또한 기존 이론에서 제안된 것보다는 다른 위험요인들을 제시할지도 모른다. 연구자들은 그 이론을 거부하기보다는 오히려 대상집단으로부터 수집된 정보에 기초를 두고 원래의 모형과 이론적으로 부합하는 새로운 구인을 시험할 수도 있다. 중재는 강한 이론적 기초를 필요로 하지만 그 이론은 의미 있고 성공적인 중재를 전개할 때 대상집단의 특성이 반영되도록 확장될 수도 있다. Lewin이 진술한 바와 같이 좋은 이론은 매우 실제적이고 이론들은 개발되고 검증되며, 개선되며, 확장된다. 이러한 과정은 중재자가 대상집단과 환경은 물론이고 그 이론을 이해할 때 일어난다. 연구자와 교육자는 그들의 가설을 의심하고, 자료와 경험의 기초 위에 그 가설들을 기꺼이 변경할 필요가 있다. 또한 그 활동의 복잡성에 대해 항상 개방적이고 호기심 있는 태도를 가져야 할 것이다.

하나의 이론만으로 인간 행동의 복잡성을 설명하기는 곤란하다. 특정 상황에서 인간 행동을 종합적으로 이해시킬 수 있는 모형을 개발하기 위해서는 몇 개의 이론이나 다양한 이론들로부터의 구인들을 연결시킬 필요가 있다. 사회과학에서의 모형은 건축가들이 사용하는 축적모형과 매우 유사하다. 건축가들은 완성될 건물이 어떤 모습일지를 의뢰인에게 보여주기 위해 모형을 개발한다. 사회과학의 모형은 인간행동의 실재를 설명하고자 한다. 모형은 사람들이 실재의 특정 요소들을 확인할 수 있도록 도와줄 뿐만 아니라 그러한 요소 간의 관계를 나타내기도 한다. 괴롭힘 예방에 있어 모형은 개인 간에 일어나는 문제와 사회적 영향력 간의 관계를 기술하는 데 도움을 준다.

또 다른 복잡한 문제가 있다. 평가자들은 다양한 모집단의 행동을 변화시키려고 할 때 서로 다른 이론들을 이용할 필요가 있다. 모든 가해자와 피해자들이 똑같은 것은 아니다. 어떤 가해자들은 피해자가 된 경험이 전혀 없지만, 반면에 어떤 가해자들은 가해자가 되었던 만큼이나 많이 피해를 받은 경험이 있는 경우가 있다. 어떤 가해자들은 급우들과 긍정적으로 상호작용하는 인지적 · 사회적 기술이 부족하기 때문에 공격적으로 행동하기도 하지만, 또 어떤 가해자들은 급우들 중 불안감을 보이는 아이를 공격하기 위해 사회적 상호작용을 능수능란하게 이용하는 경우도 있다.

요컨대, 프로그램을 선택하고 개발하고 평가하는 데 있어 이론을 무시하면 괴롭힘 예방책을 발전시킬 수 없다. 이론을 괴롭힘 예방 프로그램에 연결시키는 과정은 가해자와 방관자, 피해자의 다양한 유형의 차이에 따라 조정되어야 한다. 괴롭힘을 다루는 데 있어 이론적 모형을 지침으로 삼아야 문제를 측정하고 성공적 개입을 발전시키는 데 요구되는 방향을 찾을 수 있다. 프로그램 개발자들이 단순히 희망에 의거하기보다는 이론을 이용해서 괴롭힘 행동이 어떻게 왜 변하는지에 관한 연구에 기초를 둘 때 적절한 개입이 이루어진다.

괴롭힘과 공격성에 적용할 만한 이론들

위에서는 이론을 많이 활용하는 것이 괴롭힘 예방에 도움이 된다고 했는데, 여기서는 괴롭힘과 공격적 행동을 예방하는 데 이용되어 왔던 이론들을 살펴보겠다. 귀인이론과 사회적 정보처리 모형은 개인 차원에서 아동이 왜 공격적 행동에 가담하게 되는지를 설명해준다. 사회인지이론과 애착이론, 가족체제이론, 사회적 상호작용 모형, 폭력발달경로이론은 개인 상호작용에 의한 설명과 발달적 설명을 제공한다. 어떤 이론은 공격성의 발달에 있어 가정과 인간관계의 중요성을 강조한다. 다른 이론은 태어나서 청소년이 되기까지의 폭력의 진화를 설명한다. 마지막으로 생태학적 모형은 폭력과 공격성, 괴롭힘을 이해하는 데 있어 거시적인 틀을 제공한다. 표 3.1은 공격성과 괴롭힘에 적용할 만한 이론과 모형을 정리한 것이다.

〈 표 3.1 〉 공격성과 괴롭힘에 적용할 수 있는 이론과 모형

수준	이론과 모형
개인내	귀인이론, 사회적 정보처리 모형
개인간	사회인지이론, 애착이론
발달적	가족체제이론, 사회적 상호작용 모형, 폭력발달경로이론
거시적	생태학적 모형

귀인이론

귀인(attribution)이란 개인이 자신들의 행동과 그를 둘러싼 사람들의 행동을 설명하기 위해 인과적으로 설명할 때 쓰이는 말이다. 귀인이론은 두 가지 과정을 설명할 때 도움이 된다. 이러한 인과적 설명은 무엇이고 그러한 설명의 정서적, 행동적 파급효과는 무엇이 될 것인가 하는 것이 그것이다. 일반적으로 사람들은 내적 귀인으로 설명(예, 타인의 행동은 내가 한 어떤 행위의 결과이다)하거나, 외적 귀인으로 설명(예, 타인의 행동은 나와 상관없는 무언가로부터 영향을 받은 것이다)한다.

공격성의 영역에서 의도(intention)라는 귀인은 매우 중요하다. 다음 장면은 의도라는 귀인이 얼마나 중요한지를 잘 보여준다: 철수는 영희에게 책을 빌렸지만 돌려주지 않았다. 영희는 다음과 같은 의문을 갖는다. "철수는 왜 내 책을 돌려주는 것을 잊어버렸을까?" 만약 철수의 어머니가 아파서 철수가 근심에 쌓여있었기 때문에 책 빌린 것을 까맣게 잊어버렸을 것이라고 생각한다면 오히려 책을 빌려준 영희가 철수에게 미안해할 것이다. 반대로 철수가 그 책을 의도적으로 빼앗으려 한 것이라고 생각한다면 영희는 철수에게 분노심을 품게 될 것이다. 후자의 귀인은 공격적 행동을 이끌어낼 가능성이 많다.

보이는 것은 아니지만 공격성의 원인을 공격적 의도로 설명하는 ***공격적 귀인 경향***에 대해 많은 연구들이 이루어져 왔다(예, Dodge, 1980; Dodge & Newman, 1981; Nasby, Hayden, & Depaulo, 1980; M. S. Steinberg & Dodge, 1983). Dodge(1980)는 아동들이 다른 친구들을 어떻게 지각하는지에 대해 조작적 연구를 했다. 이 연구에서 Dodge는 공격적 아동과 비공격적 아동들에게 학급 과제를 수행하도록 요구했다. 중간에 휴식을 취하는 동안 그 학생들은 누군가 자신들의 과제물을 망가뜨렸다는 사실을 알게 되었다(과제물을 망가뜨린 학생은 사실 연구자들이 미리 협조를 의뢰한 실험참가자들이다.). 연구자들은 과제물이 망가졌다는 사실을 학생들에게 알리면서 어떤 학생들에게는 급우가 의도적으로 그랬다고 믿도록 유도했다(적대적 의도). 또 다른 학생들에게는 급우가 그들의 과제물을 도우려다가 실수로 그렇게 되었다고 믿도록 만들었다(친절한 의도). 마지막으로 어떤 학생들에게는 그 급우가 단지 과제물을 망가뜨렸다고만 말할 뿐 그 급우가 왜 그랬는지 이유를 알려주지 않았다(불분명한 의도). 공격적 아동이나 비공격적 아동이나 둘 다 그 급우의 행동이 의도적이고 적대적인 행동이라고 생각되면 공격적으로 반응했다. 마찬가지로 두 유형의 학생 모두 그 급우가 그들을 도우려고 했다는 것을 들었을 때는 공격성을 보이지 않았다. 그러나 그 의도가 불분명한 상황에서 비공격적 학생은 친절하게 반응한 반면에 공격적 학생은 공격적으로 행동했다.

추가적인 질문을 통해 Dodge(1980)는 애매한 상황에서 공격적인 소년들은 비공격적인 소년들에 비해 좀 더 급우의 행동에 적대적인 의도가 있는 것으로 생각하는 경향이 강하다는 것을 발견했다. 또한 급우가 계속 적대적 행동을 보일 것으로 기대하여 급우를 불신하는 경향이 강하다는 것도 발견했다. 일반적으로 급우의 의도에 대해 학생들이 어떻게 생각하는가는 학생들의 행동반응을 상당히 정확히 예견한다. 소년들이 그 행동의 원인을 적대적 의도로 생각하게 되면 그 행동이 선의에 의한 것이라고 생각할 때보다 보복하게 될 가능성이 커진다. 다른 연구에서도 공격성의 수준은 귀인경향의 강도와 관계가 있으며(Dodge, Price, Bachorowski, & Newman, 1990; Slaby & Guerra, 1988) 남자가 여자보다 적대적 귀인을 좀 더 많이 만드는 것으로 밝혀졌다(M. S. Steinberg & Dodge, 1983).

대부분의 교사들은 가해학생으로부터 이런 말을 들어봤을 것이다: "쟤 때문이에요." "쟤가 절 화나게 만들었어요." 왜 아이들은 이렇게 다른 아이들에게 책임을 전가할까? 몇몇 연구가 귀인을 검토한 결과 이러한 질문에 답하고 있다. Dodge는 그의 1980년 연구에서, 공격적인 아이들은 적대적 구실을 선택적으로 생각해내거나 새로운 구실을 꾸며내는 경향이 있다는 것을 알아냈다(즉, 그들은 일어나지도 않은 일을 봤다고 기억한다). 또한, 공격적인 아이든 비공격적인 아이든 자신의 공격적 태도의 원인을 공격성이 있다고 알려진 급우의 탓으로 돌리는 경향이 있다. 결과적으로 대부분의 아이들은 공격성 있는 급우에게 공격적으로 반응하는 경향이 강하다. 상황에 비추어볼 때 결코 공격적인 반응을 보이지 않아도 될 때조차도 그렇다. 따라서 공격적인 아이들은 가해자일 뿐만 아니라 피해자이기도 하다(Dodge, 1980; Dodge & Frame, 1982).

사회적 정보처리 모형

사회적 정보처리 모형은 아동들이 사회적 상황을 해석하고 그에 반응할 때 밟게 되는 일련의 단계(그 단계가 꼭 직선적인 것은 아니다)를 이용하여 아동들의 사회적 조절행위(adjustment)에 대한 인지적 설명체계를 제공한다(Crick & Dodge, 1994; Dodge & Coie, 1987). 이 모형에 따르면 '첫 번째 단계에서' 아동들은 사회적 상황으로부터 내면적 단서와 외면적 단서를 기호화한다. 그러고 나서 두 번째 단계에서 그 단서들을 해석한다. 앞의 두 단계가 진행되는 동안 단서의 선택과 적대적 의도의 귀인이 공격적 행위에 있어 중요한 역할을 한다.

상황을 해석한 후에는 세 번째 단계로서 목표를 선택한다. 예컨대, 비공격적인 아동의 목표는 다툼을 회피하거나 친구관계를 유지하려고 할지 모른다. 반면에 공격적인 아동은 상대방 아동에게 앙갚음을 하거나, 지켜보는 친구들 사이에서 체면을 유지하기 위해 어떤 행동을 하거나, 어떤 비용을 치르고서라도 자신이 원하는 것을 얻으려 할 것이다.

네 번째 단계로, 아이들은 과거의 비슷한 상황이 어떻게 결말을 맺었는지, 그리고 관계있는 친구들이 어떻게 말하는지에 기초를 두고 미래의 시나리오를 그려보면서 현재 가능한 반응을 곰곰이 생각해본다. 이전에 경험해보지 못했던 새로운 상황이라면 새로운 행동반응을 만들어낼지도 모른다. 다른 일탈학생들에게 보여지기 때문에 공격적인 아동은 비공격적인 아동보다 더 많은 공격적 반응을 보이고, 친근한 반응은 덜 보여준다.

다섯 번째 단계, 즉 무엇을 할지를 어떻게 결정하는가는 잠재적 행동경로의 성과에 대한 평가와, 특정행동을 했을 때 기대했던 것을 얻을 수 있는가에 대한 믿음의 강도에 달려있다. 당연한 얘기지만, 공격적인 아동은 공격적 행위가 기대한 결과를 가져올 것이라고 예상하고, 공격적 행위를 통해 자신이 원하는 것을 얻을 수 있다는 확신을 갖고 있는 경향이 강하다. 마지막 단계로서 아동들은 그들이 선택한 반응을 실행에 옮긴다(Crick & Dodge, 1994).

사회적 정보처리 모형과 같은 과정 혹은 단계 모형의 이점은 개입과정 중 특정단계에 적합한 프로그램을 개발하도록 관심을 촉발시켰다는 점이다. 제2장에서 논의한 바와 같이 이전의 많은 연구들에서는 공격적 아동의 인지적 실패를 중요한 원인으로 지지해 왔지만, 모든 연구자들이 동의하는 것은 아니다. 반드시 가해자들이 사회적 단서를 오해하거나 잘못 해석해서 비현실적인 판단을 한 결과로 공격적인 행동을 하는 것은 아니다(Arsenio & Lemerise, 2001; Sutton, Smith, & Swettenham, 1999a).

사회인지론

사회인지론은 특정 행동에 대해 사회나 개인이 어떻게 다차원적으로 영향을 미치는지를 설명하는 복잡하고도 포괄적인 이론이다(Bandura, 1973, 1986). 여기서는 공격성 발달에 관한 사회인지론의 주요 이론과 요소, 즉 상호결정성(reciprocal determinism), 공격성의 사회적 학습, 보상과 처벌, 사회 환경, 개인적 인지(personal cognitions)를 검토한다.

상호결정성

사회인지론에 따르면, 개인의 인지적 특징과 그를 둘러싼 환경, 그리고 행동은 계속적으로 상호작용한다. 이러한 상호작용을 ***상호결정성(reciprocal determinism)***이라 한다. 따라서 아동들의 행동이 개인적 특징과 환경(가족, 친구, 학교, 하위문화, 이웃)에 의해서도 영향을 받지만 그 환경과 개인적 인지의 질에 의해서도 영향을 받는다. 상호결정성 이론은 실제에 중요한 함의를 가진다. 아동의 행동을 변화시키기 위해서는 개인적 인지에 영향을 주거나 환경적 특징을 바꾸거나 혹은 둘 다를 변화시키면 된다는 것이다. 사회인지론은 가정이나 학교에서 공격적인 아동의 문제를 다루는 데 광범위하게 이용되어 왔다(Orpinas, Horne, & Multisite Violence Prevention Project, 2004; Reid, Patterson, & Snyder, 2002).

공격성의 사회적 학습

사회적 학습이란 사회적 관계를 관찰하고 상호작용하면서 참여함으로써 다른 사람들과 어떻게 관계 맺을지를 학습하는 과정이다. 사회인지이론에 따르면, 공격적 행동은 다른 행동과 마찬가지로 사회적으로 학습될 수 있다. 어떤 행동이라도 그것을 조절하는 과정은 간단하다: 사람들은 자기 행동의 결과와 다른 사람들의 행동, 그리고 그 행동의 결과로부터 학습한다. 따라서 아동과 청소년은 자신의 경험뿐만 아니라 다른 사람들이 어떻게 행동하는가를 봄으로써, 그리고 어떤 행동은 보상되고 어떤 행동은 무시되며 처벌되는지를 목격함으로써 학습하게 된다. 이러한 관찰 결과가 직접 경험한 개인적 결과만큼이나 많이 행동에 영향을 준다.

관찰과 모델링을 통해 사람들은 행동뿐만 아니라 그러한 행동과 연계된 감정과 합리화(rationalizations)도 학습한다. 그들의 행동과 감정을 통해 학부모와 교사, 그리고 권위를 가진 다른 집단은 공격적인 행동과 평화적 행동을 어떻게 정당화하는지, 어떻게 가치와 믿음에 부합하는 방식으로 행동할지, 그리고 자기통제와 분노조절을 어떻게 하는지를 보여준다.

보상과 처벌

강화된 행동은 재현되고 처벌된 행동은 중지되는 것이 일반적 원리다. 학교에서는 아동들의 공격적 행동은 다른 친구를 웃음거리로 만드는 것을 즐기거나, 돈을 뜯어내거나, 다른 학생을 밀치거나, 놀이기구를 독점하는 행동 등을 통해 강화된다.

공격성의 강화는 특히 '일진' (gang members)들에게 중요하다. 그들은 공격적으로 행동함으로써 일진으로서 지위를 인정받곤 한다(Porche-Burke & Fulton, 1992). 가정에서 아동들이 좋은 행동을 보였을 때는 칭찬이나 격려, 포옹 등으로 강화 또는 보상하기도 하지만, 반면에 나쁜 행동을 보였을 때는 야단치거나 꾸짖고 체벌하는 등 벌을 줌으로써 적절한 행동과 부적절한 행동이 뭔지를 가르친다.

강화나 ***보상***의 개념은 비슷하다. 보상은 행동의 빈도를 증가시키는 어떤 것이다. 결과적으로 보상은 보편적이지 않다. 예컨대 잘못된 행동을 한 학생을 교장에게 보내는 것이 어떤 학생에게는 벌로 여겨지지만, 다른 학생에게는 교실에서 탈출할 수 있는 기회로, 즉 보상으로 여겨질 수 있다. 따라서 교사들이 학생들을 복도나 교장실로 보내는 것은 오히려 그 문제행동에 대해 의도치 않게 보상하는 꼴이 된다. 괴롭힘을 벌하지 않고 지나가게 되면 그것을 목격하는 학생들은 그 행동이 허용된다고 믿거나 아니면 최소한 자신들에게 불리한 결과를 가져오지는 않을 거라고 믿게 된다. 결과적으로 다른 아이들은 공격적 행동이 별다른 저항 없이 많은 보상을 준다는 것을 배운 만큼 괴롭히는 행동을 모방하기 시작한다. 긍정적 행동도 위와 같은 과정과 마찬가지로 그들의 행동이 보상될 때 강화된다. 불행히도 어른들은 좋은 행동을 당연하게 여기고 그걸 강화하는 것을 잊어버리는 경향이 있다.

공격적 행동을 제지함에 있어 처벌의 효과성은 다음과 같은 많은 요인들에 의해 결정된다.

- 공격적 행동에 의해 주어진 보상의 가치
- 목적을 달성하기 위한 대안적 수단의 이용가능성
- 처벌의 가능성
- 처벌의 속성, 정도, 지속시간
- 공격적 행위와 그 결과 간의 시간적 간격
- 공격성 자극 수준
- 처벌을 가하거나 결정하는 사람의 특징(Bandura, 1973)

위와 같이 처벌의 효과성에 영향을 줄 수 있는 변인들을 생각할 때 공격성을 줄이려고 벌을 주는 것이 문제를 해결하기는커녕 오히려 문제를 더 많이 일으킬 수도 있음을 알 수 있다. 처벌이 낳게 되는 대표적인 문제점은 다음과 같다.

1. (공격적 행동으로 얻게 되는) 보상이 간헐적 처벌을 능가할 때는 공격성이 지속될 수 있다. 예컨대 급우들로 하여금 한 아이를 비웃음거리로 만듦으로써 (우두머리라는) 지위를 얻게 되는 보상이 그러한 행동에 대한 처벌보다 더 큰 경우가 그렇다.
2. 어른이 아이를 공격적으로 벌할 때 그 어른은 아이에게 "공격적 행위는 공격적으로 대응해야 한다"고 가르치는 것이나 다름없다. 어른이 제거하고자 하는 행동이 오히려 학습되는 것이다. Espelage, Bosworth, Simon(2000)은 가정에서 체벌을 받은 아이가 학교에서 폭력행위에 가담한다는 것을 발견했다.
3. 처벌은 가벌자가 눈앞에 있을 때만 공격성을 억누르는 효과가 있을 뿐이다. 가벌자가 사라지면 아이는 다시 공격성을 드러낸다. 어른이 늘 아이를 지켜볼 수 없기 때문에 복종보다는 자기통제력을 키우는 것이 공격성 문제에 대한 더 좋은 해결책이 될 것이다(제4장에서는 복종모형과 책임모형의 차이에 대해 논의한다.).
4. 아이를 처벌하기만 하면 그는 갈등을 해결하는 적절한 행동에 대해 어떠한 정보도 제공받지 못한 채 지나가는 것이다.

아울러, 처벌의 효과성은 아이와 가벌자의 관계로부터도 영향을 받는다. Eron(1987)은 종단연구를 통해 아버지와 긴밀한 일체감을 가진 아이들에게서만 처벌이 공격적 행동을 억누르는 효과가 있다는 것을 밝혀냈다. 따라서 아이들이 부모와 긍정적 관계를 갖고 있지 않을 때는 처벌이 증가하면 할수록 그 아이의 공격성은 학교와 가정 모두에서 증가했다.

사회 환경: 가정, 또래, 학교

아이들의 행동은 그들이 본 것에 영향을 받는다. 공격적이든 비공격적이든 많은 사회적 기술들은 유아기(early childhood)의 가정내 상호작용을 통해 발달된다. 이후에 또래들이나 다른 어른들과의 상호작용은 사람들이 그러한 기술을 다듬는 데 도움을 준다(Horne & Sayger, 2000; Patterson, 1982). 문제를 해결하거나 사회적 상호작용을 할 때 주로 억압적이거나 공격적인 방법을 이용하는 가정에서 자란 아이들은 가정이나 학교에서 그들의 목적을 달성하기 위해서 공격적인 방법을 이용하게 된다. Schwartz와 그의 동료들은 부부간의 폭력이나 신체적 학대를 목격하는 공격적 가정환경에서 자란 아이들은 가해-피해자가 될 가능성이 높다. 즉 그들은 3~4학년에 도달할 때까지 다른 사람을 괴롭히는 가해자임과 동시에 다른 가해자로부터는 피해자의 입장에 서게 된다. 연구진은 괴롭히는 행동이 가정에서 목격된 공격적 행동을 반복하는 기제라고 설명했다(Schwartz, Dodge, Pettit, & Bates, 1997). Patterson(1982)과 Olweus(1994b)도 가정에서 신체적으로 학대[1)]당한 아동들은 친구들에게 공격적인 모습을 보일 가능성이 더 높다고 보고했다. 이러한 모형화과정은 학대받은 아이들이 공격적 자극에 공격적으로 반응하는 경향이 강하다고 주장한 Howes와 Eldredge(1985)의 연구결과와도 일치한다. 더욱더 걱정스러운 현상은 학대받은 아이들이 똑같은 처지의 아이들에게 공격적으로 반응한다는 것이다.

사회적 학습과정의 일부로서, 아이들은 그들이 원하는 것을 획득하기 위해서 공격적 상호작용을 더 증가시키게 된다. 익숙한 예를 들어보자. 아버지가 직장에서 일을 마치고 집으로 돌아온 후에 너무 피곤해서 그의 아들에게 눈길도 주지 못한다고 가정해보자. 관심을 끌기 위해 그 아들은 시끄럽게 떠드는 것부터 시작해서 울분까지 토하면서 놀아달라고 조른다. 마침내, 귀찮아진 아버지는 관심을 보여줌으로써 그러한 아들의 부정적 행동에 대해 보상해준다. 이 아버지는 그 아들로 하여금 미래에 부정적 행동(adverse behaviors)을 증가시키도록 가르친 것이다. 이 시나리오를 통해 우리는 '강압적 상호성' 이라는 용어가 무엇을 가리키는지 쉽게 알 수 있다. 강압적 상호성이란 교사나 부모처럼 더 강하거나 가해학생처럼 더 공격적인 사람이 이길 때까지 공격성이 목표지향적으로 상승하는 것을 말한다. 가정과 학교에서 아이들은 효과적인 역할 모델과 문제해결자를 갖고 있다. 그러나 또 한편으로는 지속적으로 심화되는 공격성을 이끌어가는 학습과정에도 노출되어 있다. 앞의 예에서 그의 아들에게 지친 아버지는 아들의 행동에 의해 강제되어 관심을 보여준 것이다. 그러나 그 아버지의 반응은 벌과 같이 부정적인 형태의 관심으로 나타날지도 모른다.

---

1) 역주: 체벌

개인 인지

중재발달에 매우 중요한 개인 인지와 사회인지이론에서 만들어진 다른 개념들은 자기효능감(self-efficacy)과 성과예측(outcome expectations), 기대(expectancies), 정서적 대처 반응(emotional coping responses), 자기통제(self-control)이다. 이러한 개념과 그 예를 다음 표 3.2에 제시하였다.

〈 표 3.2 〉 학생의 공격성 예방에 적용되는 사회인지적 구성요소

사회인지적 구성요소	정의	적용 사례
행동능력	공격성을 예방하거나 갈등을 조정하고, 타인에게 친근하게 친사회적으로 대하는 지식과 기술	갈등해결이나 의사소통기술을 가르친다.
자기효능감	비공격적이고 친근하게 반응하는 능력, 공격성을 유발하는 상황이나 사람을 피하거나 무시하는 능력, 공격적 행위를 알리고 피해자를 돕고 도움을 요청할 수 있는 자신의 능력에 대한 자신감	갈등에 어떻게 반응할지를 연습하기 위해 역할놀이를 이용하고, 복합적 행동들을 작은 단계로 나누고, 어떻게 폭력상황을 알려 도움을 요청할지 명확한 지침을 주고, 긍정적 행동을 강화한다.
성과예측	공격적으로 행동한 결과에 대한 예측	공격적 행동에 대한 처분결과를 모든 학생들에게 명확히 알리고 체계적으로 적용한다.
기대	학생들이 공격적 행동과 친사회적 행동에 부여하는 가치	학교에서 추구하는 가치를 분명히 알리고 그 목적이 무엇이며 추구하는 가치가 왜 중요한지 설명한다.
정서적 대처 반응	학생들이 스스로의 감정을 관리하는 전략	분노와 스트레스 관리법을 훈련시키고 공감기술을 가르친다.
자기통제	자신의 행동에 대한 통제능력	학생들이 스스로 결정하고 목적을 세우고 그 목적과 행동의 성과를 비교할 수 있는 기회를 제공한다.
강화	긍정적 행동은 증가시키고 공격적 행동은 감소시키는, 교사와 급우들의 반응	교사와 학생들에게 그들이 무심코 하는 행동이 부정적 행동을 강화할 수 있음을 인식시킨다. 친사회적 행동에 대해서는 긍정적 결과를 제공하고 공격적 행동에 대해서는 부정적 결과를 제공한다.

비난받아 마땅한 행위를 정당화하는 데 이용되는 인지기제는 폭력 예방론에서 매우 중요하다. 그 기제는 바로 도덕적 정당화와 긍정명명(labeling)[2)], 책임전가,

책임분산, 결과의 왜곡, 피해자의 비인간화, 비난에 대한 귀인이다(Bandura, 1973, 1986). 이러한 기제가 모든 상황에 혹은 모든 사람에게 적용될 수는 없겠지만 '정상적인(normal)' 사람이라면 골치 아픈 일들을 어떻게 처리할 수 있는지를 밝혀줄 것이다.

도덕적 정당화란 공격적인 행동을 더 높은 도덕적 가치로 정당화함으로써 그 행동에 대한 자책감을 중화시켜 기분 좋게 만드는 것이다. 도덕적 정당화는 가해자(aggressors)를 보호하기 위해 작동하는 무의식적 방어기제가 아니라 '의식적인 공격기제' 이다(Bandura, 1986, p.377). 적대적이거나 공격적인 행동에 가담하고 나서 그들의 행동을 종교적 혹은 도덕적으로 정당화하는 경우가 있다. 예컨대, 어떤 집단은 동성애자의 생활양식을 비난하면서 자신과 다르다는 이유로 무고한 사람들에게 폭력을 행사하는데, 이 때 그들의 행동을 종교적 혹은 역사적 선례를 들어 정당화한다. 달리 말해, 사람들은 자신들의 공격적 행동이 종교적 원리와 도덕적 가치, 심지어 국가적 이념에서 비롯된 것이라 주장하면서 그 행동을 의식적으로 정당화한다. 친구들을 괴롭히는 아이들도 공정성이나 존경과 같은 가치를 내걸고 자신들의 공격적 행위를 정당화하곤 한다. 예컨대 그들은 "공평하지 않았어." 혹은 "그 녀석은 당해도 싸."라고 말하곤 한다.

피해자가 되는 사람은 그 동안 특별한 대우를 받아왔거나 기대 이상으로 대우를 받아왔기 때문에 그에 대한 공격적 행동이 도덕적으로 정당화된다고 믿는 것이다. 한 아이가 무슬림 학생에게 싸움을 걸 때 그러한 상황을 볼 수 있다. 무슬림 학생을 공격한 이유가 무엇인지 물어보면 그들은 "걔네들은 당해도 싸요. 걔네들이 뉴욕에서 저지른 짓[3)]을 생각해봐요."라고 말한다. 테러리스트들의 행동과는 전혀 상관이 없음에도 불구하고 가해학생들은 무슬림 학생에게 싸움을 거는 것이 도덕적으로 정당화된다고 느끼는 것이다.

긍정명명은 '완곡한 명명' 이라고도 하는데, 부적절한 행동의 상황을 인지적으로 재구조화하면서 비난받아 마땅한 행동을 긍정적이거나 중립적인 용어로 포장하는 것이다. 포르노영화를 '성인영화' 로 칭하거나, 극히 잔인한 행위를 담은 영화를 '액션영화' 로 부르는 것, 유기견을 죽이는 것에 대해 '안락사' 라고 부르는

2) 역주: 'labeling' 은 일반적으로 '낙인' 이라 번역하지만 여기서는 "폭력적 행위에 대해 그럴싸하게 이름을 붙여 정당화하는 것" 을 말하므로 '긍정명명' 으로 번역하였다.

3) 역주: 9 · 11테러

것이 그 예이다. Bandura(1986)는 사람들이 자신들의 공격적 행위에 대해 '공격'이라고 하지 않고 '게임' 이라고 이름 붙일 때 더 공격적으로 행동하게 된다고 주장했다. 우리는 종종 교실에서 가해학생들이 "그냥 장난친 것뿐이예요." 혹은 "살짝 건드린 것뿐이예요."라고 말하면서 자신들의 행동을 정당화하는 것을 보곤 한다. Bandura가 말한 것처럼 일반적으로 용인할 수 없는 행동도 긍정적인 용어로 명명되면 자부심의 원천이 될 수도 있다.

책임전가는 사람들이 권력구조를 핑계로 나쁜 행위를 정당화하는 것이다. 즉 공격적 행위는 그 행동에 대한 책임을 지는 합법적 권위자에 의해 명령된 것이라 주장하는 것이다. 군인들은 전쟁 중에 저지른 만행에 대해 상급자의 명령에 복종해야 하기 때문에 어쩔 수 없었다고 말한다. 조직폭력배는 조직에 입단할 때 신고식으로 행하는 범죄행위에 대해 우두머리가 시켰기 때문이라고 말한다. 학교에서는 가해집단 중 주가해자가 다른 아이들로 하여금 부적절한 행동에 가담하도록 부추겨서 다른 아이들이 공격적으로 행동했을지도 모른다. 예컨대, "켄트 녀석 때문에 쉬는 시간이 없어졌다고 브라이언이 켄트를 때리라고 했어요."라고 핑계를 대는 가해자가 있다. 가해학생 집단의 일원은 브라이언에게 책임을 전가함으로써 자신의 책임을 회피하고 켄트를 때린 것에 대해 정당화한다.

책임분산은 일반적으로 노동분업이나 집단 의사결정, 단체행위 등을 통해 이루어지는데 이것은 개인의 그릇된 행위에 대한 개인적 책임을 회피할 수 있도록 도와준다. 집단이 공동으로 움직일 때는 모임이나 조직폭력배, 스포츠팀의 단원들이 다른 사람을 배척(exclude)하거나 물리적으로 공격하거나 비난하는 것의 책임이 분산된다. 학교에서 가해자들, 심지어 한 무리의 일부일 때는 목격자들조차도 그들이 해 본 적 없는 방식으로 친구들을 괴롭힐지 모른다. 학교에서 배타적 모임의 일원들이 다른 학생들을 잔인할 정도로 따돌리거나 조롱하기로 결정했다면 그들은 그것에 대해 개인적 책임을 지기보다는 전체로서의 집단에 책임을 돌릴 것이다.

결과왜곡은 나쁜 행동의 고통스런 결과를 축소하거나, 그 폐해는 잊고 그 행위의 이점만을 선택적으로 떠올릴 때 나타난다. 가해자들은 자신들이 저지른 행위가 대수롭지 않다는 듯이 "상처를 입힌 것도 아닌데요 뭐." 또는 "그렇게 잘못한 건가요?"라고 반응한다. 자신들이 그런 일을 당했어도 대수롭지 않게 생각할 거라고 한다. 배척이나 놀림, 조롱과 같이 눈에 보이지 않는 결과를 가져오는 행위일 경우

에는 그 결과를 왜곡하기가 더욱더 쉽다. 피해자들이 관계적 공격(배척 등)이나 언어적 공격(조롱 등)에 의해 심각하게 상처를 받아도 가해자들은 아무런 물리적 증거가 없기 때문에 그들의 행동에 대해 대수롭지 않게 여긴다. 심지어 어떤 가해자들은 "쟤가 그걸 좋아해요. 쟤는 멍청하지 않아요. 쟤가 그걸 싫어했으면 이상한 짓을 더 이상 안 했겠죠? 그럼 우리도 쟤를 괴롭히지 않았겠죠."라고 하면서 피해자가 괴롭힘당하는 것을 즐긴다고 스스로를 설득하면서 상황을 왜곡시킨다.

피해자의 비인간화는 가해자가 피해자의 인간성(human qualities)을 제거하는 과정이다. 가해자는 "나는 좋은 사람이지만 내가 나쁜 짓을 하고 있다는 것을 안다"는 두 가지 모순된 인식 간의 불일치를 해소하기 위해 피해자에게 비인간적 속성을 부여한다(Festinger, 1962). Feshbach(1971)는 사람들 대부분이 피해자를 비인간화할 수 있는 방법을 찾을 수 없다면 다른 사람에게 의도적으로 고통을 가하기가 어렵다고 지적한다. 역사적으로 보면, 비인간화나 명예훼손은 인종과 민족, 종교, 성에 기초를 두어 왔다. 과거에 아프리카계 미국인과 유대인, 아메리카 인디언, 집시들은 '열등한' 인종으로 낙인찍혀 왔다. 비인간화는 아직도 일어나고 있다. 다른 사람에게 '돼지'라든가 '변태', '또라이'처럼 경멸적인 말을 사용할 때 그들은 이러한 집단의 사람들을 열등하거나 모자라는 사람들로 규정하고, 그들에 대해 이해하려 들지 않고 그들을 함부로 대하는 것에 대해 관심도 두지 않는다. Bandura(1986)는 소수집단을 위한 평등과 존중, 배려와 같이 적절한 제도적 보호장치가 마련될 때 비인간화와 타인에 대한 지속적 학대가 일어나지 않을 것이라고 말한다. 반대로 제도적 권력 남용은 비인간화와 공격성이 증가되도록 유도할 수도 있다. 익명의 몰개성적인 학교나 지역사회의 환경은 그 집단에서 권력이 없는 구성원들에 대한 비인간화와 아울러 학대를 더 초래할 수도 있다. 학교에서 조금 다른 특징을 가진 학생들을 사회적으로 지지하는 풍토가 부족할 때 가해학생들은 그들의 부적절한 행동, 예컨대 새로 전학을 오거나 뭔가 좀 다른 학생들을 경멸하는 행위를 친구들이 지원하도록 만든다.

비난에 대한 귀인이란 피해자의 특성이나 행동으로 인해 괴롭힘을 받은 것이라고 피해자를 비난하거나 상황에 의해서 어쩔 수 없이 공격적인 행동이 나타났다고 주장하는 것이다. 가해자들이 이렇게 타인이나 구실이 된 상황으로 비난을 모면하려 하는 것은 자신들은 원래 좋은 사람인데 그러한 요인 때문에 공격적인 행동을 할 수밖에 없었다고 보는 것이다. 따라서 가해자들은 오히려 피해자들을 비

난함으로써 자신의 행동을 용서하고 잘 했다고 생각한다. 예컨대, "그 녀석은 당해도 싸."라든가 "자업자득이야."라고 말하곤 한다. 불행히도 피해자나 상황 탓을 하는 것은 방관자들로 하여금 피해자들이 비난을 당해도 마땅하다고 믿게끔 만들 수 있다. 이러한 상황에서 공격적 행동을 목격하게 되는 사람들은 피해자가 당할 만한 정당한 이유가 있으리라고, 피해자에게도 부분적으로 책임이 있을 수 있다고, 피해자가 그렇게 행동하지 않았다면 괴롭힘은 일어나지 않았을 것이라고 생각하게 된다.

애착이론

사회인지이론이 모방과 보상, 처벌을 통한 가족의 영향을 강조하는 데 비해, 애착이론은 공격성에 대한 매우 다른 시각을 제공한다. 애착이론은 영유아기의 아이와 엄마(또는 보호자) 간 관계의 질이 중요하다고 주장한다(Shaw & Bell, 1993). 어린 시절 가정환경은 미래의 관계형성에 기초를 만든다. 그 아이가 커서는 어릴 적 자신의 보호자가 보여준 방식으로 다른 성인들도 행동하기를 기대하기 때문이다(Bowlby, 1982). Ainsworth와 Bowlby(1991)는 아이들이 이러한 주된 관계에 기초를 두고 자신에 대한 내적 영상을 발전시켜 간다고 주장했다. 영아가 자라면서 이러한 원천적 관계는 다른 사람과 어떻게 관계를 맺는가에 강한 영향을 준다. 도움을 잘 주고 반응을 잘 하며 애정을 보이는 부모는 아이에게 안정적인 애착을 길러준다. 이러한 아이들은 친구들이나 성인과 긍정적이고 애정어린 관계를 발전시키는 것이 더 쉽다는 것을 알게 되어 타인을 믿고 의지할 수 있게 된다. 그들은 자신감을 갖고 새로운 관계를 확실하게 이어갈 수 있게 되고, 타인이 자신에게 호감을 가지는지 그렇지 않은지 신경 쓸 필요도 없다. 반대로, 영아기에 일관성 없는 반응을 보이거나 반응이 느리거나 차갑고 냉정하게 대하는 부모는 아이와 불안정한 애정을 키워간다. 이러한 아이들은 타인을 신뢰하기도 어려우며, 건강하고 친밀한 정서적 관계를 맺는 것이 어렵다고 생각한다. 그들은 새로운 관계에 대해서 불안함과 두려움, 고통스러움으로 반응한다.

애착이론에 따르면 공격성은 몇 가지 기제를 통해 나타난다. 첫째, 공격성은 어머니나 보호자와의 불만족과 좌절 관계에 대한 반응일 수 있다. 둘째, 아이들은 무관심한 보호자의 주목을 끌기 위해 파괴적 행동을 보일지 모른다. 셋째, 불안정한 애착관계를 이어온 아이들은 친구들이나 다른 어른들과 긍정적 관계를 발전시키기가 어렵다고 느낀다. 그들은 또한 위협적으로 느끼는 낯선 어른에 대해서는 몰아내기 위해 공격적인 행동을 보일 수도 있다. 학교 상황에서 이와 같은 신뢰 부족, 분노, 불안정 등의 특징을 보이는 관계는 쉽게 폭력적으로 변할 수 있다 (Greenberg, Speltz, & DeKlyen, 1993).

불안정한 애착과 공격성 간에 관련이 있다는 것은 많은 연구에 의해 지지되어 왔다. 예컨대, Volling과 Belsky(1992)는 영아와 엄마 사이의 약한 애착 관계가 형제에 대한 공격적 행동과 관계된다는 점을 발견했다. Ladd(1992)는 아이와 가족 관계 발전에 관련된 문헌들을 검토한 결과, 안정적인 애착관계를 가진 취학전 아동이 그렇지 않은 아동에 비해 더 긍정적으로 행동할 뿐만 아니라 행동상의 문제를 거의 보이지 않는다는 사실을 발견했다. 보호자와 긍정적인 애착 관계를 가진 취학전 아동은 다른 아동들과 더 협동적이고 사회적으로 적절한 상호작용을 보였다. Troy와 Sroufe(1987)는 18개월 된 영아기에 불안정한 애착 관계를 맺은 아동들은 5살이 되었을 때 그렇지 않은 아동에 비해 더 폭력적인 경향을 보였음을 보고한 바 있다.

애착이론에 따르면, 가장 효과적인 개입은 아이와 애정 없는 관계를 발전시키는 위험군 부모를 이른 시기에 지원하고 교육하는 것이다. 그러한 부모들 중에는 편부, 편모, 미혼모, 긍정적인 부모 역할 모델이 부족한 부모들이 포함된다. 이상적으로는 임신기나 그보다 더 이른 시기에 새로 부부가 된 이들에게 효과적 의사소통 방법을 가르쳐야 한다. 다른 개입 프로그램, 예컨대 긍정적 관계가 부족한 아이에게 멘토가 그러한 관계를 제공하는 보조적인 부모로서 행동하도록 하는 미국의 Big Brothers/Sisters와 같은 프로그램은 공격성과 약물복용을 감소시키고 학업 성취도를 향상시키는 데 성공적이다. 한 아이의 공격적 행동이 미숙한 가족 관계에 대한 반응일 수도 있다고 인식한 교사는 그 아이의 행동에 대해 처벌로 해결하려 하기보다는 더 지지적인 훈육적 접근방법을 채택할 것이다.

가족체제이론

가족체제이론은 가족 구성원 간의 복잡한 상호작용을 강조한다. 가족 안에는 또 다른 하위체제들, 예컨대 부모 하위체제, 부부 하위체제, 자녀 하위체제가 있다.

가족은 상호연계되어 있는 많은 관계들로 구성된 하나의 단위이다(Bowen, 1985). 가족의 한 하위체제 내에서의 갈등은 모든 다른 하위체제와 가족 전체에 영향을 준다. 이러한 이론적 틀에서 볼 때, 한 아이가 가해자나 공격적인 아이로 확인되면, 그의 행동은 가족 단위 안에서 역기능 관계가 있음을 나타내는 징후로 볼 수 있다. 그 행동은 가족이라는 더 큰 맥락에서의 문제를 반영한다. 단지 그 아이의 고립적 행동 문제가 아니다. 따라서 가족 전체를 돕도록 개입이 설계되어야 한다. Ingoldsby, Shaw와 Garcia(2001)는 가족체제와 갈등의 상호작용을 실험했다. 단 하나의 가족 하위체제가 긴장관계에 있다고 해서 그 문제가 그 아이로 하여금 학교에서 공격적으로 행동하도록 만드는 것은 아니었다. 그러나 몇몇 하위체제들, 특히 부모 하위체제와 부모-아이 하위체제에 문제가 발생하면 학교에서 교사들이나 친구들과의 갈등 가능성이 증가하였다.

기능에 이상이 생긴 가족체제에 개입하는 것은 일반적으로 학교에서 제공하는 서비스의 범위를 넘어선다. 그런 프로그램들은 지역사회의 정신보건서비스나 사립의 가족치료시설, 종교시설, 의료전문기관의 자원을 이용해야 한다. 제9장에서는 학교나 다른 기관들을 통해 제공되는, 폭력 예방을 위한 가족 개입모형을 설명할 것이다.

사회적 상호작용 모형

Horne, Norsworthy, Forehand와 Frame(Horne, 1991 재인용)은 제2장에서 논의된 많은 위기요인들을 사회적 상호작용 모형으로 통합했다. 이 모형은 아동과 청소년의 공격성과 비행의 발전경로를 설명해준다. 그림 3.1에서 볼 수 있듯이, 그 모형은 세 가지 요소를 갖고 있다. 그 모형의 상단은 공격성 발달의 주요영역을 보여주고, 중앙은 출생기부터 청소년기까지의 발달 과정을 보여주며, 하단은 공격성 발달에 있어 아이에 대한 가족과 지역사회의 영향을 보여준다.

아이들은 발달에 영향을 주는 저마다의 기질이나 지적 능력, 신체적 속성과 같은 특징을 갖고 태어난다. 다루기 어려운 기질, 예컨대 갑자기 울거나 화를 내거나 불안해하는 경향과 같이 높은 수준의 충동성을 보이거나, 새로운 환경에 쉽게 적응하지 못하거나, 부정적 정서를 보이는 기질을 가진 아이는 부모의 양육과정을 더 어렵게 만든다. 이런 아이를 기르는 것은 역전된 부모-아이 상호작용과 낮은 수

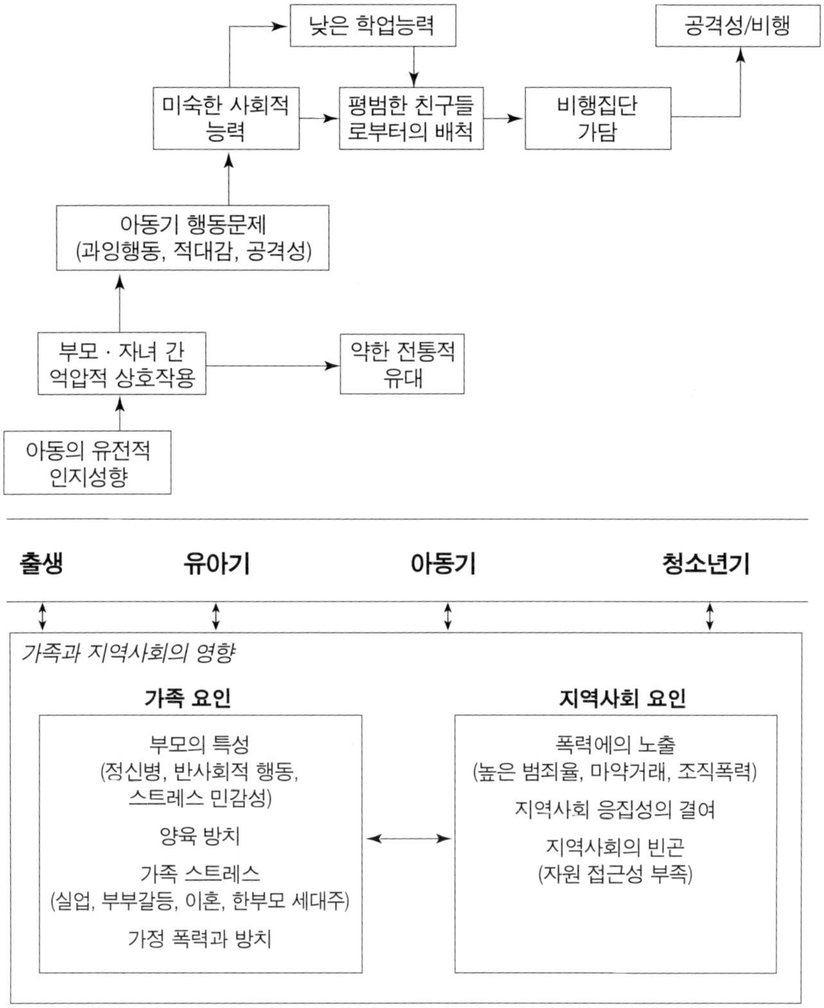

〈 그림 3.1 〉 사회적 상호작용 모형: 아동의 공격성 발달의 개념적 틀

출처: A. M. Horne과 J. L. Passmore, 「가족상담과 치료(Family Counseling and Therapy)」, Itasca, IL: F. E. Peacock. 1991(2쇄), 464쪽. 출판사로부터 게재 허가.

준의 연대감, 그리고 애착이론에서 제시한 문제들을 나타낼 수 있다.

부모-아이 간의 연대가 약하고 그 관계가 역전될 때는 유아기 행위 문제와 권력 투쟁, 공격적 행위가 나타날 가능성이 더 많다. 이러한 문제행동들은 평소에 순종적이면 보상을 못 받고 공격적인 행동을 했을 때 보상을 받아왔던 아이들에게서 자주 나타난다. 결과적으로, 이 모형에 따르면 공격적 아동은 효과적인 사회적 기능을 발전시키지 못한다. 사회적 기능이 약하기 때문에 공격적 아동은 위협감을 느끼거나 관계를 맺지 못한 친구들에게 서 배척당할 수 있다.

효과적인 사회적 기능을 발전시키는 데 실패함과 아울러 공격적 아동은 훈육 문제로 교실 밖으로 내보내지고[4] 다른 학생들과 공부할 수 없게 됨으로써 학업에서도 뒤처질 수 있다. 아동이 이렇게 친구들로부터의 배척과 학업영역에서의 실패를 경험하게 되면 비슷한 상황을 경험하고 있는 친구들에게 그런 행동을 하는 경향이 있다. 그들은 비행집단에 가담하여 더 공격적인 비행의 자기영속적 문화를 이어간다.

그림 3.1에 제시한 개념모형의 하단에서 볼 수 있는 것처럼 아이와의 지속적 상호작용에 있어 가족과 지역사회 요인은 공격성의 발달을 증가시킬 수도 있고 완화시킬 수도 있다. 예컨대, 반사회적으로 행동하는 부모는 자녀들에게 공격성과 비행의 모델이 될 뿐만 아니라 양육관계조차도 유지하지 못하는 수가 있다. 부모 개인의 성향 문제를 뛰어넘어서, (실업이나 부부 갈등 관계, 배우자로부터의 지지 부족, 불충분한 재원, 이혼, 미숙한 양육방식 등으로 인한) 높은 긴장수준과 가정폭력, 방임은 자녀를 공격성과 비행의 길로 이끄는 가정에서 볼 수 있는 전형적인 특징이다.

마지막으로, 부모의 특성과 가족의 기능적 상태를 넘어서, 가족이 거주하는 지역사회는 공격성과 비행의 발달을 초래하는 추가적인 위험요인을 제공할지 모른다. 사회적 상호작용 모형은 폭력에의 노출, 지역사회 응집성의 결여, 지역사회의 빈곤이 폭력의 위험요인임을 잘 보여준다. 가난 그 자체가 폭력을 유발하지는 않지만, 저소득층에서 공격성과 비행에 노출되는 기회가 더 많다. 그림 3.1의 하단에서 볼 수 있는 것처럼 가족과 지역사회 요인은 상단에 기술된 발달과정에 영향을 준다.

사회적 상호작용 모형에 따르면, 공격성 발달과정의 매 지점마다 적절한 개입이 이루어지면 아이가 공격성 발달과정에서 경험하는 부정적 영향을 완화시킬 수 있다. 아이에게 특정한 사회적 기술(예컨대 분노조절이나 문제해결)을 가르치면 친구들과의 교제빈도가 증가될 수 있다. 효과적인 튜터링과 학업지원 프로그램을 제공한다면 학업성취도가 증가할 수 있다. 아울러, 효과적인 부모교육 프로그램은

---

4) 역주: 미국에서는 교실에서 지도사항이 발생하더라도 대부분은 교사가 직접 지도하지 못하고 교장이 훈육을 하도록 되어 있음. 여기서 '밖으로 내보내는 것' 은 수업에 방해되지 않도록 복도에 세우거나 훈육을 위해 교장실로 보내는 것을 가리킴

더 긍정적인 애착과 유대감을 만들어낼 수 있다. 부모훈련기회를 통해 부모의 억압적 상호작용의 발달을 제거하거나 감소시킬 수 있고, 효과적인 양육 기술을 터득하도록 할 수 있다. 마지막으로, 지역사회의 권한 강화와 발전은 더 조직화되고 응집력 있는 지역사회로 이끌 수 있다.

폭력의 발달 경로

미국에서는 유아기를 넘어 청소년기, 성인기에 이르기까지 이에 대한 많은 연구들이 이루어져 왔다. 25년간 진행된 국립청소년조사가족연구(Hewitt et al., 2003), 피츠버그청소년연구(Kelley, Loeber, Keenan, & DeLamatre, 1997), 덴버청소년연구(Loeber, Kalb, & Huizinga, 2001), 로체스터청소년발달연구(Kelley, Thornberry, & Smith, 1997), 시애틀사회발달프로젝트(Herrenkohl et al., 2001), 아동발달프로젝트(Pettit, Bates, Dodge, & Meece, 1999), 카와이연구(Werner, 1989) 등이 그것이다. 캐나다(Brame, Nagin, & Tremblay, 2001; Lacourse, Nagin, Tremblay, Vitare, Claes, 2003), 뉴질랜드(Fergusson & Horwood, 1995; Moffitt, Caspi, Harrington, & Milne, 2002), 영국(Farrington, 1989)에서도 몇몇 연구가 있었다. 이러한 방대한 과학적 연구에도 불구하고 공격성 발달 경로에 대한 많은 질문들이 아직까지도 남아 있다.

몇몇 연구들은 청소년의 폭력발달이 초기발생집단과 후기발생집단의 두 가지 경로로 나뉜다는 점을 밝힌 바 있다. 초기발생집단은 유아기 동안 다원적인 행동문제를 보이며, 사춘기 전에 최초의 폭력을 행사한다. 그들은 폭력적인 경험을 성인기까지 지속시킬 뿐만 아니라 단순범죄와 함께 더 심각한 폭력적 범죄를 저지르는 경향이 있다. 두 집단 중에서 통계적으로 더 큰 부분을 차지하는 후기발생집단은 청소년기에 최초의 폭력을 행사한다. 이러한 청소년 집단은 생애 초기에는 행동문제나 폭력의 징후를 보이지 않는다. 그들의 폭력은 시간적으로 더 제한되어 있다. 늦게 폭력을 시작하는데 십대를 지나서까지 지속되지는 않는다(Moffitt, 1993; U. S. Department of Health and Human Services, 2001).

널리 알려진 사실이지만, 몇몇 연구자들은 위에서 말한 이원경로 모형의 정확성과 포괄성에 대해 의문을 제기한다. 예컨대 Loeber와 Stouthamer Loeber(1998)는 Moffit의 선행연구(1993)를 확장해서 세 가지 경로, 즉 생애과정(life-course), 후기발생, 제한적 지속(limited-duration)의 세 가지 집단을 제시했다. 생애과정집단은 유아기에 공격성을 보이고 나서 그것이 청소년기까지 지속되거나 악화된 아동을 말한다. 후기발생집단은 폭력 경험 없이 성인이 되어서야 폭력을 행사하기 시작하는 일부 소수의 집단을 말한다. 제한적 지속 집단은 유아기에 공격성을 보였지만 초등학생이나 청소년기에 공격성이 사라진 아동을 말한다. Loeber와 Stouthamer-Loeber는 제한적 지속 유형을 특징화함으로써 공격성이 매우 오랜 동안 지속된다는 일반적 가정(예컨대 Olweus, 1979)에 대해 의문을 제기한다. 연구결과와 교사들의 증언은 많은 아동들에게서 공격성이 나타났다가 없어진다는 전제를 지지한다. 그러나 그러한 주장이 설득력을 얻기 위해서는 언제 어떻게 왜 그러한 공격적 행동이 사라지는지에 관해서 더 많은 증거가 필요하다(Loeber & Stouthamer-Loeber, 1998).

발달 경로에 관한 많은 결론들이 단지 남아들에 관한 연구에 기초를 두고 있었다. 최근에는 연구자들이 이러한 남아들의 (폭력 발달) 궤도가 여아들에게 일반화될 수 없음을 지적하고 있다. Broidy와 그의 동료들(2003)은 6가지 종단연구를 분석한 결과 초기 공격성은 나중에 공격성을 보일 위험성을 증가시키지만 그것은 남아들에게만 그러할 뿐 여아들에게도 그대로 적용되지는 않는다고 결론지었다. Fergusson과 Horwood(2002)도 소년과 소녀가 동일한 공격성 궤도를 보이지만 각각의 궤도나 발달 경로의 성원이 될 가능성은 성에 따라 다르다고 주장했다. 남아와 여아에 대한 의미 있는 개입을 발달시키는 데 성차를 확인하고 이해하는 것이 중요하다.

폭력성 발달 경로를 이해하는 것은 폭력 예방과 개입에 대한 중요한 함의를 갖는다. 가장 중요한 것은 모든 공격적 아동이 아동기에 공격적인 것으로 확인되지는 않는다는 점이다. 그러므로 뒤늦게 공격성을 나타내는 아동뿐만 아니라 생애초기에 폭력성을 보이기 시작하는 아동들에게 적용할 프로그램이 개발되어야 한다. 그러나 교사들은 폭력과 비행의 발달 경로에 대한 추론적 정보에 대해 주의해야 한다. 괴롭힘과 공격, 폭력이 공통적인 위험요인을 갖고 있지만 괴롭힘, 특히 폭행을 수반하지 않는 유형(nonviolent type)의 괴롭힘은 이러한 경로 중 어떤 것도 따르지 않을 수도 있다. 따라서 괴롭힘의 발달 경로가 폭력의 발달 경로와 어떻게 다른지에 대해 이해하기 위해서는 더 많은 연구가 필요하다.

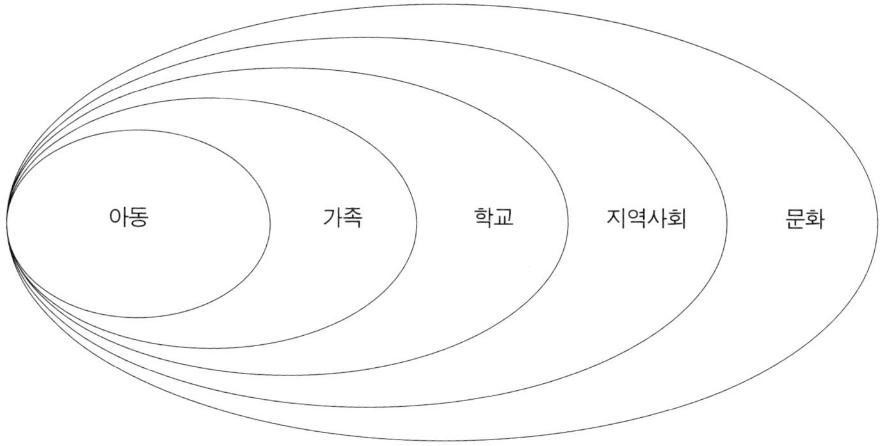

〈 그림 3.2 〉 생태학적 모형

생태학적 모형

가장 포괄적인 모형으로 보이는 생태학적 모형은 한 사람이 긍정적인 사회적 기술을 발달시킬지 아니면 공격적으로 행동하게 될지에 영향을 주는 다중적 요인들의 상호작용을 설명하는 데 많이 활용되어 왔다(Orpinas et al., 2004; Smith, Connell, Wright, Sizer, Norman, 1997). 생태학적 모형은 그림 3.2에 제시한 것처럼 개입을 해야 하는 지점을 가리킴과 동시에 영향력의 다양한 수준을 나타내는 동심원으로 시각화할 수 있다. 맨 왼쪽의 첫 번째 원은 개인을 가리킨다. 두 번째 원은 가족과 함께 친구와 같은 친한 관계를 가리킨다. 중간의 원은 학교나 생활환경, 혹은 행동에 영향을 줄 수 있는 다른 조직을 가리킨다. 바깥의 두 개 원은 개인이 살아가는 지역사회와 문화를 가리킨다. 개인적 생활양식과 같이 이러한 수준들의 단 하나만을 다루는 이론들은 아동의 행동을 설명하고 예언하는 데 한계가 있다(Sallis & Owen, 2002; Stokols, 1996). 생태학적 모형은 행동적 측면을 설명하고 개입을 발전시키는 데 있어 개인이론과 가족이론의 유용성을 폄하하지는 않는다. 다만, 생태학적 모형은 영향과 개입의 영역을 물리적 환경과 사회적 환경으로까지 확장한 것이다.

생태학적 모형의 지지자들은 다중적인 영향을 이해하는 것이 문제를 이해하고 공격성을 감소시키기 위한 개입전략을 선택하는 데 있어 중요하다고 주장한다. 이 모형은 다중적 영향력의 상호작용과 같은 큰 그림을 제시했다는 점뿐만 아니라 영향력의 국면을 인식하게 했다는 점에서도 의의가 있다. 예컨대, 교사들은 아동이 집에서 텔레비전을 얼마나 많이 시청할지에 대해 영향력을 행사할 수는 없지만 텔레비전 쇼에서의 허구와 현실을 구별하는 자기효능감을 증가시킬 수는 있다. 마찬가지로 교사들은 아동과 부모가 가정에서의 문제를 어떻게 해결하는지에 영향을 줄 수는 없지만 교실에서는 효과적인 갈등해결방법을 제시할 수 있다. 따라서 폭력 개입 방법을 선택하는 과정에서 생태학적 모형을 언급할 때는 '생각은 넓게, 행동은 좁게(think globally, act locally)' 라는 말이 잘 들어맞는다.

생태학적 모형은 학교에서의 괴롭힘을 예방하는 데 있어 특히 중요하다. 개인적 중재, 예컨대, 학생들의 사회적 능력을 향상시키기 위해 고안된 프로그램들은 제4장에서 제시할 긍정적 학교 풍토의 지원 없이는 제대로 효과를 발휘하지 못한다. 더구나, 학교 환경의 긍정적 특징에도 불구하고 공격성을 지속하는 가해자들에게 있어서는 보호자 개입이 특히 더 필요할지 모른다(제8장과 제9장 참조).

제2부

Bullying Prevention: *Creating a Positive School Climate and Developing Social Competence*

문제 다루기: 보편적 개입

제4장

학교의 사회적 역량 개발 및 괴롭힘 예방 모델: 학교

너는 여기에 처음 온 것이 틀림없어.
우리 학교에서는 그렇게 행동하지 않아.
– 식당에서 줄 서 있는 동안 앞에 있는 반 친구를
밀고 있는 한 아이에게 2학년 학생이

이 장에서는 학생과 교직원들이 지지받고 존경받는 것을 느낄 수 있는 긍정적인 학교 풍토를 조성하는 방법을 검토한다. 4장과 7장에서는 개인적인 수준에서 실행되는 개입에 대한 대안으로서 제도화될 수 있는 학교 수준의 프로그램을 논의하고 있다. 이 장에서는 학교의 일반적인 환경을 변화시키고 괴롭힘을 감소시키는 문화를 촉진하기 위해서 학교 행정가가 취할 수 있는 실천 방안들을 강조한다. 이 장은 두 개의 절로 구성되어 있다. 첫 번째 절에서는 긍정적인 학교 문화의 개념을 정의하고, 두 번째 절에서는 긍정적인 학교 풍토를 발달시킬 수 있는 방안을 검토한다. 이를 위해서 특히 (a) 교수의 우수성, (b) 학교 가치, (c) 강점과 문제점의 인식, (d) 정책과 책무성, (e) 배려와 존경, (f) 긍정적인 기대, (g) 교사 지원, (h) 물리적 환경 특성 등 여덟 가지의 핵심 영역을 강조하고 있다.

긍정적 학교 풍토란 무엇인가?

몇몇 사람들은 살아가면서 주변 사람들이 최상의 것을 이룰 수 있도록 하는 재능을 지니고 있다. 이러한 개인들은 다른 사람들이 긍정적인 감정과 행동들을 경험할 수 있도록 도와준다. 반면, 다른 사람들은 주변 사람들을 의기소침하게 함으로써 그들의 에너지를 고갈시킬 수 있다. 유사하게 사람들이 많은 시간을 보내는 환경들(예를 들어, 직장 또는 학교)은 그 속에 있는 사람들의 심리적 측면에 어떤 영향을 미칠 수 있다. 본질적으로 환경은 사람들에게 최상 또는 최악을 촉진시킬 수 있는 '인성' 또는 풍토를 포함하고 있다. 조직의 풍토는 단순한 건물이나 개별적인 성격들을 넘어서는 그 이상의 무엇을 나타낸다. 또한 풍토는 관리 방식, 규칙과 규제, 윤리적 실천, 의사소통에서의 솔직함(candidness)과 과묵함(reticence) 등과 같이 좀 더 주관적인 특성을 갖고 있다. 많은 교육가와 연구자의 연구에서도 확인되었듯이, 좀 더 긍정적인 풍토를 갖고 있는 학교에서는 괴롭힘 사건이 더 적게 일어난다. 사실 긍정적 학교 환경을 창출하는 것과 괴롭힘과 공격성을 감소시키는 것은 서로 밀접한 관련이 있다(Bear, 1998; Orpinas, Home, & Staniszewski, 2003; Somersalo, Solantaus, & Almqvist, 2002; Sugai & Horner, 2002).

긍정적인 풍토를 갖고 있는 학교는 마음을 끄는 특성이 있다. 전형적으로 학생과 교사는 다 같이 학교에 있기를 즐기고 최선을 다하며 활력을 느낀다. 괴롭힘과 공격성에 대한 우리 연구에서 인터뷰한 모든 교육자들은 긍정적인 학교 풍토를 만드는 것은 공격성을 감소시킬 뿐만 아니라 긍정적인 청소년 발달과 학문적 수월성을 촉진시키는 데 있어서도 중요하다는 것에 동의한다. 그러나 학교가 성공적으로 긍정적인 풍토를 만들어내는 데 성공하였을 때조차도 이런 상태를 달성하기 위해서 적용된 과정은 일반적으로 기록되지 않거나 상세히 설명되지 않은 경우가 많다. 그러므로 긍정적 학교 풍토가 형성되는 과정은 종종 수수께끼처럼 이해하기 어려울 수 있다. 학교 풍토의 개념은 자주 논의되고 대부분의 교육자들에 의해서 그 중요성이 이해되고 있지만, 그것을 정의하는 사람은 별로 없다. 이에 대한 우리의 정의는 다음과 같다. 긍정적 학교 풍토는 학습을 증진시키고 개인을 최상의 질적 수준으로 함양시켜 주는 학교의 특성—학교 공동체 구성원들 간 상호작용의 질과 학교 건물과 주변 환경의 물리적, 그리고 미적 특성의 영향—을 말한다.

어떻게 긍정적인 학교 풍토를 달성할 것인가를 이해하기 위해서, 우리는 학교 풍토의 핵심요소를 '학교 사회적 역량 개발과 괴롭힘 예방 모델(School Social Competence Development and Bullying Prevention Model)' 로 모형화하였다. 그림 4.1에서 볼 수 있듯이 이 모형은 두 영역으로 구성되어 있다. 외부에 위치한 영역은 학교 풍토를 의미한다. 이에 대해서는 이 장의 다음 절에서 설명된다. 중심부에 위치한 영역은 학교의 학생을 나타낸다. 이것은 괴롭힘을 감소시키고 방지하기 위해 강조해야 할 구체적인 특성에 해당한다. (5장에서는 이 모형의 학생 구성요

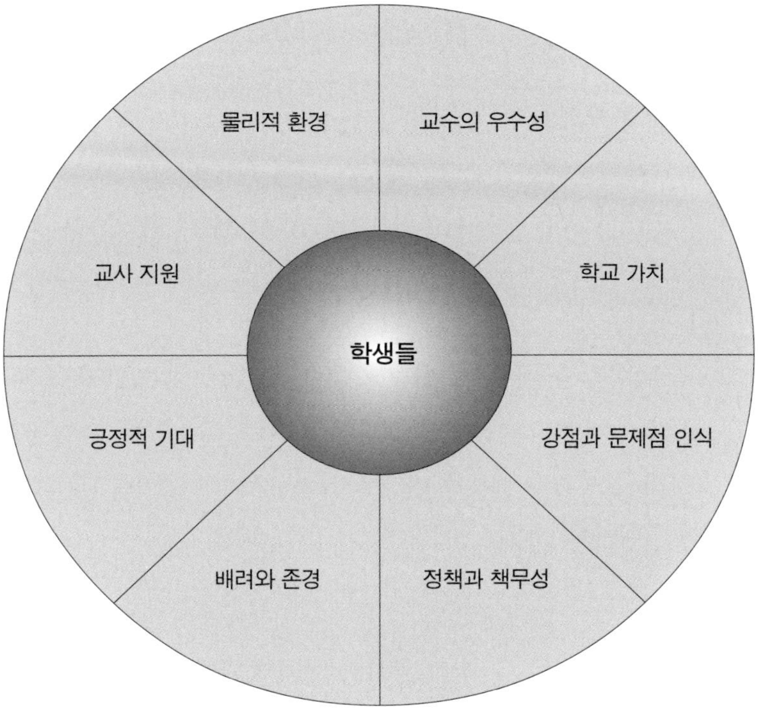

〈 그림 4.1 〉 School Social Competence Development and Bullying Prevention Model: 학교 풍토

소를 설명한다.)

긍정적 학교 풍토의 요소

우리는 긍정적 학교 환경을 위한 핵심 구성요인으로 (a) 교수의 우수성, (b) 학교 가치, (c) 강점과 문제점의 인식, (d) 정책과 책무성, (e) 배려와 존경, (f) 긍정적인 기대, (g) 교사 지원, (h) 물리적 환경 특성 등의 8가지 요소들을 확인하였다. 앞의 7가지 요소들은 성인들의 가치와 그들이 추진하는 학교 정책뿐만 아니라 학교에서 성인들과 학생들 간의 상호작용의 중요성을 반영하고 있다. 마지막 요소는 건물과 시설 자체, 그리고 그것이 학교 풍토에 미치는 영향을 강조하고 있다.

교수의 우수성

학교의 목적은 아동들을 교육시키는 것이다. 교육자들은 이 목적을 달성하기 위해서는 좋은 교사와 동기를 부여하는 학업 프로그램을 대체할 수 있는 것이 없다는 것을 알고 있다. 교수의 우수성은 학과 지식의 폭과 깊이만이 아니라 이러한 지식을 학생들에게 잘 전달하고, 학생들의 학습을 동기화시키고, 다른 학급 행동들을 관리할 수 있는 기술의 숙달도 포함한다(글상자 4.1 참조). 학생들과 긍정적인 관계를 형성하고 있지만 학습 내용이나 교수 방법의 면에서 확고한 기초가 부족한 교사는 아마도 우수하지 못한 교사가 될 것이다. 반대로 지적으로 우수하지만 동기화나 관계 형성의 기술이 부족한 교사도 효과적이지 못한 교사가 될 수 있다. 어떻게 좋은 교사가 될 수 있고, 또는 어떻게 학생들을 동기화하는 학업 프로그램을 개발할 수 있는가 하는 문제까지 확장하는 것은 이 책의 범위를 넘어서는 것이기는 하지만, 교수의 우수성이 괴롭힘 예방을 도와줄 수 있고 괴롭힘 예방 전략들이 학업 수행을 증진시킬 수 있다는 것을 인지하는 것은 중요하다.

글상자 4.1 ■ 좋은 교수의 요소

교과 지식
교수 기술
동기화 기술
학급 경영 기술
관계 기술

학생의 학업 성취는 의심할 바 없이 학교의 처음이자 마지막인 중요한 목적이다. 교사들은 표준화된 시험에 관련된 학습 내용을 가르치기 위해서 필요한 시간과 사회적 기술(social skill)을 가르치는 데 필요한 시간의 균형을 맞추기 위해서 자주 노력한다. 그러나 이와 같은 교실 우선순위 간의 이분법은 다소간 인위적이다. 사실 그것들은 보통 서로 영향을 주고 서로 중첩된다. 사회적 역량과 학업 성취는 서로 영향을 받으며 아동들은 학업적 측면과 사회적 측면에서, 그리고 나중에는 전문직업적 측면에서 모두 성공할 필요가 있다. 아동들에게 적절하거나 적절하지 않은 사회적 행동을 가르치는 데 실패했을 때, 교사들은 아마도 학생들의 잘못된 행동을 관리하기 위해서 학업적 내용을 가르치지 못하는 희생을 치르면서까지 엄청난 시간을 소비하게 될 것이다.

가장 성공적인 학교 행정가와 교사들은 종종 긍정적인 행동과 학업 수행을 모두 촉진하기 위하여 종합적인 접근법을 사용한다(Flay, 2002; Flay & Allred, 2003). 관련 연구는 친사회적 행동(예컨대, 협력, 도움 주기, 감정이입)이 학업 성취를 높이는 데 강한 영향력을 미칠 수 있다는 점을 시사하면서 이러한 포괄적 접근법을 지지한다(Capara, Barbaranelli, Pastorelli, Bandura, & Zimbardo, 2000).

강력한 교수 기술과 동기화 기술은 학급에서 행동상 문제를 감소시키고 긍정적 학급 풍토를 촉진한다(Hein, 2004; Pianta, 1999; Pierce, 1994). 많은 학생들은 학업 기술이 부족해서 좌절할 때 동료들을 괴롭힌다. 이들 가해자는 종종 나선형으로 점점 나빠지는 과정에 처하게 된다: 그들은 멍청이로 불리는 것을 두려워하기 때문에 다른 아이들을 괴롭히고, 그 다음에는 학업적으로 더 뒤처지게 하는 방식에 의해서 훈육된다(예컨대, 훈육실 가기, 방과후 남기, 정학 등). 또한 학습에서 좌절한 가해자는 수업 준비가 잘 되어 있지 않고 공부를 회피하며, 학교 권위에 도전하고 토의 과정에서 다른 사람을 방해하거나 학습을 경시하는 태도를 보이는 경향이 있다. 불행하게도 이러한 부적절한 행동들은 보통 괴롭힘 가해자가 교사와 관계를 형성하는 것을 방해한다. 교사들은 자신의 권위가 도전받고 수업 시간이 낭비되었을 때 그 가해자의 학업적 요구에 특별한 관심을 두지 않으려 한다.

미국 보건복지부(Department of Health and Human Services)에서 수행된 광범위한 문헌에 대한 검토에서, 교수의 우수성은 폭력의 예방을 위한 최우선의 방법으로서 확인되었다. 특히, 지속적인 과정 프로그램(continuous progress programs)과 협동학습(cooperative learning) 두 가지 교수 전략이 학업성공을 증진시키는 데 성공적인 것으로 강조되었다. 지속적인 과정 프로그램은 학생들에게 위계적으로 기술들을 제공해준다. 학생들은 각 단원을 숙달하게 됨에 따라서 초급 단계에서 고급 단계로 발전해 나아간다. 협동학습 집단은 학업 과제를 협동적으로 수행해가는, 다른 기술 수준을 지닌 학생들로 구성된다. 그 보고서는 협동학습이 학업성취, 인종 간 관계, 학교에 대한 긍정적 태도를 향상시킬 수 있다고 결론을 내리고 있다. 그러므로, 이 전략은 괴롭힘 가해자들이 학업적 실패를 감소시키고 협동적으로 공부하고 상호작용하기 위한 기술을 배우는 것을 도와줄 수 있다.

학업적 성공을 증가시키기 위한 이러한 두 가지 전략에 덧붙여서, 다른 학습

스타일에 적합한 다양한 교수 전략을 사용하고, 문제에 대한 해결책을 달성 가능한 단계로 세분화하고, 노력과 성취에 대해 긍정적인 강화를 제공하고, 학생에게 관심을 줄 수 있는 연령에 적합한 예를 제공할 것이 교사들에게 권고되었다. Mendler(2000)는 그의 책 「Motivating Students Who Don' t Care」에서 학생들이 학습할 수 있도록 동기를 부여하는 수많은 기법들을 논의하였다. 또한 지지 집단들(이 장의 후반부에 설명되는) 또는 현장연수는 교수 기술을 향상시키고 긍정적인 규율 관리를 세련화하는 데 활용될 수 있다.

학교 가치

분명하고 쉽게 이해되면서도 안전과 긍정적 환경을 촉진하는 학교 철학은 괴롭힘 예방에 필수적이다(Sullivan, 2000). 괴롭힘을 문제로 규정하는 학교 행정가의 수가 계속해서 증가하고 있기 때문에, 이상적으로 학교는 괴롭힘 예방을 안전한 학교의 개념으로 구체화하여야 하고 이와 같은 철학을 일상적으로 의미 있게 실현할 수 있도록 노력해야 한다(Limber & Small, 2003). 추상적 개념을 이해 가능한 가이드라인으로 변환하는 과정을 단순화하기 위해서, Curwin과 Mendler(1997)는 긍정적이고 폭력 없는 환경을 만들기 위한 4 단계를 제안하였다. (a) 학교의 핵심 가치를 확인하고, (b) 이러한 가치에 기반한 규칙과 결과를 제정하고, (c) 이러한 가치를 모형화하고, (d) 이러한 가치와 어울리지 않는 개입을 폐기하는 것이 그것이다. 이 단계들은 실제 적용하기 전까지는 쉽고 간단해 보인다. 학교의 핵심 가치들을 확인하는 첫 번째 단계와 관련해서, 우리의 연구는 많은 교사들이 단순히 그들의 학교 가치를 모르고 있었거나 단지 어렴풋하게 알고 있었을 뿐이라는 점을 보여주었다. 학교의 핵심 가치에 대한 교사들의 무지는 종종 학교가 분명하게 그들의 교육 철학을 진술하고 있지 않다는 사실로부터 기인하였다. 어떤 학교에서는 학교 가치가 주요 사무실에 게시되었으나 실제적인 기능보다는 수사학적인 기능을 수행하여 일상적인 활동과 아무런 연계성을 갖지 못하였다.

학교구에서 보다 안전한 학습 풍토를 만들고자 노력하고 있기 때문에 학교의 정책 결정자들의 가치를 심도 있게 검토하는 것이 보증될지도 모른다. 학교 행정가들은 얼마나 자주 괴롭힘 예방과 감소를 위해 헌신하고자 하는가? 학교 위원회는 얼마나 많은 자원을 투자하고자 하는가? (어떤 사람은 "가치는 우리의 달력과 점검목록부(checkbook)에 가장 잘 나타나 있다!"고 대답한 적이 있다.) 괴롭힘 예방은 단순히 '발생'하는 것이 아니다. 학교의 리더들은 괴롭힘 예방을 위한 진지한 협력을 계획하여야 하고 학교의 모든 교직원들은 이를 실행할 필요가 있다. 가장 나쁜 시나리오는 괴롭힘 사건이 개별적으로 처리되고 예방에 대해서는 어떤 노력도 기울이지 않는 것이다. 그보다 조금 나은 시나리오는 예방 프로그램에 대한 교사 참여가 자발적이지만, 학교가 좀 더 광범위한 프로그램을 지원하기 위해서 충분한 시간과 자원을 할당하지 못하는 것이다. 자발적으로 예방 프로그램을 이용할 수 있는 학교에 근무하는 교사들을 관찰한 결과에 따르면, 교사들은 일상적인 수업에 무관한 프로그램에까지 추가적으로 시간을 투입할 여력이 거의 없었다. 심지어 어떤 교장은 "괴롭힘 예방에 시간을 낭비할 여유가 없다."고 말하기까지 하였다. 반대로 괴롭힘 예방에 실제로 가치를 부여하고 있는 교장들은 "나는 괴롭힘 예방 프로그램을 추진하지 않을 수가 없다."라고 말하였다.

관심과 지원을 가져오기 위해서는 교사들, 그리고 이상적으로는 학교 공동체의 모든 구성원이 그들의 학교 가치와 사명(mission)을 규정하는 과정에 참여해야 한다(Bosworth, 2000). 교사들이 학교 가치를 규정하는 과정에 참여하게 하는 한 가지 방법은 학년 초에 현장연수에서 관련 프로그램을 개최하는 것이다. 현장연수는 교사들이 작은 집단으로 나누어 학교의 기본 가치를 확인할 수 있도록 하는 기회를 완벽하게 제공한다. 그 다음 모든 사람이 공헌한 것과 같이 느낄 수 있도록 이런 가치들을 전체 집단과 함께 토의하고 공유할 수 있다(Orpinas et al., 2003). Curwin과 Mendler가 제안한 다음 단계들에서와 같이 도출된 가치들은 훈육 프로그램의 기초가 되어야 한다. 예를 들면, 학교 가치 중의 하나가 존중이라고 한다면, 무시하는 말투와 욕하기는 수용되기 어렵다는 규칙이 논리적으로 뒤따라 나오게 된다는 것이다. 신규 교사들이 학교 가치들을 확인하고 환경 변화를 시도할 수 있도록 하기 위해서는 학교 가치를 토의하고 수립하는 과정이 3년에서 5년마다 한 번씩 계속적으로 반복되어야 한다.

우리 연구의 대부분은 아동들과 교육자들을 지원하고 어떤 형태의 공격성이나 폭력도 억제하는 세 가지 가치에 기초해 있다(Horne, Orpinas, Newman-Carlson, Bartolomucci, 2004; Orpinas, Horne, & Multisite Violence Prevention Project, 2004). 이러한 가치들이 괴롭힘 예방을 위한 틀을 제공하고 긍정적 학교 풍토를 형성한다고 우리는 믿는다(글상자 4.2는 어떻게 세 가지 가치가 하나의 사건에 의해서 훼손될 수 있는지를 설명하고 있다.). 교사와 학생들에게 적용되는 이 가치들은 다음 절에서 설명되었다.

글상자 4.2 ■ Castaglia 교사는 학교 가치를 훼손하고 있다

어느 날 아침 몇 명의 교사들이 학교 비서와 안내원과 이야기를 하고 있는데, Castaglia 교사가 양 손에 한 아이씩 잡고 뛰쳐 들어왔다. 그녀는 분명 화가 나고 흥분해 있었다. 그녀는 교장실로 가면서, 그들을 보고 소리쳤다. "Project Kids! 당신은 이 아이들이 어떤지 안다." Castaglia 교사의 행동은 제시된 세 가지 가치를 모두 훼손하였다.

1. ***모든 아동들은 배울 수 있다.*** 그 아이들을 'project kids' 라고 낙인찍음으로써 그녀는 그 아이들이 학교에서 성공하지 못하는 어떤 부정적이고 변하지 않는 특성을 갖고 있다는 것을 암시했다. 그 낙인은 그 아이들이 실패할 운명이라는 것을 의미하고 있다.
2. ***모든 사람은 존중과 존엄을 지킬 수 있도록 대우받아야 한다.*** 아이들을 공적 사무실과 잘 모르는 사람 앞에서 비판한 것은 매우 경멸적인 일이었다.
3. ***학교에서는 어떤 폭력도 허용되어서는 안 된다.*** 아동들에 대한 Castaglia 교사의 행동은 매우 공격적이었다. 그녀의 말은 무례하였고 존중감이 없었으며, 그녀가 아이들을 물리적으로 다루던 방식은 과도할 정도로 거칠었다. 그녀는 분명히 분노를 적절하게 조절하지 못했다.

첫째, ***모든 아동들은 배울 수 있다.*** 모든 아동들은 희생자와 괴롭힘 가해자 자신, 심지어는 지속적인 가해자(즉, 긍정적 학교 환경과 사회적 역량 기술 학습을 위한 학교 전반적인 지원에도 불구하고 괴롭힘을 계속하는 아동들) 간에 긍정적 관계를 형성시키는 학업 내용과 행동 기술을 배울 수 있다. 심지어 오랫동안 공격적인 태도를 보여왔던 아동들조차도 새롭고 좀 더 효과적인 관계형성 기술을 배울 수 있다. 대부분 이런 아동들은 감정적 욕구를 채울 수 있는 새로운 방법들을 탐색할 수 있는, 격려하고 지원적인 환경을 제공하는 성인으로부터 별도의 도움을 필요로 할 것이다. 교사와의 논의에서 괴롭힘 가해 아동과 그 희생자를 언급할 때, 우리는 결코 이런 점들이 고정된 특성이라고 암시하지 않는다. 우리는 변화할 필요가 있는 행동을 제시하는 용어를 사용하지만, 아동을 어떤 고정된 존재라기보다는 변화하고 있는 존재로 본다. 괴롭힘 문제에 처한 개인들과 수행한 몇 년에 걸친 우리의 연구는 괴롭힘 행동들이 변화될 수 있다는 우리의 신념을 재확인해 주었다. 기회가 주어진다면 대부분의 학생은 공격적 행동을 선택하지 않지만, 그들이 다른 가용한 자원을 갖고 있지 못하다면 최선을 다하기 위해 그들이 알고 있는 것을 하게 될 것이다.

둘째, ***학교에서 모든 사람은 존중과 존엄을 지킬 수 있도록 대우받아야 한다***. 사람들이 존중과 존엄의 마음을 갖고 대하는 것은 학교 공동체의 모든 사람으로 확대되어야 한다. 괴롭힘을 행하는 많은 아동들, 특히 지속적인 가해자들은 존중 또는 존엄으로 대우받아야 한다고 기대되지 않는다. 그들은 낙인이 찍혀져 있고, 동일시되고 있고, 범주화되어 있다. 그들은 경멸, 비난, 또는 분노를 갖고 취급될 것이라고 예상된다. 존엄하지 않게 취급된 아동들은 그와 같은 방식으로 반응한다. 아동들과 함께하는 성인들은 아동들이 다른 사람을 존중해주기를 기대한다면 아동들도 존중의 마음으로 대우받아야 한다는 것을 깨달을 필요가 있다. 괴롭힘 가해자뿐만 아니라 희생자들도 종종 존중하지 않는 방식으로 취급된다. 괴롭힘을 당한 이후에 이들 학생들은 존엄을 회복할 수 있도록 누군가의 도움이 필요하다. 마지막으로 모든 교사들도 존경과 존엄함을 유지할 수 있도록 대우받아야 할 필요가 있다. 교사들과 학생들은 가끔 학생들이 부정적인 학급 환경을 만들면서 교사들을 존경하지 않는 방식으로 대한다고 말한다. 교사들이 단호하고 자기 통제력을 유지한 상태에서 반응할 때, 그들은 스스로 자기 존중감을 유지하고 학생들을 존중할 것이다.

셋째, ***폭력, 공격성, 괴롭힘이 학교에서 용인되어서는 안 된다***. 모든 학교는 폭력(예컨대, 싸움, 모욕, 무기 소지 등)을 처벌하는 명확한 정책을 갖고 있다. 그러나 학교 행정가는 용인되지 않는 행동으로서 폭력의 범위를 모든 형태의 공격성과 괴롭힘으로까지 확대해야 한다. 여기에는 다음과 같은 것들이 포함된다.

- 놀림, 떠밀기, 싸움, 따돌림, 소문내기 등과 같은 학생들 사이의 공격적 행동
- 권위에 도전하는 언행, 눈 흘기기, 위협, 지시 거부나 빈정거리는 태도 등과 같은 교사에 대한 학생들의 공격적 행동
- 비인격적인 비난, 소리치기, 위협, 불공평한 규율 제정 등과 같은 학생에 대

한 교사의 공격적 행동

- 노크나 승낙 없이 불쑥 교실에 들어가기, 헛소문 퍼뜨리기, 협력 거부 등과 같이 교직원 간의 공격적 행동

강점과 문제점의 인식

문제는 그 존재를 알지 못하면 해결하는 것이 불가능하다. 특히, 교사나 행정가가 그 문제를 인식하지 못한다면 학교에서의 괴롭힘 문제를 해결하는 것은 불가능하다. 어떤 학교나 공동체도 완벽하지 않고, 대부분의 학교는 어느 정도 괴롭힘의 문제를 가지고 있다. 긍정적인 학교 문화를 창출하기 위한 토대는 개선이 필요한 영역과 강점이 있는 영역을 인지하는 것이다. 이 책의 6장에서 설명할 학생과 교사에 대한 조사 결과는 괴롭힘과 공격성 문제의 본질과 범위를 분명하게 하는 데 도움이 될 수 있다. 어떤 학교에서 괴롭힘이 대응해야 할 잠재적 이슈로 확인된다면, 그 다음에 문제의 범위를 분명하게 하기 위한 추가적인 정보가 학부모와 학교 공동체의 다른 구성원으로부터 수집될 수 있다. 교직원 회의에서 학교의 리더들은 괴롭힘 발생 횟수와 같은 시각적인 자료(예컨대, 도표와 그래프 등)를 제시하고 학생들이 목격했거나 고통받았던 이야기를 다시 언급하는 것을 통해서 문제 인지를 증진시킬 수 있다.

강점의 영역과 개선 필요 영역을 조사하는 과정에서 학교의 리더들은 교사와 행정가의 태도와 같은 영역을 조사할 필요가 있을지도 모른다. 그들의 태도는 괴롭힘 없는 환경을 지원하거나 지원하지 않을 수도 있고, 학교 리더들이 괴롭힘을 줄이기 위해서 사용하기로 결정한 개입 방안이나 전략과 어울리지 않을 수도 있다. 표 4.1은 괴롭힘이나 피해와 이를 줄이기 위한 교사 개입에 대해 널리 퍼져있는 잘못된 믿음을 검토한 것이다.

괴롭힘 통계의 제시, 교직원 태도, 그리고 관련 정보들이 제시된 후에는 행정가, 지원 인력, 교사, 학생, 학부모 간에 문제 해결을 위한 대화가 촉진되도록 소집단별 토의가 사용될 수 있다. 이 소집단 토의는 아이디어 교환을 위한 보다 큰 규모의 토의로 이어질 수 있다. 여기에서는 참가자들이 강점 영역과 개선이 필요한 영역에 대한 브레인스토밍이 이루어지고 개선 방안을 위한 초안을 마련한다. 그림 4.2에 제시된 예시 워크시트는 약간 다른 과정을 제시하고 있다. 이것은 참

〈 표 4.1 〉 괴롭힘과 피해에 대한 잘못된 믿음과 반론

괴롭힘에 대한 잘못된 믿음	잘못된 믿음에 대한 반론
괴롭힘은 단지 아동의 발달과정에 나타나는 정상적인 부분일 뿐이다.	괴롭힘은 정상적인 성장의 일부분이 아니다. 아동들은 다른 사람을 존경하고 친절하게 대해야 하며 다른 사람을 해치는 것은 절대 적절한 것이 아니라는 것을 알도록 사회화될 수 있고, 그렇게 되어야 한다.
괴롭힘은 아동의 놀이이다.	괴롭힘은 장기적으로 영향을 미칠 수 있고 중학교 단계에서 악화될 수 있다. 더 나아가 학교에서 괴롭힘 가해자의 수는 학년에 따라 감소할 수 있지만 괴롭힘을 지속하는 가해자는 더 심각하고 공격적인 행동에 관련되는 경향이 있다.
욕하기, 소문내기, 또는 의도적인 놀리기는 단순한 어린이다운 것이다.	욕하기, 소문내기, 놀리기는 모두 괴롭힘의 형태이다. 관계적 괴롭힘(relational bullying)은 종종 피해자의 따돌림과 거부로 이어진다. 따돌림이나 거부의 감정은 학업중단, 성인 시기의 심각한 정신 장애, 심지어는 자살 등과 같이 장기적으로 심각한 영향을 미칠 수 있다.
아동들은 성장하면서 저절로 괴롭힘에서 벗어날 것이다.	아동들이 성숙해짐에 따라서 공격성과 괴롭힘이 감소함에도 불구하고, 성인이나 영향력이 있는 또래 친구들이 행동을 취해주지 않는다면 괴롭힘은 계속되고 어떤 경우에는 폭력과 비행으로 심화되기도 한다.
괴롭힘 가해자는 남자 아동들에 국한된다.	남자 아동들에 의한 물리적인 괴롭힘은 괴롭힘의 가장 분명하고 일반적인 형태이다. 그러나 물리적, 언어적, 관계적 괴롭힘은 남자 아동과 여자 아동 모두에게서 흔하게 나타난다.
괴롭힘은 학교의 일과시간이 아니라 등하교시간에 발생한다.	괴롭힘은 등하교 시간, 특히 학교버스 안에서 발생한다. 그러나 훨씬 많은 괴롭힘은 학교 일과시간에 화장실, 운동장, 교실에서 발생한다. 괴롭힘은 성인이 없을 때 증가한다.
어떤 아동들은 천성적으로 거친 성향을 갖고 있다.	괴롭힘 행동은 사회적 상황(학교, 학급, 동네)에 의해서 학습되고 유지되며, 또한 그 곳에서 중단될 수 있다.
괴롭힘 가해자들은 자기와 달라 보이는 아이들만을 대상으로 삼는다.	괴롭힘 가해자는 자기와 달라 보이는 학생들을 대상으로 한다. 그러나 가장 중요한 것은 가해자들은 자기보다 힘이 없어 보이는 학생을 대상으로 한다는 것이다.
어떤 아이들은 괴롭힘을 유발한다. 그들은 괴롭힘을 유발하기 좋게 정상적이지 않은 방식으로 행동한다.	괴롭힘을 유발하는 피해자가 있을 수 있다. 그러나 이런 아동들은 거의 없으며 도움이 필요하다. 아동은 자기가 할 수 있는 한 최선을 다하고 있고 괴롭힘을 당해도 될 만한 아동은 존재하지 않는다. 교육자의 일은 피해자를 비난하는 것이 아니라 그 문제를 해결하는 것이다.

〈 표 4.1 〉 괴롭힘과 피해에 대한 잘못된 믿음과 반론(계속)

괴롭힘에 대한 잘못된 믿음	잘못된 믿음에 대한 반론
괴롭힘 가해자들은 약해 보이는 아이들이 스스로 서는 것을 배울 수 있도록 자극함으로써 돕는 것이다.	괴롭힘 가해자들은 전형적으로 피해자보다 완력, 지능, 사회적 영향력 등에서 더 많은 힘을 갖고 있다. 아동들은 가해자에게 맞서는 단호함의 기술을 배울 수 있다. 그러나 이러한 기술은 두려움과 위협에 기초한 상호작용보다는 격려하고 지원하는 환경에서 학습될 때 가장 잘 배울 수 있다.
괴롭힘 가해자의 공격적인 행동들은 학교에서의 좌절과 관련되어 있다.	학교는 괴롭힘 행동들의 발생에 영향을 미칠 수 있는 많은 맥락 중의 하나이다. 아동들은 많은 이유 때문에 학교 과업에 어려움을 경험할 수 있다. 그러나 행동적인 문제의 징후가 학업 문제 이전에 발생할 수 있다.
교사들은 적절한 훈련과 기술이 부족하기 때문에 괴롭힘 상태에 개입할 수 없다.	많은 교사들은 그들이 괴롭힘 상황에서 개입할 수 있는 지식과 기술을 갖추고 있지 못하다고 믿고 있다. 그러나 학생들은 교사를 신뢰하며 곤경에 처했을 때 도움을 받기 위해서 교사에게 의존한다. 교사들은 괴롭힘 문제를 관리하고 적절한 훈련을 갖추어서 일상적으로 학생들을 지원할 수 있는 전문가가 될 수 있다.
개입은 단지 '불에 기름을 붓는 격' 이 될 것이고 괴롭힘은 지속되고 증가할 것이다.	사실 반대의 경우가 더 정확하다. 만약 괴롭힘 가해자가 그들의 행동이 벌받지 않고 지나갈 수 있다는 것을 배운다면, 그들의 행동은 지속되거나 심지어 증가하는 경향을 보일 것이다. 반대로 성인에 의한 개입은 괴롭힘을 감소시키는 결과를 가져온다.
괴롭힘 사고는 무시하는 것이 최선이다.	괴롭힘을 무시하는 것은 가해자에게는 그들이 했던 행동을 지속할 수 있다는 메시지를 주고 희생자에게는 혼자이며 괴롭힘에 취약하다는 메시지를 주게 된다. 문제를 무시하는 것은 교사가 그 문제를 모르며 무감각하다는 믿음을 확고하게 한다.
교사들은 학생들이 집에서 대우받는 방식을 변화시킬 수 없다.	아동들은 집에서 또는 거주 동네에서 공격적으로 반응하는 것을 배울지 모른다. 그러나 그들은 학교에서 공격적이지 않아야 한다는 것을 배울 수 있다. 학교 공동체 안에서 의미 있는 결속을 형성하고 학교 환경이 격려하고 지원한다는 것을 지각할 때, 아동은 덜 공격적으로 반응하는 경향이 있다.
교사들이 괴롭힘을 발생 장소에서 발견하지 않는다면 그것이 실제 발생했는지 확신할 수 없기 때문에 그 행동과 관련하여 교사들이 할 수 있는 일은 아무것도 없다.	괴롭힘은 잘 드러나지 않거나 사적인 방식으로 공격적으로 행동하는 데 특별히 능숙하다. 그러나 그것이 그 행동이 발생하지 않은 것이라는 것을 의미하는 것은 아니다. 안전하고 지원적인 학급 환경을 제공하는 데에는 교사의 책임이 있다.

〈 표 4.1 〉 괴롭힘과 피해에 대한 잘못된 믿음과 반론(계속)

괴롭힘에 대한 잘못된 믿음	잘못된 믿음에 대한 반론
학교 일과 동안에 시간이 충분하지 않아서 괴롭힘 사건에 마음을 쓰거나 괴롭힘과 관련된 이슈를 교육과정에 도입할 수 없다.	괴롭힘과 피해는 학업적으로 성공할 수 있는 아동들의 능력을 방해한다. 가해자 또는 피해자는 학업적으로 성공할 만한 감정적 상태에 있지 않는 경향이 있다. 괴롭힘의 주제를 도입하는 것은 문제를 논의하고 해결할 수 있는 장을 만든다.
교사들은 학생들을 돕기를 원하고 학생들이 그들에게 이야기하기를 희망하지만, 학생들은 서로 고자질하는 상황을 만들기를 원하지 않는다.	교사는 학생들에게 고자질과 신고의 차이를 가르쳐야 한다. 문제의 보고는 증가할지 모른다. 이것은 좋은 신호이다. 이것은 학생들이 교사가 괴롭힘에 대해서 무엇인가를 조치할 것이라는 점을 신뢰하고 있다는 것을 의미한다. 학생들이 새로운 기술을 배움에 따라서 괴롭힘은 감소하고 피해자들은 좀 더 자신감을 갖고 상황을 독립적으로 다룰 수 있게 될 것이다.
괴롭힘은 특정 학급이나 학교의 문제가 아니다.	어떤 교사나 교실에서 괴롭힘은 문제가 아닌 것은 사실이다. 그러나 괴롭힘 가해자의 표적이 될 수 있다는 두려움 때문에 학생들은 때때로 침묵하는 수가 있다. 괴롭힘과 관련된 이슈를 토의하는 것은 학생들이 솔직하게 이야기하는 것을 좀 더 편하게 느끼도록 도와준다.

주: *Bullying in American Schools: A Social-Ecological Perspective on Prevention and Intervention* (pp. 309, 315, 317). D. L. Espelage and S. M. Swearer, 2004, Mawhah, NJ: Erlbaum. 허가하에 게재.

가자들에게 '자랑거리'와 '아쉬운 것'을 목록으로 제시할 것을 요구하고 있다. 강점과 문제점을 인식하고 해결책을 마련하기 위한 또 다른 접근법은 정책담당자에게 개선이 필요한 영역의 우선순위를 정하도록 요청하는 것이다(예를 들면, 학교 훈육 계획, 전문성 개발, 교사-학생 관계 발달, 학교 버스 관리, 식당에서의 학생 행동, 괴롭힘 피해자 지원 서비스, 괴롭힘 예방 활동 조정, 학업적 교수에 대한 조정). 그 다음에 학교는 개선 필요 목록에서 가장 중요한 세 가지 항목을 선별할 수 있다.

소규모 · 대규모 토의는 두 가지 측면에서 구조화될 필요가 있다. 첫째, 이 토의들은 해당 집단이 영향을 미칠 수 있는 범위에 있는 문제에 한하여 검토가 이루어져야 한다. 학부모, 대중매체, 정부 정책을 비난하는 것은 직접적인 목적을 달성하는 데 아무런 이익이 되지 않을 것이다. 그러나 국가 수준의 정책을 변화시키거나 대중 매체와 관련된 학부모의 인식을 증진시키기 위한 전략들은 장기적인 계획

자랑거리와 아쉬운 것

이 활동의 목적은 우리 학교의 강점과 약점을 찾고 어떤 영역을 강화할지에 대한 계획을 수립하는 데 있다. 소집단별로 각 영역을 토의하고, '자랑거리'와 '아쉬운 것'의 목록을 작성하라. 그 다음 실행 계획에 대해서 아이디어를 브레인스토밍하라.

자랑거리	아쉬운 것
학교 건물	학교 건물
행정	행정
교사들 간의 협력과 지원	교사들 간의 협력과 지원

실행계획:

〈 그림 4.2 〉 소그룹 워크숍의 예

을 위해서는 포함될 수 있다. 학교장들은 학교 문제를 다른 원인으로 돌리는 것(예를 들어, 예산 삭감)을 거부하고 해결책에 초점을 맞춤으로써 토의의 논조를 결정할 수 있다(Whitaker, 1999). 둘째, 이 토의들은 해결책 마련에 중점을 두는 접근법을 사용해야 한다(Horne, Bartolomucci, & Newman-Carlson, 2003; Murphy, 1997). 문제보다는 해결책에 중점을 두고 과거보다는 미래에 집중함으로써, 학교는 문제 해결에 적극적인 접근법을 취할 수 있다. 문제 해결에 적극적인 접근법은 학교의 도전 과제를 다룰 때 낙관적인 마음가짐을 만들어내기 때문에 토의 참가자의 태도에 상당한 영향을 미칠 수 있다. 참가자들은 좀 더 그들의 분노와 좌절을 해결책 발견에 필요한 에너지와 열정으로 전환하는 경향이 있다. 어떤 토의 집단이 해결책을 찾지 않고 문제를 논의하는 데 매몰되어 있다면, 그 집단의 사회자는 토의를 정해진 절차로 되돌리기 위해서 성공 사례들을 말해보도록 시도해야 할지 모른다. 예를 들어, 사회자는 참가자들에게 자신의 삶, 학생들, 또는 학교에서 긍정적인 효과가 있었던 무엇인가를 해보았던 경험을 설명해 보도록 요청할 수 있다.

정책과 책무성

괴롭힘 예방을 위한 정책, 괴롭힘 문제의 처리, 그리고 가해자의 책무성은 긍정적 학교 풍토의 근본적인 측면이다. 그러나 분명한 정책을 갖는 것을 넘어서, 어떻게 이 정책들이 만들어지고 실행되는가 하는 것도 학교 풍토에 영향을 미칠 것이다. 정책과 책무성 수립시 학교 공동체의 모든 구성원은 모두에게 도움이 되는 의사결정과 정책 개발을 위한 협력자로서 간주되어야 한다. 사람들은 보통 의사결정 과정에 참여할 때 좀 더 그 정책의 목적에 헌신하고, 상호 협력하며, 실행 계획을 이행하는 경향이 있다. 대부분의 사람들은 창조성을 억압하는 권위주의적인 환경에 분개하며, 특히 자신이 관여하지 않은 목적을 위해 애써야 하는 것을 싫어한다. 예를 들어, '위' 로부터 강제로 부과된 인성교육 프로그램은 교사들이 그것을 자신의 역할로 인지하지 않거나 그 중요성을 충분히 이해하지 않기 때문에 지원을 확보하기 어려울 수 있다. 결과적으로 인성교육 프로그램에서 '이달의 단어' 로 '격려' 를 논의하도록 강요받았을 때 교사들은 칠판에 이 단어를 써 놓거나 지나가는 말로 언급하는 데 그칠 수 있다. 이런 방식은 기술적으로는 요구사항을 충족시켰을지 몰라도 긍정적 미덕과 가치를 증진시킨다는 프로그램의 궁극적 목적에 별달리 공헌하지 못한다. 전체적인 목적에 대한 이해나 적절한 지원이 없이 어떤 활동을 실행해야 한다고 교사들에게 요구하는 정책들은 대체로 실패한다. 교사들에게 목적에 동의하는 방향으로 노력할 것을 요구하는 것—그 다음 얼마나 그 목적이 잘 달성되었는가에 기초하여 교사들을 평가하는 것—이 단순히 어떤 활동들을 실행하라고 요구하는 것보다 효과적이다. 교사들은 자신의 성격, 경험, 그리고 교수 스타일에 기초하여 그 목적을 달성하기 위한 최적의 전략을 선택할 재량권을 필요로 한다.

교사와 정책담당자의 지지를 확보하기 위한 또 다른 방법은 그들을 정책 실행의 평가 과정에 참여시키는 것이다. 예를 들면, 매년 연말에 이루어지는 교사 평가는 교사와 행정가의 협력에 의해 개발된 합의된 기준에 기초하여 실행될 수 있다. 이와 유사하게 학급 훈육 규칙이나 학급 프로젝트의 학생 평가도 교사와 학생이 함께 결정한 기준에 기초하여 이루어질 수 있다.

긍정적 학교 풍토를 형성하기 위하여 학교는 그 학교가 추구하는 최고의 가치와 철학에 기반하여 괴롭힘 방지 정책을 구체적인 수준에서 취해야 한다. 만약 학교가 존경에 가치를 부여하고 있고 학교 공동체의 모든 구성원이 서로 존경하고 존중하는 마음을 갖기를 기대한다면, 밀치기, 때리기, 놀림, 싸움은 이 환경에서 용인되지 않는 행동들로 간주될 것이라는 것이 분명하게 제시되어야 한다. 비슷하게 학생에게 거들먹거리거나 가혹한 언어를 사용하는 교사는 긍정적인 의사소통 기술의 모범이 되지 않으며 존경을 어떻게 표현하는지도 보여주지 않는다. 긍정적인 풍토를 만들기 위해 노력하는 학교에서는 이러한 성인들의 행동들이 용인되어서는 안 될 것이다.

정책, 규칙, 징계 등은 학교 가치에 기초해야 하며 문서화된 학교 정책이나 행동 표준(standards of conduct)으로 완성되어야 한다. 정책들은 다음과 같은 요소를 포함해야 한다.

- 학교 가치 또는 철학
- 학교 가치와 일관된 규칙과 징계
- 괴롭힘이 발생하지 않도록 예방하는 절차
- 괴롭힘 사건을 처리하는 절차

● 법적 필요사항

괴롭힘 사건의 처리와 가해자들의 징계는 학교 정책 개발에서 훨씬 풀기 어려운 주제 가운데 하나이다. 종종 정책 도출 과정에서는 처벌과 관련된 전체 담론이 재검토될 필요가 있다. 대부분의 교사들은 징계가 충분히 엄하지 않고 체계적으로 적용되지 않으며 학생들은 처벌에도 불구하고 규칙을 준수하지 않는다고 불평한다. 실제로 행정가, 직원, 그리고 교사들은 종종 처벌을 한 편에는 극단적인 것이 있고 다른 한 편에는 허용적인 것이 있는 하나의 연속적인 것으로 간주한다(즉 너무 가혹하거나 너무 느슨한). 전통적으로 처벌은 성인이 부과한 것을 수동적으로 받아들이는 학생들에게 행해지는 것이다. 이런 접근은 아동들을 소외시키고 그들의 분노를 증가시키며 공동체 속에서의 관계를 악화시키는 경향이 있다. 궁극적으로 처벌(예를 들어, 질책, 정학)은 괴롭힘 문제를 해결하기보다는 더 악화시킨다.

처벌에 대한 대안적인 접근은 학생들이 그들의 행동에 책임을 지도록 하는 것이다. 이 과정은 분명한 행동적 한계를 요구하며, 동시에 학생에 대한 강한 지원과 학생과의 돌봄 관계를 필요로 한다. 이와 같은 책무성 정책을 수립함으로써, 학교는 괴롭힘 가해자에게 무엇을 하기보다는 가해자와 무엇인가를 하게 되며, 가해자가 문제를 인지하고 손상을 회복하기 위한 행동을 취하도록 도움을 주게 된다. 괴롭힘에 대한 학교의 징계는 단순히 가해자를 처벌하는 데 초점을 두기보다는 문제 인식, 새로운 기술의 습득, 관계 형성을 촉진하는 실천 활동을 통하여 문제를 해결하는 방향에서 이루어져야 한다. 긍정적인 풍토의 학교에서 규칙 준수는 학생들이 자신의 행동이 미칠 영향을 이해하고 관계 형성을 위해 성인들이 노력한 결과이다. 규칙 준수는 그 자체로 목적이 아니라 행정가, 교사, 그리고 학생이 모두 모욕 또는 때리기와 같은 공격적 행동을 보인 사람은 피해자를 가해한 것일 뿐만 아니라 다른 친구들을 겁먹게 하고 불쾌하고 억압적인 환경을 조성한 것이라는 것을 인식하고 있는 것을 말한다. 결국 괴롭힘을 줄이고 풍부한 학교 환경을 창출하고자 하는 교사, 학부모, 그리고 학교 행정가는 괴롭힘이 피해자, 방관자, 교사, 그리고 공동체 전체에 미치는 영향을 제시하기 위해서 가해자를 처벌하는 것 이상을 생각해야 한다.

선행 연구에서 복종 모형과 책임감 모형, 두 가지 모형은 처벌의 효과와 책무성 수용의 효과의 차이를 보여주고 있다. Curwin과 Mendler(1999)는 이 두 가지 모형을 비교하였다. 복종 모형은 교사에게 순종하고 규칙을 어기지 않도록 학생들을 훈육하기 위해 노력한다. 이 모형에서 괴롭힘에 대한 징계는 '그 학생에 대해 취해지도록' 제정된다. 처벌들(예를 들어, 경고, 꾸짖음, '나는 다른 친구를 괴롭히지 않겠습니다' 를 100번 쓰기, 정학 등)이 규칙을 강제하기 위해서 사용된다. 결국 복종 모형을 사용하는 환경에서 종종 학생들은 그 상황에 대해서 아무런 통제를 할 수 없는 것 같다는 감정을 습득한다. 이와 같은 억압적인 시나리오에서 학생들은 주로 적발되는 것을 피해야 한다는 것을 학습하게 된다.

Nelsen, Lott와 Glenn(2000)은 교사들이 처벌로서 '논리적 징계' 를 사용하는 것을 재고해야 한다고 지적하였다. 예를 들어, Martha가 실외 놀이시간에 주변 아이들을 떠밀었다고 한다면, 논리적인 징계는 실외 놀이시간에 교실에 남도록 하는 것이다. 이러한 징계는 논리적이라고 할지라도 문제를 해결하지 못하고 긍정적 관계를 성숙시키지도 못하며 피해자들의 손상을 회복시키지도 못한다.

책임감 모형은 학생들에게 자신의 선택에 항상 책임을 질 것을 가르치고자 노력한다. 이 모형에서는 학생들이 잘못된 판단과 나쁜 결정을 했을 때, 교사와 학교 행정가가 학생들이 그러한 결정으로부터 얻게 되는 결과로부터 교훈을 얻도록 도움을 준다. 그러므로 징계는 단순히 행동에 대한 처벌보다는 문제 해결의 관점에 기초하게 된다. 예를 들어, 책임감 모형을 사용하는 학교에서는 다른 학생을 괴롭히다가 적발된 Josh라는 학생이 있다면, 그 학생은 피해자에게 사과하거나 피해자가 원상태로 회복하도록 노력하고, 다음 번에 비슷한 상황이 발생할 경우 어떻게 행동할지에 대한 계획을 세우며, 교사와 함께 역할 놀이를 통해서 대안적인 행동을 탐색할 것을 요구받을 것이다. 강조점은 그가 행한 것에 있기보다는 '처벌' 로부터 Josh가 배우는 것, 그리고 그가 손상 입힌 것을 회복시키는 데 있다.

책임감 모형은 가해자의 실천과 피해자의 회복에 대해서 균형적으로 접근한다. 예를 들어, Ryan이 점심 시간에 Lisa를 놀렸다고 하자. Ryan은 Lisa를 놀리기로 선택하였지만, Ryan의 행동에 대한 Lisa의 반응은 그녀의 선택이었다. 그녀는 역으로 그를 놀리거나 그의 놀림을 비웃을 수 있었다. Ryan이 그의 부적절한 행동에 책임을 져야 하는 것처럼 Lisa도 그에 대한 반응으로서 그녀의 행동에 책임을 져야 한다. 책임감 모형을 사용하는 학교에서 경험하게 되는 명확한 예상, 상호 존경, 공정한 대우 등은 긍정적인 학교 풍토를 형성하기 위한 학교의 노력들을 향상시킨다.

불행하게도 책임감에 기초한 모형들은 계획하고 실행하는 데 있어서 복종 모형보다 더 많은 시간을 필요로 하고, 즉각적인 효과를 거두지 못할지도 모른다. 뿐만 아니라, 복종 모형(규칙과 규정에 순종을 요구하는, 훈육에 대한 사후적 접근법)에서 책임감 모형(괴롭힘 가해자의 훈육에 대해 좀 더 사전 예방적 접근법)으로의 전환은 그 과정에서 교사와 행정가들에게 부자연스러움을 느끼게 할지 모른다. 유감스럽게도 교사들이 상당한 도움을 받지 않는다면, 이러한 쟁점들은 책임감 접근법에 대한 교사들의 지지를 침해하고 포기하게 할 수 있다.

배려와 존경

폭력을 감소시키기 위한 노력으로 학교는 종종 엄격한 훈육 시스템을 마련하는 것처럼 '강압적인' 태도를 취한다. 강압적인 접근은 처벌의 세부적인 목록, 금속 탐지기, 경찰 지원, 사물함 검사 등으로 이어진다. 이러한 태도로 학교는 긍정적인 학습 풍토를 갖추기보다는 보다 감옥에 가까운 특성을 지니게 된다. 학생들이 자신들의 행동에 대해 책임을 져야 한다고 하더라도, 학교 리더십의 목표는 학생들이 처벌받을 것이 두려워서라기보다는 서로에 대해 관심을 갖고 있고 학습에 참여하고 있기 때문에 적절하게 행동할 수 있는 환경을 만드는 데 맞추어져야 한다. 존경과 존중을 촉진하는 환경은 분노를 덜 느끼고 그 결과로 다른 학생들을 덜 괴롭히는 학생들을 길러내는 경향이 있다(Hein, 2004). 관심을 가지고 있는 사람을 괴롭히기는 어렵다.

교사들은 긍정적인 학교 풍토를 형성시키기 위해서 어떻게 존경과 배려를 증진시킬 수 있는가? 교사들과의 면담에서 밝혀진 바에 의하면 교실에서의 존경, 배려, 래포 형성과 강하게 관련되어 있는 특성 가운데 하나는 직무 만족이다. 교사들은 그들의 일을 즐길 필요가 있다. 교사가 되는 일은 매우 스트레스를 받는 일이다. 그리고 자신의 일을 즐거워하지 못하는 교사는 종종 자신의 학생들에 대해서 존경과 공감(compassion)을 발달시키는 데 어려움을 겪는다. 직무 만족과 더불어서, 학생과의 애착을 증진하는 계획 활동, 다른 교사나 학생들과 함께 존경심 모델링하기, 훈육에 대한 긍정적 접근법의 숙달, 학급의 다양성을 높이기 위한 방법의 개발, 공격성 없이 갈등을 해소하는 방법 가르치기 등 교사들이 배려와 존경을 촉진하고 긍정적인 학급 풍토를 만들어내기 위한 또 다른 전략들이 존재한다.

애착과 소속감 증진하기

학생들은 교사와 친구들이 관심을 가지고 있으며 학교에 소속되어 있다는 것을 느낄 필요가 있다. 또래 친구들과 학교에 대한 애착 결핍은 공격성의 위험 요인이며(Resnic et al., 1997), 긍정적인 학교 풍토를 촉진시켜 주지 못한다. 학생의 소속감과 애착을 증진시키기 위해서 학교는 경쟁보다는 협력을 촉진시키고, 학생들로 하여금 도움이 필요한 다른 사람에게 다가설 수 있도록 격려하고, 민주적인 의사결정 과정을 강조하고, 의미 있는 참여 기회를 제공해줄 수 있다. 5장에서는 교사가 학생들의 결속력과 의사소통을 강화하기 위해서 실행할 수 있는 연습 사례들을 제공한다.

존경심 모델링하기

이 장의 학교 가치 부분에서 Curwin과 Mendler(1997)가 폭력 없는 환경 만들기를 위해 제안하였던 마지막 두 단계는 긍정적 가치의 모델링과 학교 가치에 부합하지 않는 프로그램의 폐지를 포함한다고 언급하였다. 글상자 4.3은 교사가 학생들에게 그리고 교사와 학생 간에 배려와 존경을 모델링하는 방법의 사례를 개관한 것이다. 학생들은 성인과 같이 가치있고 존경받고 있다는 감정을 느낄 필요가 있다. 예를 들어, 학생들에게 소리치는 것은 생명 위협 상황과 같이 극단적인 경우에만 허용되어야 한다. 일상적인 활동 속에서 소리치기는 소란스러운 학급을 조용하게 만드는 즉각적인 반응을 이끌어낼지 모르지만, 긍정적인 환경을 만들거나 산만한 교실 행동의 문제를 해결하지는 못한다.

글상자 4.3 ■ 배려와 존경을 보여주는 교사 행동의 사례들

- ***당신의 학생들에 대해서 알아라.*** 학생 이름을 알고, 그들이 어떻게 느끼는지와 무엇을 생각하는지를 물어야 한다(그들의 마음을 읽어서는 안 된다). 그리고 그들의 학교 밖 생활에 대해서 흥미를 보이고 알아야 한다. 또한 그들이 당신에게 말해준 특별한 것들을 기억하고 있다는 것을 보여주어라.
- ***긍정적인 언어를 사용하라.*** 학생들과 이야기를 하고(그들에게 이야기하는 것을 피해라), 학생에게 지시를 소리치는 '코치와 같은 태도'를 피하라. 그리고 비꼬는 말

과 생색내는 언어를 피하라(예를 들어, "너는 매우 좋은 아이구나."보다는 "도와주어서 고맙다."로 말해라).

- ***적절한 기대수준을 유지하라.*** 당신의 기대를 학생들의 발달 수준에 맞추어라. "너는 그것을 알아야 한다."거나 "나는 너에게 백만 번째 말했다."는 식의 말은 보통 교사가 아동을 성인이나 적어도 그 학생의 발달 수준을 넘어서는 방식으로 대하고 있다는 것을 의미한다.
- ***진심으로 칭찬하라.*** 학생들의 성취나 향상 노력을 칭찬하라. 예를 들어, 완성된 숙제에 대해서 칭찬을 할 때, 교사는 "고맙다! 이것과 같이 많은 숙제를 다하기 위해서는 자기 노력(self-discipline)이 필요한데."라고 말할 수 있다. 좋은 성적에 대해서 아동을 칭찬할 때, 부모는 "학기말 시험에서 A를 받았구나. 많은 시간 열심히 노력하더니 이 점수를 받았구나!"라고 말할 수 있다.
- ***긍정적인 측면을 강조하라.*** 예를 들어, Karla가 지각했을 때, Kohn 교사는 "너 또 늦었구나!"보다는 비꼬는 말투 없이 "나는 오늘 너를 볼 수 있어서 기쁘다!"라고 말할 수 있다. 결국 그녀가 전혀 나타나지 않은 것보다 늦게라도 온 것이 더 낫다는 것이다. 나중에 개인적으로 그는 Karla에게 늦은 이유에 대해서 이야기를 하였다.

존경심을 모델링하는 것은 교사들이 성인들에게 하는 것과 마찬가지로 학생들을 중요한 개인으로 대해준다는 것을 의미한다. 일반적으로 성인들은 그들이 말할 때 방해받는 것을 싫어한다. 그러나 종종 어른들은 아무런 사과도 없이 아동들을 방해한다. 존경심의 모델링은 교사들이 아동을 방해하지 말아야 하며, 어쩔 수 없이 아동을 방해하게 된다면 그 실수를 인정하고 사과해야 한다는 것을 의미한다. 핵심적으로 교사들은 실수에 대해서 책임을 져야 하고, 실수를 했을 때 학생들에게 사과를 해야 하며, 다른 사람의 감정을 존경하고 조심하고 있다는 것을 보여야 할 필요가 있다. 어떤 행동이 무례한 것인지 분명하지 않다면 "나는 부모 앞에서도 동일한 방식으로 이 학생을 대할 것인가?" 또는 "지방 신문에 기사가 난다면, 나의 행동은 자랑스러울 것인가?" 등과 같이 스스로에게 물어보는 것이 좋다. 교사가 학생에게 저지르기 쉬운 괴롭힘의 두 사례가 글상자 4.4에 제시되어 있다.

글상자 4.4 ■ 교사에 의한 학생 괴롭힘의 두 사례

Adkins는 Simpson 초등학교의 4학년 교사이다. 그는 이 학교에서 3년 동안 가르치고 있는데, 올해 학생들이 작년에 가르친 학생들보다 문제 행동이 더 많다는 것을 발견하였다. 학생들은 종종 그와 또래 친구들에게 좋지 않은 행동들을 보이고 있다(예를 들어, 큰 소리로 떠들기, 서로 다른 이름 부르기, 지시에 따르지 않기, 가르침과 요구에 언어적으로 반항하기 등). 올해, 교사로서 자신의 권위를 사용하는 것은 Adkins가 그의 학생들을 관리하는데 효과를 발휘하는 유일한 방법이었다. 그는 교실에서 종종 소리를 지르고 학생들이 자신의 요구사항을 무시할 때는 경고를 하였다. 또한 빈정거림을 사용하여 학생들을 야단쳤고, 학생들이 잘못 행동하였을 때는 그들을 무시하였다. 어느날 학교 상담 교사가 괴롭힘에 대한 수업을 하러 교실에 왔을 때, Adkins 교사는 교실 앞에 서서는 괴롭힘 가해자라고 의심되는 모든 학생들을 호명하였다.

Parsons 교사는 Lehigh Academy에서 15년 동안 가르치고 있다. 그녀는 가르치는 것에 매우 흥미를 가지고 있고 아동들을 교육하는 것에 헌신하였다. Parsons의 동료들은 대부분 그녀를 좋아할지라도, 많은 사람들은 그녀가 때때로 학생들에게 부적절하게 행동한다고 생각하고 있다. Parsons는 그녀의 규칙이나 지시를 거부한 아동들에 대해서 쉽게 실망한다. 때때로 그녀의 동료들은 Parsons가 학생들을 괴롭힘의 방법(예를 들어, 위협 가하기, 곤혹스럽게 만들기, 일반 학생집단을 불공평하게 대하기 등)으로 대하는 것을 목격하였다. 예를 들어, 어느 날, Devon은 식당에서 교실로 돌아오는 길에 다른 친구들과 이야기를 하며 뒤처지게 되었다. 그녀는 그에게 다른 학생들과 보조를 맞출 것을 요청하였고, Devon은 "좋아요. 나는 곧 갈거예요!"라고 대답하였다. 그는 천천히 걷기 시작하였고 이윽고 줄의 마지막에 결합하게 되었다. Devon의 순종 부족에 실망감을 느낀 Parsons는 Devon의 손을 잡아채서 줄의 맨 앞으로 끌고 나가서는 다른 학생들 앞에서 "만약 네가 다른 학급 친구들과 같이 걸을 수 없다면 너는 유치원생처럼 나의 손을 잡을 수 있다!"라고 야단쳤다. 그녀의 언급은 학급 전체에 웃음을 주었고 Devon은 눈물을 흘렸다.

긍정적인 학급 풍토 관리 방법 숙달하기

학급 풍토를 긍정적으로 관리하는 방법을 숙달하기 위한 전략은 결국 갈등을 줄이고, 긍정적인 풍토를 만들고, 교수 효과를 증진시키는 데에까지 나아갈 수 있다

(Lewis, Sugai, & Colvin, 1998; Mendler & Curwin, 1999). 파괴적이고 무례한 행동(예컨대, 놀림과 욕하기)은 긍정적인 환경이나 풍토를 창출하는 방식으로 다루어져야 한다. 예를 들어, Myrna는 Samuel의 수학 그래프에 대해서 놀리고 있었다. 교사는 Samuel의 작품의 긍정적 부분을 강조함으로써 반박을 할 수 있을 것이다. 그 결과로 그는 자신이 숙제를 잘 해냈다는 것을 알게 되고 괴롭힘 가해자는 교사가 그녀의 행동들을 동의하지 않는다는 것을 알게 된다. 또 다른 전략은 가해자의 행동에 대해서 "Myrna, 너의 말은 예의가 없구나. 우리 수업 끝나고 이야기를 해야겠다."라고 논평하는 것이다. 불행하게도 수업 시간에 무례한 행동을 무시하거나 참는 것은 괴롭힘과 무례를 교사가 지지하고 심지어 격려하고 있다는 메시지와 학급에서 존경과 배려의 분위기를 형성시키기 위한 노력을 방해하는 메시지를 은연중에 전달한다. 교사 지지 집단들은 (이 장의 후반부인 '교사의 지원' 부분에서 설명된다.) 교사가 학급에서 갈등을 해결하기 위한 새로운 전략들을 배우는 것을 도와줄 수 있다.

다양성 추구하기

오늘날 미국의 인종적 다양성은 예전보다 훨씬 확대되고 있다. 학생 구성은 다양한 인종, 민족, 능력, 출신국가, 언어, 성적 지향, 종교, 지리적 출신 등으로 구성되어 있다. 존경, 배려, 긍정적 풍토를 선도하고 유지하는 학교는 다문화주의를 포용하고 그 풍부한 관점과 아이디어를 높게 평가한다. 달리 말하자면, 이런 학교들은 다양성을 진실로 추구하는 것이지 단지 견디고 있는 것은 아니다. 그들은 존경의 환경을 성숙시킨다. 그리고 학생들은 팀으로서 공부하고 서로 다른 사람과의 차이를 거부하기보다는 수용하는 것을 배우게 된다. 다양성을 학교에서 추구하는 것은 긍정적 학교 환경을 만드는 데 도움이 되고, 다른 사람의 관점을 이해하고 평가하는 것을 배우는 것은 학생들이 학교를 떠나 다원적인 사회에서 살아갈 수 있도록 준비시켜 준다. 다양성을 추구하는 데 성공적인 학교는 종종 서로 다른 집단의 문화적 특성(예를 들어, 말투, 사투리, 음악, 가치 등)을 학급 프로젝트와 수업 계획에 통합시킴으로써 다른 집단에 대한 이해와 평가를 촉진한다.

폭력 없이 갈등 해결하기

존경과 배려를 보여주는 마지막 측면은 폭력 없이 어떻게 갈등을 해결하는가를 배우는 데 초점을 둔다. 5장은 학생들이 공격성 없이 갈등을 해결하고 분노를 조절하기 위해 개발할 수 있는 기술들을 강조하고 있다. 폭력 없는 갈등 해결은 학생들이 긍정적인 문제 해결 기술을 발전시키도록 도와주는 것을 넘어서서 교사와 행정가들이 갈등을 평화롭게 해결하도록 도와주는 것까지를 포함한다. 갈등, 분노, 부정 등은 교사 간에 또는 교사와 행정가 간에 쉽게 나타날 수 있으며 학교 풍토에 해로운 영향을 미칠 수 있다. 교사와 행정가들이 그들 자신의 갈등을 해결하지 못할 때, 학생을 대상으로 하는 폭력 예방 교육과정의 성공은 위기에 처하게 되고 그 교육과정은 실행하기 더욱 어려워진다.

긍정적인 기대

학업 성취에 대한 교사 기대에 대한 연구는 거의 반세기 전 Rosenthal의 연구로 시작되었다(1994년 Rosenthal의 책에서 요약되었다). 그의 연구에서 18개의 6학년 학급에서 모집된 학생들이 지능 검사를 받았다. 그러나 교사들은 검사 결과 학생들의 지적 능력이 앞으로 향상될 것이라고 예측되었다고 믿도록 안내되었고 1/5의 학생들이 무선적으로 '향상될 학생' 으로 지정되었다. 이 학생들의 교사들은 이들 학생들의 기대되는 지능 향상 정도에 대한 정보를 받았다. 학년말에 학생들은 두 번째 지능 검사를 받았다. 무선적으로 '향상될 학생' 으로 지정된 학생들은 다른 학생에 비해서 지적 성취에서 의미 있는 향상도를 보였다. 1950년대 중반 이 연구가 완료된 이래로 많은 연구들이 어떻게 교사의 기대가 학생의 행동에 영향을 미치는가를 이해하고자 시도되었다. 자기 충족 예언(self-fulfilling prophecy), 인식 편향(perceptual bias), 판단의 정확성 등의 세 가지 가설이 제시되었다(Alder, 2000; Kolb & Jussim, 1994; Reyna, 2000; Trouiloud, Sarrazin, Martinek, & Guillet, 2002).

자기 충족 예언 가설은 교사들이 학생 성취에 대해 기대를 가질 것을 제안한다(이것은 원천적으로 정확하지 않을 수 있다). 이 가설은 교사들이 자신의 기대에 따라서 행동하고 교사의 행동은 그들의 기대를 확인하는 방향으로 학생의 학업 성취와 전반적인 학업 수행에 영향을 미친다고 주장한다. 이와 같은 자기-충족적 약속을 따르면, 학생들의 성공을 기대하지 않는 교사들은 다음과 같은 특징을 지닐 것이다.

- 이런 학생들과 보내는 시간이 적다.
- 이런 학생들의 학업 능력에 대해서 무관심한 태도를 보인다.
- 이 학생들을 언급할 때 좀 더 생색을 내는 듯한 언어를 사용한다.
- 이 학생들의 과제에 대해서 피드백을 덜 제공한다.
- 이들에게는 좀 더 간단한 내용을 가르친다.
- 똑똑할 것이라고 지각된 아이들보다는 훨씬 덜 질문에 대답한다.

다음과 같이 이 가설은 편향된 교수 행동이 덜 똑똑할 것이라고 인지된 학생들에 대한 적은 학습 기회와 동기 부여로 이어지고, 이들 학생들은 성공하지 못할 가능성이 더 크게 된다고 결론을 내린다. 이와 같은 방식으로 교사들의 인식이 확립되고 당초의 예언이 실현된다. 좋은 결과를 가져온 자기 충족 예언 사례가 글상자 4.5에 제시되었다.

글상자 4.5 ■ 자기 충족 오류: 어떻게 잘못된 지식이 한 사람을 흥미로운 길로 인도하였는가?

Ashley County의 학교 시스템은 빠르게 성장하였다. 이 지역은 학생수가 미국에서 가장 빠르게 성장하는 학교 가운데 하나였기 때문에, 최근 몇 개의 새로운 학교가 지역 내에 설립되었다. 중산층을 유인하는 화이트칼라 직업이 증가하고 있다고 하더라도, 컨트리 클럽과 쇼핑 센터에서 중산층을 위해 서비스를 제공하는 저소득층 가구도 상당하게 증가세를 보였다. 이와 같은 인구 증가와 함께 학교에서는 직원이 부족하여 종종 새로운 신입 학생들의 서류 처리 과정에서 혼란과 혼동이 발생하였다.

어느 바쁜 날 몇몇의 신입 학생들이 Ashley 중학교에 들어왔다. 새로운 학생 가운데 한 명은 Beasley 교사의 학급에 배정된 Mika라는 남학생이었다. 첫 만남에서 Beasley는 Mika가 배정된 것이 기쁘지 않았다. 그의 고급 수학 반에 있는 대부분의 학생은 매우 깔끔하게 차려 입었으나 Mika는 평범하고 그저 깨끗하게 입었을 뿐이었다. 그 학생은 대부분의 학생과 같이 당당함을 보여주기보다는 그 학급에 의해 위압당한 것 같이 보였다. Beasley는 무엇인가 오류가 있다고 확신하고는 학생 배치를 담당하는 상담자와 이야기를 해보아야 하겠다고 결정하였다.

상담자인 Prime은 Beasley가 들어와서 Mika에 대해서 질문을 하였을 때 놀랐다. Prime

은 착오는 없었으며 사실 Mika는 상당히 엘리트 학교인 Northeastern Prep School에서 전입하였다고 설명하였다. 그 학생의 가족은 최근에 설립된 새로운 컴퓨터 회로 회사 때문에 전입을 하게 되었다. Beasley는 컴퓨터 공학자들은 대체로 내향적이고 의상에 별다른 관심을 두지 않는다고 혼자 생각하였다. 아마도 Mika는 그의 '숫자 지향성' 때문에 부끄럼을 많이 탈지도 모른다.

여전히 Mika는 Beasley가 희망하는 것처럼 능숙함을 보이지 못하였다. Beasley는 Mika가 다른 교재와 교육과정을 가지고 있는 학교로 전학을 하였기 때문에 다른 학생들을 따라잡으려면 시간이 필요한 것은 이해할 만하다고 합리화하였다. Mika가 적응을 하는 것을 돕고 Mika를 더 잘 알기 위해서, Beasley는 Mika에게 학습실에서 개인 지도를 시작하였고, 학급에서 Mika에게 깊은 관심을 두고 과업을 잘 숙달하고 있는지 확인하였다. 공학자 집안의 자녀들은 그의 학급에서 뛰어날 것이라는 Beasley의 기대를 확인하듯이, Mika는 곧 다른 학생들과 비슷하게 학업수행 능력을 보여주기 시작하였고, 심지어 학급 토론에서 두드러지는 모습을 보이기 시작하였다.

Mika와 관련하여 만남이 있은 지 6주가 지난 후에 Prime은 그가 착오를 범했음을 깨달았다. Beasley와의 협의과정에서 언급한 학생은 Mika가 아니라 Michael이었다. Michael은 Beasley의 학급에 배치되었어야 했으나 Baxter 교사의 학급으로 배치되었다. Michael은 Baxter의 후견하에서 좋은 학업수행 능력을 보여주었다. 전입된 성적을 검토하였을 때, Prime은 Mika가 수용가능한 수준이기는 하지만 특히 수학에서는 확실하게 뛰어난 편은 아니라는 것을 발견하였다. Prime은 Beasley에게 가서 Mika의 수행 능력이 어떠한지 물어보았다. Beasley는 "나는 처음엔 Mika가 평균 이상으로 올라가지 못하는 것 같기 때문에 걱정하였다. 그러나 그는 좋은 유전 요소를 갖추고 있으며 그것이 중요하다는 것을 알았다. 당신은 그것을 갖고 있거나 갖고 있지 않을 수도 있다. 좋은 소식은 그는 그것을 갖고 있다는 것이다. Mika는 자신의 잠재력을 끌어내고 있고 다른 학생들을 앞서 나가고 있다. 그는 한 그룹의 리더가 되고 있다. 당신은 말할지도 모른다.… 나는 당신이 나에게 그의 가족에 대해서 말해주었을 때 그가 성공할 것이라는 것을 확신하였다."

Prime은 Beasley에게 감사를 표하고 그의 사무실로 돌아왔다. Prime은 기대의 힘을 알게 되었고 Beasley가 자기 충족 예언을 발전시켜서 만들어낸 성공적인 이야기를 바로잡아야 할 이유가 없다고 생각하였다.

자기 충족 예언 가설과 깊이 관련되어 있는 인식 편향 가설은 교사 기대의 확인은 학생들의 행동으로부터 나오는 것이 아니라 학생 행동에 대한 교사 자신의 편향된 기억과 평가로부터 나온다고 주장한다. 예를 들어, Warner 교사가 Antonio에게 낮은 기대감을 가지고 있다면, 그녀는 Antonio의 성적을 낮게 평가하려는 성향을 갖거나 교실에서 공격적 행동을 했을 때 더 가혹하게 벌을 주는 경향이 있다는 것이다. 이 가설은 인식 편향이 교사의 정형화된 틀에 의해서 강하게 영향을 받는다고 본다. 그와 같은 정형화된 틀은 일반적으로 백인, 영재, 그리고 높은 경제적 지위의 학생들에게 좀 더 호의적이다. 그러나 교사가 학생에 대한 학업적 기대를 표준화된 검사 점수에 기반할 때에는 이와 같은 정형화된 틀이 올바를 수도 있다. 표준화된 검사들은 인지적 측면의 정형을 강화하는데, 백인과 높은 경제적 지위 계층의 지적 기반에 유리한 경향이 있으며 많은 소외계층과 저소득층 학생들을 내재적으로 불리한 위치에 처하게 한다(Reyna, 2000). 안타깝게도 인종적 편견은 흑인 아동들이 영재라고 하더라도 백인 학생보다 학급에서 관심을 덜 받는 것처럼 검사 점수 이상으로 확장될 수 있다(Alder, 2000).

자기 충족 예언과 인식 편향의 두 가설은 교사를 학교와 교실의 사회적 실재를 창조하는 존재로 보고 있다. 이와는 반대로, 세 번째 가설인 교사 정확성 가설은 교사가 학생 행동에 대해서 매우 정확한 판단자이며 숙련된 교사는 나중 결과에 영향을 미치는 일 없이 학생의 학업 · 행동적 결과를 예측할 수 있다는 입장을 취한다. 그러므로 학생 행동은 교사에 의해서 '만들어진 것' 이 아니며, 교사의 반응은 학생 능력에 대해 판단을 요청받았을 때 외재적 실재를 단순히 반영한 것이다. 그러므로 Gonzalez 교사가 Kipruto가 아마도 수학에서 앞서 나갈 것이라고 말했을 때, 그녀의 예언은 Kipruto의 행동에 영향을 미치지 않을 것이다. 그녀의 예측은 단지 그녀의 경험에 기반한 실재의 반영일 뿐이다.

이런 설명 중 어떤 것도 완전하게 옳거나 틀린 것은 아니다. 사실, 대부분의 관계는 관련자의 인지구조에 의해서 영향을 받는다. 여기에는 기대들, 정형화된 틀, 실제 행동들이 혼재하여 포함되어 있다. 학생 능력에 대한 교사의 기대를 변화시키는 것은 동기화되지 않은 학생을 뛰어난 학자로 전환시키는 것도, 성공하기 위해 필요한 지적 능력을 전달해주는 것도 아니다. 그러나 교사의 긍정적 기대는 긍정적인 학급 풍토를 만들어서 학습과 성취를 촉진시킬 수 있다. 매우 이례적인 교사에 대한 사례 연구는 따뜻하고 환영하는 학급 환경을 만들기 위해서 긍정적 기대의 사용을 지지한다. Hein(2004)은 이례적인 교사로 인정받는 교사들은 일관적으로 자신이 맡은 모든 학생들의 학업 성적과 긍정적 행동에 대해 높은 기대를 가지고 있다는 것을 밝혀주었다. 결과적으로 다른 학급에서는 파괴적인 행동을 보였던 학생들이 이러한 교사들의 학급에서는 어떤 문제 행동도 보여주지 않았다.

긍정적 학교 풍토를 창출하는 데 기여하는 긍정적 기대의 역할은 단지 교사와 학생 이외의 다른 영역에도 적용된다. 그것은 교사와 직원에 대한 행정가의 기대에도 적용된다. 교사와 학생 관계에서와 마찬가지로, 행정가와 교사의 관계는 학업적 우수성과 학급 경영에 대한 높은 기대를 조성해야 하고 이러한 기대의 의사소통을 촉진해야 한다. 교사-학생 관계와 행정가-교사 관계 모두에서 기대의 두 가지 구분된 의미를 구별하는 것은 중요하다. 많은 경우에 있어서 이 의미들은 논쟁적이다. 표준적인 의미에서의 기대는 학교장이 Fry 교사가 이번 학기 말까지 기초화학 수업을 완료할 것이라고 기대한다는 것을 의미한다. 개연적 의미에서의 기대는 학교장이 Fry 교사가 이 과업을 달성하지 못할 것이라고 기대하는 것을 말한다. 만약 학교장이 Fry 교사에게 부정적인 방식으로 의사소통을 한다면, 실제 Fry 교사가 수업 진도를 끝마칠 가능성이 감소될지도 모른다. 긍정적인 방식으로 개연적 기대를 형성하는 것은 격려하고 자신감을 북돋아주는 학교 풍토를 형성하기 위한 노력에 공헌할 수 있다. 작업장에서의 생산성에 대한 기대의 영향력을 조사한 광범위한 연구는 긍정적인 작업 풍토에 대한 긍정적인 기대의 중요성을 일관되게 지적하고 있다(Eden, 1990).

교사 지원

교사는 긍정적 학교 풍토를 창출하는 데 핵심적인 역할을 한다. 그러나 교사들이 일상적으로 직면하는 수많은 도전 과제들은 스트레스와 좌절을 증가시킨다. 이런 과제에는 새로운 법 규정 다루기, 특별히 거친 학생들 다루기, 새로운 교과내용 연구, 학급에서 특수한 도움이 필요한 학생들 관리하기, 훈육 문제를 다루는 새로운 행정 시스템에 적응하기 등이 포함된다. 워크숍 또는 현직연수는 이와 같은 과제를 더 잘 해결하기 위한 기술을 증진하도록 교사를 지원하고 도와주기 위한 전통적인 통로로 기능하여 왔다. 성공적인 워크숍은 교사로 하여금 의욕을 갖게 만들고 새로운 기술을 실행하도록 동기를 부여한다. 불행하게도 연속적인 일상 문제에 직면하는 교사들은 종종 오래된 관행으로 회귀하고 새로운 기술은 쉽게 잊혀진다.

워크숍이 교사와 행정가가 특정 주제에 대한 그들의 지식을 증진하도록 돕는 중요한 도구이기는 하지만, 장기간의 행동 변화를 촉진하고 유지하기 위한 가장 좋은 방법은 아니다. 현실적으로는 계속적인 훈련, 코칭, 지원이 일시적이 아닌 지속적인 행동 변화를 위해서 좀 더 중요해 보인다. 그러므로 같은 학년이나 유사한 과목을 가르치는 교사들로 구성된 지원 협의체가 새로운 기술을 학급에서 적용해 보고자 하는 교사의 헌신을 훨씬 더 증진할 수 있다(Ialongo et al., 1999; Olweus, 1993b; Rohrbach, Graham, & Hansen, 1993; Shapiro, Dupaul, Bradley, & Bailey, 1996). 일반적으로 건강의 예는 이와 동일한 문제를 반영하고 있다. 대부분의 미국인은 어떻게 체중을 감량할지 알고 있다(건강 식품을 먹고, 덜 먹고, 좀 더 운동하기). 그러나 성인과 아동들 사이에 나타나는 높은 비만율에서 알 수 있듯이 많은 사람들이 이러한 간단한 규칙을 따르지 않는다. 1999~2000 전국 건강 및 영양 실태 조사(National Health and Nutrition Examination Survey)에 따르면, 미국 아동과 청소년의 15%, 그리고 성인의 64%가 과체중이거나 비만이었다(Centers for Disease Control and Prevention, 2003). 건강 습관을 변화시키는 것은 어렵기 때문에 사람들은 체중을 감량하기 위한 지지집단에 참여하거나 운동 프로그램 참여를 지속하기 위한 '친구' 를 만든다. 비슷하게 지지집단은 교사들이 새로운 기술을 실행하고, 유지하고, 발전시키는 것을 도와준다. 지지집단에 참가하는 교사는 동료들로부터 배우고 다양한 방식으로 동료들을 도와줄 수 있다. 그들은 연수 워크숍에서 습득한 새로운 기술을 어떻게 실행하는지에 대해서 서로서로 가르쳐줄 수 있고, 여러 가지 문제에 대해서 어떻게 새롭고 창의적인 해법을 구안하는지에 대해서 서로 코치해줄 수 있다. 그리고 그들은 일상적인 스트레스를 관리하는 방법에 대해서 조언해주고 교사들에게 영향을 미칠 수 있는 학교 전반에 걸친 이슈들을 논의한다(Orpinas et al., 2004). 또한 지지집단 접근은 참가자들이 동료들의 학급 경험을 가치 있는 실천적 지식의 원천으로서 활용할 수 있다는 이점이 있다(Smylie, 1989).

교사 지지집단을 운영하였을 때 우리는 가장 효율적이고 효과적인 지지집단이 2~3주마다 모이고 학년 초에 일찍 시작하고, 3월 중순에 끝마친다는 것을 발견하였다. 우리의 세션은 1시간 지속되었고 2개의 부분으로 나누어 운영되었다. 전반부는 성공적인 괴롭힘 예방 전략을 제시하고, 공동협력자 역할 모델을 강조하고, 괴롭힘 해결책을 위한 브레인스토밍을 하는 것에 할애되었다. 후반부는 괴롭힘 예방 프로그램의 핵심요소를 강조하는 데 사용되었다. 이 부분에서 참가자들은 다음에 학생들에게 소개하기 원하는 사회역량 기술을 정의하고, 가르치기 어려운 단원을 시범적으로 가르치는 역할을 해보고, 폭력 예방이나 학급 경영에 대한 책으로부터 수집된 제안이나 조언을 의논해보는 일들을 한다. 일반적으로 후반부의 목적은 괴롭힘 예방에 대한 집단 구성원의 지식과 효능감을 높이는 것이다.

물리적 환경

학교의 물리적 환경의 특성은 비록 학교 풍토의 8개 주요 요소 중 가장 마지막에 언급되어 있을지라도 결코 사소한 문제가 아니다. 학교의 물리적 환경과 관련된 쟁점에 대해서 폭넓은 관점을 얻기 위해서, 학교의 리더들은 "이곳은 내가 하루의 많은 시간을 보내기를 좋아하는 장소인가?" "이곳 환경은 내가 자녀를 보내기를 원하는 정도인가?" 등을 스스로에게 자문해볼 수 있다. 그러므로, 긍정적인 학교 풍토를 만들기 위해서 노력할 때, 학교 행정가들은 물리적 환경의 다음과 같은 측면을 검토해야 한다.

- ***청결함***: 교실, 복도, 화장실, 교사휴게실, 그리고 학교의 다른 공간들은 깨끗하고 적절하게 관리되고 있는가(화장실의 화장지, 교실의 연실 등)?
- ***학교 공동체 구성원의 인지***: 학생들의 스포츠 업적뿐만 아니라 과학 및 예술 프로젝트도 전시되어 있는가? 다른 문화나 국가로부터 온 학생들도 인식되고 있는가? 교사들과 직원들이 칭송되고 있는가?
- ***미학적인 외관***: 벽은 매력적인 색으로 되어 있는가? 복도에 예술작품이 전시되어 있는가? 낙서는 즉각적으로 지워지는가?
- ***조직***: 교실과 공동생활 구역은 잘 조직되어서 필요한 물품들이 쉽게 발견되는가? 어지럽힘은 최소한으로 유지되고 가능할 때 바로 정돈되는가? 학급을 넘어서 학습을 촉진할 수 있는 다른 공간이 조직되어 있는가(예를 들어, 도서관, 실외 공간들)?
- ***안전***: 학교 건물은 안전한가? 학교는 학생들이 어떤 문제를 보고할 수 있는 메커니즘을 갖추고 있는가? 교사들은 위급상황에 잘 대처할 수 있도록 준비되어 있는가(예를 들어, 화재, 총기사고 등)? 운동장은 돌멩이나 사람을 해칠 만한 위험물들이 없는가?

안전한 학교들은 갑작스러운 어떤 사고에 대해서도 잘 대처하도록 준비되어 있다. 위기는 폭력(예를 들어, 캠퍼스에서의 무기소지, 수상한 낯선 사람 등), 자연재해(예를 들어, 토네이도, 지진), 또는 즉각적인 행동이 필요한 다른 문제들(예를 들어, 의료상 응급상황, 화재)과 관련되어 있다. 위기를 안전하고 편리하게 다루기 위해서 학교는 잘 수립된 위기 대응 계획이 필요하다. 위기 대응 계획은 모든 교직원의 훈련을 요구해야 하고, 지역 또는 국가의 관련 절차를 준수해야 한다. 그리고 지역사회의 핵심 기관들(예를 들어, 소방서, 경찰)을 포괄하고 절차를 정기적으로 점검하고 수정할 핵심 팀을 구성해야 한다. 더 나아가서 그 계획은 사고발생 이후에 어떻게 대응이 지속될 것인지를 규정하고 있어야 한다(Dwyer, Osher, & Warger, 1998). 이 책에서 제안된 전략들은 더 안전한 학교를 촉진할 것이고 폭력행동의 발생 가능성을 줄일 것이다. 그러나 그것들은 면밀한 위기 대응 계획을 갖추는 것을 대신하지는 않는다.

일상적인 학교 활동에서 학교 행정가는 긍정적인 학교 풍토를 희생함 없이 안전한 환경을 제공하는 목표를 달성할 수 있다. 예를 들어, 누가 들어오고 나가는가를 통제하기 위해서 모든 학교는 방문자들에게 출입 사무실에서 등록할 것을 요구한다. 방문객들에게 주지시키기 위해서, 학교의 출입문에는 "아동들의 안전을 위해서 모든 방문자들은 사무실에서 등록해야 한다."는 안내문이 게시되어 있다. 이 안내문은 환영의 메시지를 전달하지 않는다. 방문객들에게 등록해야 한다는 것을 주지시키고자 하는 목적은 "Middletown 초등학교에 오신 것을 환경합니다. 학부모와 방문객은 사무실에서 등록을 해주시기 바랍니다. 우리 학교를 방문해주셔서 감사합니다."라는 안내문에 의해서도 달성될 수 있다. 안전의 목적에서 많은 학교들은 교내에 경찰관이 상주하고 있다. 이들 경찰관은 문제해결 전략에 대해서 훈련을 받을 수 있다. 그들이 극단적인 경우에 완력을 사용해야 할 필요성이 있을지라도, 일상적인 활동 속에서는 학생들과 긍정적인 관계를 유지하고 갈등 해결의 모델이 되는 것은 너무나도 유용할 것이다.

학교 예산은 종종 학교 건물에 대한 물리적 개선의 범위를 제약하거나 제한한다. 그러나 지역사회, 교사들, 학생들로부터의 지원으로 학교 행정가는 낮은 예산으로도 그들이 원하는 변화의 일부는 달성할 수 있다. 그 핵심은 학교의 긍정적 풍토를 촉진하는 물리적 환경을 창출하고 교사와 학생이 일하고 공부하는 것을 즐길 수 있는 장소로 만드는 데 있다.

제5장

학교의 사회적 역량 개발 및 괴롭힘 예방 모델: 학생

나는 동물들을 정말 좋아하지만, 단지 동물들이
내 접시 위에 있는 것을 좋아하지 않을 뿐이야.
— 채식주의자라고 놀림을 당한 것에 대한 3학년 학생의 대응

'학교의 사회적 역량 개발 및 괴롭힘 예방 모델(School Social Competence and Bullying Prevention Model)' 은 크게 학교 환경과 학생이라는 두 가지 부분으로 구성되어 있다. 제4장에서는 학교에 관한 부분을 살펴보았고(그림 4.1 참조), 학생과 교사에 대한 프로그램의 실행은 긍정적인 학교 분위기가 프로그램의 실행과 함께 조성되지 않으면 성공하기 어렵다는 점을 강조하였다. 이 장에서는 모델의 학생에 관한 부분에 초점을 맞추어, 학생들의 사회적 역량 개발에 필요한 기술에 대하여 논의하도록 하겠다. 이 장에서는 먼저 이 모델의 학생에 관한 부분을 형성하는 여섯 가지 요소인 인식(awareness), 감정(emotions), 인지(cognitions), 인성(character), 사회적 기술(social skills), 정신건강(mental health)과 학습능력(learning abilities)에 관하여 살펴보도록 하겠다.

학생들의 사회적 역량 강화

제4장에서 살펴본 것과 같이, 긍정적인 학교 분위기를 형성하는 것은 괴롭힘을 줄이고 학업 성취도를 높이는 데 있어서 매우 중요하다. 그러나 이러한 목표를 이루는 것과 동일한 정도로 중요한 것이 바로 아이들의 사회적 역량을 증진시키는 것이다. 사회적으로 능력이 있는 아이들은 더 많은 친구를 사귀고, 다른 사람들과 긍

정적인 관계를 맺고, 학업성적도 우수할 가능성이 높다(Welsh, Parke, Widaman, & O' Neil, 2001). 제2장에 서술한 것과 같이, 사회적 역량은 긍정적인 판단을 하고, 폭력 없이 갈등을 해결하고, 미래에 대한 계획을 세우고, 부정적인 또래의 압박에 저항하고, 친구를 사귀고, 다른 문화의 사람들과 어울리는 것을 즐기는 데 사용되는 기술을 지니고 있는지와 연관된다. 그러나 행동과학과 사회과학에서는 개인이 사회적 역량을 드러내는지 여부가 해석의 대상이 된다. 즉, 각각 다른 연구자들은 사회적 역량의 개념에 대하여 조금씩 다른 정의를 제시하고 있다. 우리의 관점을 명확히 하고, 앞으로 진행될 논의의 기반을 제시하기 위하여, 우리는 사회적 역량을 자신의 공동체 또는 사회적 환경에서 평화롭고 창조적으로 활동하기 위한, 한 개인의 연령에 적합한 지식과 기술이라고 정의한다.

우리의 정의에서, 사회적 역량은 환경적 특성과 함께 아이가 지니고 있는 기술에 의하여 결정된다. 따라서 어떠한 아이들은 일정한 환경에서는 사회적으로 능력이 있지만 다른 환경에서는 그렇지 못할 수 있다(예를 들어, 동네의 놀이친구들과는 잘 지내지만, 학교의 또래친구들과는 그렇지 못한 경우). 일정한 환경에서는 적절하지만 다른 환경에서는 적절하지 않은 사회적 역량 기술의 예로, 도시 빈민 지역에서 아이들은 살아남기 위하여 강하고 공격적인 기술을 익히지만, 이러한 기술은 학교 환경에서 아이들이 적절히 활동하는 데 반드시 요구되는 협동하는 기술을 기르는 데 방해가 된다(Mastern & Coatsworth, 1998). 어떠한 아이들은 학교나 주류 사회에서 통상적으로 정의되는 것과 같은 의미의 사회적 역량을 기를 수 없는 가정이나 공동체에서 생활하고 있고, 이러한 아이들은 학교에서 잘하는 데 필요한 사회적 기술을 접하지 못한다. 예를 들어, Julie의 부모는 자주 서로를 그리고 Julie를 함부로 대하고, 흔히 갈등을 적대감과 분노로 해결한다. Julie는 집에서 자신의 목표를 이루기 위하여, 공격 또는 지배의 기술을 행사하였다. 불행하게도, 공격과 지배는 Julie가 학교생활을 성공적으로 할 수 있게 해주는 기술은 아니었다. 학교에서 살아남고 잘 하기 위하여서 Julie는 학교의 규범과 자신에게 기대되는 것에 대하여 배울 필요가 있었다. 하지만 학교는 Julie뿐만 아니라 Julie와 유사한 상황에 놓인 아이들에게 학교생활을 성공적으로 하는 데 요구되는 사회적 기술을 습득하고 연습할 기회를 주는 방식으로, Julie의 학습을 격려하여야 할 필요가 있었다. 학교의 사회적 역량 개발 및 괴롭힘 예방 모델의 학생 부분은 아이들이 학교에서 성공하고 괴롭힘 없이 또래들과 관계를 발전시키는 데 필요한 사회적 기술을 제시한다.

학생들의 사회적 역량을 구성하는 요소

모델은 다음의 여섯 가지 영역으로 구성되어 있다(그림 5.1 참조).

- 인식
- 감정
- 인지
- 인성
- 사회적 기술
- 정신건강과 학습능력

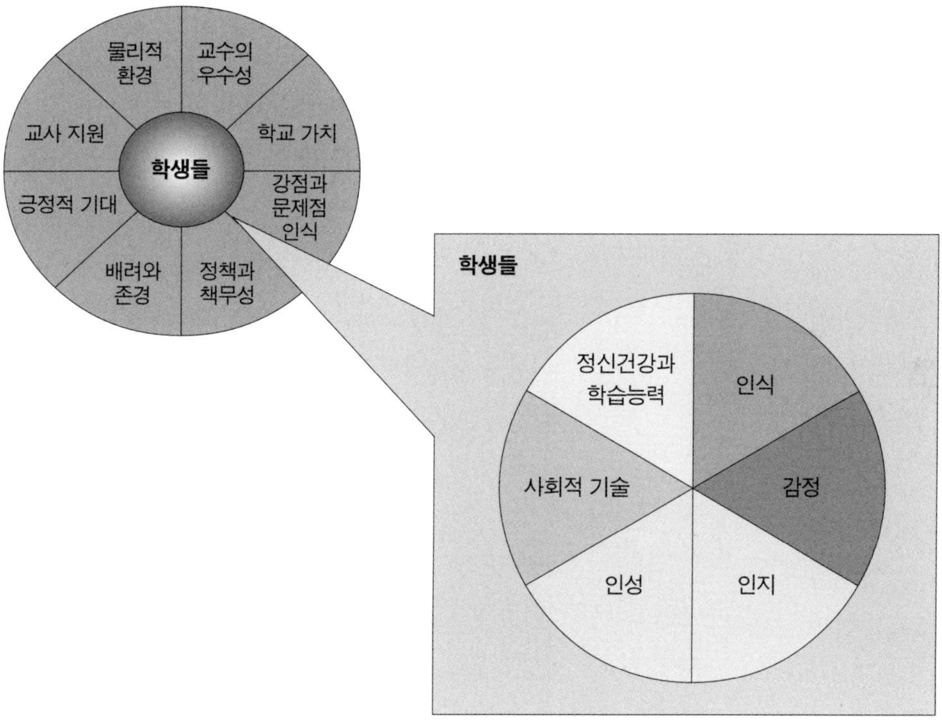

〈 그림 5.1 〉 학교의 사회적 역량 개발 및 괴롭힘 예방 모델: 학생 부분

괴롭힘을 예방하기 위하여서는 모든 영역이 동일하게 중요하지만, 교사들은 자신이 담당하고 있는 아이들의 특성과 자신이 방지하려고 노력하는 괴롭힘 문제의 유형에 따라, 몇몇 영역을 강조하려고 선정할 것이다. 표 5.1은 영역별로 학생들의 학습 목표의 예를 보여주고 있다. 이렇게 여섯 가지의 학생 영역은 서로 밀접하게 연관되어 있는데, 예를 들면, (감정 영역에서) 흥분을 가라앉히는 기술을 습득하지 못한 학생에게 (인지 영역에서) 갈등 해소의 단계에 대하여 가르치는 것은 어려울 것이다.

인식

모든 괴롭힘 예방 프로그램에서 학생에 관한 첫 번째 요소는 학생들이 괴롭힘 패턴의 다양한 유형(즉, 공격적, 수동적, 관계적)을 인식하고 괴롭힘을 허용되지 않는 행동으로 이해할 수 있도록 학생들의 기량을 향상시키는 것과 관련된다. 놀라울 정도로 많은 학생들이, 다른 학생들을 놀리고 따돌리는 것이 괴롭힘의 한 유형으로, 허용되지 않는 행동이라는 것을 모르고 있다. 더욱이, 학생들은 대체로 이러한 허용되지 않는 행동이 얼마나 다른 아이들과 학교 환경에 좋지 않은 영향을 미치는지 인식하지 못하고 있다.

그러나 이와 동일하게 염려스러운 점은 많은 어른들, 심지어 교육을 잘 받은 어른들도 괴롭힘을 성장의 정상적인 부분이라고 이해한다는 것이다. 우리는 이 주제에 관하여 교육과 보건을 공부하는 대학생들과 토론을 하였는데, 많은 대학생들이 괴롭힘을 대학 생활의 일부로 받아들일 수는 없지만, 괴롭힘은 학교 생활의 일부이고 심각한 보건상의 문제는 아니라고 보고하였다. 괴롭힘이 정상적이라는 이러한 믿음이 괴롭힘에 대한 관용을 장려하고 있다. 괴롭힘은 어른들의 세계에서, 심지어 위험한 동네에 사는 사람들에게조차도, 노상강도와 폭력행위를 하여 먹고 사는 방법이 허용되지 않듯이, 절대로 허용되지 않는 행동이다.

괴롭힘을 적절하지 않은 행동이라고 인식하는 것은 앞으로 논의할 괴롭힘의 유형에 따라 매우 다양하다. 대부분의 아이들과 어른들은 신체적인 공격이 학교에서 허용되지 않는다는 것을 인식하고 있다. 그렇기는 하지만, 일부 아이들은 말로 조롱하는 공격에 대응하여야만 하고, 체면을 세우기 위하여 가해자를 때려야만 한다고 생각한다. 종종 교사들은 아이들에게 '자신을 방어하라' 고 부추기는 사람이

〈 표 5.1 〉 영역별 학생의 학습 목표

영역	학생들은 다음을 할 수 있게 될 것이다
인식	- 신체적, 수동적, 관계적 괴롭힘의 특성에 대하여 설명하기 - 수동적, 도발적, 관계적 피해자의 특성에 대하여 설명하기 - 문제의 일부이기도 하고 해결방안의 일부이기도 한 주변인의 행동에 대하여 설명하기 - 괴롭히는 행동을 보았을 때 그것을 괴롭히는 행동이라고 인식하기 - 학교 전체에서 보편적으로 사용되는 괴롭힘에 관한 용어 개발하기 - 집단으로 무엇이 괴롭힘인지 토론하기
감정 개발	- 자기 자신과 다른 사람들의 감정이 다르다는 것을 인정하기 - 감정의 언어적, 비언어적 소통을 이해하기 *분노-평정:* - 분노를 특정한 상황에 대한 정상적인 반응으로 설명하기 - 긴장과 분노의 신체적, 정서적 신호를 인식하기 - 분노를 유발하는 것을 찾아보기 - 분노를 다루는 긍정적인 방법을 찾아보기(예를 들면, 진정시키기, 재구성하기) - 최소한 두 가지의 진정시키는 방법을 묘사하기 - 진정시키는 것이 중요하다는 것을 인식하기 - 공격적인 신체적, 언어적 대응 방식은 학교에서 허용되지 않는다는 것을 이해하기 - 공격적인 행동의 결과를 설명하기 *비관주의-낙관주의:* - 사회적 성공과 학업의 성공을 경험하기 - 무의식적으로 드는 부정적인 생각을 인식하고 그러한 생각의 정확도를 평가하기 - 상황에 따라 구체적인 원인에 대한 귀속을 개발하기 *유대 관계-단절된 관계:* - 또래들 사이의 공통된 이해를 인식하기 - 칭찬을 주고받기 - 다른 사람들에게서 긍정적인 성격상의 특성(예를 들면, 친절, 책임감, 정직, 존중) 찾기
인지 개발	- 어떻게 자신의 믿음이 자신의 감정과 행동에 영향을 미치는지 인식하기 - 원하지 않는 결과를 유도하는 믿음을 수정하기 - 갈등 해소를 위한 단계를 찾아내어 적용하기 - 문제의 해결방안에 대하여 브레인스토밍하기 - 자신의 선택에 의해 발생한 긍정적인 결과와 부정적인 결과를 확인하기 - 자신의 행동에 대한 계획이 어떻게 진행되는지 평가하기 - 도움을 요청하는 것과 요청하지 않는 것의 결과를 설명하기 - 도움을 요청할 만한 어른들을 찾아보기 - 위험한 상황을 인식하고 그러한 상황을 피하거나 도움을 요청하기 - 반드시 피하여야 하거나 무시하여야 하는 상황에 대하여 알아보기 - 반드시 갈등을 풀어야 하는 상황에 대하여 알아보기
인성 개발	- 진실을 이야기하기 - 자신의 행동에 책임지기 - 열심히 공부하기 - 다른 사람들에 대한 존중을 드러내기 - 다른 사람들과 협력하기

바로 아이들의 부모라고 보고한다.

놀리는 것에 대한 인식은 신체적인 공격에 대한 인식과는 다르다. 대부분의 아이들이 신체적인 공격은 허용되지 않는 괴롭히는 행동이라고 인식하고 있음에도 불구하고, 놀리는 것이 부적절한 행동이라고 생각하지 않는다. 우리와 초등학교 학생들과의 토론에서, 일부 아이들은 다른 아이들을 놀리는 것을 장난이라고 하였다. 확실히 이러한 아이들은 친구들을 놀리는 것을 문제라고 인식하고 있지 않았다. 그러나 더 흔하게는, 아이들은 악의적인 소문을 만들어 내거나 전달하는 것, 다른 아이들을 경멸하는 말을 반복하는 것, 어떠한 아이를 놀이에서 제외시키는 것을 모두 괴롭힘의 행동으로 인지하지 못하였다.

우리의 경험상, 괴롭힘의 여러 가지 다른 측면(즉, 괴롭힘의 유형, 피해자, 주변인)을 묘사하는 보편적인 용어를 아이들에게 제시하는 것은 해방의 경험일 수 있다. 흔히 피해자와 주변인은 자신들에게 발생한 일에 이름이 있고, 자신들이 그 일에 대하여 말할 수 있다는 사실을 알고 안도감을 표현한다. 이러한 안도의 경험은 직장에서 희롱을 당한 일부 여성들이 자신들의 경험이 성희롱이라고 정의되었을 때 보고하는 것과 유사하다. 보기 드문 신체적인 증상으로 고생을 하던 사람이 마침내 올바른 진단명을 발견한 의사를 만났을 때, 유사한 안도감을 느낄 것이다. 이러한 경우에, 문제에 이름을 붙이는 것(예를 들어, 괴롭힘, 성희롱, 진단명)은 피해자의 죄책감을 완화시켜 준다. "나는 문제가 아니야. … 나는 미치지 않았어. 이것이 진짜 문제였던 거야." 경험에 이름을 붙이는 것은 문제를 해결해 주지는 않지만, 피해자와 주변인이 괴롭힘 문제에 대항하여 대책을 세울 수 있도록 힘을 줄 수 있다.

괴롭힘에 대한 학생, 교사, 행정가의 인식을 증진시키는 것이 문제 해결 과정의 첫 번째 단계이다. 사실상, 제1장과 제4장에서 설명한 것과 같이, 문제의 본질과 정도에 대한 개인의 이해를 높이는 것이 변화의 전제 조건이고, 이것은 진행을 용이하게 도울 것이다. 괴롭힘에 대한 인식을 증진시키기 위하여 마련된 활동들은 여러 수업(예를 들면, 영문학 교과, 사회 교과, 수학 교과)과 통합될 수 있을 것이다. 학생들이 차례로 돌아가야 하고, 큰 소리로 질문을 하거나 대답을 하여야 하고, 현장학습을 가고, 협력하여 작업을 하고, 발표를 하고, 다른 학생들의 작업에 자신의 견해를 밝히는 것이 요구되는 모든 학업과 관련된 상황은 보살핌 또는 존중을 나타낼 기회를 제공할 뿐만 아니라 괴롭힘의 기회도 제공한다. 그러므로 괴롭힘에 대한 인식은 이러한 모든 학습 활동(글상자 5.1에 이러한 활동의 예가 열거되어 있다.)에 대한 수업 준비와 통합될 수 있고, 통합되어야만 한다. 게다가 몇몇 괴롭힘 예방 프로그램은 괴롭힘에 대한 인식을 높이기 위한 샘플 학습 계획안을 제공하고 있다. 샘플 학습 계획안을 제공하고 있는 세 가지 프로그램은 Bully Busters(Horne, Bartolomicci, & Newman-Carlson, 2003; Newman, Horne, & Bartolomucci, 2000), Bully-Proofing Your School(Garrity, Jens, Porter, Sager, & Short-Camilli, 2004), Bullyproof(Stein, Gaberman, & Sjostrom, 1996)이다.

글상자 5.1 ■ 괴롭힘에 대한 인식을 높이는 활동의 예

- 유인물이나 화면을 이용하여 (제1장에 기술한) 괴롭힘의 여러 가지 유형에 대하여 정의하고, 조를 나누어 학생들에게 각각의 범주에 해당되는 행동의 예를 찾게 한다.
- 더 나이가 어린아이들에게 괴롭히는 사람을 그려보라고 한다. 어린아이들은 흔히 심술궂은 외모에 다른 아이들을 때리는 남자 아이와 예쁜 외모에 다른 아이들을 따돌리고 놀리는 여자 아이를 그린다. 이러한 인물 그림에 대하여 토론하고, 여러 유형의 가해자, 피해자, 주변인에 관한 정의를 제시한다. 왜 몇몇 아이들은 다른 아이들을 괴롭히려고 하는지에 대하여 아이들에게 토론을 시켜서, 아이들이 괴롭힘의 개념을 확장하도록 돕는다. 괴롭힘의 '이유' 에 대한 탐색은 아이들이 가해자의 동기를 이해하도록 돕고, 공격적으로 행동하는 아이들이 왜 자신이 그렇게 행동하는지에 대하여 인식할 수 있도록 돕는다.
- 영어 수업, 사회 수업, 또는 어떠한 수업의 글쓰기 시간이라도, 학생들에게 어떻게, 어디에서, 언제 괴롭힘이 발생하는지에 관하여 글을 쓰게 한다. 학생들에게 괴롭힘을 당하는 것과 다른 학생들을 괴롭히는 것에 대하여 어떻게 느끼고, 자신이 괴롭힘의 상황에 직면하여 있을 때 어떠한 일이 생겼으면 하는지에 대하여 구체적으로 서술하게 한다. 자신이 서술한 의견을 이용하여 문제에 대하여 토론하게 한다.
- 수학 수업 시간에, 학생들이 괴롭힘의 피해와 공격에 관한 학생 설문조사를 만들고, 실시하고, 분석하게 한다. 학생들의 학년에 따라, 학생들은 응답의 빈도수와 백분율을 계산할 수 있을 것이고 결과 그래프를 그릴 수도 있을 것이다.
- 학업과 관련된 조별 활동을 준비하면서, 학생들에게 기대되는 행동에 관하여 조언을 한다. 예를 들어, 학생들이 자신의 작품을 수업 시간에 발표할 때, 어떻게 긍정적인 피드백을 주고, 어떠한 유형의 의견은 환영받지 못하는지에 관한 명확한 기준을 제시한다.

감정

아이들은 자신의 학업 성취와 다른 아이들과의 관계에 도움이 될 수도 있고 방해가 될 수도 있는 다양한 감정 상태로 학교에 온다. Goleman의 베스트셀러였던 책 「Emotional Intelligence」(1995)에서, Goleman은 인간의 대인관계에서 그리고 궁극적으로 인생에서 목표를 성취하는 데 있어서 감정의 중요성을 강조하였다. 정서지능은 인지지능 또는 IQ와 반대되는 사회지능의 한 유형으로, 감정을 다루고 다른 사람들과의 관계와 관련된 다음의 사회적, 개인적 기술로 구성되어 있다.

- 자신의 감정을 인지하고 이해하는 것
- 다른 사람들의 감정과 욕구를 알아보는 것
- 충동을 통제하는 것
- 희열을 미루는 것
- 목표를 향하여 감정을 쏟는 것
- 흥분, 스트레스, 분노, 기타의 감정을 조절하는 것
- 삶에 대한 긍정적인 시각을 지니는 것
- 언제 그리고 어떻게 감정을 표현하여야 하는지 아는 것
- 자기 자신에게 동기를 부여하는 것
- 목표를 달성하는 데 있어서 지속적으로 열정과 끈기를 지니는 것
- 다른 사람들과의 관계를 순조롭게 처리하는 것(자기 자신과 다른 사람의 감정을 이해하는 것과 매우 밀접히 연관되어 있음)

학생들의 정서지능의 중요한 요소는 그들이 자신의 감정을 인지하고, 처리하고, 다른 사람들의 감정을 이해하는 것을 배우는 것이다. 그 다음 논의는 분노-평정, 비관주의-낙관주의, 단절된 관계-유대 관계의 감정의 세 가지 이분법(표 5.2에 예가 서술되어 있다.)을 강조한다. 이러한 논의가 포괄적이지 않음은 명백하지만, 이러한 세 가지 감정의 연속된 흐름은 학생들과 함께 한 연구에 기초하여 우리가 밝힌, 괴롭힘과 그 예방에 가장 많은 영향을 미칠 가능성이 있는 보편적인 감정과 관련되어 있다.

〈 표 5.2 〉 관계와 학업 성취에 영향을 미치는 보편적인 감정

관계를 망치고 학업 성취를 방해하는 감정	긍정적인 관계와 학업 성취를 장려하는 감정
분노(짜증, 격분, 격노, 분개, 약이 오름, 긴장) 비관주의(부정적인 예상, 반항, 침울, 불신) 또래 친구들, 교사, 학교로부터 단절된 관계(거리감, 이탈)	평정(평화, 침착, 평온) 낙관주의(긍정적인 예상, 희망, 쾌활함) 또래 친구들, 교사, 학교와의 유대 관계(소속감, 배려)

분노와 평정

일부 아이들은 학교에 등교하자마자, 종종 타당한 이유(예를 들어, 아이를 등한시하는 부모, 폭력적인 가정생활, 파괴적인 동네)로 매우 화가 나 있는 상태이다. 그러나 학생들의 감정 상태에 타당한 이유가 있다고 하더라도, 분노는 학생들의 학업 수행과 다른 또래들과의 관계에 부정적으로 영향을 미칠 것이다. 한 사람이 매우 화가 났을 때 작업에 집중하기는 매우 어려운 일이다. 정말로 화가 난 사람과 긍정적인 대화를 나누는 것 또한 매우 어려운 일이다. 이하에서는 교사와 상담사가 아이들이 자신의 분노에 대한 인식을 높이고 분노의 감정을 처리할 수 있도록 돕기 위하여 취할 수 있는 여러 가지 조치에 대하여 서술하도록 하겠다.

학생들은 분노가 정상적이라는 것을 배울 수 있을 것이다. 우선, 아이들은 분노가 보편적이라는 것을 이해할 필요가 있다. 모든 사람들은 아니라고 하더라도 대부분의 사람들은 때때로 분노를 느낀다. 교사와 행정가는 사람들이 부당한 대우를 받거나 공격당하거나 또는 멸시를 당하였다고 느끼는 상황(예를 들어, 개인의 사적인 공간에 대한 침해행위)에서, 분노가 정상적인 반응이라는 것을 설명할 필요가 있다.

학생들은 분노를 인정하는 것을 배울 수 있을 것이다. 분노를 인정하는 것은 분노를 처리하는 첫 번째 단계이다. 분노의 신체적인 징후로는 심장박동의 증가, 붉어진 얼굴, 신체의 긴장, 빨라진 호흡을 들 수 있다. 아이들이 자신의 신체적인 반응을 더 잘 인식할 수 있도록 돕는 많은 활동이 마련되었다. 예를 들면, 'Bully Busters' 프로그램에는 'Feel the Heat' 이라는 활동이 있다(Newman et al., 2000, pp. 129-130). 이 활동에서 아이들은 사람의 형상이 간단한 윤곽으로 그려져 있는 종이 한 장을 받는다. 그리고 아이들에게 자신이 화가 났을 때 반응하는 신체의 부위를 표시하라고 한다. 예를 들면, 일부 학생들은 분노를 배로 경험하고, 일부 학

생들은 머리에서 분노를 느끼고, 일부 학생들은 팔이 긴장되는 것으로 분노를 느낀다. 우리가 아는 학교 상담사는 자신의 분노를 통제하는 데 어려움이 있는 학생에게 이러한 활동을 하게 하였다. 그 학생은 분노를 자신의 머리로 경험한다고 그림에 표시하였다. 그 학생의 머리는 분노에 관한 생각으로 가득 차 있었을 것이다. 상담사는 분노에 대한 그 학생의 신체적인 반응을 정확히 보여줄 수 있었기 때문에, 그 학생에게 분노에 대한 정서적 통제와 행동 통제를 연습하는 방법, 즉 평온한 생각을 하고, 문제 해결에 관한 생각을 하고, 그 다음에 천천히 그리고 깊은 호흡을 연습하는 법을 알려줄 수 있었다.

초등학교 고학년 학생들은 자신이 화가 났을 때 교사나 상담자에게 이야기할 수 있겠지만, 더 어린 학생들은 자신의 감정을 말로 표현하는 데 종종 어려움을 겪기도 한다. 어린아이들이 다른 감정(예를 들면, 분노 대 두려움)을 구별하는 능력을 개발하는 것을 돕는 데 관심이 있는 어른들은 아이들이 다양한 감정을 표현하는 얼굴 모습의 그림을 보고 이름을 붙이고 논의하는 연습을 자주 하게 한다. 이러한 그림은 많은 판매사를 통하여 구할 수 있는데, 아이들을 위하여 제작된 분노 조절에 관한 출판물에서도 찾을 수 있다. 다른 감정을 인식하는 것에 대한 학습은 학생들이 자신의 감정 조절 기술을 향상시킬 수 있도록 돕는다. 비록 분노는 가장 쉽게 인지할 수 있는 감정 중 하나이지만, 분노는 또한 자주 두려움, 비통, 질투, 또는 어색함과 같은 다른 근본적인 감정을 감추기도 한다. 따라서 적절하게 여러 다른 감정을 찾아내는 것에 대한 학습은 협력에 대하여 괴롭힘 또는 공격을 유도하는 느낌을 자극하는 감정에 관한 학생들의 인식을 증진시킬 것이다.

학생들은 자신의 분노를 유발하는 상황에 대한 인식을 높일 수 있을 것이다. 대부분의 교사들은 학생들이 분노의 감정을 일으키는 것에 대하여 생각을 바꾸는 것만으로도 흔히 자신의 감정을 변화시키기에 충분하다는 것을 인식한다. 예를 들어, 몸무게가 많이 나가는 6학년 학생인 Tom은 자신의 몸무게 때문에 상습적으로 놀림을 당하였고, 그에 대한 반응으로 Tom은 자신을 괴롭히는 아이들에 대하여 점점 분노하게 되었다(Tom의 생각은 "그 여자 아이는 심술궂고 내 기분을 상하게 한다."라는 것이었음). 학교 상담사는 놀림을 당하였을 때 Tom의 반응에 대하여 Tom과 이야기를 나누었고, 점점 더 화를 내는 것은 말싸움에서 Tom의 힘을 약화시킬 뿐이라고 설명하였다(Tom의 새로운 생각은 "그 여자 아이는 나를 화나게 하려고 하고, 그 아이는 나를 이기지 못할 것이다."라는 것이었음). 상담사는 Tom과 함께 새로운 대응 방식을 연습하였고, 그 다음에 그 여자 아이가 Tom을 놀렸을 때, Tom은 차분히 "나는 내가 뚱뚱하다는 것을 알아. 이제 다른 점에 대하여 이야기해 보자."라고 말하였다. 예측한 것처럼, 놀리는 것은 결국 중단되었다.

학생들이 자신의 분노를 유발하는 것을 인식하고 분노를 더 적절하게 조절할 수 있도록 돕는 많은 활동이 개발되었다. Newman과 동료들(2000, pp. 124-128)은 교사들이 염두에 둘 만한 'Anger Is Normal'과 'Cage Your Lion'이라고 하는 두 가지의 샘플 활동을 제시하였다. 이러한 활동의 목표는 학생들이 자신을 분노하게 만드는 상황을 찾아내어, 어떻게 자신들이 그러한 상황에 통상적으로 반응하는지 인지하고, 신체적인 행동 없이 상황을 해결할 수 있는 단계를 파악하도록 돕기 위한 것이다. 이러한 활동은 학생들이 분노가 정상적이고 용인되는 감정이지만 분노에 대한 공격적인 반응은 허용되지 않는다는 것을 이해하도록 돕는다. 궁극적으로, 분노를 유발하는 것을 인식하는 활동은 아이들에게 자신의 분노 감정을 조절하고, 분노를 드러내는 행동을 통제하는 것에 대하여 가르칠 수 있을 것이다.

학생들은 자신의 생각을 재구성하는 것을 배울 것이다. 자신의 생각을 재구성하는 방법을 학습하는 것은, 이 장의 뒤에 나오는 「생각과 행동의 A-to-E 과정(A-to-E Process of Thought and Action)」에 관한 절에서 서술한 것과 같이, 감정의 변화를 유도할 수 있다. 예를 들어, Warren은 자신의 학급 친구들에 관하여 고약한 소문을 자주 만들어 퍼뜨린다. 결과적으로 Warren의 또래들 중 많은 수가 Warren이 아주 심술궂다고 생각하게 되었다. 그러나 Warren의 또래들은 Warren으로부터 자신의 분노를 통제하는 것을 배울 수 있었고, 관심을 받기 위하여 혐오스러운 행동을 할 수밖에 없게 만든 Warren의 상황을 인지함으로써, Warren의 부적절한 행동에 대한 감정을 다른 방식으로 표출할 수 있게 되었다. 자신의 생각을 재구성하는 것으로 Warren이 고약한 소문을 퍼뜨리는 것을 막을 수는 없겠지만, Warren의 눈치 없는 행동으로 상처를 입은 또래는 Warren의 동기를 '심술궂음'(그리고 수반하는 분노의 감정)에서부터 '끔찍한 삶 때문에 관심이 필요함'(그리고 수반하는 연민의 감정)으로 재구성하였을 때, 조금 덜 분노할 수 있고 그에 대한 대응으로 취하여야 할 행동에 대하여 더 잘 생각할 수 있게 될 것이다.

분노를 연민으로 완전히 전환하는 것은 매우 강력할 수 있다. 교사는 가해자인 아이의 가정생활에 관하여 언급하지 않도록 주의를 기울여야 하지만, 피해자에게 왜 가해자가 심술궂은 행동을 하는지에 대하여 생각하여 보라고 할 수 있을 것이다. 때때로 아이들은 교사보다 자신의 학급 친구들에 관하여 더 잘 알고 있다. 유사하게, 가해자-피해자 상호작용에서 학생들이 양쪽 입장 모두를 역할놀이로 하게 하는 활동은 학생들이 괴롭힘 상황에서 다른 사람들이 어떻게 느끼는지에 관하여 배울 수 있도록 도울 것이다. 역할놀이 활동은 교사가 가해자와 피해자 양쪽 모두 실제로 할 것 같은 생각과 느낄 것 같은 감정(예를 들어, 가해자의 경우 부적당하고, 환영받지 못하고, 사랑받지 못하는 감정, 피해자의 경우 불안하고, 상처받고, 겁에 질린 감정)을 아이들이 이해할 수 있도록 돕는다면 특히 더 강력해질 수 있을 것이다.

학생들은 이완 기법을 익힐 수 있을 것이다. 대응하기 전에 10을 세거나, 모든 근육을 긴장시켰다가 이완시키거나, 좋아하는 해변으로 상상 속의 여행을 떠나거나, 깊고 느린 호흡을 하는 것과 같은 이완 기법은 학생들이 자신의 분노를 조절하고 스트레스 받는 상황을 처리하는 데 도움이 될 것이다. 이완 기법은 분노 조절, 괴롭힘 감소, 기타 학생들이 매일 부딪히는 스트레스를 받는 상황(예를 들면, 시험 치르기)에 유용하다. 그러나 이완 기법을 완전히 익히는 것의 중요성은 교실과 어린 시절 이후까지 확대된다. 이완 기법은 어른들이 (예를 들면, 직장 면접을 성공적으로 통과하여) 직장을 구하고 개인적인 목표를 이루는 데 도움이 될 것이다.

분노와 평정은 하나의 연속체의 반대되는 양쪽 끝으로 그려질 수 있다. 학생들은 평정이 감정적으로 아무 것도 없는 것과 같지 않다는 점을 다시 확인할 필요가 있다. 오히려 평정은 격노하게 하는 상황에 대한 매우 긍정적이고 조정된 반응으로, 분노에 대한 견고한 대체물일 것이다. 문제와 갈등 상황에 직면하였을 때 어떻게 분노를 평정으로 대체하는지 학습하는 것은 학생들이 인생에서 실질적으로 필요한 긍정적인 사회적 기술 중에 하나를 개발할 수 있도록 돕는 것이다.

글상자 5.2에 서술한 'Turtle Technique' (Fleischman, Horne, & Arthur, 1983; Schneider & Robin, 1976)은 갈등 상황에 직면하였을 때 학생들, 특히 가해자들이 어떻게 평정심을 되찾는지에 관하여 가르치는 데 이용되었다. 이 기법은 초등학교 아이들에게 대안적 문제 해결 전략을 장려하고 있다. 거북이 기법(Turtle Technique)은 모든 학생들에게 이완 기법을 가르치기 위한 매우 강력한 활동이다. 비록 처음에는 행동에 문제가 있는 아이들을 위해서 고안되었지만, 많은 교사들이 종종 바다거북(turtle), 즉 가해자 경험이 있는 아이를 기술 개발의 공동 리더로 하여 Turtle Technique을 학급 전체에 확대 적용하고 있다.

글상자 5.2 ■ 거북이 기법(Turtle Technique)

'거북이 기법'의 목표는 학생들이 분노를 통제하고 긍정적인 문제 해결 전략을 연습하도록 돕는 것이다. 이 기법을 이용하여 교사는 '바다거북 클럽(turtle club)'을 만들고 괴롭히는 행동을 하는 학생들이나 휴식 시간에 다른 아이들과 함께 있을 때(예를 들면, 교실에서 함께 점심을 먹을 때) 분노 조절에 문제가 있는 학생들을 바다거북 클럽의 구성원으로 초대한다. 일부 교사들은 이 기법을 학급 전체의 학생들과 함께 연습하기도 한다.

어떻게 '바다거북(turtle)'이 되는지에 관하여 학생들에게 가르치는 첫 번째 단계는 Timmy the Turtle이라는 이야기를 들려주는 것이다. 이야기는 다음과 같다. "Timmy는 나이가 많고 현명한 Mr. Tortoise를 만나기 전까지 아주 많은 문제에 부딪혔었는데, Mr. Tortoise는 Timmy에게 문제가 생길 때마다 어떻게 Timmy의 등껍질 속으로 들어가지는지 알려주었다. 한 번은 등껍질 속에 들어가서, Timmy는 자신의 근육을 이완시키고, 평정을 되찾고, 자신을 곤란하게 만든 문제에 대하여 생각하고, 문제를 피하기 위하여 취하여야 할 방안에 대하여 생각하고, 그 중에서 가장 좋은 것을 선택하여, 마침내 등껍질 밖으로 나와 그렇게 하는 방법을 익혔다."

Timmy가 한 것과 같이, 교사는 이제 학생들과 함께 특별한 바다거북 기법을 개발하는 작업을 한다. 교사는 학생들이 이완하고 평정을 되찾는 기술을 연습하고, 문제를 정의하고, 취할 수 있는 대체 방안을 고르고, 결과를 평가하고, 자신의 행동과 그러한 선택의 결과에 대하여 책임을 지도록 지도한다.

학생들은 어떻게 자신의 분노를 표현하는지에 대하여 책임이 있다. 비록 교사는 학생들이 자신의 감정을 변화시키도록 할 수는 없지만, 자신의 감정을 표현한 방식에 책임을 져야 한다는 사실을 가르칠 수는 있다. 학급 친구를 때리고 밀치는 것, 또래 친구들에게 모욕적인 말을 하는 것, 교사에게 빈정대며 말대꾸하는 것은 허용되지 않는 분노의 표현방식이다. 학생들은 분노에 대한 자신의 대응이 선택된 것이고, 자신의 행동에 따르는 결과에 책임을 져야 한다는 사실을 인식할 필요가 있다. 교사는 아이들이 새로운 분노 조절 방법을 습득하도록 도우려고 시도하는 경우에, 적절하지 못한 행동의 명확하고 일관적이고 공정한 결과, 즉 행동이나 가해자를 단지 처벌하기 위한 것이 아닌 문제 해결에 도움이 될 수 있는 결과를 제시하여 줄 필요가 있다. 교사는 책임감에 대하여 가르칠 때, 분노를 느끼는 것은 자연스러운 일이지만 그러한 감정에 대응하는 방식은 선택이라는 점을 강조하여야 한다. 분노에 대한 반응은 외부적인 상황에 영향을 받는 것이 아니라, 그러한 상황에 대한 자신의 지각에 의하여 이루어지는 것이다. 사람들은 자신의 최고의 대응 방식을 선택할 자유가 있고, 그렇게 선택한 행동에 따르는 결과에 대하여 반드시 책임을 져야 한다. 선택이라는 개념은 매우 중요하고, 학생들에게 아무리 강조되어도 지나치지 않을 것이다. 「Harry Potter」 시리즈에서 Hogwarts의 현명한 교장인 Dumbledore는 Harry에게 "이것이 우리의 선택이었단다, Harry야. 그것은 우리의 능력을 벗어나서 우리가 진정으로 무엇인지 보여주고 있단다(Rowling, 1999, p. 333)."라고 설명하였다.

학생들은 화가 날 때 취할 수 있는 적절한 행동을 배울 것이다. 흔히 아이들은 화가 날 때 취할 수 있는 대안적이고 공격적이지 않은 행동의 적절한 목록을 모르고 있다. 자신을 정말 화나게 만드는 상황에 대하여, 충동적인 피해자의 즉각적인 반응은 가해자를 놀리거나 때려서 복수하는 것일 것이다. 어떠한 피해자들은 자신의 분노를 속으로 삭이거나 자신의 감정을 모두 숨길 것이다. 이러한 두 가지 대응 모두 피해자의 건강에 해로울 것이다. 학습할 수 있는 대안적인 대응방식은 분노가 아니라 단호하게 대처하는 것이다(예를 들어, "네가 내 머리카락을 잡아당기는 것은 나를 괴롭히는 것이야. 다시는 그렇게 하지 않았으면 좋겠어."라고 말하는 것). 비록 이러한 유형의 대응이 가해자의 모든 공격을 막을 수는 없겠지만, 일부 가해자들은 자신의 무례한 행동을 멈출 것이다. 어른에게 도움을 요청하는 것도 화를 내면서 행동하는 대신에 학생들이 취할 수 있는 또 다른 긍정적인 전략이다. 어른에게 도움을 요청하는 것은 학생들이 스스로 처리할 수 있는 상황과 도움이 필요한 상황을 구별하는 것을 배운 경우에 가장 유익할 것이다. Newman, Horne, Bartolomucci(2000, pp. 149-150)가 개발한 활동인 'Strength-O-Meter'는 괴롭힘의 피해자가 여러 가지 문제를 다루면서 또래 친구들이나 어른들의 도움을 구하는 것이 필요하고 적절한 때인지 판단하기 위한 기술의 단계를 익히도록 돕는다.

비관주의와 낙관주의

분노와 평정만큼 중요한 두 번째 감정군은 비관주의와 낙관주의이다. 낙관주의는

Goleman(1995)이 다음과 같이 서술한 것처럼, 정서지능의 중요한 요소이다.

> 낙관주의는 희망과 같이, 차질이 생기고 절망스럽더라도 대체로 인생의 일이 다 잘 될 것이라고 강한 기대를 갖는 것을 의미한다. 정서지능의 관점에서, 낙관주의는 사람들이 힘든 상황에서 무관심, 절망, 우울함으로 빠지지 않을 수 있게 보호하는 태도이다(p. 88).

Goleman에 따르면, 낙관주의는 긍정적인 관계와 학업의 성공을 예측한다.

일부 아이들은 다양한 이유로 상황을 회의적으로 본다. 몇몇 아이들은 심각할 정도로 우울해할 것이고, 몇몇 아이들은 일시적인 상황에 대하여 슬퍼하는 반응을 경험할 것이다. 반 정도 비어 있는 컵을 보면서, 비관적인 아이들은 현재의 절망적인 기분을 만들어내어, 과거의 부정적인 사건을 떠올리고 가망 없는 미래를 예측한다(Seligman, Reivich, Jaycox, & Gillham, 1995). 심각한 우울증을 경험한 아이들은 학교 상담사, 심리학자, 또는 기타 정신 건강 전문가에게서 상담을 받아야만 한다. 그러나 일부 아이들은 (우울증 경험에 상관없이) 습관적으로 사건을 부정적인 시각으로 보는 경향이 있고, 이것은 아이들의 사회적 역량 개발을 방해한다.

교사는 회의적인 생각과 부정적인 예측으로부터 아이들을 보호하도록 돕는 데 중요한 역할을 한다. 교사는 학생들에게 성공의 기회를 제공하고 학생들이 성공과 실패에 대한 자신의 귀인을 변화시킬 수 있도록 (예를 들어, "나는 한 번도 수학을 잘 한 적이 없으니, 내가 수학 시험을 잘 못 친 것은 놀랄 일도 아니야."에서 "나는 이번 시험 준비를 하지 않았어. 내가 공부를 하고 선생님께 이해하지 못한 것을 물어보았다면 더 잘 할 수 있었을 거야."로 변화시키는 것) 돕는 특정한 조치를 취할 수 있다. 적절한 원인의 귀속을 격려하고 학교생활을 하는 모든 기간 동안 성공의 기회를 제공하는 것은 회의적인 학생들이 더 긍정적인 세계관을 지닐 수 있도록 효과적으로 도울 것이다. 여러 학교와 함께 실시한 연구에서, 우리는 교사들과 행정가들이 실패보다는 성공으로 이끄는 프로그램과 학습 경험을 개발할 기회를 추구하여야 한다는 점을 강조하기 위하여 '성공을 위한 시작(Setting Up for Success)' 이라는 문구를 사용하였다.

한 사람의 자신감과 자존감을 증진시키는 최고의 방식은 과제를 잘 수행하는 것이고, 이것은 보통 자기 자신에 대한 긍정적인 감정을 불러일으키고 비관적인 기분을 감소시키기 때문에, 교육자들이 성공의 기회를 주는 것은 매우 중요하다(Seligman et al., 1995). 학교 교실에서 성공의 기회를 높이기 위하여 교사들이 적용할 만한 전략으로, 공부하는 기술을 가르치고, 복잡한 과제를 감당할 수 있는 단계로 구분하고, 성공이 노력의 결과라는 것을 강조하는 것이 있다. 물론 이러한 세 가지 전략을 구사하는 데 있어서 교사의 기술이 더 좋으면 좋을수록, 학생들이 비관주의를 극복하도록 하는 데 더 성공적일 것이다. 가장 중요한 점은 학생들이 자신이 경험한 성공을 진정한 성공이라고 인식하여야 한다는 것이다. 아이들은 교사가 (학생의 작품이 수준 이하이지만 그러한 결점에도 불구하고 칭찬을 하는 경우에) 자신의 자존감을 증진시키기 위하여 단순히 자신을 칭찬하는 것이라는 것을 통상적으로 인지한다. 그러나 아이들이 적절한 노력으로 성공을 거둔 경우에, 비록 그 과제가 작은 것이었다고 하더라도 학생의 노력으로 성공한 것이라는 점을 교사가 인정하고 칭찬하는 것은, 아이의 낙관적인 성향과 다음 과제에서도 성공할 것이라고 기대하는 성향을 키울 것이다.

글상자 5.3 ■ 칭찬과 격려

칭찬은 학생의 성과나 행동에 대한 긍정적인 피드백을 주는 인정 또는 감탄의 표현이다. 그 예로 "Shannon, 너 정말 잘했구나!" 또는 "Chris, 네가 이렇게 훌륭한 일을 해내다니. 나는 네가 정말 자랑스럽구나."를 들 수 있다.

격려는 다른 사람에게 동기를 부여하고, 지지하고, 자극하고, 고무하거나 자신감을 고취시키는 표현이다. 예를 들면, "Marissa, 너 이 프로젝트에 정말 노력을 많이 하였구나. 네가 이 프로젝트에 정말로 흥미를 느꼈음이 분명하구나." 또는 "Sean, 너는 네가 한 일에 정말 기뻐하는 것처럼 보이는구나. 이 일로 행복하니?"가 있다.

칭찬과 격려는 학생들에게 강력한 영향을 미칠 수 있고 아주 분명하게 사용되어야 하지만, 교사들이 자신감과 자존감을 길러주려고 노력할 때, 칭찬과 격려가 두 가지의 다른 표현이라는 것을 인식하는 것은 중요하다. 칭찬은 외부적인 평가를 나타내지만, 학생이 교사나 부모를 만족시키려는 목적만으로 과제를 수행하는 것을 촉진할 수도 있을 것이다. 그러나 격려를 통하여서는 결과에 대한 개인의 또는 집단의 소유 의식을 유도하여, 활동의 결과에 대한 내면화를 길러줄 수 있는 가능성이 있다.

글상자 5.3에 서술한 것처럼, 교사는 칭찬과 격려를 아주 분명하게 사용하여야 하고, 특히 격려의 경우에는 더욱 그러하다. Faber와 Mazlish(1995)는 자신들의 책인 「How to Talk So Kids Can Learn」에서 아이들을 비하하지 않고 평가하는 전략에 대하여 자세히 설명하고 있다. 단순히 칭찬(예를 들면, "훌륭한 그림이구나.") 하는 대신에 긍정적인 피드백을 주기 위하여, 교사 또는 어른은 자신이 본 것을 묘사하여야 한다(예를 들면, "네가 하늘, 뭉게구름, 바람이 불어 살짝 구부러진 나무를 칠하려고 고른 파란색이 네 수채화 물감을 정말 진짜처럼 보이게 하는구나."). 무엇을 보았는지 묘사하는 것에 대한 대안은 감정을 묘사하는 것이다(예를 들면, "네 그림을 보니, 나는 나무 그늘 아래에서 쉬면서 시원한 산들바람을 즐기고 싶어지는구나."). 비판을 하려고 할 때는 먼저 긍정적인 점을 이야기하고 그 다음에 무엇이 부족한지 지적하는 것이 가장 좋다(예를 들면, "지금 이 그림에 아쉬운 점 딱 한 가지는 조금 더 다양한 색깔의 잔디를 그려 넣는 것 같구나. 원근감을 살리려면 앞에는 밝은 색으로, 뒤에는 흐릿한 색으로 그리는 것이 좋겠어.").

비관주의가 아니라 낙관주의를 성공적으로 촉진시킬 수 있는 기회를 제공하는 것뿐만 아니라, 아이들이 성공과 실패에 대한 원인을 적절히 귀속시킬 수 있도록 돕는 것 또한 중요하다. 즉, 교사는 학생들의 성공이 운(외부적이고 통제 불가능한 원인)이나 '선천적인' 능력(내부적이고 통제 불가능한 원인)보다는 연습이나 노력(내부적이고 통제 가능한 원인)으로부터 온 것이라는 것을 학생들이 이해할 수 있도록 도와야만 한다. 예를 들면, Rita는 생일날 포고[1]를 받았다. Rita는 새로운 포고로 점프를 몇 번 시도하였으나 끔찍한 결과를 경험하였다. Rita가 "나는 포고를 못해요."라고 한탄하고 있을 때, Rita의 엄마가 "너는 충분한 연습을 하지 않았잖니. 계속 해보려고 하다보면, 결과를 볼 수 있을 거야(열심히 해보려고 하는 것은 내부적이고 통제 가능한 원인, 즉 노력이다.)."라고 간단히 대답하였다. 그래서 Rita는 계속 포고를 해보려고 시도하였고 연습하였다. 그날 저녁 무렵에, Rita는 포고를 타고 2번에서 3번 정도의 점프를 할 수 있게 되었고, 그 다음날 저녁 무렵에는 10번 정도 연속하여서 점프를 할 수 있게 되었고, 셋째 날에는 전문가가 되었다! 그 이후에 Rita의 엄마는 Rita가 수학이나 화학으로 좌절감을 느끼기 시작할 때

1) 역주: 기다란 막대기 아랫부분에 용수철이 달린 발판이 있어 콩콩거리며 타고 다닐 수 있는 놀이 기구. 네이버 영어사전에서 인용.

마다 포고를 완전히 익힌 경험에 대하여 언급하였다. Rita의 엄마는 어떻게 연습이 Rita를 전문가로 바꾸어 놓았는지에 대하여 Rita를 상기시켰다. 일반적인 기술의 개념(즉, "나는 이 일을 잘 못해요.")은 통제 가능하지 않지만, Rita는 한 가지 일에 얼마나 많은 연습과 노력을 해야 하는지는 통제할 수 있게 되었다.

비관주의를 이해하는 데 중요한 원인 귀속의 두 가지 추가적인 측면은 안정성(안정적인-불안정한, 영구적인-일시적인)과 일반성(일반적인-구체적인)이다. Seligman과 동료들(1995)에 따르면, 비관적인 아이는 성공을 불안정하고 일시적인 원인(예를 들면, "선생님 기분이 좋으셨기 때문에 이 시험에 통과했어요." 또는 "선생님이 이번에는 허용해 주셨기 때문에, Erika와 지저분하게 만든 것이 문제가 되지 않았어요." 또는 "Glen이 다른 아이들이 이야기하는 것을 방해하였기 때문에, 오늘 나는 Glen에게 괴롭힘을 당하지 않았어요.")이나 안정적이고 영구적인 원인(예를 들면, "이곳은 형편없는 학교이기 때문에 나는 오늘 시험을 망쳤어요." 또는 "이 학교에 있는 사람들은 모두 나와 같은 사람들을 싫어하기 때문에, 나는 교무실로 불려 갔어요.") 중 한쪽에 귀속시킨다. 반대로, 낙관적인 아이는 "내 방이 지저분하면 엄마가 화를 내세요." 또는 "내가 수업 준비를 안 해 오면, Jenkins 선생님은 나를 좋아하지 않으세요."(Jenkins 교사만을 언급할 뿐이지 다른 모든 교사들을 언급하지 않고, Jenkins 교사가 좋아하지 않는 특정한 상황만을 언급)와 같이 상황에 따라 구체적인 설명을 제시한다. 불행하게도, 아이는 교사의 기분이나 학교의 질에 대한 인식과 같은 외부적인 상황을 변화시키는 어떠한 일도 할 수 없다. 계속해서 비관적인 시각을 지닌 아이는 외부적이고 안정적인 귀인에 의해 낮은 자존감과 실패에 대한 실망을 느끼는 시스템에 자신이 갇혀 있다고 느낄 것이다. 그리고 학생들은 자신의 귀인이 맞았다는 확인으로 이러한 인식을 종종 떠올릴 것이다.

아이들이 상황에 따라 구체적인 귀인을 개발하도록 돕기 위하여, 어른들은 이러한 귀인에 대한 모델을 만들려는 시도를 하여야 할 것이다. 즉, Reynolds 교사는 "Lynda야, 너는 항상 숙제를 늦게 내는구나."라고 말하는 대신에, "Lynda야, 너는 어제와 오늘 숙제를 잊어버렸구나. 네가 오늘 숙제에 대한 점수를 받으려면, 점심시간 전에 숙제를 끝내야 한다."라고 말할 수 있을 것이다. 또한 아이들이 적절한 상황에 따라 구체적인 귀인을 개발하도록 돕기 위하여, 어른들은 아이들의 비관적인 귀인을 더 낙관적인 용어로 재구성해 줄 수 있다. 아이들이 학교 또는 특정한 과목에서 실패하였다고 생각할 때(예를 들면, "나는 사회과목을 형편없이 못해요."), 교사는 아이들이 성적을 올리는 데 필요한 특정한 기술(예를 들면, 책을 읽으며 집중하는 법)을 찾아내고 성공하기 위하여 전략을 개발하는 것을 도울 수 있다. 다음의 대화에서, 교사는 교실에서 못된 짓을 하는 학생의 비관적인 귀인을 더 긍정적인 용어로 재구성하고 있다.

> Robert: 선생님은 항상 저만 괴롭히시지요. 왜 항상 저만 비난하시나요?
>
> 교사: Robert야, 나는 항상 너만 괴롭히지 않는단다. 내가 너와 이야기하기 위하여서 여기까지 오게 만든, 네가 방금 한 행동에 대하여 이야기하여 보자구나. 그리고 이러한 일이 다시는 생기지 않도록 확실히 하기 위하여, 우리가 할 수 있는 일에 대하여 논의하여 보자.

다음의 대화에서, 교사는 괴롭힘을 당한 학생의 비관적인 귀인을 재구성하고 있다.

> Tanya: 저는 항상 그 아이들이 괴롭히려고 고른 사람이에요. 그 아이들은 항상 저를 괴롭히기 때문에 저는 학교를 계속 다닐 방법이 없어요.
>
> 교사: 네 말이 맞아. 그 남자 아이들이 너를 괴롭혔지. 하지만 항상 그러한 것은 아니지 않니. 상담실 Stanislow 선생님과 나는 네가 그 아이들을 잘 다루는 방법을 배우는 것을 최대한 돕고 있단다. 우리는 또한 그 남자 아이들이 그러한 행동을 멈추도록 하기 위하여 그 아이들과도 함께 노력할 것이란다. 그리고 우리는 그 아이들에게 너와 더 적절하게 소통하는 방법을 가르치려고 노력할 거야.

성공과 실패에 대한 귀인은 또한 한 사람의 ***속말(inner talk)*** 또는 ***내적 대화(internal dialogue)***라고 불린다. 이러한 내면의 소리는 아이들의 공공연한 행동과 학업 성취도뿐만 아니라, 아이들의 자신감과 자존감에 영향을 미칠 수 있다. 내면의 소리는 "나는 수학을 못해." 또는 "아이들이 나를 좋아하지 않아. 나는 친구를 사귀지 못할 것 같아."와 같은 개인적인 믿음에 관한 진술을 반영한다. 한 사람의 능력 또는 인성에 대한 믿음은 바꾸기가 쉽지 않은데, 그것은 사람의 신념이 긍정적인 것이든지 부정적인 것이든지에 상관없이, 이러한 믿음을 지지하는 증거를 내면의 소리가 끊임없이 찾아내려고 하기 때문이다(Purkey, 2000). 그러므로 사람의 비관적인 내면의 소리(또는 귀인)를 긍정적으로 바꾸는 것은 연습과 지속적인 강화가 요구되는 중요한 작업이다. 비관적인 아이들과 함께 하는 것은 어려운 일이지만, 그 아이들이 세상을 어둡게 보는 것에서 벗어나, 자신의 경험을 형성하여 자신의 역할과 능력에 대하여 조금 더 긍정적인 방향으로 움직이게 돕는 것은 노력할 만한 가치가 있는 일이다.

단절된 관계와 유대관계

이 절에서 우리가 강조하려고 하는 세 번째 감정군은 또래들, 친구들, 교사, 학교, 가족과의 단절된 관계 대 유대관계이다. 유대관계는 관계를 다루면서 다른 사람들과 순조롭게 상호작용하는 정서지능의 또 다른 측면과도 연관된다. 그러나 다른 사람들과 관계를 잘 맺는 것은 감정을 이해하고 스스로 통제하는 것을 연습하는 것과 밀접하게 관련되어 있다. 학교, 교사, 또래들과 유대관계가 있다고 느끼는 학생들은 자기 자신에 대하여 더 높이 평가하고, 또래와 더 강한 관계를 형성하고, 학업수행을 더 잘한다(Eisenberg, Neumark-Sztainer, & Perry, 2003; Resnick et al., 1997).

교사는 유대관계를 성공적으로 맺기 위하여 노력할 때, 먼저 상호 존중의 환경을 조성하여야 한다는 점을 인식할 필요가 있다. 학생들은 서로에 대하여 알고, 공동의 이해관계를 이해하고, 다른 학생들이 존중과 친절로 대할 때, 다른 또래들을 덜 괴롭히는 경향이 있기 때문에, 상호 존중을 형성하는 것은 중요하다. 따라서 교실에서 서로에 대한 정보를 공유하고 서로를 칭찬할 기회를 갖는 것은 또래들 사이에 유대관계를 높이고 괴롭힘을 줄이는 데 도움이 될 것이다. 게다가 Nelsen과 동료들은 「Positive Discipline in the Classroom」(Nelson, Lott, & Glenn, 2000)이라는 책에서, 칭찬을 주고받는 것은 존중과 보살핌의 환경을 조성하는 데 도움이 되기 때문에 수업의 중요한 요소라고 상정하였다. 글상자 5.4는 칭찬하는 법을 연습하는 학급 활동에 대한 예를 보여주고 있다.

글상자 5.4 ■ 또래 칭찬을 촉진시키는 활동의 예

- 교실에 학생 모두가 A4 크기의 종이를 한 장씩 받을 수 있도록 준비한다. 종이의 제일 위에 학생들의 이름을 쓴다. 학급 구성원들이 다른 학생들의 이름이 적힌 종이에 칭찬을 모두 쓸 수 있도록 종이를 돌린다. 칭찬을 해당 학생에게 돌려주기 전에, 칭찬을 살펴보고 모든 칭찬이 긍정적인지 확인한다.
- 모든 학생의 등에 종이를 한 장씩 테이프로 붙인다. 학생들이 교실을 돌면서 학급친구들의 등에 익명으로 칭찬을 쓰게 한다.
- 한 학생에게 동그랗게 만든 원 가운데에 앉으라고 한다. 그 학생에 대하여 다른 모든 학생들이 돌아가면서 긍정적인 어떠한 말을 하게 한다. 학생들이 칭찬하는 말을 할 때 서로의 눈을 바라볼 수 있도록 격려한다.
- 학생들을 두 명씩 짝으로 나누고, 미리 준비한 여러 개의 질문을 주고, 서로를 인터뷰하게 시킨다. 학생들의 학년에 따라, 인터뷰는 "형제, 자매가 몇 명이나 있니?"와 같은 매우 간단한 질문에서 시작하여, "너는 무슨 운동을 좋아하니?" 또는 "네가 다른 사람을 위하여 한 일 중에 남들이 잘 모르는 좋은 일에 대하여 말해 줄래."와 같이 학생들이 서로를 더 잘 알 수 있게 하는 개인적인 질문으로 진행한다. 마지막에는 학급 학생들을 다시 커다란 한 그룹으로 모아, 서로에 대하여 알아낸 사실을 공유하고 서로 간의 공통점을 묘사하도록 시킨다.

학생들은 과거에 칭찬을 해 본 경험이 없으면, 일반적으로 칭찬을 하는 것을 매우 불편하게 느끼고, 외부적인 것에 초점을 맞추는 경향이 있다(예를 들면, "나는 네 신발이 좋아."). 이러한 활동을 하는 동안, 교사는 학생들이 친구들이 입은 옷이나 외모를 칭찬하는 것에서 벗어나, 특정한 행동에 대한 감사를 표시하는 것(예를 들면, "네가 어제 내 코트를 찾는 것을 도와주어 고마워.")에 집중하도록 학생들을 격려하여야 한다. 학생이 "너는 도움이 되는구나."와 같은 일반적인 말을 하면, 교사는 그 또래친구가 언제 그리고 어떻게 도움이 되었는지에 대하여 더 구체적으로 이야기할 것을 요청하여야 한다. 또한 교사는 다른 학생을 깎아내리는 교활한 말이나 공허한 칭찬을 학생들이 칭찬으로 바꾸어 말할 수 있도록 도와야 한다. 예를 들어, "이번에 네가 나를 첫 번째로 도와주었어!"라는 교활한 깎아내리는 말을 "수학을 도와주어 고마워."로 바꾸어 말하게 할 수 있을 것이다. 유사하게, "너는 멋져."라는 공허한 칭찬은 "어제 내가 너희 팀과 함께할 수 있게 초대해준 것은 멋졌어."와 같이 진정한 피드백을 주는 칭찬으로 바꾸어 말하게 할 수 있다. 칭찬과 감사를 연습하는 것은 또한 (학교가 운영을 하고 있다면) 인성 교육 프로그램을 통하여 장려하고 있는 가치 또는 미덕을 강화하거나 학교의 가치("네가 어제 수업시간에 말하였을 때, 나는 네 정직함에 고마웠어.")를 고취시키는 기회가 될 수 있을 것이다.

감사와 칭찬 활동은 학생들의 사회적 역량에 엄청난 긍정적인 변화를 이끌어낼 수 있을 것이다. 다른 곳에서 배울 수 없는 사회적 기술을 길러주는 일주일의 강조 기간을 제외하면, 많은 아이들은 자신의 삶과 활동에서 긍정적인 피드백을 거의 받지 못하고 있다. 우리가 학교와 함께 진행한 유대관계와 긍정적인 공헌을 격려하는 연구에서 활용한 활동은, 학생들에게 매일 아침 오늘 하룻동안 할 좋은 일에 대하여 적으라고 하는 것이다. 일과가 끝날 때, 학급친구들에게 서로의 좋은 행동이 무엇이었는지 추측하여 보라고 한다. 이러한 활동에는 다음과 같은 많은 장점이 있다. 모든 학생들은 아침 일찍 학급을 위하여 긍정적인 공헌을 하고자 하는 결심을 하게 되고, 모든 학생들이 서로의 긍정적인 예를 보면서 '다른 학생들의 착한 일을 따라 잡도록' 유도하고, 서로의 긍정적인 행동을 소중하게 여겨야 한다는 점을 가르침으로써 학급친구들 사이의 유대관계를 강화시킨다. 깎아내리는 말을 줄이는 데 적합한 교사의 또 다른 전략은 '한 번 깎아내리는 말에 두 번 칭찬하는 말(two put-ups for each put-down)' 전략이다. 교사는 가해자에게 가해자의 언어적 공격의 대상이 되었던 학생에게 하였던 깎아내리는 말 한 번에 두 번씩 칭찬을 하라고 시킨다. 이러한 방법은 학생의 칭찬하는 기술을 향상시키면서 동시에 깎아내리는 말의 빈도수를 감소시킬 것이다(Orpinas, Horne, & Staniszewski, 2003).

요약하자면, 감정을 인식하고 다루는 것은 괴롭힘 예방뿐만 아니라, 학생들이 적당한 사회적 기술을 개발하도록 돕는 데 중요하다. 따라서 아이들에게 긍정적인 정서 개발을 장려하는 것은 학교 전체의 목표가 되어야 한다. 정서지능은 개인적인 성공과 학업에서의 성취를 촉진시킬 수는 있으나, 학업에서의 성공에 요구되는 기술과 지식을 대체하지는 못한다. 그러나 Goleman(1995)은 학업에서의 성공과 직업에서의 성공의 80%가 정서지능(예를 들면, 끈기 있고 목적지향적인 행동, 협력하여 일을 하는 능력, 자신과 다른 사람들의 감정에 대한 훌륭한 이해, 다른 사람들과의 우정과 유대관계)으로 정의된다고 주장하였다. 높은 수준의 정서지능을 지닌 개인이 반드시 도덕적으로 착하고, 솔직하고, 진실하다는 것을 의미하는 것은 아니다. 일부 학생들이 또래들을 괴롭히기 위하여 다른 사람들의 감정에 대한 지식을 활용한다는 것은 유감스러운 일이다. 그래서 학교의 사회적 역량 개발 및 괴롭힘 예방 모델의 또 다른 요소인 인성 개발이 또한 중요하다.

인지

인지 개발은 어린아이들이 어른으로 성숙해져 감에 따라 어떻게 사고 과정이 변화하는지 평가하는 심리학 연구의 광범위한 분야이다. 아이의 인지 개발은 생각하고, 추론하고, 문제를 해결하는 능력을 나타낸다. 아이들의 인지 개발에 대한 이해를 통하여, 학교 교직원들은 학생들의 적절한 행동에 대한 기대치를 지니게 되고, 연령에 맞는 개입과 평가를 고안해낼 수 있다. 이 절에서 우리는 사회적 역량의 확장과 괴롭힘 예방에 특히 더 관련되어 있는 다음의 두 가지 인지 영역, 즉 (a) 원인 귀속의 인지적 요소, 또는 생각과 행동의 A-to-E 과정(A-to-E Process of Thought and Action)과 (b) 문제해결 기술을 분석할 것이다.

생각과 행동의 A-to-E 과정

아이들의 문제 행동은 제3장의 귀인 이론에서 논의한 것과 같이, 흔히 잘못된 인식을 하는 것과 연관되어 있다. Albert Ellis(1962), Aaron Beck(1972), Maxie Maultsby(1984), 다른 인지 심리학자들은 사건이 발생하였을 때, 사람이 그 사건에 대하여 지니고 있었던 믿음이나 생각이 특정한 감정을 유도하고, 그러한 감정은 그러한 상황에 대하여 사람들이 행동하는 방식에 강한 영향을 미친다는 것을 보여주었다. 우리는 이 과정을 서술하기 위하여, 선행사건(Antecedent), 믿음(Beliefs), 일관된 효과(Consistent affect), 행동(Doing), 외부적 결과(External outcome)의 A부터 E까지의 연상기호를 사용하도록 하겠다(글상자 5.5 참조).

글상자 5.5 ■ 생각과 행동의 A-to-E 과정

A	***선행사건(Antecedent)***, 또는 발생한 상황 또는 사건
B	사건이나 사건과 관련된 사람들에 대한 ***믿음(Beliefs)***, 생각, 또는 귀인
C	***일관된 효과(Consistent affect)***, 또는 사람이 자신의 믿음에 근거하여 상황에 대하여 어떻게 느끼는지
D	일반적으로 사람의 믿음과 일관된 효과에 의하여 영향을 받는 ***행동(Doing)***, 또는 선행사건에 대한 결과적인 대응
E	***외부적 결과(External outcome)***, 또는 사람의 반응에 대한 결과

선행사건(Antecedent)은 외부적인 상황(즉, 어떠한 일이 실제로 발생하였는지)를 의미한다. 예를 들면, Jack은 Marcos를 '웨트백(wetback) (미국에 불법으로 밀입국한 멕시코 사람을 지칭하는 데 사용되는 공격적인 속어로, 이 용어는 일반적인 입국 지점인 리오그란데를 건너왔다는 의미이다.)' 이라고 불렀다.

상황에 대한 ***믿음(Belief)*** 또는 생각은 선행사건(외부적인 사건)과 그 결과로 발생한 후속적인 감정과 행동 사이의 관계에 영향을 준다. 많은 아이들이 외부적인 사건이 아니라 자신의 믿음이 자신의 감정의 원인이라는 것을 깨닫게 하는 것은 기발하다. Jack에 대한 Marcos의 반응은 발생한 일과 함께 Jack에 대한 Marcos의 믿음에 따라 달라질 것이다. 예를 들어, Marcos가 Jack이 무식한 아이라고 생각한다면, Marcos는 '***웨트백***'의 의미를 규정하거나 단순히 피하는 방법으로 Jack에게 대항할 것이다. 그러나 Marcos가 Jack이 무례하다고 생각한다면, Marcos는 화를 내고 싸움을 시작할 가능성이 높다.

믿음은 종종 기질적인 특성(예를 들면, 변화에의 적응, 억제, 부정적인 정서적 특성)에 기초하는데, 이러한 믿음은 가장 자주 학습되는 인지이다. 믿음이 인생의 초반에 학습된 경우에, 모든 주제에 대한 자동적인 반응이 된다. 사람들의 반응은 매우 빠르고 자연스럽게 나오기 때문에, 사람들은 주제에 대하여 정말로 생각할 필요가 없다. 예를 들면, 많은 사람들은 뱀을 보았을 때, 그 뱀이 얼마나 작은지 또는 얼마나 무해한지에 상관없이, 무서움을 느낀다. 유사하게, 다른 사람들의 행동은 일정한 감정을 매우 빠르게 느끼게 하여, 그러한 감정이 믿음에 대한 인지 반응이 아니라 자동적인 반응인 것처럼 보인다. 예를 들면, Bell 교사의 수업시간에, Bell 교사가 Lin에게 이야기할 때 Lin은 항상 아래를 내려다본다. Bell 교사의 믿음에 따라서, Bell 교사는 아시아 문화권에서 온 학생들이 그러한 것처럼 Lin이 존경을 표시하는 것이라고 생각할 수도 있을 테지만, 그러한 행동을 버릇없고 무례한 것으로 해석할 수도 있을 것이다. Lin과 다른 아시아 학생들, 그리고 이러한 특정 행동에 대한 Bell 교사의 과거의 경험이 Lin의 행동을 해석하는 데 영향을 미칠 것이다.

일관된 효과(Consistent affect)는 상황에 대한 사람들의 믿음의 부산물로, 사람들이 느끼는 감정을 의미한다. 감정은 사람들이 지니고 있는 믿음과 일관되기 때문에, 우리는 이러한 감정을 '일관된(consistent)' 효과라고 부른다. 그러나 일관되지 않은 효과는 불안정한 정신 건강 상태를 의미하기도 한다. Jack의 행동에 대한 Marcos의 감정은 Marcos의 믿음에 따라 달라져서, Marcos가 Jack이 무례하다고 생각하면, Marcos는 화를 낼 것이다. 그러나 Marcos가 Jack이 단순히 라틴계 문화에 대하여 잘 모른다고 생각하면, Marcos는 Jack에게 동정심을 느낄 것이다. 선행사건에 의하여 드러나게 된 일관된 효과의 중요한 특징은 감정이 사건으로부터 발생하는 것이 아니라는 점이다. 오히려, 감정은 사건에 대한 개인의 해석의 결과로 발생하고, 해석은 상황과 그 상황에 연루되어 있는 다른 사람들에 관한 생각, 믿음, 태도에 기초하여 이루어진다.

행동(Doing)은 최초의 사건에 대한 개인의 행위 반응으로, 개인의 믿음과 일관된 효과에 뒤따라 발생한다. 만약에 한 사람이 분노에 관한 생각을 하였다면, 그 사람은 화를 내면서 최초의 사건에 폭력이나 공격으로 대응할 가능성이 높다. 만약에 한 사람이 애정 어린 생각을 하였다면, 그 사람은 동정심을 느끼고, 최초의 사건에 보살핌의 행동으로 대응할 가능성이 높다. 따라서 믿음과 일관된 효과는 결과로 일어나는 행동에 강한 영향을 미친다.

만약에 Marcos가 Jack이 고의적으로 잔인하게 한 것이라고 생각하기 때문에 화가 났다면, Marcos는 Jack과 싸우거나 Jack에게 사과를 요구하거나 Jack에게 복수할 계획을 세우는 등 자신의 분노의 감정과 일관된 방식으로 행동할 가능성이 높다. 그러나 사회적으로 적절한 능력이 있는 사람은 분노에 초점을 두지 않은 채 자신의 분노의 감정을 긍정적인 행동을 하는 일관된 방식으로 대응할 것이다. 예를 들어, Marcos는 교사나 교장과 함께 학생들의 인종에 대한 고정관념을 줄이는 창의적인 방식에 관하여 진정한 논의를 시작하는 것으로, 자신의 분노를 분출할 수 있을 것이다.

***외부적 결과*(External outcome)**는 결과로 일어나는 행동의 결말을 의미한다. 한 사람이 최초의 사건에 반응하게 되면, 그 사람은 자신의 행동에 책임을 지게 된다. 따라서 만약에 Marcos가 Jack과 싸움을 시작하였다면, Marcos는 부적절한 행동에 가담한 것이고 자신의 행동에 대한 외부적 결과(예를 들면, 학교 정학)에 대하여 책임을 지게 될 것이다.

A-to-E 모델을 요약하면, 최초의 사건은 직접적으로 외부적 결과를 유도하지 않는다. Jack이 Marcos를 모욕적인 말로 불렀다는 사실이 자동적으로 Marcos가 Jack과 싸워야만 하고 그러한 복수 행위 때문에 정학을 당하여야 한다는 것을 의미하지 않는다. 오히려, Marcos의 믿음에 의하여 자극을 받은 감정이 Marcos의 결과적인 행동을 유도한다.

A-to-E 연속적인 과정에서, 개인의 믿음을 변화시키는 것은 결과적으로 일어나는 행동(즉, A-to-E 과정에서 'D' 인 행동)에 변화를 유도할 것이다. 예를 들어, 몇 년 전 폭력 예방 워크숍에서, 우리는 심각한 범죄로 유죄선고를 받은 재소자들과 함께 한 경험에 대한 한 전문조력인의 이야기를 들었다. 전문조력인이 거친 교도소에서 폭력 예방 워크숍을 진행하고 있을 때, 살인죄로 유죄선고를 받은 한 재소자가 A-to-E 과정에서 믿음이 얼마나 중요한 것인지를 보여주는 이야기를 공유하였다. 훈련의 사흘째 되던 날, 그 재소자는 자신이 그 전날 밖에서 조깅을 하고 있을 때 누군가 자신의 어머니를 욕하는 말을 하였다고 보고하였다. 그 재소자는 워크숍 전이었다면 다른 재소자의 이와 같은 말에 매우 격분하여 그 사람을 죽여 버렸을 수도 있다고 인정하였다. 그러나 자랑스럽게도 그 재소자는 워크숍에 참가한 사람들에게 자신은 체면을 살리는 많은 방법이 있다는 것을 배웠고, 욕하는 말에 대항하여 싸울 만한 가치도 없다고 말하였다. 그래서 그 재소자는 공격적으로 싸우는 대신에, 단지 뒤를 돌아보고 "우와, 오늘 누군가 우리 엄마에 대하여 말한 것이 이번으로 세 번째야."라고 이야기하였다. 모든 사람들이 웃었고, 그 재소자는 계속 조깅을 하였다.

A-to-E 모델이 입증하고 있는 것처럼, 결과적으로 일어나는 행동에는 불가피하게 외부적 결과(예를 들면, 또래의 승인, 학교 정학, 신체적인 상해)가 뒤따른다. 만약에 한 사람이 결과적으로 일어나는 행동의 외부적 결과를 좋아하지 않는다면,

그 사람은 불쾌한 결과를 유도하는 사건의 고리(즉, 선행사건, 믿음, 감정, 행동)를 다시 살펴보고 다음과 같은 질문을 던져야 할 것이다.

- 나는 어떠한 결과를 원하는가? 내가 일어났으면 하고 바라는 일은 무엇인가?
- 이러한 결과를 얻으려면 나는 어떻게 행동하여야 하는가?
- 이러한 방식으로 행동하는 것에 대하여 나는 어떻게 의식하여야 하는가?
- 이러한 방식으로 의식하는 것에 대하여 나는 어떻게 생각하여야 하는가? 내가 이 상황에 대하여 다르게 생각할 필요가 있는가?

학생들이 이렇게 다시 살펴보는 과정을 이해하고 새롭고 더 효과적인 사고방식을 찾아내는 것을 돕는 데 있어서, 교사는 중요한 역할을 한다. 교사는 학생들이 직면한 상황에 대한 생각에 의문을 제기하고, 어떠한 감정과 행동의 반응이 자신들이 희망하는 결과를 얻는 데 가장 효과적인지 판단하는 것을 도울 수 있을 것이다.

문제해결 기술

귀인의 인지적인 요소뿐만 아니라, 문제해결 기술도 사회적 역량의 개발과 괴롭힘 예방에 특별히 연관되어 있는 인지의 중요한 측면이다. 일부 사람들에게, 문제해결은 쉽고 자연스러운 것이다. 그러나 다른 일부 사람들에게 문제해결은 단계로 이루어진 학습된 행동이다. 문제해결은 교육자들이 학생들에게 어떻게 갈등을 처리하는지 가르칠 때 습득되고 향상될 수 있는 인지 과정이다. 문제해결의 단계로 이루어진 과정을 설명하는 것과 더불어, 교사는 갈등이 삶의 정상적인 부분이고, 갈등을 해결함으로써 개인적인 성장을 이룰 수 있고, 해결되지 않은 갈등은 악화되는 경향이 있어 공격성으로 확대되어 결국에는 부정적인 결과를 가져올 것이라는 점을 강조할 수 있을 것이다.

갈등 해소에 관한 교육을 장려하려면, 교사와 행정가는 먼저 모여서 학교의 특별한 교육 장점과 학생들의 특성에 가장 적합하여 보이는 교육과정을 결정하여야 할 것이다. 다음으로는 학년과 학급에 따라 교육의 일관성을 높이기 위하여, 교사와 행정가는 갈등 해소 방법과 그러한 방법을 학교 전체에 반영할 교육과정을 이용하여야 할 것이다. 마지막으로, 갈등 해소에 관한 학교의 접근 방법은 학생들이 이해할 수 있는 간단한 언어로 표현되어야 할 것이다. (글상자 5.6에 개요가 서술된) STOPP은 어떻게 갈등 해소 전략이 학생들을 위한 간단한 언어로 변형될 수 있는지에 관한 예이다. Meyer와 동료들은 SCIDDLE(Stop, Calm down, Identify the problem and your feelings about it, Decide among your choices, Do it, Look back, and Evaluate; 멈추고, 평정을 되찾고, 문제와 문제에 대한 네 감정을 확인하고, 선택지 중에 하나를 고르고, 그렇게 행동하고, 되돌아보고, 평가하라)이라는 명칭의 다른 모델을 제안하였다(Meyer, Allison, Reese, Gay, & Multisite Violence Prevention Project, 2004). 이 두 가지 모델은 여러 다른 모델과 마찬가지로, 아래에서 개요를 설명할 일반적인 갈등 해소 모델을 따르고 있다. 이렇게 간단한 모델을 단순화시켜, 모든 교실에 '갈등 해소를 위한 단계(Steps to Resolve Conflicts)'로 게시할 수 있을 것이다. 유사하게, 교사와 행정가는 학생들이 문제해결 단계를 적용할 수 있도록 격려하고 학생들이 이 과정을 충분히 익힐 수 있도록 도와야 할 것이다.

글상자 5.6 ■ 학생들을 위한 갈등 해소 모델의 예

S *멈추기(Stop)*: 멈추고, 진정하고, 평정을 되찾기

T *생각하기(Think)*: 문제와 목표에 대하여 생각하기

O *선택할 수 있는 방안(Options)*: 문제에 대하여 선택할 수 있는 방안과 해결방안에 대하여 생각하기

P *계획하기(Plan)*: 여러 가지 다른 해결방안의 결과에 대하여 평가하고, 최고의 해결방안을 선택하여, 실행하기

P *계획이 효과가 있는가?(Plan working?)*: 계획이 잘 실행되었는지 여부를 확인하고, 그렇지 않았다면, 어떻게 하였으면 더 좋았을지 판단하기

주: From *Bully Busters: A Teacher's Manual for Helping Bullies, Victims, and Bystanders (Grades K-5)* (p. 337), by A. M. Horne, C. L. Bartolomucci, and D. Newman-Carlson, 2003, Champaign, IL: Research Press. Copyright 2003 by Research Press. Reprinted with permission.

단계 1: 문제와 목표를 정의하기. 문제와 문제에 대한 목표를 명확하게 정의하는 것은 문제해결 과정에서 중요한 요소이고 그 이후의 여러 단계에 영향을 미친다. 예를 들어, Natasha가 Sue에 대한 뒷담화로 Sue에 대한 끔찍한 소문을 퍼뜨렸다면, 문제에 대한 Sue의 해결방안은 Sue의 궁극적인 목표(예를 들면, Sue는 Natasha의 행동을 멈추게 하고 싶을 수도 있고, Natasha에게 사과를 받고 싶을 수도 있고, 또는 Natasha의 친구가 되고 싶을 수도 있다.)에 따라 달라질 것이다. 따라서 단계 1에서 학생들은 감정이나 즉각적인 갑작스러운 충동에 따라 단순히 반응하기보다는 문제에 대하여 생각하는 것을 배워야 한다.

문제에 대한 인식에 관하여 논의할 때, 교육자와 부모는 위험한 상황(즉, 피하여야만 하는 상황 또는 어른의 도움이 필요한 상황)을 아이들이 인식할 수 있도록 도와야 한다. 위험한 상황으로 다음과 같은 경우가 있다.

- 가해자가 학생을 때리겠다고 협박하고 돈을 훔쳐간 경우
- 낯선 사람이 학생을 차에 태워주겠다고 한 경우
- 학생이 동네의 위험한 지역을 가로질러야 하는 경우
- 학생이 하루 중 안전하지 못한 시간에 혼자 걸어가야 하는 경우

또한 단계 1에 대하여 논의하는 동안, 교사는 학생들에게 교사가 알지 못할 것 같은 위험한 상황에 대하여 보고하라고 권장하여야 한다. 위험한 상황에 관한 논의에서, 교사는 특히 위험한 상황에 직면하였을 때 학생들이 가서 도움을 청할 만한 학교에 있는 어른들에 대하여 학생들에게 알려주어야 한다. 끝으로, 문제에 대한 논의에는 왜 문제가 발생하고 있는지에 관한 분석이 포함될 것이다.

단계 2: 해결방안을 생각해내기. 학생들이 문제와 문제에 대한 목표를 확실히 하면, 학생들은 보통 어떻게 문제를 해결할 것인지에 관한 많은 다른 방안을 생각해낼 수 있을 것이다. 이 단계에서 교사는 학생들이 해결방안에 대하여 브레인스토밍하는 것을 도울 수 있는데, 이러한 기술은 처음에는 도전적일 테지만, 연습을 통해 향상될 것이다. 여러 가지 문제에 대한 해결방안을 브레인스토밍해 보는 것은 공격적이거나, 어리거나, 기술이 적은 학생들에게는 특별히 중요한 단계일 것이다.

여러 가지 문제에 대한 긍정적인 해결방안을 생각해낸 다음에, 교사는 또한 학

생들이 각각의 해결방안을 실행하는 데 필요한 자원 목록을 만들 수 있도록 도울 것이다. 예를 들면, 만약에 학생들이 연필깎이를 둘러싼 싸움을 학급 전체의 문제로 언급하고 그 다음에 가장 적절한 해결방안은 연필깎이를 한 개 더 구입하는 것이라고 하였다면, 자원 목록을 만드는 것은 학생들이 자신들의 목표를 달성하는 데 필요한 수단을 정확히 찾아내는 데 도움이 될 것이다. 이러한 목록은 한 개의 연필깎이를 더 구입하기 위한 돈을 모을 필요성이나 연필깎이를 한 개 더 요청하기 위하여 교장에게 편지를 써야 할 필요성을 강조할 것이다. 유사하게, 만약에 Kat이 학급친구들 몇 명의 언어적 학대의 대상이 되었고 Kat이 가장 좋은 해결방안은 가해자들과 이야기하는 것이라고 하였다면, Kat은 자신의 의사소통 기술을 증진시키거나 상담사에게 조정인 역할을 요청하는 것과 같은 추가적인 자원이 필요할 것이다.

문제를 무시하는 것은 사소한 쟁점(예를 들면, 가끔 하는 농담)에 대한 좋은 해결방안일 수 있다. 유사하게, 문제를 일으키는 사람을 피하는 것은 학생이 정말로 별로 신경 쓰지 않는 사람과의 문제에 효과가 있을 것이다. 그러나 학생이 교우관계를 유지하려고 하는 경우에는 문제를 어떻게 정확히 찾아내는지와 어떻게 적절한 해결방안을 생각해 내는지 배우는 것이 중요하다.

단계 3: 잠재적인 결과를 검토하기. 학생들이 문제를 찾아내고 해결방안을 브레인스토밍하였다면, 학생들은 제안된 해결방안의 잠재적인 결과에 대하여 검토할 수 있을 것이다. 아이들과 함께 한 우리의 연구에서, 우리는 자주 단계 3을 '역사를 예측하는 것(predicting history)', 즉 갈등에 대한 즉각적인 반응에서부터 벗어나 여러 가지 다른 반응이 가져올 영향에 대하여 먼저 생각하는 것이라고 소개하였다. 역사를 예측하는 것은 행동의 잠재적인 결과에 관한 목록을 만드는 것과 관련된다. 이것은 쉬운 과정이지만, 감정적이고 즉각적인 반응이 아니라 문제를 다루는 더 정교한 방식에 해당된다.

여러 가지 다른 해결방안의 잠재적인 결과를 평가할 때, 교사는 (단계 1에서 개요를 설명한) 각각의 해결방안에 대하여 문제해결의 가능성과 학생의 궁극적인 목표에 대한 공헌도를 검토하는 방식을 통하여 학생들을 지도할 수 있을 것이다. 또한 교사는 학생들의 잠재적인 해결방안이 관련된 모든 사람들에게 안전하고 공정한 결과를 가져오는지 여부와 긍정적인 학교와 학급 분위기를 조성할 것인지 여부에 대하여 학생들이 질문하도록 유도할 수 있을 것이다.

단계 4: 해결방안을 선택하고 실행하기. 학생들이 최고의 해결방안을 찾아내면, 반드시 실행하여야 한다. 학생들이 선택한 해결방안을 실행하는 데 실패하면, 처음 세 단계에 쏟은 모든 노력은 낭비가 되고, 문제는 여전히 해결되지 않은 상태로 남게 될 것이다.

단계 5: 결과를 평가하기. 문제해결 과정에서 마지막 단계는 해결방안의 실행으로 인한 결과를 평가하는 것이다. 이 과정은 행동적인 반응으로 끝나는 것이 아니다. 해결방안이 문제와 문제에 연루된 사람들에게 미친 영향에 대한 평가를 통하여, 학생들은 문제해결자로서 자신의 능력에 대하여 깊이 생각하게 된다. 만약에 해결방안이 효과가 없는 것으로 나타났다면, 학생들은 왜 자신의 처음 목표 달성에 실패하였는지, 다음에 문제를 해결하기 위하여 어떻게 수정할 수 있는지에 대하여 평가할 수 있을 것이다.

이러한 문제해결의 다섯 단계 과정은 책임의 내부적인 소재를 강조하고, 학생들이 거친 각각의 단계가 어떻게 특정한 결과를 이끌어냈는지 드러내도록 돕는다. 또한 이러한 과정은 학생들이 자신의 행동을 실질적으로 통제하였다는 점을 강조하는데, 이러한 여러 단계를 수행하려면, 학생들이 상황에 대하여 단순히 반응하기보다는 평정한 상태로 문제에 대하여 생각할 필요가 있기 때문이다.

마지막으로, 문제해결 과정을 어느 정도로 적용할 것인지에 관한 능력은 학생의 정서적 발달에 따라 달라진다. 사실상, 많은 문제해결 모델은 앞에 묘사한 멈추고, 평정심을 되찾고, 존중하는 인지적인 단계 전에 첫 단계인 '정서적인(emotional)' 단계를 더 추가하고 있다. 이러한 첫 단계로서 정서적인 단계는 STOPP 모델(Stop, settle down and be calm, 멈추고 진정하고 평정을 되찾기)과 SCIDDLE 모델(Stop and Calm down, 멈추고 평정을 되찾기)에도 포함되어 있다. 사회적 역량의 감정적인 요소와 같이, 이러한 인지적인 과정은 또한 사람의 인성에 따라 달라진다. 즉, 학생들은 문제해결 과정의 모든 단계를 거쳐서 '효과가 있는' 해결방안을 골랐으나, 그 해결방안이 부당하거나 위험하거나 학교의 정책에 반하는 것일 수 있다. 따라서 감정과 인지를 다루는 사회적 역량 프로그램은 또한 인성도 다루어야 한다.

인성

많은 아이들과 어른들은 괴롭힘이 잘못된 것이라는 것을 알고 공격 없이 갈등을 해결하는 전략에 친숙하지만, 그럼에도 불구하고 다른 사람들을 괴롭히는 결정을 내린다. 그러므로 괴롭힘 예방 프로그램은 행동 기술, 인지 기술, 정서 기술의 개발 이상이 되어야 한다. 공공 교육의 영역에 오랫동안 있었던 인성 교육은 모든 괴롭힘 예방 노력의 중요한 요소가 되어야 한다. 18세기에 영국 문학가 Samuel Johnson은 "지식이 없는 진실성은 힘이 없고 쓸모가 없으며, 진실성이 없는 지식은 위험하고 무시무시하다."(Johnson, 1957/1988, p. 100)라고 하여 인성과 기술 통합의 중요성을 강조하였다.

비록 인성 개발과 괴롭힘 예방에 공통점이 많다고 하더라도, 이 두 분야의 연구자들은 거의 겹치지 않는다. 통상적으로 다른 종류의 학술지에 논문을 발표하고 서로의 논문에 대하여 거의 모르는, 다른 집단의 연구자들에 의하여 이 두 학문영역은 대표되고 있다(표 5.3에 이 두 학문분야에 대한 간단한 비교가 나타나 있다). 극단적으로 단순화시켜 이야기하자면, 인성 교육은 '선'을 증진시키기 위하여 노력하는 반면에, 폭력 예방은 '악'을 축소시키기 위하여 노력한다. 괴롭힘 예방과 인성 교육은 흔히 다른 전략을 구사하고 있기는 하지만, 폭력의 감소와 긍정적인 학교 환경 조성이라는 공통된 목표를 공유하고 있다. 이 두 학문분야는 학교 전체

〈 표 5.3 〉 폭력 예방과 인성 교육 학문분야 비교

특징	폭력 예방 학문분야	인성 교육 학문분야
목표	폭력, 공격, 괴롭힘의 예방과 감소	보편적으로 인정되는 윤리적 가치 또는 미덕의 증진
주요 개념	학교 공동체에서 허용되지 않는 것으로 폭력, 공격, 괴롭힘	기대되고 기념하여야 하는 미덕으로 친절, 다른 사람에 대한 존중, 근면, 정직함
프로그램의 유형	모든 학생들과 학교 환경에 영향을 미칠 수 있도록 고안된 보편적인 프로그램 상담과 같이, 공격적인 학생들과 피해자들을 대상으로 하는 프로그램	모든 학생들과 학교 환경에 영향을 미칠 수 있도록 고안된 보편적인 프로그램
학술지의 예	*Violence and Victims*, *Journal of Interpersonal Violence*, 기타 심리학 또는 보건 관련 학술지	*Journal of Research in Character Education*, *Journal of College and Character*, 기타 교육학 학술지

에 포괄적으로 수행을 하기 위하여 노력하고 있지만, 불행하게도 두 학문분야 모두 일반적으로 충분하지 않은 프로그램의 수행으로 고생하고 있다. 폭력 예방 프로그램은 흔히 상담사가 수행하는 여러 번의 수업으로 여겨지고, 인성 교육은 종종 교사가 교실에서 학생들과 무작위로 토론하는 '이 달의 명언' 으로 보인다.

그리스의 철학자 Heraclitus는 "인성은 운명이다."라고 하며, 인성의 중요성을 강조하였다. 인성 교육은 학생들이 윤리적인 가치 또는 보편적으로 인정되는 미덕에 따라 행동하는 것을 돕기 위한 신중한 노력이다. 특히 인성 교육이 학생들을 특정한 가치로 교화시키는 것이라고 인식되는 경우에, 학교에서는 곤란한 문제가 될 수 있다. Bohlin과 Farmer, Ryan(2001)은 개인적인 가치(개인이 가치가 있거나 중요하다고 생각하는 것)와 보편적인 미덕(선에 대한 도덕적인 헌신)을 구분하였다. 사람들은 끊임없이 개인적인 가치(예를 들면, 태아에 대한 낙태 대 여성의 삶 구하기와 같은 삶의 가치)에 대하여 논의할 수 있지만, 정직과 근면이 부정행위와 게으름보다 낫다는 것은 보편적으로 인식된다.

폭력 예방 영역의 연구자들은 통합적인 인성 교육과 괴롭힘 예방이 모두에게 유리한 상황이 될 수 있다는 점을 인식하기 시작하였다. 현재 위험요소에 대하여서는 엄청나게 많은 지식이 있지만, 괴롭힘 예방을 위한 보호요소에 대한 정보는 부족하다. 이러한 불균형은 최소한 부분적으로라도, 가해자에 대한 연구자들의 '윤곽(profile)' 이 왜 완벽하지 않은지를 설명한다. 더욱이 위험요소와 보호요소에 대한 증거는 폭력적이지 않은 학생들이 왜 반드시 적당한 사회적 기술을 지니고 있지 않은지와 사회적 기술이 있는 학생들이 왜 항상 긍정적인 목적으로 그러한 기술을 사용하지 않는지에 대하여 설명할 수 없다. 학생들의 인성, 즉 무엇이 옳고 정의로운지에 관한 내면의 지각은 확실히 이러한 섬세한 균형 잡기에서 받침점이 될 수 있을 것이다. 교사의 관점에서, 인성 교육 측면에서의 보너스는 일과시간 동안의 많은 활동과 쉽게 융합될 수 있다는 점이다. 흔히 학교는 한 주간 또는 한 달간 강조하고자 하는 핵심 인성 교육에 관한 특정한 표어를 만들고, 이러한 표어는 종종 폭력 예방 활동과 융합될 수 있다. 글상자 5.7에는 인성 교육을 위한 교사 활동의 예가 나타나 있다. 「Character and Community Development: A School Planning and Teacher Training Handbook」(Vessels, 1998), 「An Integrated Approach to Character Education」(Rusnak, 1998), 「Building Character in Schools: Resource Guide」(Bohlin et al., 2001), 「Educating for Character: How

Our Schools Can Teach Respect and Responsibility」(Lickona, 1991)와 같은 인성 교육에 관한 책도 유용하다.

글상자 5.7 ■ 인성 교육에 관한 활동의 예

- 인성을 지니는 것이 무엇을 의미하는지에 관하여 토론하는 학급 회의를 개최한다. 존중, 친절, 책임과 같이 학생들이 인성을 설명하는 데 동의하는 특징이나 미덕의 목록을 브레인스토밍한다. 이러한 미덕 중 많은 것은 괴롭힘 예방에 결정적이다.
- 학교 차원에서 한 해에 다룰 인성 교육의 주제와 미덕(예를 들면, 인내심, 정직, 협동), 그리고 얼마나 오랜 기간 동안 다룰 것인지(예를 들면, 한 달에 한 가지 또는 두 가지 주제)를 정한다. 교실 게시판에 그 주제를 강조한다. 학생들에게 그 주의 인성과 관련된 단어를 설명하는 개인적인 이야기, 잡지의 그림, 소설의 인물, 또는 신문 기사와 같이, 그 주제에 관한 묘사를 가져오라고 격려한다. 매일 게시판에 새롭게 추가된 것에 대하여 이야기하는 별도의 시간을 정하고, 새롭게 추가된 것이 없으면, 단어의 의미에 관한 학급 토론을 개최한다. 적절한 경우에는, 주제를 학업 활동과 통합한다. 예를 들어, 주제가 인내심인 경우에, 시간이 오래 걸리는 과학 실험의 한 부분으로 인내심에 대하여 논의할 수 있다.
- 이미 지나간 주제를 연속적으로 보여주는 목록을 게시하여, 지나간 주제로 돌아가 언급할 수 있게 한다. 한 해가 지나는 동안, 주제를 현재 또는 과거의 사건, 교과과정의 내용과 연관시키는 기회를 갖는다. 예를 들면, 사회과목 수업에서는 다른 사람들에게 나타나는 인성의 예에 관하여 집단 토론을 할 많은 기회가 있다. 언어과목이나 읽기 수업에서는, 문학의 등장인물이 여러 가지 주제에 대하여 토론할 엄청나게 많은 기회를 제공한다. 학생들이 사건, 이야기, 인물들을 접하면서 제기할 인성에 관한 질문에 대한 대답을 준비한다.
- 인성 교육 수행에 학교 전체의 접근방법이 수립되면, 학생들은 현재의 학교의 주제를 설명하는 촌극을 비디오테이프에 녹화할 수 있다. 그 다음에, 테이프를 학교 전체에 방영하거나 각 학급에서 시청할 수 있도록 대여하여 줄 수 있다.
- 학급에서 불친절을 허용하지 않는다. 존중하는 행동과 보살피는 행동은 많은 미덕과 결합될 수 있다.

사회적 기술

표준화된 시험에서 학생들의 성적으로 교사의 실적을 평가하는 데 대한 압력이 커지자, 일부 교사들 사이에서는 사회적 기술과 행동 기술을 가르치는 데 할애하는 교육 시간에 대한 염려가 증가하고 있다. 그러나 우리가 이 책에서 강조하고 있는 것과 같이, 건설적인 관계 발전을 위한 행동 목록을 개발하는 것은 긍정적인 학교 환경을 조성하는 데 핵심적인 사항으로, 아이들의 장래에 주요한 영향을 미칠 것이다. 비록 학업 내용을 가르치는 것이 필수적이라고 하더라도, 효과적인 대인관계에 관한 기술을 개발하는 것 또한 아이들의 발전과 이후 인생에서의 성공에 중심이 된다. 우리의 연구와 우리의 개인적인 삶 모두에서, 우리는 다른 사람들과 '잘 지내는(get along)' 사회적 기술이 부족하기 때문에, 가정이나 직장에서 갈등을 경험하였다고 보고한 많은 사람들을 만났다. 그러나 우리는 자신의 나라의 역사를 기억하지 못하여 대인관계에서 갈등을 경험하였다고 보고한 사람은 단 한 사람도 만나지 못하였다. 그러나 많은 학교에서 역사는 가르치고, 대인관계의 개발은 무시한다.

일부 아이들은 표 5.4에 제시된 것과 같은 사회적 기술이 부족하기 때문에, 공격에 가담하게 되거나 피해를 당하게 되는 것이다. 앞의 절에서, 우리는 공격과 희생을 줄이는 몇몇 기술, 즉 갈등 해소, 감정 조절, 인성 교육에 관하여 논의하였다. 우리는 또한 칭찬을 하고, 다른 사람에게 감사하고, 존중의 표시를 보이는 것과 같은 긍정적인 관계의 기술도 논의하였다. 일반적인 의사소통 기술도 또한 괴롭힘 예방을 위하여 중요하다. 일반적인 의사소통 기술에는 말하고, 듣고, 존중을 표시하는 것과 관련된 언어적, 비언어적 행동이 포함된다. 긍정적인 의사소통 기술은 학생들이 자신의 학업 생활을 유지하고 성공을 이룰 수 있게 할 것이다. 학업 성취의 부족은 괴롭힘의 위험요소가 되기 때문에, 학업 기술과 공부 기술을 가르치는 것은 학습의 향상과 공격의 감소에 긍정적인 영향을 줄 것이다. 학생들이 청소년기가 되면서, 표 5.4에 제시된 기술뿐만 아니라 다른 기술도 요구되는데, 특히 데이트와 대인관계에 관한 기술이 요구된다.

긍정적인 언어적 의사소통 기술이 학생들의 행복과 어른이 된 이후의 생산성에 미칠 수 있는 장기적인 효과를 고려할 때, 어떠한 교사도 자신의 정규 학업 지도의 일부분으로 언어적 기술이 포함된 연습을 시키는 것을 못마땅하게 여겨서는

〈 표 5.4 〉 구체적인 기술의 예

기술의 유형	구체적인 기술
갈등 해소 기술	사과하기 문제에 부딪혔을 때 도움을 구하기 위험성이 크고 공격적인 행동에 가담하라는 또래의 압박에 저항하기 위험한 상황 피하기 분노를 유발하려는 의도의 조롱과 기타 행동을 무시하기 공격 없이 갈등을 해결하기 긍정적인 목표를 설정하기 자신의 행동의 결과를 수용하기 협상하기 다른 사람들에게서 바라는 무엇인가를 긍정적으로 다루기
감정 조절 기술	평정을 되찾기 분노를 조절하기 문제를 더 낙관적인 시각으로 그리기 위하여 상황을 재구성하기 또래들, 학교와 유대관계를 유지하기 자제력을 발휘하기
인성 교육 기술	정직하기 책임감 있기 열심히 공부하기 다른 사람들의 의견이나 물건을 존중하기 팀의 좋은 구성원 되기
관심과 존중을 드러내는 기술	부탁해(please)와 고마워(thank you)라고 말하기 허락을 받기 또래들에게 도움을 주기 교실에서 도움을 제안하기 학급 활동과 경험에 공헌하기 다른 사람들에 대한 염려를 표현하기 칭찬하기
언어적 의사소통 기술	자신을 소개하기 다른 사람들을 예의 바르게 중단시키기 대화를 계속 이어가기 다른 사람들을 비난하거나 관계를 손상시키지 않고 감정을 표현하기 다른 사람들을 공격하지 않고 생각을 표현하기 주어진 시간에 말하기(Time speech) (요청받지 않은 세부사항은 빼고, 요점만 먼저 이야기하기) 성격이 아니라 행동에 초점을 맞추기 대화에 참여하기
듣는 기술	다른 사람들의 대화에 주의를 기울이기 다른 사람들이 표현한 것을 반복하고 요약하기 언어적, 비언어적 의사소통에 관심을 기울이기 듣는 동안, 대응하고 조언을 하기보다는 이해하려고 노력하기 시선을 마주치면서 듣기 지시를 따르기

〈 표 5.4 〉 구체적인 기술의 예(계속)

기술의 유형	구체적인 기술
학업 기술	공부 기술을 개발하기 교사의 지시를 듣고 따르기 재미로 읽기 자신의 시간을 관리하기 자신의 공부의 체계를 세우기 최선을 다해서 과제를 끝내기

안 될 것이다. 교사는 또한 언어적 능력의 부족이 공격의 위험요소가 된다는 점을 인식할 필요가 있다(Buka & Earls, 1993). 공격의 대상이 되는 아이들에게 비공격적인 언어적 대응을 할 수 있도록 돕는 것은 일부 유형의 괴롭힘을 예방할 것이다. 8살짜리 Carla가 채식주의자라는 이유로 여름 캠프에서 놀림을 당하였을 때, Carla는 충격을 받았다. Carla의 부모는 Carla의 캠프 경험이 거의 끝났기 때문에 그 점에 대하여 항의하지 않기로 결정하였으나, Carla가 취할 수 있는 대응방안에 대하여 예행연습을 시켰다. 다음 날, 채식주의자인 것에 대한 부정적인 언급이 처음으로 Carla를 겨냥하였을 때, Carla는 "나는 동물들을 정말 좋아하지만, 단지 동물들이 내 접시 위에 있는 것을 좋아하지 않을 뿐이야."라고 말하였다. 모든 사람들이 웃었고, Carla를 괴롭히는 것을 그만두었다. 우리가 함께 작업을 하였던 많은 아이들은, 괴롭힘에 대한 반응으로 공격적인 행동이 아니라 단호한 언어적 대응을 이용할 가능성에 대하여서는 거의 생각조차 해 본 적이 없었다. 제10장에서 피해자들을 돕는 전략에 대하여 더 논의하도록 하겠다.

학교에서 이러한 기술을 가르치기를 바라는 교육자와 상담사에게는 다행스럽게도, 다음과 같은 많은 책에 여러 연령대의 아이들을 위한 활동의 예가 제시되어 있다. 「Skillstreaming in Early Childhood: New Strategies and Perspectives for Teaching Prosocial Skills」(McGinnis & Goldstein, 2003), 「Skillstreaming the Adolescent: A Structured Learning Approach to Teaching Prosocial Skills」(Goldstein, Sprafkin, Gershaw, & Klein, 1980), 「Making and Keeping Friends: Ready-to-Use Lessons, Stories, and Activities for Building Relationships Grades 4-8」(Schmidt, 1997), 「Ready-to-Use Social Skills Lessons and Activities for Grades 7-12」(Weltmann & Center for Applied Research in Education, 1996), 「Confronting Sexual

Harassment: Learning Activities for Teens」(Sabella & Myrick, 1995)가 있다.

정신건강과 학습능력

일부 괴롭힘 문제에는 전문적인 의학적, 심리학적, 또는 정신의학적 관심이나 전문적인 교육 서비스가 요구된다. 모든 문제가 학생이나 교사의 의지에 의한 통제의 영역 안에 있지는 않다. 예를 들면, Kamphaus와 동료들은 전국 초등학생들의 무작위 샘플의 4%는 정신 병리학적으로 심각한 상태로 분류될 수 있고, 12%는 학습 장애가 있는 것으로 분류될 수 있다고 보고하였다(Kamphaus, Huberty, DiStefano, & Petoskey, 1997). 이러한 통계에 따라, 심각한 정신 건강상의 문제가 있는 아이들이 학급 전체에 무작위로 분포되어 있다면, 25명의 아이들로 이루어진 한 학급에는 심각한 정신 병리학적 질환을 지닌 아이 한 명과 몇몇 유형의 학습 장애를 지닌 아이 세 명이 있다는 것이다. 아마도 이러한 학생들에게는 약물 치료나 전문적인 교육 치료, 또는 양쪽 모두가 필요하다. 또한 연구자들은 한 학급당 2명의 학생들을 의미하는, 샘플의 8%가 파괴적인 행동을 보인다는 것을 발견하였다. 파괴적인 방식으로 행동하는 학생들에게는 약물치료가 필요할 수도 있고 아닐 수도 있지만, 그 아이들에게는 분명히 특별한 관심이 요구된다.

정신 건강과 학습 장애 문제가 있는 학생들은 학교의 작은 부분에 해당되지만 많은 양의 자원을 필요로 한다. 가장 중요하게, 교사는 이러한 학생들에게 필요한 도움을 인식하고 필요한 경우에 지원을 구할 필요가 있다. 교사의 지원은 제4장에서 서술한 것과 같이, (비공식적인 또는 공식적인) 작은 집단 환경에서 찾을 수 있을 것이다. 또한 교사가 특별한 도움이 필요한 아이들과 함께 작업할 수 있도록 특정한 훈련을 받는 것은 필수적일 것이다.

특별한 도움이 필요한 아이들에게 때때로 전문적인 처치가 요구되기도 하지만, 많은 아이들에게 이 책에 서술한 전략이 또한 유용할 것이다. 우리가 교사와 한 토론에서, 어떠한 특별 교육 교사는 자신의 학생들 중 한 명이 분노 조절, 갈등 해소, 사회적 역량 수업을 몇 회 이수한 후에 보인 극적인 호전을 보고 놀랐다고 우리에게 이야기하였다. 이전에 심한 분노 조절 문제를 지니고 있던 이 학생으로 인하여, 그 교사는 '그 남자가 나를 믿는 사람으로 만들었다(He made me a believer)' 라는 프로그램의 지지자가 되었다.

이 장에서 논의된 대부분의 기술은 간단하지만, 많은 아이들이 그러한 기술을 사용하는 어른들이나 또래들을 만나보지 못하였다. 게다가, 비록 일부 아이들은 이러한 기술에 노출되었을 수는 있었겠지만, 그 아이들은 복잡한 기술을 감당할 수 있는 세부 단계로 전환하는 과정을 보지 못하였을 것이다. 예를 들면, 새로운 교우관계를 형성하고 싶어 하는 수줍음을 많이 타는 학생에게, 교사나 상담사가 이야기하고 싶은 사람에 대하여 생각하고, 적절한 시간을 결정하고, 짧고 우호적인 질문으로 시작하라는 등의 행동 방침에 대한 간단한 개요를 제시하여 준다면, 도움이 될 것이다. 기술 개발은 폭력 예방의 근본적인 요소이다.

제6장

괴롭힘, 공격성 문제들과 개입 프로그램의 평가

"신들은 Sisyphus에게 바위가 무게 때문에 내려오더라도 계속적으로 산 정상으로 바위를 굴리라는 벌을 선고했다. 신들은 헛되고 희망 없는 노동보다 더 잔혹한 벌은 없다고 생각했기 때문이다.
— Albert Camus, 「The Myth of Sisyphus and Other Essays」

이 장에서는 괴롭힘 예방 프로그램 평가의 중요성을 강조하고 이러한 평가를 수행하기 위한 지침을 제공한다. 첫 번째 절에서는 왜 괴롭힘 및 공격성 문제의 평가와 프로그램의 평가가 중요한지를 검토한다. 두 번째 절에서는 괴롭힘 및 공격성 문제와 프로그램의 효과를 평가할 때 따라야 할 절차를 기술한다. 마지막 절에서는 평가를 시행하기 위해 필요한 자료 수집 절차를 상세히 기술한다. 자료 수집은 필요한 정보의 종류 및 원천, 정보를 수집하는 데 필요한 기법과 척도들을 포함한다.

평가가 성취할 수 있는 것은 무엇인가?

Sisyphus가 배운 것처럼 매년 일어나지만 성과 없는 행위들은 미래의 암담한 모습을 보여준다. 평가는 개선을 위해 필요한 것이 무엇인지를 강조함으로써 교육 전문가들이 할 수 있는 것을 알게 하고 그들이 의미 없이 바위 굴리기를 하는 것을 막아준다. 그러므로 평가는 필요하고 모든 행위자들에게 중요하다. 괴롭힘을 막기 위해서, 평가는 두 가지 영역에서 필수적이다. 첫째, 학교는 괴롭힘 및 공격성의 심각성과 특징뿐만 아니라 학교 공동체의 자산과 보호요인을 평가하는 것이 필요하다. 이러한 평가는 문제를 해결하기 위해 가장 좋은 프로그램을 선택할 수 있게 한다. 둘째, 학교는 괴롭힘을 예방하고 줄이기 위해 시행한 프로그램들의 효과를 평가할 필요가 있다. 이러한 평가는 학교의 교육전문가들이 프로그램을 개선하고 미래의 학교폭력 예방 프로그램에 대한 현명한 결정을 하는 데 도움을 줄 것이다.

Patton(1996)은 ***프로그램 평가***를 "프로그램의 활동, 특성 및 결과물에 대한 정보를 체계적으로 수집함으로써 프로그램에 대한 판단을 하고, 이를 바탕으로 프로그램의 효과성 증진과 미래 프로그램에 대한 결정을 하는 것(p.23)"으로 정의했다. 평가는 학교의 교육전문가들이 현재 상태가 어디이고, 어떤 목표에 도달해야 하며, 어떻게 목표를 달성하는지에 대한 이해를 돕는다. 비록 평가가 학교의 일상적인 활동 중 하나일지라도 행정가들은 종종 프로그램 평가에 대해 두려워한다. 글상자 6.1은 프로그램 평가에 대해 널리 퍼져있는 미신을 보여주며, 글상자 6.2는 왜 프로그램 평가가 중요한지에 대해 논의하고 있다.

글상자 6.1 ▪ 프로그램 평가에 대한 근거 없는 믿음들

프로그램 평가는 프로그램이 성공인지 실패인지를 나타낸다. 실패 가능성은 대부분의 사람들을 두렵게 한다. 그러나 효과적인 프로그램 평가는 프로그램의 가치를 측정하는 과정으로 이를 통해 참여자들에게 피드백을 제공하고 프로그램의 강점과 개선이 필요한 부분을 알려준다. 그래서 평가는 프로그램의 효과가 지속될 수 있도록 해주고 계속적으로 개선이 일어나게 한다.

프로그램 평가는 지루하고 필요 없는 결과를 산출한다. 이는 몇몇 평가의 경우 사실이지만 좋은 프로그램 평가는 실제적이고 적절하며 의미 있는 결과물을 프로그램 공급자에게 제공한다. 교사나 학교 직원들이 평가를 개발 · 수행하고 활용하는 데 관여한다면 평가를 하는 것은 의미 있는 일이다.

프로그램 평가는 너무 비싸고 자원 낭비이다. 이것은 프로그램 평가가 추가적인 자원을 필요로 할 때는 사실이다. 하지만 아마도 효과가 증명되지 않거나 다른 기관에서는 효과적이었으나 현재의 학교 상황에서 효과적이라고 보이지 않는 프로그램에 자원을 낭비하는 것이 더 돈이 많이 든다. 더욱이 평가의 결과는 지속적인 프로그램 개선과 학부모, 학교 위원회, 지역 협의회 등과 정보를 교류하는 데 활용될 수 있다. 평가 결과는 또한 서비스를 지속하거나 추가하는 데 필요한 보조금 지원의 자료로 활용될 수 있다.

프로그램 평가는 너무 복잡하고 새롭고 의미 있는 기술들을 요한다. 대부분의 학교는

이미 어느 정도의 프로그램 평가를 시행하고 있다. 예를 들면, 많은 학교는 학생의 강점과 약점을 평가함으로써 교원 연수가 추가로 필요한 영역이 무엇인지 찾아낸다. 그러므로 평가는 학교에 전혀 새로운 것이 아니다. 프로그램 평가는 상당히 단순한 것부터 매우 복잡한 것으로 나뉜다. 학생들조차도 평가 과정의 일부에 참여할 수 있고, 빈도를 분석하고 수학시간에 그래프를 그림으로써 약간의 분석을 수행할 수 있다. 더 복잡한 자료 분석을 위해서는 대학의 연구자들과 협력함으로써 모두가 이익을 볼 수 있다.

글상자 6.2 ■ 왜 평가가 중요한가?

평가는 학교 전문가들이

다음의 사항을 확인함으로써 문제의 특성과 규모를 이해하게 한다(요구분석).

- 괴롭힘과 피해의 유병률
- 괴롭힘의 유형과 일어나는 장소
- 위험요인과 보호요인
- 긍정적 행동의 유병률

다음의 사항을 확인함으로써 프로그램을 개선하게 한다(형성평가).

- 프로그램의 강점과 약점
- 프로그램의 지역적 적응을 위해 필요한 사항
- 프로그램 실행계획의 실현가능성
- 프로그램에 대한 학생의 이해와 선호
- 프로그램 시행을 위한 교사교육의 필요성

다음의 사항을 확인함으로써 프로그램 실행을 모니터링한다(과정평가).

- 프로그램 이행의 수준
- 프로그램 이행이 원 계획을 얼마나 충실히 반영하고 있는지 여부

다음의 프로그램의 효과성을 검증한다(결과 및 영향 평가).

- 설정된 종국적 목표 또는 결과 목표의 대략적인 달성 정도
- 중간 목표 혹은 영향 목표의 전반적인 달성 정도
- 프로그램의 비용과 혜택

네 가지 유형(형성, 과정, 결과, 영향)의 평가는 프로그램의 영향을 검증하는 데 중요하다. 형성평가는 새로운 프로그램의 질, 운영 절차뿐만 아니라 프로그램의 실행가능성을 점검한다. 형성평가는 예방 프로그램에 대한 아이디어가 구상되자마자 시작될 수 있으며 프로그램이 추가되거나 수정될 때도 지속될 수 있다. 형성평가는 또한 예측하기 힘든 실행과정의 이슈들을 해결하는 데 도움이 된다. 종종 교사, 행정가, 학부모, 학생은 새로운 프로그램을 검토하기 위해 위원회를 구성한다. 실행 가능한 프로그램을 정의한 후 교육자들은 각 프로그램의 강점과 약점을 평가한다. 교사는 프로그램에 대한 학생의 이해와 관심을 검토하기 위해 교육과정의 일부를 테스트해볼 수 있으며, 교육과정을 지역적 특색에 맞게 변형하는 제안을 할 수 있다. 교사는 다른 프로그램을 제안하거나 각 학년에 맞는 수정안을 제시할 수 있다. 행정가들은 새로운 정책의 실행 정도를 평가하고 필요에 따라 진행과정을 변경할 필요가 있다. 마지막으로, 위원회는 프로그램의 실행을 위해 필요한 연수의 종류와 연수과정의 참여자를 결정할 수 있다.

개입의 목표를 설정하고 실행 절차를 고안한 후에 프로그램의 실행은 모니터링되어야 한다. 종종 ***과정 평가***로 이름 붙여진 이러한 기술적 모니터링은 행정가들이 프로그램의 목표 달성이 실패했을 때 무엇이 잘못되고 있는지를 알 수 있는 중요한 단계이다. 많은 프로그램들은 목표에 미달하는 경우가 있는데 이는 프로그램들이 의도된 목표를 달성하는 데 효과적이지 않기 때문이 아니라 프로그램들이 의도된 대로 시행되지 않았기 때문일 수 있다. 예를 들어, 개발된 정책들이 현장에서 잘 실행되지 않거나 몇몇 교사들이 오직 계획된 수업의 반만 시행했기 때문일 수도 있다. 다른 경우에는, 교사들과 그들이 가르쳐야 할 모델에 적합하지 않았기 때문일 수도 있다. 예컨대, 학생에게 소리 지르는 행위를 하는 등 통제능력을 상실한 교사는 학생에게 분노 조절 기술을 가르치는 데 신뢰롭지 못하다.

행정가는 궁극적으로 학교 폭력 예방 프로그램이 괴롭힘의 피해를 줄이고 학생의 대인관계 기술을 증진시킨다는 목표를 달성하는지를 알고 싶어한다. 전형적으로 ***결과 평가***라 불리는, 어느 정도 수준으로 종국적인 목표를 달성하는지를 판단하는 평가는 행정가들이 프로그램이 성공할 수 있을지를 확신하는 데 도움을 준다. ***영향 평가***는 기술, 지식, 태도 등 이론적 구인의 변화를 알아내기 위한 것이다. 이론적으로 이러한 구인들의 변화는 괴롭힘의 피해를 줄일 것이다. 평가될 구인들의 선정은 개입 프로그램의 기반이 되는 이론에 근거해야 한다. 그러므로, 결과 평가와 영향 평가는 얼마나 프로그램이 성공적이고 얼마나 프로그램의 효과성을 개선시킬 수 있는지를 검증하는 데 필요하다.

예를 들어, A 학교에서 교사들이 괴롭힘의 한 형태로서 성희롱을 문제라 인식한다고 하자. 학생 조사는 50% 이상의 남학생과 여학생이 새학기 시작 후 적어도 한 번 이상의 성희롱 사건에 관련되어 있음을 보여주었다. 더욱이 학생들은 그들이 겪었던 바를 아주 상세히 적어 개인적인 증언을 했다. 교사들은 또한 다른 문제들을 인식하였다. 학생들이 성희롱과 관련된 학교 규정을 무시하고 있으며 그들이 피해자가 되었을 때 누구와 연락해야 하는지 모르고 있다는 점, 학생들이 도움을 청한 교사들로부터 성희롱이 별것 아니라는 취급을 받거나, 성희롱을 범한 학생들이 아무런 벌을 받지 않고 있다는 점이 발견되었다. 이러한 문제를 해결하기 위해 교사들은 개입 프로그램을 개발 · 시행하고 평가하기 위해 모였다. 결과 목표는 학기말에 성희롱 사건을 30% 줄이는 것이었다. 이 목표를 달성하기 위해 그들은 세 가지 프로그램 목표를 설정하였다.

- 학교의 규칙과 성희롱을 저질렀을 때의 처벌을 이해하고 성희롱을 당했을 때 누구에게 알려야 되는지를 아는 학생들의 수를 적어도 50% 증가시키기
- 성희롱 사건을 다루기 위해 교사의 지식과 자기 효능감을 증가시켜 적어도 80%의 교사와 행정가들이 그 문제를 어떻게 다룰지 알게 하기
- 성희롱 사건을 다룰 때의 절차에 대한 학생 만족도를 최소한 70% 이상으로 높이기

이러한 프로그램 목표를 달성하기 위해, 모든 교사와 행정가들은 성희롱에 관한 6시간 워크숍에 참여하였다. 추가적으로, 모든 학생들과 학부모들은 성희롱과 관련된 학교의 방침과 성희롱 행동의 예시, 학생들 간의 존중하는 관계가 어떤 것인지를 기술한 자료를 받았다. 학생들은 교사와의 토론 시간을 통해 질문할 기회를 충분히 가졌으며 매 9주마다 학교 조회시간에 교장이 성희롱에 대한 학교의 정책, 성희롱 가해학생의 처벌방안 및 성희롱 발생시 신고 방법들을 설명하였다. 가장 중요한 것은 성희롱 예방팀이 구성되어 각 사건에 대해 검토하고 행동을 취하도록 하였다.

이러한 프로그램이 성희롱 사건을 30% 줄였는가? 사실을 확인하는 방법은 프

로그램을 평가하는 것이다. 프로그램이 시행된 첫 몇 주 동안에 신고가 늘어날 것은 당연한 일이다. 더욱 많은 학생들이 성희롱과 관련된 정의와 행동에 대해 배울수록, 그들은 성희롱을 더 잘 인식하고 신고할 가능성이 높다. 그래서 실제적 피해와 신고를 구분하는 것이 중요하다.

형성, 과정, 영향 및 결과 평가는 프로그램을 개선하기 위한 방법을 알려준다. 성희롱 예에서, 평가—양적 자료(교사와 학생 설문조사)와 질적자료(포커스 그룹, 에세이 및 인터뷰)가 통합된—는 다음의 질문에 대한 답을 제공함으로써 프로그램을 유지할 것인지 수정할 것인지에 대한 정보를 제공할 수 있다: 학교는 새로운 교사연수를 하기 위해 자원을 제공할 필요가 있는지, 학교는 학기 초에만 아니면 일 년 내내 간헐적으로 학생을 만날 필요가 있는지, 학교가 성희롱 대책팀을 운영할 필요가 있거나 교감으로 하여금 모든 사건을 다루도록 할 수 있는지.

프로그램 평가(형성, 과정, 영향 및 결과 평가)를 위한 추가적인 정보를 위해서 교육자들은 다음의 서적을 검토해야 한다: 「Demonstrating Your Program' s Worth: A Primer on Evaluation for Programs to Prevent Unintentional Inqury」(Thomson & McClintock, 2000). 이 서적은 무료이며 National Center for Injury Prevention and Control at the Centers for Disease Control and Prevention(www.cdc.gov/ncipc)에 의해 개발되었다.

평가는 어떤 모습으로 이루어지나?

많은 사람들은 평가를 연구자들이 개입 프로그램의 시작 전에 사전조사를 실시하고 개입 이후에 사후조사를 실시함으로써 개입의 성공과 실패를 결정하는 데 활용하는 전통적인 연구들과 유사하다고 생각한다. 그러나 Patton(1996)과 Hughes(2003) 등은 프로그램 평가를 덜 직선적이고 더 지속적이며 연속적인 과정으로 묘사했다. 다음 단락에 기술된 여덟 단계를 포함하는 이 과정은 괴롭힘의 문제를 분석 · 감소시키고 학생들 간 긍정적인 관계를 고양하는 프로그램을 개발 · 시행하고 평가하는 전 과정을 강조한다. 더욱이, 이러한 과정은 평가가 8단계에서 끝나는 것이 아니라 마지막 단계가 과정을 변화시키고 개입 프로그램과 평가 방법을 개선하는 과정과 연계되어야 한다는 생각을 강조한다. 이상적으로, 평가는 프로그램 실행자들이 문제를 분석하고, 프로그램을 선택 및 시행하고, 결과를 분석하고,

분석된 결과를 활용하여 프로그램과 그 시행과정을 개선하고, 결과를 재평가하고 다시 프로그램을 개선함으로써 프로그램의 가치가 커지고 학교와의 연관성이 높아지는 나선형 과정이 되어야 한다.

1단계: 팀 만들기. 괴롭힘 예방이나 사회성 발달을 위한 팀은 교사, 행정가, 학생, 학부모, 지역사회 구성원, 프로그램 재정지원자와 같은 이해관계자들과 가능하다면 지역 대학과 기관의 전문적인 컨설턴트를 포함해야 한다. 프로그램이 그 잠재적 영향력을 완전히 보여주기 위해서는 예산이나 프로그램에 영향력을 지닌 의사결정자들이 처음부터 팀에 합류해야 한다. Patton(1996)은 그의 유명한 책 「Utilization Focused Evaluation」에서 핵심 이해당사자들의 참여를 8단계 과정의 성공을 위한 핵심 요소로 정의했다. 개입 프로그램의 개발을 위해 행정가나 지역사회 구성원들 이외에 미래의 참여자들을 처음부터 관여시켜야 한다. 결국에, 무엇보다도 평가는 그것에 영향을 받을 모든 사람들에게 유용해야 한다. 다재다능한 괴롭힘 예방팀이나 사회성 발달팀을 여러 이해관계자로 구성하는 것은 매우 중요한 단계이다. 왜냐하면 이것은 학교의 공격성 문제에 관한 종합적인 지역적 지식을 모으고, 지역사회의 관심을 끌게 하고, 궁극적으로 선택되거나 개발될 개입 프로그램에 대한 지지를 획득하여, 이러한 문제들을 해결하기 위한 지역사회 구성원들의 능력을 배양하며, 이 문제를 해결하기 위해 자원을 늘리는 데 필요한 지역사회의 지원을 보장해준다(Hughes, 2003).

2단계: 괴롭힘 문제를 정의하기. 1단계에서 구성된 팀은 아래와 같은 적절한 질문들을 정의할 수 있다.

- 괴롭힘과 피해정도의 유병률은 어떻게 되는가?
- 어떤 종류의 괴롭힘이 가장 빈번한가?
- 어디서 괴롭힘이 일어나는가?
- 감소되어야 할 위험요인은 무엇이고 강화되어야 할 보호요인은 무엇인가?
- 희생자와 남을 괴롭히는 학생들의 특성이 무엇인가?
- 괴롭힘의 정서적, 육체적 결과가 얼마나 극심한가?
- 강화되어야 할 긍정적 행동들의 현재 유병률은 어떠한가?

이 기초 정보는 3단계 목표를 설정하는 데 활용된다. 팀이 어떤 질문을 확인하든지 상관없이 명확한 응답을 이끌어낼 수 있을 만큼 목표는 간결하고 분명해야 한다. 좋은 진단은 문제에 대한 가장 최선이자 가장 적절한 개입을 선택하는 데 필수적이다. 학교는 학생들이 다른 학생을 언제, 어디서, 어떻게 괴롭히는지에 대한 정보뿐만 아니라 언제, 어디서, 어떻게 학생들과 교사들이 성공을 위한 긍정적이고 배려 깊은 관계를 형성하는지에 대한 정보를 '내것으로 만드는 것' 이 필요하다. 글상자 6.2는 괴롭힘 예방팀을 위해 필요한 요구 분석, 프로그램의 효과성 분석, 프로그램 시행의 수준을 측정하는 것과 관련된 네 가지 질문을 기술하고 있다.

교육자들은 괴롭힘과 공격성에 대한 서로 다른 관점을 가진다. 어떤 교사들과 행정가들은 그들 학교의 괴롭힘 문제를 인정하지만 오직 드러나는, 육체적인 밀침과 싸움만을 폭력으로 인식한다. 많은 사람들은 때때로 일어나는 심리적 공격성을 괴롭힘으로 보지 않고 좋지 않은 소문이나 악의적인 험담을 '애들 장난' 으로 치부한다. 다른 교육자들은, 특히 최근에는, 괴롭힘에 대한 훨씬 종합적인 관점을 가지고 있다. 그들은 때리는 것과 다른 학생들에게 상처 주는 소문을 퍼트리는 것 모두를 괴롭힘의 형태로 인식하고 둘 다 학교에서 용인될 수 없다고 인정한다. 이러한 관점의 차이는 각 학교나 학교구가 괴롭힘 대책팀을 구성하기 전에 요구 분석을 실시해야 할 필요성을 강조한다.

괴롭힘의 정의나 인식수준은 학교마다 다를 뿐만 아니라 문제의 본질이나 강도 역시 다르다. 모든 학교가 동일한 괴롭힘과 공격성 문제를 갖지 않기 때문에 각 학교는 자신의 문제를 분명히 해야 한다. 예를 들면, 첫 번째 학교는 폭력집단을, 두 번째 학교는 인종적 갈등을, 세 번째 학교는 신체 폭력을, 네 번째 학교는 학생들 사이의 고통스런 관계적 폭력을 겪을 수 있다. 학생들이 공격성을 보이는 이유 역시 학교나 학생 집단에 따라 다를 수 있다. 공격성은 교사의 교실 관리 능력 부족 때문일 수도 있고 처벌을 하지 않는 학교 문화 때문일 수도 있고, 학생들의 문제 있는 가정 환경 때문일 수도 있다. 잠재적으로 광범위한 문제 유형을 고려할 때, 학교가 괴롭힘 예방 프로그램을 개발하거나 선택할 때 있어서 첫 번째 과정은 문제와 위험요인 및 보호요인을 분명히 이해하는 것이다.

3단계: 분명하고 측정가능한 목표를 확인하기. 세 가지의 다른 목표 유형이 필요하다. 첫째, ***성과 목표***는 어느 정도까지 프로그램의 궁극적 목표(예를 들면, 괴롭힘이나 피해의 감소)를 달성했는지를 의미한다. 이러한 목표는 특별한 시간 계

획, 목적과 대상자를 포함한다. 예컨대, "학년말 피해 발병률을 30% 줄인다." 둘째, ***영향 목표***는 프로그램이 문제에 대한 증가된 지식, 변화된 태도, 강화된 학교와의 유대감, 개선된 갈등 해소 기술 등의 중간 목적을 어느 정도 달성했는지를 의미한다. 영향 목표는 3장에서 살펴본 개입 프로그램을 개발하거나 문제를 이해하기 위해 선택된 이론의 관련 구인들로부터 도출된다. 예를 들면, 영향 목표는 다음과 같을 수 있다. "학년말, 50%의 학생들은 성희롱 정책에 대한 학교정책을 서술할 수 있다"거나 "학년말, 80%의 학생들은 성희롱을 그만두겠다는 태도를 기술할 것이다."

마지막으로, ***과정 목표***는 적용범위와 이행수준 두 가지 요소를 가진다. ***적용범위***는 프로그램이 목표 집단에 도달할 수 있는지 여부이다. 목표 집단의 예는 학교의 모든 학생들이나 교사들 혹은 특정 학년의 학생들 또는 교사들일 수도 있으며 폭력 위험성이 있는 모든 학생들 그리고 학부모 및 버스 운전수 등일 수도 있다. 다른 목표 집단이 동일한 개입 프로그램에서 확인될 수도 있다. 예를 들면, 학교는 모든 학생이 성희롱에 대한 팜플렛을 받고 적어도 90%의 교사가 팜플렛을 교실에서 논의할 것이라는 통합된 목표를 설정할지 모른다. ***실행수준***은 프로그램이 실행계획에 기술되어 있는 세부적인 설계에 따라 실제로 시행되었는지 여부를 의미한다. 물론, 프로그램의 실행은 예방팀이 프로그램의 핵심요소를 상세화하고 이러한 요소들이 실행되어야만 한다고 가정한다. 실행 계획의 중요한 측면은 프로그램의 실질적 실행을 위해서 누가, 얼마나 연수를 받아야 하며 어떤 요소들이 실행기간 동안 강조되어야 하는지와 관련되어 있다. 다음의 예들 모두는 충실한 실행 목표들이다: (a) 모든 사회과 교사들이 적어도 6시간의 괴롭힘 예방 연수를 받을 것이고 적어도 50%의 다른 과목 교사들은 최소한 2시간의 연수를 받을 것이다, (b) 적어도 60%의 학생들은 성희롱에 대한 세 가지 세션의 교육과정에 참여할 것이고, (C) 모든 세션은 매뉴얼에 명시된 지시에 따라 수행될 것이다.

4단계: 학교의 요구에 가장 적합한 개입 프로그램을 판별하기. 네 번째 단계로, 괴롭힘 예방팀의 중요한 노력은 이전 단계에서 확인된 문제들을 해결하기 위한 프로그램을 개발하거나 찾는 데 있다. 팀은 프로그램을 보편적으로 운영할 것인지 아니면 정해진 집단에게만 운영할 것인지(혹은 양쪽 다 시행할 것인지)를 결정해야 한다. 보편적인 개입(universal interventions)은 학교 폭력의 위험수준이나 이전의 공격행위에 대한 기록여부와 상관없이 학교 커뮤니티의 모든 사람을 위해

개발된다. 예를 들어, 보편적인 개입은 전교생이나 특정 학년의 모든 학생에게(공격성을 보이는 학생만을 대상으로 한 것이 아니라) 시행되는 괴롭힘 예방 교육과정을 포함한다. 이와 마찬가지로, 모든 교사에 대한 교실 관리 워크숍은 보편적인 접근에 해당한다. 목표화된 개입(targeted interventions)은 다음의 두 유형의 개인들에게 직접적으로 시행될 수 있다: (a) 특정한 문제에 대한 위험성이 높은 사람들, (b) 벌써 문제를 일으켰다고 확인된 사람들. 위험성이 높은 학생들을 대상으로 하는 개입은 때때로 선택적 개입(selective interventions)으로 불리는 반면, 문제행동을 한 학생들을 대상으로 하는 개입은 종종 지시적 개입(indicated interventions)으로 불린다. 예를 들어, 학교에서 괴롭힘의 표적이라고 확인되거나 학내 정학을 받은 학생들은 특정한 개입 프로그램의 대상이 될지도 모른다. 학생들과 인종적, 사회경제적 배경이 다른 교사들은 문화적 다양성에 대한 특별한 훈련을 받을지도 모르며, 신규교사들은 긍정적 교실 관리법에 대한 워크숍을 제공받을 수도 있다. 이 책의 제2부와 제3부는 보편적 개입과 목표화된 개입 각각을 폭넓게 다루고 있다.

5단계: 프로그램의 목표 달성 정도를 평가하고 프로그램이 의도대로 시행되었는지를 검토할 수단을 정의하기. 다음 절의 '평가를 위한 데이터 수집'에서 우리는 5단계의 서로 다른 측면인 평가를 위해 필요한 정보가 무엇이고, 어떻게 정보를 수집하고, 어떤 측정도구를 사용할지를 상세히 논의한다. 분명히, 어떤 상황에서 몇몇 방법들은 다른 방법들보다 효과적이다. 우리는 또한 Albert Einstein의 명언인 "측정되는 모든 것이 중요하지 않듯이 중요한 모든 것이 측정될 수는 없다."를 명심하면서 평가의 엄밀성을 높이기 위해 평가자들이 사용할 수 있는 다양한 질적, 양적 연구법에 대해 논의한다.

6단계: 시행하기. 예방팀은 개입 프로그램을 수행하고 계획한 대로 평가를 수행해야 한다.

7단계: 평가 중 수집된 데이터를 분석하고 결과를 보고하기. 예방팀은 개입 프로그램을 수행하고 계획한 대로 평가를 수행해야 한다. 평가 과정의 이 시점에서는 대학 컨설턴트나 다른 능숙한 컨설턴트의 전문성을 활용하는 것이 모두에게 도움이 되는 전략일 수 있다. 대학 컨설턴트는 실생활이나 현장에 접근하길 요구하고, 학교는 통상적으로 조직내부의 분석능력보다 수준 높은 통계 분석을 얻을 수 있다. 종종, 데이터 분석은 많은 학교 평가 계획의 가장 큰 약점이다. 만약 예방팀

이 데이터 분석을 위해 대학 컨설턴트의 도움이 필요하다면, 프로그램 계획단계 초기에 전문가들을 포함해야 긍정적인 응답을 얻을 수 있다. 처음부터 팀으로 활동하게 되면, 대학 컨설턴트는 프로젝트에 몰입을 하게 될 것이고 최근의 연구 성과를 강조하거나 관련 개념의 확인을 돕고, 다른 학교에서 성공적이었던 평가틀을 제안하고, 데이터 분석을 함으로써 평가 과정 전반에 걸쳐 도움이 될 것이다.

8단계: 과정을 평가하고 개선하기. 이전 단계의 결과를 바탕으로 팀은 프로그램이 효과를 발휘한 것과 수정이 필요한 것이 무엇인지를 파악한다. 마지막 단계로, 팀은 프로그램의 목표를 다시 평가하고 새로운 목표를 발전시키거나 필요에 따라 현재의 목표를 변화시켜야 한다. 마지막으로, 예방팀은 개입 프로그램과 평가 방법의 장단점을 평가함으로써 프로그램이나 평가 방법을 없애거나 확대하는 방안을 고려해야 한다. 그러고 난 후 필수적으로, 팀은 다시 첫 번째 단계로 돌아가 전체 과정을 재평가하는 작업을 순환적으로 실시해야 한다.

평가를 위한 데이터 수집

여덟 단계의 평가 과정 중 5단계는 평가 방법이 개입 프로그램의 시행 전에 구체화되어야 한다고 제언한다. 이 절에서는 5단계를 좀 더 구체적으로 살펴봄으로써 다음의 질문을 해결하고자 한다: 평가를 위해 필요한 정보는 무엇인가? 프로그램을 평가하기 위해 어떤 정보원이 필요한가? 평가정보는 어떻게 수집되나? 어떤 평가척도가 활용될 수 있나? 이러한 질문에 대한 답변은 평가의 목적에 따라 달라지며 시행되는 프로그램의 유형에 따라 달라진다. 이 절에서는 평가를 계획할 때 해야 하거나 하지 말아야 할 것에 대해 실천가들에게 조언한다.

평가를 위해 필요한 정보는 무엇인가?

수요조사가 진행될 때, 평가자들은 최소한 어느 정도로 괴롭힘과 피해 문제가 있는지에 대한 정보를 수집해야 한다. 더욱 세밀하게는, 평가는 다음의 질문에 대한 답을 얻을 수 있도록 시도해야 한다.

- 얼마나 자주 다양한 유형의 괴롭힘과 피해행동(예컨대, 물리적, 언어적, 관

계적인 것과 고학년 학생 간의 성희롱)이 일어나는가? 이상적으로는, 평가자들이 각 유형의 괴롭힘에 대해 명확한 질문을 해야만 한다.

- 학교(학년별 혹은 반)에서의 괴롭힘 문제가 얼마나 심각한가?
- 피해자들에게 괴롭힘의 육체적, 심리적 결과가 어떠한가?
- 얼마나 효과적으로 교사와 교육행정가들이 괴롭힘을 통제하는가?
- 피해자와 주변인들이 어떻게 괴롭힘을 다루는가?
- 언제, 어떤 환경에서 괴롭힘이 가장 잘 일어나는가?
- 가해자, 피해자, 주변인의 특성(인구통계학적, 학업적, 인지적)이 무엇인가?

이러한 정보를 얻는 자료수집 수단은 각각의 문제와 개입방법에 따라 조금씩 다르다. 예컨대, 평가자들이 관심 있어 하는 시기에 따라 괴롭힘의 유병률에 대한 질문은 응답자에게 어떤 기간 동안(예컨대, 지난 일주일 이내에, 지난 한달 이내에, 이번 학기 초부터, 학년 초부터) 괴롭힘이 일어난 행동빈도를 물어볼 수 있다. 더 어린 아동들이나 매우 자주 일어나는 행동에 대해서는 기간 범위가 매우 짧아야 하는데 1주를 넘어서는 안 된다.

더불어, 질문들이 기술되는 방식은 평가자들이 목표로 하는 구체적인 질문들을 응답자들이 제공할 수 있는지를 보장하는 데 매우 중요하다. 질문의 문구는 어린 학생들을 대상으로 시행되는 연구에서 특히 중요하다. 예를 들어, 만약 설문이 지난주에 학생들이 괴롭힘을 당했는지 여부를 묻는다면, 그들은 종종 아니라고 대답할 것이다. 그러나 만약 학생들에게 놀림, 밀침, 혹은 사건에서 따돌림을 당했냐고 질문하면, 그들은 아마도 그렇다고 응답할지 모른다. 왜냐하면 그들은 이런 것들을 괴롭힘이라고 인식하지 않을 수 있기 때문이다. 결과적으로, 질문들이 일반적인 어휘인 괴롭힘을 사용할 때에는, 평가자들은 이러한 질문에 대해 묻기 전에 괴롭힘에 대한 충분한 정의를 해야 한다.

괴롭힘 및 피해와 더불어, 평가자들은 개입이 개선하고자 하는 이론적 구인에 근거하여 데이터를 모아야 한다. 이러한 구인들은 괴롭힘으로 간주되는 행동들에 대한 지식과, 괴롭힘이 일어날 때 그것을 중지시키는 방법, 괴롭힘이 "단지 어린아이일 뿐이야."라는 개념으로 받아들여질 것인지에 대한 태도, 폭력에 대한 대안을 지지하는 태도, 괴롭힘 희생자들에 대해 표현하는 학생들의 공감, 학생들이 서로 소통하고 공감하는 정도, 교직원의 갈등해소 능력과 학생들이 교사와 가지는 관계에 대한 것들을 포괄한다. 이러한 질문의 일부는 학생과 교사 혹은 그 두 집단 간의 비교자료로 수집될 수 있다. 다른 질문은 전적으로 교사, 행정가 또는 학생으로부터 수집될 수 있다. 예를 들어, 교사 평가는 학생과의 관계성, 개인적 학습 관리 스타일, 동료와 행정가와의 관계 및 행정적 지원인식에 대한 질문을 포함하도록 설계될 수 있다.

누가 정보의 원천인가?

비록 괴롭힘 예방 프로그램의 평가가 괴롭힘에 노출된 학생들의 관점을 알아내야 하지만, 문제에 대한 다른 관점을 제공하기 위해 학교 커뮤니티의 다른 멤버들로부터 정보를 모으는 것도 중요하다. 학교 커뮤니티의 멤버는 학내의 개인들(예컨대, 교사, 학교행정가 혹은 지원인력)과 학교 밖의 구성원(예컨대, 경찰, 법조계 인사, 종교 및 영적 지도자들)을 포함한다. 프로그램 평가자는 데이터를 모으기 위해 여러 방법을 사용하며 여러 데이터 원천들은 엄밀한 프로그램 평가를 보장한다(Leff, Power, Manz, Constigan, & Nabors, 2001). 프로그램 평가 중 괴롭힘 문제의 정도와 문제에 영향을 미치는 예방 프로그램의 효과를 완전히 드러낼 수 있는 유일한 접근법은 없다. 그러나 평가가 더 확대될수록 비용도 늘어난다. 그래서 예방팀은 비용을 줄일 수 있는 다른 이유가 없는 수준에서 어떤 정보의 원천이 가장 통찰력 있고 설득력 있는 데이터를 제공할 것인지 우선순위 정해야 한다.

학생

대부분의 평가에서, 학생은 괴롭힘의 영향을 받을 가능성이 가장 크고 그들 스스로 괴롭히는 자가 되기 쉽기 때문에 주된, 그리고 때로는 유일한 정보의 원천이다. 학생들은 미성년자이기 때문에, 학교는 평가를 시행하기 전에 학생의 비밀을 보호하면서 어떻게 정보를 모을 것인지, 평가에 대한 부모의 동의를 얻을 것인지, 학생의 위험을 알리는 정보(예컨대, 자살 생각이나 교사에 의한 학생 등의 보고)를 어떻게 다룰 것인지를 결정해야 한다. 괴롭힘은 종종 어른들이 없을 때 일어나기 때문에, 평가에 있어서 학생들의 보고는 문제에 대한 독특한 관점을 제공한다. 일반적으로, 괴롭힘 유병률은 교사의 보고보다 학생의 자기 보고에서 훨씬 높게 나타난다.

학생으로부터 데이터를 모으기 위해서, 평가자들은 다양한 방법을 활용할 수 있는데 이러한 방법은 이 절 뒤에서 좀 더 논의하기로 한다. 간략하게, 이러한 방법들은 자기 보고서, 교사 및 학부모 평가, 행동 혹은 행위 보고서(학교 직원 기록)와 같은 서류 데이터, 학업 성취(보고 카드와 학교 기록), 표준화된 시험 성적 혹은 간호일지 등을 포함한다. 간호일지는 특별히 싸움이나 괴롭힘의 피해자들이 간호 서비스를 사용했는지를 조사할 때 적절하다.

교사

교사들은 평가 데이터를 모으는 중요한 대상이다. 그들은 전형적으로 학교와 강하게 연결되어 있으며 그들의 투입과 인식은 예방 프로그램이 괴롭힘에 미치는 영향을 평가하는 데 중요하다. 교사들은 일상적인 학생행위를 관찰하고 있으며, 스스로가 학생의 공격적 행동의 희생자가 될지 모르기 때문에, 괴롭힘 문제에 대해 깊이 있는 이해를 제공할 수 있다. 교사들은 종종 예방 프로그램 요소의 일부를(전부는 아닐지라도) 시행하고 있다. 결과적으로, 그들은 평가자들이 얼마나 신중하게 시행 계획을 따라야 하는지(예컨대, 프로그램의 이행성)와 프로그램의 교육과정(예컨대, 전체 교육과정이 다루어졌는지 아니면 오직 일부만이 다루어졌는지)에 얼마나 그들과 동료들이 헌신했는지를 결정할 때 필요한 정보를 제공해줄 수 있다.

행정가

행정적 지원 없이는 프로그램이나 평가 어떤 것도 성과를 이루지 못한다. 행정가들은 보통 프로그램과 평가에 활용될 수 있는 자원의 범위(돈, 시간, 인력)를 결정하고 학교의 요구에 적합한 개입 프로그램을 위계적으로 순서화하는 책임을 지고 있다. 그러므로, 행정적 지원은 괴롭힘 예방 프로그램의 성공을 위해 필수적이며 프로그램 개발 단계 초기에 확보되어야 한다.

그 외 학교 직원

일반적으로, 학교 직원은 행정 인력(예컨대, 상담자, 학교 심리학자, 학교 사회복지사와 비서 직원)과 운영 인력(예컨대, 식당 노동자, 버스 운전사와 안전관리인)을 포함한다. 종종 간과되는데, 학교 직원은 학교 풍토를 형성하는 데 중요한 역할을 할 수 있기 때문에 괴롭힘 예방 프로그램에 있어서 중요한 이해관계자로 간주되어야 한다. 유사하게, 이러한 개인들은 프로그램 평가에 있어서 잠재적인 데이터 정보원으로 고려되어야 한다. 프로그램 평가는 이런 대상자들이 괴롭힘 문제에 대한 인식, 프로그램 교육과정과 프로그램의 영향을 점검할 수 있도록 유도해야 한다. 괴롭힘 문제와 개입 프로그램에 대한 직원의 인식에 관심을 갖지 않으면 점검할 총체적 환경에 대한 가치 있는 정보를 의도하지 않게 배제하게 된다.

학부모

비록 학부모들은 일반적으로 학교내의 문제에 대한 직접적인 정보를 가지고 있진 못하나 그들은 자녀들의 관심을 가장 잘 이해하고 있다. 그들은 비록 전해들은 말이나 그들 자녀들의 보고로부터 얻은 정보일 수 있으나 학교에서의 괴롭힘 유병률에 대한 매우 독특한 관점을 제공할 수 있다. 예를 들면, 부모들은 학교의 괴롭힘 문제에 대한 외부자의 관점에서 소중한 통찰력을 보여줄 수 있다.

지역사회

마지막으로, 지역사회 구성원들은, 비록 종종 개입 프로그램의 개발과 평가과정에서 배제되지만, 평가 데이터를 수집하는 데 중요한 그룹이 될지 모른다. 그들은 연구자들이 지역사회가 경험하고 있는 괴롭힘 혹은 공격성 문제의 수준을 분별하는 데 도움을 줄 뿐만 아니라 개입 프로그램이 학교를 뛰어넘어 전체 지역사회로까지 확장하는 것에 핵심적인 조력자일지도 모른다. 평가팀이 문의할 만한 지역사회 구성원들은 법 집행 사무관, 사법 지도자들, 지역사회 단체 직원(예컨대, YMCA 혹은 YWCA, 유소년단, 멘토링 프로그램), 지역 회사업주들, 종교 혹은 영적 지도자들을 포함한다. 글상자 6.3은 어떻게 지역사회 구성원들이 초기 수요 조사부터 영향 및 결과 평과 전 과정에 걸친 프로그램 계획과정에 포함될 수 있는지를 보여주는 예이다.

글상자 6.3 ■ 지역사회 프로그램 평가의 예, 'The Partners for Success Program'

'The Partners for Success Program' 은 많은 학생들을 감정적, 행동적, 학업적 문제로 이끄는 사회경제적 문제들을 해결하기 위해 Smith College School for Social Work와 협력하고

있는 학교들로 Massachusetts의 Springfield 지역에서 활용되고 있다. 프로그램은 학교의 학습과 학교 및 지역사회의 안전을 증진하는 긍정적 풍토를 만들기 위해 학교 구성원, 대학 교수진 및 지역사회 기관 인사들의 협력을 이끄는 팀 접근을 강조하였다. 긍정적 풍토를 형성하기 위한 방안으로, 프로그램은 다문화 민감성과 개인 및 집단의 차이에 대한 인식을 강조함으로써 지역사회의 모든 구성원들이 포함될 수 있도록 하였다. 이러한 세 그룹은 교육 개혁과 사회복지 통합을 위한 목표를 확인하였다. 그들은 자원의 최상급 활용을 보장하는 학교와 지역사회 프로그램을 개발하기 위해 공동의 노력을 기울였다.

프로그램 시행 후 3년이 지난 후에, 개입 팀은 과정 평가와 고객 만족도 평가 조사를 시행하였다. 과정 평가는 제공되고 있는 서비스의 종류와 지난 3년동안 이루어졌던 고객 접촉을 상세화하는 데 활용되었다. 고객 만족도 평가는 설문조사와 포커스 그룹 인터뷰를 통해 시행되었다. 설문조사에서, 학생, 가족 및 학교인력들은 제공받은 서비스 만족도가 긍정적이었는지를 평가하였고 프로그램 효과성에 대한 다수의 예를 제공했다. 이와 더불어, 응답자들의 피드백은 프로그램의 제시된 목표와 비교되었다. 포커스 그룹 인터뷰에서, 이해당사자들은 프로그램에 대한 강력한 지지를 표명하였다. 평가는 개입팀이 프로그램을 개선하는 데 필요한 가치 있는 정보를 제공하였다. 'The Partners for Success Program' 은 위기 학생들의 문제를 해결하고 학교의 공격성과 폭력성을 줄이기 위해 필요한 프로그램 개발, 평가, 개선 및 지속적인 진보가 나선형의 형태로 진행되고 있다는 것을 보여주는 실제적 증거이다(Sessions, Fanolis, Corwin, & Miller, 2003).

어떻게 정보를 수집할 것인가?

어떠한 정보 수집 방법도 결코 완벽할 수 없다. 각각의 방법은 장점과 단점을 동시에 가진다. 표 6.1은 유명한 데이터 수집 방법의 강점과 약점을 요약한 것이다. 데이터 수집에 대해 우선적으로 계획하는 것은 예기되는 문제를 잘 대처할 수 있게 한다. 더불어, 하나 이상의 데이터 수집 방법을 사용하는 것은 항상 평가의 결과를 강화한다. 다음 절에서, 우리는 설문조사 방법, 행동 관찰법, 또래 사회성 측정 및 기록 데이터를 상세히 설명할 것이다.

설문조사

학생들이 작성한 설문조사는 두 가지 주된 목적(얼마나 널리 학교의 괴롭힘 문제

〈 표 6.1 〉 다른 데이터 수집 방법의 강점과 약점

강점	도전
설문조사는	
- 쉽게 계량화되고 분석될 수 있는 결과를 제공한다. - 많은 괴롭힘 행동들이 종종 어른으로부터 숨겨지고 항상 보고되는 것이 아니기 때문에 더욱 정확한 유병률을 제공할 수 있을지 모른다. - 언어적이고 관계적인 공격성을 평가하기 위한 최선의 방법이다. - 희생자와 가해자의 독특한 측면을 수집한다. - 인터뷰나 관찰보다 응답자당 비용 측면에서 훨씬 저렴하다. - 다른 방법보다 더 큰 익명성을 제공하기 때문에 응답자들이 사실을 말할 가능성이 훨씬 크다. - 서로 다른 유형의 괴롭힘과 희생을 측정하기 위해 평가된 측정도구를 사용할 수 있다.	- 가능한 측정도구가 학교의 관심영역이나 요구에 맞지 않을 때 설문 수행이 어렵다. 이런 경우 새로운 측정도구나 질문문항은 지역적으로 개발될지 모른다. - 응답의 질을 보장하지 못한다. 그러므로 설문의 중요성을 전달하고 익명성을 보장하는 것이 중요하다. - 학생의 독해능력에 강하게 영향을 받기 때문에 교사들이 설문조사지를 크게 읽어주거나 컴퓨터 보조 기술을 활용할지 모른다. - 학교내에서 작성되지 않으면 응답비율이 낮다. - 만약 설문이 익명으로 시행된다면(이름이나 코드가 덧붙여지지 않음) 학교기록과 같은 다른 측정결과와 연계될 수 없다. 또한 단체로 시행된 사전, 사후 검사 결과의 비교나 특수한 학생들에 대한 영향은 검토될 수 없다. - 만약 이름을 기재하거나 코드가 기록되면 학생들이 진실을 말하는 두려움을 증가시킬지 모른다. - 공격성에 대한 훨씬 심도 깊은 질적 이해를 배제한다.
행동 관찰은	
- 작성을 위한 추가적인 수업 시간을 필요로 하지 않는다. - 서로 다른 환경(예컨대, 운동장, 식당, 교실, 복도)에서 괴롭힘에 대한 정보를 제공할 수 있다. - 괴롭힘과 가해자, 피해자, 주변인 간의 관계 및 다른 맥락적 요소에 대해 직접적으로 설명한다. - 싸움이 되는 사건들의 순서에 대한 정보를 제공할 수 있다. - 언어적으로 표현하는 데 어려움을 가지거나 말하기 두려워하는 학생들에 대한 정보를 제공할지 모른다. - 사용가능한 행위 관찰 시스템을 사용할 수 있다.	- 관찰자의 존재 때문에 관찰되는 행동을 변화시킬지 모른다. - 관찰하기 곤란한 관계적, 언어적 괴롭힘을 평가할 때 사용하기 어려우며 이러한 유형의 괴롭힘을 측정하기 위해서는 마이크로폰이나 비디오테이프 등이 필요하다. - 거친 신체 놀이를 공격성과 구분하거나 더 복잡한 행동들과 행위의 순서를 코드화하기 위해서는 숙련된 인터뷰 진행자들이 필요하다. - 시간이 많이 소요된다. - 매우 낮은 빈도의 행위에는 활용될 수 없다.
또래 사회성 측정은	
- 좋다고 드러난 사회성 자산을 가지게 된다. - 다중의 학생들(전체 교실)을 한번에 평가하고 이에 대한 정보를 얻는다. - 언어적, 관계적 공격성에 대해 민감하다.	- 몇몇 학교구에서는 몇몇 학생들이 동료들이나 교사들에게 낙인찍힐 수 있기 때문에 관심의 대상 밖으로 활용이 금지되어 있다.

〈 표 6.1 〉 다른 데이터 수집 방법의 강점과 약점(계속)

강점	도전
또래 사회성 측정은	
- 많은 학생으로부터 배제당하기 때문에 위험에 처한 학생들에 대한 정보와 동료들 사이에 영향력 있는 학생들에 대한 정보를 제공한다.	- 시간이 많이 소요되며 데이터를 분석하기 위해 특별한 지식과 기술이 필요하다. - 만약 정보관리가 분명하게 설명되지 않는다면 괴롭힘을 보고하는 학생들의 두려움을 증가시킬 수 있다.

가 퍼져있는지와 개입이 문제를 줄이는 데 효과적인지 여부를 조사)을 위해 가장 흔하게 이루어진다. 학생 설문지를 작성할 때, 평가자들은 응답자의 나이에 적합한 질문의 개수, 질문의 내용, 응답 카테고리 유형을 주의 깊게 선택해야만 한다. 어린 학생을 위한 설문은 종종 그림 응답 카테고리를 사용한다. 종종, 연구자들은 초등학교 학생을 조사할 때 얼굴 아이콘(예컨대, 웃는 얼굴, 무표정한 얼굴, 또는 찡그린 얼굴)을 활용한다. 학생들의 읽기 능력이 낮은 경우, 오버헤드 프로젝트에 질문을 보여주는 연구자들은 설문 문항을 크게 읽어줄 수도 있다. 설문조사는 컴퓨터로 프로그램밍될 수도 있다. 컴퓨터는 컴퓨터 지원 설문 인터뷰(computer-assisted survey interview; CASI) 기술을 통해 질문을 학생들에게 말할 수 있다. 불행하게도, CASI 기술은 비싸고 종종 학교에서 바로 활용될 수 없는 경우도 많다. 만일 CASI가 활용가능하다면, 연구자들은 이 기술의 강점을 이용하는 방법을 고려해보아야 한다. CASI는 학생들의 정보보안을 강화해줄 수 있으며 이는 학생들로 하여금 설문 질문에 보다 정직한 답변을 할 수 있게 한다. 또한 CASI는 낮은 수준의 독해 능력 학생들이 정확하게 질문을 이해할 수 있게 도움을 준다.

비록 설문조사가 인터뷰나 포커스 그룹 인터뷰보다 응답자의 비밀을 더 폭넓게 보장하지만, 다른 문제들은 설문조사 결과의 신뢰가치에 영향을 미칠지 모른다. 학생들은 괴롭힘 사건에 대해 잘 기억하지 못할 수도 있고, 그 사안을 과장할 수 있으며, 질문지에서 규정된 시간 범위 내에 사건이 일어났는지를 기억하지 못할 수 있다. 다른 학생을 괴롭힌다는 학생 응답은 그들의 공격적 행동의 빈도나 세기를 잘 반영하지 못할 수 있으며 그들의 행동 결과를 과장할 수 있다. 다른 학생의 공격적 행동의 희생자인 학생은 어른들의 도움을 갈망하기 때문에 그들 경험의 빈도와 심각성을 과장할지 모른다. 다른 희생자들은 그들이 스스로를 보호할 수 없다는 것을 인정하고 싶지 않거나 괴롭힘이 보고된 후 보복이 두려워 그들이 겪은 괴롭힘의 정도를 최소화할 수도 있다.

설문조사는 교사나 행정가들로부터 정보를 모으기 위해 활용될 수 있다. 그러한 설문조사는 학생들로부터 당하는 괴롭힘과 희생 경험에 대해 교사와 행정가들에게 물어볼 수 있다. 설문조사는 또한 학교내의 괴롭힘 사건의 빈도와 심각성에 대해 물어볼 수 있다. 마지막으로, 교사와 행정가들의 응답을 얻기 위해 개발된 설문은 그들에게 괴롭힘 문제와 이를 해결하기 위한 수단과 관련있다고 생각하는 학교와 인력의 특성을 보고하라고 요구할 수 있다.

어느 한 학교에 재직하고 있는 교사들의 수가 적기 때문에, 설문을 이행하는데 익명성이 고민이 될 수 있다. 몇몇의 교사들은 교육행정가나 동료들의 반응을 두려워해 설문 문항에 솔직하게 응답하지 않을지도 모른다. 예컨대, 교사들은 만일 동료들이 이전 조사에서 교실에서 상당한 괴롭힘이 있었다고 보고한 후에 행정가들이 그들을 효과적이지 못한 교실 관리자라고 결론지어 부정적 연차 평가를 받았다는 사실을 알게 된다면 응답을 완화할지 모른다. 좀 더 명확하게 살펴보면, 교사들과 진행한 연구에서, 우리는 종종 교사들의 학교 환경에 대한 인식을 물어보는 자기 보고 형태를 사용했다. 그런 민감한 질문은 행정가들의 비난을 두려워하는 교사들에게 걱정거리일지 모른다. 동일한 맥락에서, 만일 교사들이 정보가 학교를 개선하거나 연구목적 이외의 이유(예컨대, 성과 평가)로 다시 활용된다는 것을 믿는다면, 그들은 설문에서 괴롭힘과 관련된 문제(예컨대, 그들의 개인적 우울증, 피로, 교수과정에서의 낙담 수준)에 대해 개인적 혹은 감정적 반응을 공유하기 꺼려할지 모른다.

아동과 성인 응답자들의 걱정을 줄이기 위해서, 평가팀은 어떻게 정보가 다루어질지에 대한 명확한 정보를 제공해야 한다. 팀은 설문 데이터에 접근할 수 있는 사람들, 데이터를 분석하고 결과보고에 활용될 측정결과를 모을 사람들에 대해 솔직하게 기술해야 한다. 정보의 중요성과 목적은 모든 참여자들에게 전달되어야 한다.

교사와 학생은 종종 괴롭힘과 공격성이 학교가 해결해야 할 문제인지에 대한 서로 다른 의견을 보일 때가 있다. 그들은 또한 학교가 이러한 문제에 얼마나 반응적인지에 대한 인식을 달리한다. 예를 들면, 우리가 학교 안전에 관해 수행한 최근의 설문에서, 교사와 학생은 동일한 설문 문항에 대해 서로 다른 응답을 하였다(그

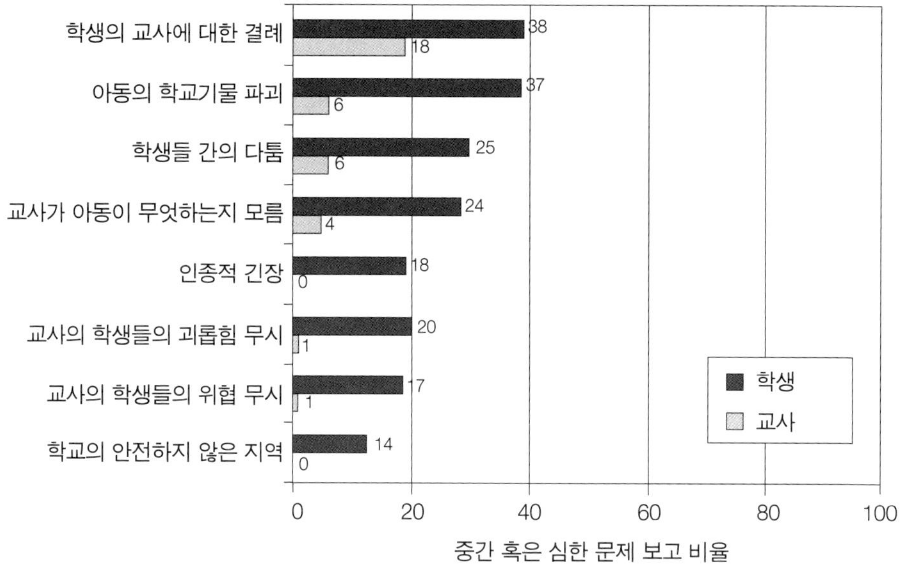

〈 그림 6.1 〉 초등학교 고학년 학생 및 교사의 중간정도 혹은 심각한 학교안전 문제의 인식: A 학교구 자료

림 6.1과 그림 6.2). A 학교구에서는, 교사들은 학교안전에 대한 문제를 거의 보고하지 않은 반면, 학생들은 매우 심각하다고 응답하였다. 학생들은 중간 혹은 심한 문제가 14%(학교의 안전하지 않은 지역)에서 38%(학생의 교사에 대한 결례)까지 있다고 보고하였다. B 학교구에서는 반대의 상황을 발견하였다. 대부분의 질문에 대해 교사들은 학생들보다 안전 문제에 대하여 더 심각하게 보고하였다. 전반적으로 교사들과 학생들은 A 학교구에서보다 B 학교구에서 안전문제를 더 인식하였다. B 학교구에서, 학생들은 중간에서 심각한 문제를 19%(학교의 안전하지 않은 지역)에서 53%(학생의 교사에 대한 결례)까지 보고하고 있다.

괴롭힘과 희생의 유병률에 대한 교사와 학생의 응답은 보통 다르다. 이러한 두 집단 간의 응답의 차이는 학생 혹은 교사의 보고 중 어느 것이 가장 현실을 잘 반영하는지에 대한 질문을 불러일으킨다. 정확한 대답은 종종 확신하기 어렵다. 괴롭힘은 숨겨질 수 있고, 교사들이 관찰하지 못하는 개인적 사건일 수 있다. 학생들은 현실에 기반하지 않는 소문(예컨대, 어떤 학생이 총을 학교에 가져왔다더라)에 영향을 받을 수 있다는 사실과 합쳐져 이런 요인은 학생들이 교사보다 괴롭힘과 공격에 대해 더 큰 문제를 보고하는 경향을 설명한다. 그러나, 학교 폭력의 문제가 심각한 학교들(B 학교구와 같은)에서는, 학생들이 공격에 대해 둔감하고 그것을

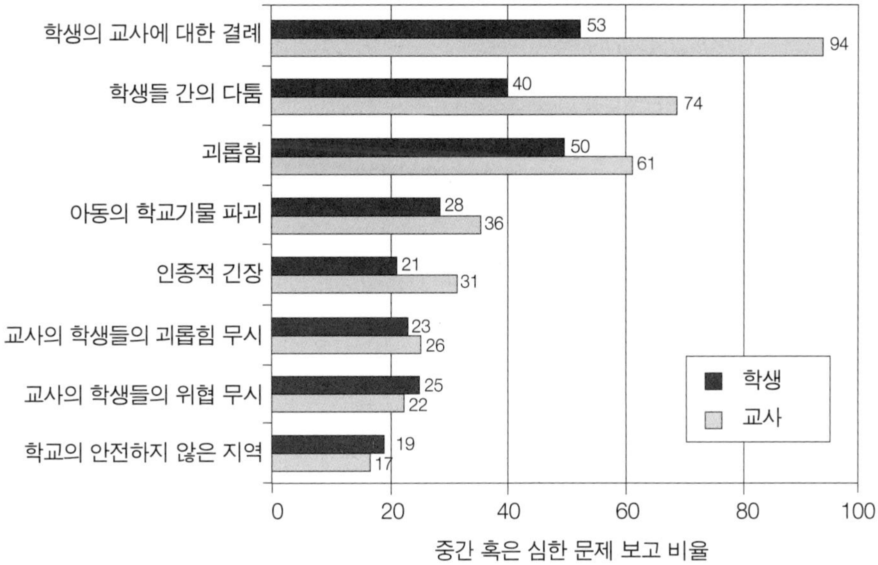

〈 그림 6.2 〉 초등학교 고학년 학생 및 교사의 중간정도 혹은 심각한 학교안전 문제의 인식: B 학교구 자료

심각한 문제로 인식하지 않을지도 모른다.

학생들과 교사들은 또한 교사나 학교의 행정가들이 괴롭힘 문제를 다루는 데 얼마나 효과적인지에 대해 다른 인식을 보일지도 모른다. 학생들은 종종 교사들이 괴롭힘 문제를 심각하게 처리하지 않고 괴롭힘에 대한 교사들의 대응이 그것을 개선하기보다는 악화시킨다고 보고한다. 그러나 교사들은 종종 행동을 취하지만 그 행동은 공개적이기보다는 사적이거나 신중하게 이루어진다고 보고한다. 그래서, 희생당하는 학생들은 교사의 행동을 잘 모를 수도 있다고 주장한다. 그럼에도 불구하고 사적인 훈계는 문제일 수 있다. 왜냐하면 희생자들은 그들의 문제가 심각하게 다루어지거나 보호받는다고 믿지 못하기 때문이다. 교사와 학생 간의 괴롭힘에 대한 인식 차이는 프로그램 개발 과정에서 다루어져야 할 주제이다.

행동 관찰

행동 관찰은 30년 이상 공격성 연구에 있어서 중요한 데이터 수집 방법이었다. 이 기술은 Oregon Social Learning Center에서 이루어진 Patterson, Reid와 그의 동료들의 초기 연구의 중요한 연구방법이었다(Patterson, Reid, Jones, & Conger, 1975; Reid, 1978). 더욱 최근에는 Pellegrini(1996; Pellegrini & Bartini, 2000) 또한

행동 관찰 방법을 활용하였다. 행동 관찰은 객관적이고 중립적이다. 행동 관찰은 학생들의 자연스런 사회 환경에서 이루어지며 연구자들이 일상적인 환경에서 이루어지는 학생들의 상호작용을 관찰할 수 있게 한다. 관찰자에게 간단한 기록 용지를 주고 특정한 시간 동안 괴롭힘 사건에 대해 기록하도록 하는 것과 같은 몇몇 관찰 시스템은 매우 단순하고 거의 훈련을 필요로 하지 않는다. 하지만, 종종 관찰 시스템은 훨씬 복잡하고 관찰자들이 다른 장소와 다양한 기간 동안 특정한 행동이나 학생 간 상호작용을 신뢰롭게 기록할 수 있게 하기 위해 광범위한 훈련이 필요한 경우도 많다.

또래 사회성 측정

사회 집단 내 행동 및 관계를 측정하는 또래 사회성 측정은 20년 이상 연구에서 활용되어 왔다(Coie & Dodge, 1983, 1988; Leff, Power, & Goldstein, 2004; Terry, 2000). 이러한 측정들은 또래 평정이나 또래 지명의 형식을 띤다. 또래 평정 과정에서, 학생들은 같은 반이나 집단에 속한 다른 학생들의 특별한 성격 혹은 구인에 대한 평가를 내린다. 예를 들면, 학생들은 리커트의 5단 척도를 활용하여 자신들이 얼마나 다른 학생들을 괴롭히는지 혹은 자신이 다른 학생들에 의해 집단에서 따돌림을 당하거나 다른 학생들과 협동하는지를 평정한다.

또래 지명 과정에서는 학생들은 그들이 좋아하거나 싫어하는 제한된 수의 학생들을 지명한다. 이 기술의 변형은 아동들에게 특별히 부정적인 특성(괴롭힘이나 화를 쉽게 내는 것과 같은) 혹은 긍정적인 특징(잘 돕거나 공정하게 노는 것과 같은)을 보이는 또래를 지명하는 것이다. 또래 지명은 또래 수용성에 대한 가치 있는 정보를 제공한다. 아이들은 인기가 많거나(많은 긍정적인 표를 받음) 거절되거나(많은 부정적인 표를 받음), 논란적(긍정적이고 부정적인 표를 받음)이거나 혹은 무시될(어떤 표도 받지 못함)지도 모른다. 다른 데이터를 활용하여 지명된 아동들을 추가적으로 비교하는 것은 평가자들에게 아동의 인기가 친사회적 것과 관련있는지(다른 학생들을 돕고 유익하게 해주는 방향으로 행동함) 혹은 영향력 있는 가해자와 관련있는지를 드러낸다. 그런 비교들은 거절되고 논란적이며 무시된 아동들과 관련된 도움이 되는 정보를 드러낼지도 모른다.

모든 학교 행정가들이 사회성 측정 도구의 활용을 편안해하는 것은 아니다. 왜냐하면 그들은 측정 결과가 학생들로 하여금 특별한 학급동료를 낙인찍도록 만들 수 있다고 걱정하기 때문이다. 사람을 다루는 연구의 절차를 승인하는 책임을 지니는 기관감사위원회(Institutional Review Boards)는 사회성 측정 도구의 사용에 비판적이지는 않다. 그러나 연구는 이러한 주장에 대한 지지를 보이지 않는다. 대다수의 학생들은 누가 가해자인지 피해자인지를 알고 지명 과정은 그들의 인식을 거의 변화시키지 못한다. 또래 지명의 대안은 교사 지명이다. 그러나 교사와 또래 지명을 비교한다면, 교사들은 오직 또래가 보고한 초등학교 가해자의 47%만을 확인하였다. 중학교의 경우 가해자의 22%만을, 초등학교의 희생자의 경우 46%, 중학교 희생자의 16%만을 분별하였다(Leff, Kupersmidt, Patterson, & Power, 1999).

기록 자료

학생의 학교 기록은 학생 개개인에 대한 중요한 정보를 포함한다. 특별히, 다음 문단에서 논의될 훈육 기록서와 의료기록은 괴롭힘 예방 프로그램의 평가에 매우 중요하다. 더욱이, 학교 기록은 학급에서의 교과 성적과 표준화 시험 정보를 포함한다. 프로그램의 목표에 따라, 교과 성적의 개선은 괴롭힘의 감소 결과로 기대되기 때문에 감시와 추적에 중요하다.

많은 학교들은 훈육행동을 위한 사무실로 이첩한 자료들을 추적하는 데이터베이스를 구축하고 있다. 이러한 데이터베이스는 괴롭힘 개입 프로그램의 영향을 증명하기 위한 평가에 이용될 수 있다. 예를 들면, Newman과 Horne(2004)은 학교구에서 활용된 컴퓨터 추적 시스템에 따라 측정한 결과, 괴롭힘 예방 훈련 프로그램에 참여한 교사들은 훈련을 받기 전보다 훨씬 적은 수의 훈육 문제를 보고하였음을 발견하였다. 유사하게, 시스템의 데이터는 프로그램에 참여한 교사들은 그렇지 않은 교사들보다 훨씬 적은 훈육 보고를 하였음을 보여주었다.

만일 학교 훈육 보고서가 전산화되어 있다면, 데이터 수집은 간단하다. 평가자들은 쉽게 데이터베이스 내 다양한 영역들, 예컨대, 교사, 학생, 위반 혹은 위치 등에 따라 정보를 편집할 수 있다. 기존의 전산 시스템으로부터 정보를 뽑아내는 과정은 저렴하며 수업 시간을 방해하지 않는다. 더욱이, 컴퓨터의 훈육 보고 기록은 교실 밖 다른 장소, 예컨대 식당 및 버스 안에서 일어난 행위 문제에 대한 정보를 포함할지 모른다. 그러나 만일 학교 훈육 보고가 전산화되어 있지 않다면 데이터 입력 및 수집 절차는 시간 소모적이고 노동 집약적인 일일 것이다.

그러나 괴롭힘 감소 프로그램의 성과로서 유일하게 훈육 데이터를 활용하는 것은 몇 가지 단점을 가진다. 첫째로, 행동 문제는 학기가 진행됨에 따라 증가할 가능성이 높다. 훈육받은 학생 비율은 학년말에 높아질 가능성이 높기 때문에 개입 효과를 숨긴다. 둘째로, 교사의 훈육 보고의 일관성은 일반적으로 낮다. 한 교사에게는 수용될 수 있고 참을 수 있는 학생의 행동이 다른 교사에게는 받아들여지지 못하거나 참을 수 없는 것일 수 있다. 그러므로 훈육 보고에 있어서 수업 기간별로 혹은 교사별로 중대한 차이가 발생한다. 그러나 이러한 문제의 일부는 적절한 계획으로 줄어들 수 있다. 몇 년간의 훈육 보고의 추적은 평가자들에게 개입의 결과를 분석할 때 훈육의 계절적 특성을 고려할 수 있게 해준다. 또한 교사들 간의 훈육의 일관성은 분명한 훈육 가이드라인과 언제, 어떻게 그러한 가이드라인을 따르는지에 대한 연수를 제공함으로써 높아질 수 있다. 더욱이, 몇몇 학교들은 교장실로 보고되는 모든 훈육상태 기록을 보관하는 반면 다른 학교들은 오직 부모들에게 알려지는 심한 경우만을 기록한다. 많은 학교구들은 모든 학교들에 적용되는 표준화된 훈육 보고 과정을 만듦으로써 평가자들의 학교 간 비교를 촉진할 수 있다. 개입 프로그램을 평가하는 데 훈육 보고만을 유일하게 의존할 때 우려되는 점은 다른 학생들을 괴롭히는 모든 학생들이 교장실로 불려가는 것이 아니라는 사실이다. 훈육 보고는 교사의 교실 관리 기술, 수업에 지장을 주는 행동에 대한 교사의 참을성, 학교정책 그리고 교실에서의 문제 학생의 수에 달려있다. 더욱이, 몇몇 교사들은 비행 청소년을 훈육실로 보내는 것을 주저한다. 이는 교장이 그 교사들을 무능한 교실 관리자로 간주할 것이기 때문이다. 최근 연구는 교사의 학생 꾸짖음과 공식적인 훈육 보고의 횟수 사이에 간격이 존재함을 보여주었다. Child Behavior Checklist에 의해 의학적으로 문제있다고 확인된 학생들의 상당수가 훈육 목적으로 행정실에 보내지지 않았다(Nelson, Benner, Reid, Epstein, & Currin, 2002). 결과적으로 훈육 보고에만 유일하게 의지하는 것은 학교에서 행동 문제를 보이는 학생 수를 과소평가할 가능성이 높다.

학교에서 상처받은 학생들은 일반적으로 학교 양호실로 이첩되므로, 간호 기록은 괴롭힘 예방 프로그램이 폭력으로 인한 상처들을 줄였는지 여부를 평가할 소중한 수단이다. 간호 기록을 활용하기 위해서, 학교는 두 가지 선결조건이 존재해야 한다는 것을 인식해야 한다. 개입 프로그램은 언어적, 관계적 괴롭힘뿐만 아니라 신체적 괴롭힘을 줄이도록 고안되었으며, 간호 기록은 의도적인 혹은 의도적이지 않은 상처를 구별하기 위해 상처의 원인을 분명히 해야 한다. 간호 기록은 몇 가지 장점을 가진다. 간호 기록은 쉽게 활용가능하기 때문에 수집하기 용이하고 힘이 들지 않는다. 그것은 개입 프로그램을 시행하기 전 몇 해에 걸친 기초 자료를 제공할 수 있다. 그것은 교실 시간을 요구하지 않으며 자료의 수집과 접근을 위해 교실 시간이나 학부모의 동의를 요구하지 않는다. 그리고 간호 기록은 포괄적이고 학교 전반의 정보를 제공한다.

그러나 간호 기록은 다음의 한계를 지닌다. 학교와 학교 간호사들 사이에 데이터를 모으고 기록하는 방법이 다르며, 간호 기록의 데이터는 활용할 수 없고 완벽하지 않으며 잃어버린 데이터로 인해 평가에 결측 데이터 문제를 일으킬 수 있다(Berner, Krug, Dahlberg, & Powell, 1997). 그리고 상처 비율은 매우 낮기 때문에 분석력에 영향을 미칠 수 있다. 이 점은 간호 기록을 평가 도구로 활용하는 데 있어 가장 결정적인 흠결이다. 2003년에, 오직 4%의 고등학생들이 신체 폭력으로 상처를 입었다고 보고했다(Grunbaum et al., 2004). 더욱이, 설문이 응답자에게 대답을 학교에서 일어난 일로 제한하지 않았기 때문에 이러한 상처들은 학교 밖에서 발생했을 수 있다. 결과적으로, 개입의 영향력을 모니터링하기 위해 간호 기록을 사용하는 결정을 하기 전에, 학교는 수집된 데이터의 질과 상처 유병률을 평가해야 한다. 그럼에도 불구하고, 만약 학교 내에서 괴롭힘으로 상처 입은 학생 문제가 불거지는 경우 간호 기록을 검토하는 것은 매우 중요한 평가 도구이다. 그러나 간호 기록은 언어적, 관계적 괴롭힘을 측정하는 다른 도구들과 병행해서 사용되어야 한다.

설문조사, 행동 관찰, 또래 사회성 측정 그리고 기록 자료만이 유일하게 활용가능한 데이터 수집 대안들이 아니라는 점을 기억해야 한다. 다른 대안으로는 인터뷰, 포커스 그룹과 학생 에세이 등이 있다. 이러한 대안들 각각은 본질적으로 사용되기 전에 고려되어야 할 장점과 한계가 있다. 핵심 인물들에 대한 인터뷰는 문제와 해법에 대한 중요한 정보를 제공한다. 그러나 때때로 몇몇 개인들로부터 얻은 인터뷰 결과를 일반화하기 힘들고 이러한 개개인들이 전체 관심 대상을 대표할 수도 있지만 그렇지 못할 수도 있다. 학생들과의 포커스 그룹은 집단을 반영하지만 만약 가해자가 집단에 속해있다면(다른 학생들은 가해자에게 겁을 먹어 그들의 생각과 느낌을 공유하지 못함) 피드백이 제한될 수도 있다. 또한, 포커스 그룹 데이터를 분석하는 것은 특별한 기술이 필요하며 시간 소모적이다.

학생 에세이는 괴롭힘, 인식된 괴롭힘 문제, 그리고 가능한 괴롭힘 해결책에 대한 풍부한 직관을 가져다줄 수 있다. 학생 에세이는 수집하기 쉽다. 영어 수업시간의 일부분으로 요구될 수 있기 때문에 추가적인 수업 시간을 필요로 하지 않는다. 비록 계획된 목표의 달성 정도를 측정할 정도로 수량화될 수는 없지만, 에세이는 심도 깊게 괴롭힘 문제를 기술함으로써 평가자들에게 어떤 행위들이 학교에서 일어난 의미를 이해할 수 있도록 도와준다. 마지막으로, 학생 에세이는 설문에서 발견된 것들을 보충하는 구성주의적인 정보를 제공함으로써 애매모호한 설문 대답을 명확하게 해준다. 예를 들어, 설문조사에서 한 초등학교 학생들이 학교를 매우 안전하지 않은 곳으로 응답했다. 이러한 기대치 않은 결과에 당황한 학교장은 교사들에게 왜 학생들이 학교가 안전하지 않다고 생각하는지를 묻는 에세이를 활용하도록 요구하였다. 대부분의 학생들은 괴롭힘에 대해서가 아닌 학교 옆 건설 현장에 대해 기술했다.

어떤 측정도구가 활용 가능한가?

학생들이 완성할 수 있는 측정도구나 교사들이 완성할 수 있는 학생 평가도구를 찾을 때, 평가자들은 「Measuring Violence-Related Attitudes, Behaviors, and Influences Among Youths: A Compendium of Assessment Tools」(Dahlberg, Toal, Swahn, & Behrens, 2005) 책을 활용할 수 있다. 이 서적은 무료이며 National Center for Injury Prevention and Control at the Centers for Disease Control and Prevention(www.cdc.gov/ncipc)에 의해 작성되었다.

그림 6-3은 저자에게 요구하면 무료인 학교에서 활용할 수 있는 The Reduced Aggression과 Victimization Scales을 보여주고 있다. 이 척도들은 Pamela Orpinas에 의해 Aggression Scale의 초등학교 버전으로 개발된 것이다(Orpinas & Frankowski, 2001). The Reduced Aggression과 Victimization Scales은 각각 여섯 개의 질문으로 구성되어 있다. 이 질문의 두 개는 관계적 공격 혹은 피해를 측정하며 나머지 네 개는 드러난 공격(놀림, 욕하기, 위협, 밀기 혹은 때리기)을 측정한다. 이러한 척도는 초등학교 고학년을 위해 개발되었다. 4~5학년 학생들(411명)을 대상으로 한 연구에서, 크론바흐 알파 계수(Cronbach' s alpha)로 측정된 점수의 내적 일관성은 공격에 대해서는 .86(성과 인종에 의한 범위는 .84~.89)였으며, 피

해에 대해서는 .84(성과 인종에 의한 범위는 .80~.87)였다. 11문항으로 구성된 원래의 공격 척도는 중학교를 위해 개발되었다(Orpinas & Frankowski, 2001).

Espelage와 그녀의 동료들은 괴롭힘(9문항), 폭력(5문항)과 피해(4문항)를 측정하는 3~12학년을 위한 University of Illinois Aggression Scales을 만들었다

지난 일주일 동안 일어난 것에 대해 생각하고 다음의 질문에 답하시오.

	지난 일주일 동안	0번	1번	2번	3번	4번	5번	6번 이상
1	몇 번이나 너희 학교 아동이 너를 놀렸나?	0	1	2	3	4	5	6+ 이상
2	몇 번이나 너희 학교 아동이 너를 밀치고, 떠밀고, 때렸나?	0	1	2	3	4	5	6+ 이상
3	몇 번이나 너희 학교 아동이 너를 욕했나?	0	1	2	3	4	5	6+ 이상
4	몇 번이나 너희 학교 아동들이 너를 때릴 것이라고 말했나?	0	1	2	3	4	5	6+ 이상
5	몇 번이나 다른 아동들이 너를 의도적으로 내버려뒀나?	0	1	2	3	4	5	6+ 이상
6	몇 번이나 다른 아동들이 너를 더 이상 좋아하지 않도록 만들었나?	0	1	2	3	4	5	6+ 이상
7	몇 번이나 너는 너희 학교의 아동을 놀렸나?	0	1	2	3	4	5	6+ 이상
8	몇 번이나 너는 너희 학교의 아동을 밀치고, 떠밀고 때렸나?	0	1	2	3	4	5	6+ 이상
9	몇 번이나 너는 너희 학교의 아동을 욕했나?	0	1	2	3	4	5	6+ 이상
10	몇 번이나 너는 네가 학교의 아동을 때릴 것이라고 말했나?	0	1	2	3	4	5	6+ 이상
11	몇 번이나 너는 다른 아동을 의도적으로 내버려뒀나?	0	1	2	3	4	5	6+ 이상
12	몇 번이나 너는 다른 학생들이 더 이상 다른 아동들을 좋아하지 못하도록 만들었나?	0	1	2	3	4	5	6+ 이상

피해 척도: 드러난 희생 = 질문 1~4; 관계적 피해= 질문 5~6.
공격 척도: 드러난 공격 = 질문 7~10; 관계적 공격= 질문 11~12.

〈 그림 6-3 〉 초등학교 고학년 공격 및 피해 척도

(Espelage, Bosworth, & Simon, 2001; Espelage & Holt, 2001; Espelage, Mebane, & Adams, 2004). Swearer와 그의 동료들은 학생, 교사 및 학부모를 대상으로 한 괴롭힘 설문을 개발했다(Swearer, Song, Cary, Eagle, & Mickelson, 2001). 학생 대상 설문은 31문항의 4영역으로 구성되었는데 괴롭힘 경험, 괴롭힘에 대한 인식과 태도에 대한 질문이다. 설문은 저자에게 요구하면 얻을 수 있다. Crick은 관계적 공격성을 측정하기 위해 학년급에 따른 척도를 개발하였다(Crick, Casas, & Ju, 1999; Crick & Crotpeter, 1995). 공격성에 영향을 미치는 태도(예컨대, Fun, Elliott, Bechtoldt, Pasold, Tsavoussis, 2003), 믿음(예컨대, Huesmann & Guerra, 1997)과 이타주의(Solomon, Battistich, Watson, Schaps, & Lewis, 2000)와 같은 개인내적 특징을 평가하는 측정도구들은 많이 존재한다. 교사의 지식과 기술을 측정하는 도구들은 드물다. 그 중 하나는 Teacher Inventory of Skills and Knowledge(TISK)인데 교사의 괴롭힘에 대한 인식과 교사가 괴롭힘 예방 및 개입 전략을 사용하는 빈도를 측정한다. TISK에서 묻는 질문들은 Bully Busters 개입 프로그램에 일치하도록 개발되었으나 다른 유사한 개입과정을 평가하는 데도 활용될 수 있다. TISK의 초등 및 중학교 버전도 사용될 수 있다(Home, Bartolomucci, & Newman-Carlson, 2003; Newman, Horne, & Bartolomucci, 2000). 마지막으로, Maslach Burnout Inventory는 직장에서 교육자의 피로상태, 감정적 탈진, 몰인격성과 개인적 성취수준을 측정한다(Maslach & Jackson, 1993). 그러나 이 측정도구는 무료가 아니다.

평가를 제도화하기 전에 평가 과정이 문화적 민감성을 반영하는지(즉, 평가받는 혹은 평가를 시행하는 집단의 문화와 관련성이 있는지)를 검토해야 한다. 이러한 검토는 학교가 때때로 간과하는 성 편향성, 성 정체성, 성 지향성, 인종, 민족성, 사회경제적 고정관념(예컨대, 지방 vs. 도시 배경의 아이들, 버스로 통학하는 아이들 vs. 걸어서 통학하는 아이들, 급식보조를 받는 아이들 vs. 급식보조 받지 않는 아이들)과 같은 다수의 문화적 특성을 해결해야 한다. 또한, 평가 데이터를 수집하기 위해 다양한 방법들이 사용될 때, 학생, 교원 및 학부모 결과를 비교하는 것은 괴롭힘 문제와 개입 프로그램에 대한 여러 집단의 관점을 보여주는 흥미로운 통찰을 제공할 수 있다. 다양한 데이터 수집 방법의 사용과 다양한 원천으로부터 데이터를 수집함으로써 학교는 개입 결과를 해석하는 데 확신을 가질 수 있다.

제7장

보편적인 괴롭힘 예방 프로그램의 선택 및 실행

고맙습니다… 이 프로그램은 저의 인생을 바꾸어 주었어요. 선생님은 제가
폭력을 행사하지 않고 문제를 해결할 수 있는 방법과
친구뿐 아니라 가족이나 선생님을 존중할 수 있는 방법도 알려주었어요.
— 학교 폭력 예방 교육과정에 참여하였던 6학년 학생이
20회 수업을 모두 마칠 때 교사에게 보낸 편지

이 장에서는 괴롭힘 및 공격성을 감소하고 예방하기 위한 보편적인 프로그램을 살펴볼 것이다. 보편적인 프로그램(universal program)이라는 것은 공격성의 위험 수준이나 실제로 공격적인 행동을 얼마나 하고 있는지와는 별도로, 모든 학생들을 대상으로 하는 프로그램을 의미한다. 첫 번째 절에서는 접근 가능한 데이터베이스로부터 프로그램을 찾아보는 전략들에 대해 논의할 것이다. 두 번째 절에서는 프로그램을 선택하기 위한 기준들을 살펴보고, 괴롭힘과 공격성을 줄이기 위해 개발된 기존의 프로그램 목록을 제시할 것이다. 여기서 제시하는 프로그램들은 효과가 있는 것으로 검증된 프로그램들이다.

양질의 프로그램 찾기

지난 20년 동안 학교 폭력 예방 프로그램에 대한 관심이 증가하면서, 많은 상업적·비영리적 목적의 프로그램들이 개발되었다. 이러한 프로그램들 중 일부 프로그램은 엄격한 평가를 받았지만, 대다수의 프로그램들은 평가된 적이 없다. 평가 결과가 항상 긍정적으로 나오는 것은 아니다. 어떤 프로그램은 효과적이지 않았다거나, 단지 특정 학생들에게만 효과적이었다거나, 심지어 해로운 효과를 가져오는 것으로 나타나기도 하였다. 이러한 차이는 주로 프로그램을 어떻게 실행했는지에

따라 달라진다. 다행스럽게도, 잘 설계되어 충실하게 실행된 프로그램들은 약물 남용을 줄이고, 학습을 증진시키며, 정신 건강을 증진시키고, 반사회적 행동을 감소시킨다는 경험적 증거들이 지속적으로 나타나고 있다(Greenberg et al., 2003). 그러므로 문제 유형, 교육목표, 사전 평가에 따라 적합한 개입 프로그램을 선택하는 것은 성공적으로 공격성과 괴롭힘을 줄이기 위해 필수적이다.

좋은 프로그램을 찾기 위해 사용되는 몇 가지 전략들이 있다. Chambless와 Hollon(1998)은 프로그램의 질이 '경험적으로 입증되기 위해서는' 다음과 같은 일정 기준에 부합해야 한다고 주장한다.

- 실험 집단 설계(조건 처치 또는 무처치에 대한 무작위 할당 포함)
- 잘 정리된 처치의 절차(개발된 매뉴얼)
- 엄격한 프로그램 모니터링 절차
- 프로그램 실행에 대한 표준화된 교육 연수
- 목표 영역에 대한 타당하고 신뢰로운 결과
- 처치 효과에 대한 추적 조사(최소 6개월 후)
- 해당 절차에 대한 다른 연구자들의 모방

이러한 기준들을 괴롭힘 예방 프로그램에 적용하는 것은 매우 엄격하면서도 어렵다. 무선 표집된 학교에서 프로그램 개입 집단과 통제 집단의 차이를 살펴보는 첫 번째 기준 하나를 실행하는 데에만 해도 막대한 비용이 소요된다(Multisite Violence Prevention Project, 2004a). 그러나 다양한 조건에서 무선 표집을 하는 것은 경험적 평가를 하는 데 매우 중요하며, 연구결과에 관계없는 요인들의 영향을 완화시키는 데 효과적이다. 예를 들어, 임상실험에서 10,000명의 여성에게 특정한 약이나 가짜 약(플라시보)을 복용하도록 하였을 때, 두 집단 간의 질병 및 사망자 수의 차이는 그 약 때문임을 확신할 수 있다. 그러나 괴롭힘 예방 프로그램을 실시한 학교와 그렇지 않은 통제 집단의 학교 수는 제한되어 있어서, 다양한 변수들의 영향력을 통제하였다고 확신할 수 없다(예, 행정가의 이직, 학생들의 인구학적 차이, 교사의 실행 정도). 더욱이, 이런 연구들의 무선 할당 방식은 개별 학교의 특수한 필요에 따라 개입 프로그램을 수정하도록 허락하지 않는다.

프로그램 평가에서 이러한 제한점을 극복하기 위해 두 가지 전략이 사용되어 왔다. 하나는 출판된 평가 연구들을 대상으로 메타분석을 실시하는 것이고, 다른 하나는 전문가들이 교육과정, 비형식적 연구, 출판된 평가 연구들을 검토한 다음 특정 분류 기준에 근거하여 괴롭힘 예방 프로그램들의 등급을 정하는 것이다. 첫 번째 전략으로서 Wilson, Gottfredson과 Najaka(2001)는 165개의 학교 수준의 예방 프로그램 평가자료에 대한 메타분석을 실시하여 이러한 프로그램들이 알코올과 약물사용, 중퇴자 비율, 결석률 등 문제 행동을 감소시키는 데 효과적이었다고 결론을 내리고 있다. 그들은 프로그램 중에서도 사회학습 원칙에 따라 인지적 · 행동적 전략들을 사용하는 자기통제 및 사회적 역량 증진 프로그램들과 전반적인 학교 환경이 변화되도록 설계된 프로그램들에서 강한 긍정적 효과가 있었다고 보고하였다(예, 분명한 행동 규칙들을 확립하기, 학급경영을 개선하기, 전체 학교 규율을 개정하기 그리고 학년 및 학습을 재조직하기). Wilson과 그의 동료들의 메타분석 연구나 다른 유사 연구들(예, Mytton, DiGuiseppi, Gough, Taylor & Logan, 2002)은 예방 프로그램의 효과성이 개입 프로그램의 종류, 실행의 질, 초반의 학교 풍토에 따라 크게 달라진다고 제안하고 있다. 따라서 프로그램의 일반화 가능성은 여전히 문제가 되고 있다(Gottfredson, Gottfredson & Skroban, 1998; Greenberg et al., 2003; Skroban, Gottfredson & Gottfredson, 1999).

전문가 패널이 프로그램을 검토하는 두 번째 전략은 일부 정부 및 비영리 기관에서 사용해왔다. 이러한 기관들은 폭력 예방 분야의 전문 연구자들과 계약하여 이론적으로 탄탄한 프로그램과 초기 성과의 증거를 보여주는 프로그램들을 철저히 평가하도록 하였다. 기관에 따라 다르지만, 전문가들은 검토한 프로그램들을 두 개 혹은 세 개의 등급으로 분류하였다. 등급의 명칭은 기관에 따라 다양하나 대부분의 기관에서는 다음과 같은 명칭을 사용하여 왔다: 가능성 있는(promising), 효과적인(effective), 모범적인(model). 이처럼 일정 등급으로 프로그램을 분류할 때, 기관마다 다른 기준들을 사용하는 것은 유감스러운 일이다. 따라서 어떤 기관에서는 '모범적' 사례로 평가된 프로그램이 다른 기관에서는 단지 '가능성 있는' 프로그램으로 평가될 수 있다. 이하의 내용에서는 이러한 두 번째 전략들을 사용하여 프로그램을 평가한 단체들의 명단을 제시하고, 그들이 프로그램을 평가할 때 사용하는 등급에 대해 간략히 설명할 것이다. 괴롭힘 예방 프로그램의 평가에 대한 자세한 정보는 해당 웹사이트를 방문해보기 바란다.

미국 보건복지부(U.S. Department of Health and Human Services) 산하의 약

물남용 및 정신건강 서비스관리국(Substance Abuse and Mental Health Services Administration[SAMHSA], 2005)에서는 성공적으로 평가된 약물 및 폭력 예방 프로그램들을 다음의 세 가지 범주로 구분하였다: 가능성 있는(일부 긍정적 결과가 있음), 효과적인(지속적으로 긍정적인 결과가 있음), 모범적인(개발자들로부터 기술적인 도움을 얻어 보급 가능함). 그들이 검토한 프로그램에는 55개의 '가능성 있는' 프로그램과 38개의 '효과적인' 프로그램이 포함되어 있으며, '모범적인' 등급으로 평가받은 프로그램은 없었다. 일부 프로그램들은 약물 사용이나 괴롭힘, 공격성과 같은 다양한 위험 행동에 초점을 맞추고 있으며, 일부 프로그램들은 괴롭힘 등의 위험 행동과 관련된 자산을 개발하는 데 초점을 두고 있다. 프로그램들은 http://modelprograms.samhsa.gov/에서 확인할 수 있다.

미국 교육부(U.S. Department of Education, 2002)에서는 (효과성이 상당히 검증된) 3개의 '모범적인' 사례와 (일부 효과적이라고 검증된) 29개의 '가능성 있는' 폭력 예방 프로그램에 대해 소개하는 책을 출판하였다. 「Exemplary and Promising: Safe, Disciplined, and Drug-Free Schools Programs」(2001)라는 제목의 보고서는 http://www.ed.gov/admins/lead/safety/examplary01/exemplary01.pdf 에서 무료로 받아볼 수 있다. 이 보고서에는 각 프로그램의 강조점(목표로 하는 행동이나 목표), 학년 수준, 기간 및 강도, 비용을 비교해 놓은 탁월한 표가 포함되어 있다. 많은 프로그램들이 흡연, 음주, 약물 사용의 문제를 다루고 있었으나 프로그램의 대다수는 공격성을 줄이고 사회적 기술을 증진시키는 데 초점을 맞추고 있다. 이들이 검토한 프로그램들 중 단지 12개의 프로그램만이 앞서 언급한 SAMHSA와 중복된다.

미국교사연합(American Federation of Teachers, AFT; 2001)은 「Building on the Best, Learning From What Works: Five Promising Discipline and Violence Prevention Programs」라는 책을 출판하였다(www.aft.org 참조). 이들이 평가한 5개의 '가능성 있는' 프로그램 중 3개의 프로그램은 앞서 언급한 미국 교육부의 검토 프로그램에도 포함되어 있다.

미국 학교심리학회(National Association of School Psychologists)에서는 「Exemplary Mental Health Programs: School Psychologists ans Mental Health Service Providers」라는 책을 출판하였다(www.naspcenter.org 참조)(Nastasi, Pluymert, Varjas, & Moore, 2002). 그들이 검토한 프로그램에는 학부모들을 위한

괴롭힘 감소 프로그램도 포함되어 있다.

청소년비행예방사무국(Office of Juvenile Justice and Delinquency Prevention)으로부터 지원을 받고 있는 콜로라도대학(University of Colorado at Boulder)의 폭력연구예방센터(Center for the Study and Prevention of Violence)에서는 「Blueprints for Viloence Prevention」이라는 책을 출판하였다(http://www.colorado.edu/cspv/blueprints 참조). 이 책에서 제시하고 있는 프로그램 선택 기준에는 확실한 억제 효과, 탄탄한 연구 설계, 최소 1년간의 일관적인 효과, 그리고 다양한 유형의 적용이 포함되어 있다. 이러한 기준에 따라 최종 선정된 프로그램의 수는 비교적 적었다. 곧, 11개의 '모범적인' 프로그램과 18개의 '가능성 있는' 프로그램이었는데, 모든 프로그램이 학교 중심 프로그램은 아니었으며, 그 중 많은 프로그램은 직접적으로 괴롭힘 감소를 목표로 하지 않았다. 예컨대, '모범적인' 프로그램으로 평가된 'Fuctional Family Therapy' 라는 프로그램은 가족치료 모델을 통해 공격 성향이 높은 비행 청소년을 다루는 프로그램으로서 학교 환경에서 실행될 가능성은 없다.

개발 서비스 그룹(Development Services Group)은 프로그램 검색을 위한 가장 종합적인 데이터베이스를 가지고 있는데, 「Model Program Guide and Database」는 http://www.dsgonline.com/에서 찾아볼 수 있다. 이 기관에서는 프로그램들을 다음의 세 가지 범주로 분류하여 등급을 부여한다: 모범적인(실험 설계, 무선 할당), 효과적인(실험 설계 또는 준실험 설계), 가능성 있는(제한된 연구나 성과를 기대할 수 있음). 프로그램들은 17개의 주제로 검색할 수 있으나(예, 범죄조직 예방, 학업능력의 향상, 행동조절), 모든 주제가 학교와 직접적으로 관련 있는 것은 아니다. 나아가 데이터베이스 사용자는 특정 인구 특성에 적합한 프로그램을 찾을 수도 있다(예, 나이, 성별, 인종 및 만족, 학교 중퇴 비율과 같은 특성들). 또한 이 사이트는 다른 기관들에서 우수하다고 지지하고 있는 프로그램들에 대한 유용한 정보를 제공하기도 한다.

버지니아 학교 기반 폭력 예방 우수 사례(The Virginia Best Practices in School-Based Violence Prevention)(http://www.pubinfo.vcu.edu/vabp/)는 효과성을 평가한 광범위한 프로그램 목록을 제시하면서 학교 상황에 적합한 많은 프로그램들에 대해 간단한 설명을 제공하기도 한다(Virginia Commonwealth University, n.d.).

예방 프로그램의 실행

학생의 공격성 및 괴롭힘 감소 프로그램의 성공은 학교에 따라 크게 달라진다. 예방 프로그램의 성공은 일반적으로 두 가지 요소에 따라 결정되는데, 곧 학교 환경의 특성과 실행의 질이 그것이다(Gottfredson & Gottfredson, 2002; Greenberg et al., 2003).

학교 환경의 특성

아무리 프로그램 내용이 좋다고 하더라도, 괴롭힘 예방 프로그램이 긍정적인 학교 풍토를 개발하는 것과 대체될 수는 없다(4장 참조). 교사와 관리자의 관계가 좋다거나, 규율이 책임 모델에 근거하고 있거나, 공격성을 예방하기 위한 긍정적인 전략들이 일상적으로 사용되거나, 교사가 학급을 경영하는 데 능숙하다면, 괴롭힘 예방 프로그램은 가장 잘 실행될 것이다(Bear, 1998). 교사들이 큰 틀을 계획하는 것뿐만 아니라 매일의 수업시간에 예방 개념을 통합하기 위해 무엇을 어떻게 가르칠 것인지 결정하게 하는 것도 프로그램에 대한 주인의식을 강화하고 일상생활에서 프로그램이 원활하게 실행되도록 하는 데 도움이 될 수 있다(Gottfredson & Gottfredson, 2002). 교사를 지원하지 않거나 학교의 미션과 분명하게 연결되지 않은 단기간의 분절된 시도들은 거의 효과적이지 않은 것으로 증명되었다(Greenberg et al., 2003).

교사의 프로그램 수용 정도와 더불어 행정가의 리더십과 지원 역시 학교수준의 괴롭힘 감소 프로그램이 성공적으로 실행되도록 하는 데 중요하다. 행정가들은 일반적으로 교육과정을 실행하는 데 얼마나 많은 시간을 할애해야 하는지 그리고 교육과정을 도입하고 교사들을 훈련하기 위해서 얼마나 많은 자원들이 필요한지를 결정한다. 행정가들은 또한 괴롭힘 예방 교육과정의 활동들이 다양한 교과목 및 프로그램들과 창조적으로 통합되도록 돕는다. 이러한 행정가들의 지원이 없다면, 교사들은 양질의 예방 프로그램 연수를 받을 수 없으며, 실제로 프로그램이 실행되지도 않을 것이다. 마지막으로, 행정적인 지원은 프로그램 평가를 촉진할 뿐만 아니라 시간의 경과에 따라 프로그램을 어떻게 개선할지 결정하는 데에도 필요하다.

실행의 질

많은 프로그램들은 단지 제대로 실행하지 않거나, 교육과정 개발자가 제시한 방식을 따르지 않거나, 권장하고 있는 '실행 시간'이 만료되기도 전에 계획을 중단해 버리는 이유들로 실패한다. 일반적으로, 단기적 개입 프로그램은 일시적인 효과를 나타낼 뿐이다. 따라서 사회적 역량과 학교 풍토를 개선하고 유지하기 위해서는 다년간의 장기적 프로그램이 필요하다(Greenberg et al., 2003).

성공적인 개입 프로그램은 다음의 네 가지 사회학습의 기본 원리에 따라 실행되어야 한다.

1. ***기대행동을 모델링하기***: 사회적 기술을 학습하는 방법 중 하나는 사회적으로 적절하게 행동하는 타인(이 경우에는 성인들)을 관찰하는 것이다. 성인들이 스스로 모범을 보이지 않으면서 학생들에게 그런 행동을 기대하는 것은 현실적이지 않다. "내가 행하는 대로 하지 말고, 내가 말하는 대로 하라"는 오래된 속담이 학교에서는 적용되지 않는다. 교사와 교직원은 반드시 적절한 긍정적 행동의 모범을 보임으로써 행동 기준을 설정해 주어야 한다(Bandura, 1986; Bear, 1998).
2. ***프로그램의 목표를 정의하고 목표 달성을 위한 다양한 전략을 설계하기***: 학교의 가장 중요한 목표는 학업 성적과 긍정적 대인관계를 향상시킬 수 있는 긍정적 환경을 조성하는 것이다. 이러한 목표를 성취하기 위해, 교사와 교직원은 학교 전체 목표에 적합한 학생의 학습목표를 세부적으로 정의할 필요가 있다(표 5.1의 예 참조). 우리는 흔히 요구된 활동들을 실제로 수행한 것만으로도 프로그램을 성공적으로 실행했다고 간주하곤 한다. 그러나 프로그램의 목적은 프로그램의 세부 목표들을 성취하는 것이지 단순히 나열된 활동들을 실행하는 것이 아니라는 사실을 상기해야 한다. 학생들의 요구는 다양하기 때문에, 프로그램의 목표를 성취하기 위해서는 때때로 다양한 학급의 특성에 따라 다양한 활동들을 실행할 필요가 있다. 우리 연구에 의하면, 교사들은 학생들이 충분히 이해하도록 하기 위해 때때로 동일한 활동들을 여러 번에 걸쳐 실행할 필요가 있다고 주장하기도 하였다(예, 긴장완화 기술). 활동의 자원은 무수히 많다. 많은 교사들은 수년간의 경험을 통해 사

회적 역량을 개발하고 긍정적인 학급 풍토를 촉진하는 자기 자신만의 효과적인 활동들을 가지고 있다. 그런 활동들은 교사 지원 그룹(제4장의 교사 지원 부분 참조)이나 온라인 토론 그룹과 같은 비공식적 또는 공식적 네트워크를 통해 공유될 수 있다. 마지막으로, 행정가는 이 장의 후반부에서 논의하는 프로그램과 같이 어떤 특정 목표를 성취하기 위한 공식적 교육과정을 선택할 수도 있다. 교사가 수행해야 하는 공식적인 교육과정이 있다는 것만으로도 프로그램이 실행될 가능성을 높일 수 있다.

3. ***기대행동에 대한 지식을 제공하기***: 행동을 변화시키는 데 있어서 지식은 중요한 요소이다. 그러나 지식만으로는 새로운 행동을 시도해 보도록 하거나 오래된 행동을 포기하도록 하는 데 충분하지 않다. 예를 들어, 건강에 해롭거나 안전하지 않다고 알고 있으면서도 우리가 얼마나 이러한 일들을 하고 있는지 생각해보라. 그러나 괴롭힘이라는 쟁점을 다루기 위해서는 적절한 행동과 그렇지 않은 행동, 그리고 그러한 행동이 왜 특정한 상황에서 적절하거나 부적절한지에 대한 기본 정보를 학생들이 알도록 해야 할 필요가 있다(예, 가해자를 알아보는 방법, 마음을 진정시키는 방법, 분쟁을 다정하게 해결하는 방법).
4. ***실천을 강화할 수 있는 기회를 제공하기***: 아동들이 사회적 기술을 배우기 위해서는 이를 실천해볼 필요가 있다. 비디오를 보는 것만으로 수영을 배울 수 없는 것처럼, 사회적 기술을 실제로 연습해볼 기회를 가지지 않고서는 이를 제대로 배울 수 없다. 우선, 행정가와 교사는 학생들이 실습해볼 수 있도록 위압적이지 않은 환경을 제공해야 한다(예, 교사와의 일대일 연습 기회나 학급에서의 역할극). 나아가 학생들이 어른들로부터 칭찬과 격려를 받게 하여 새로운 기술에 대한 자신감을 얻도록 해야 한다. 학생들이 새로운 기술을 점점 익숙하게 사용하면, 교사들은 다른 환경이나 다양한 상황에서 연습할 기회들을 확대해나갈 수 있다.

우리가 연구를 진행하는 동안, 많은 교사들은 새로운 행동을 교실을 넘어 일반화하는 것에 대해서 우려를 표명하였다. 교사들은 아동들이 교실에서 배운 새로운 기술을 다른 환경에 적용할 수 없을 것이라고 걱정하였다. 연습의 기회를 교실 넘어로 확대한다는 것은(예, 운동장, 카페테리아, 통학버스, 체육관) 이러한 문제를 해결하는 데 도움이 될 수 있다. 사실, 어떤 특정 상황에서 배운 기술들을 다른 상황에 적용하는 일은 심지어 성인들에게조차 어려운 일일 수 있다; 아동들은 특정한 기술을 일반화하는 데 더욱 힘든 시간을 보낸다. 몇몇 아동들이 교실 안에서 아주 훌륭하게 역할극을 수행하였다 할지라도, 교실을 떠나 자신이 배운 것을 적용하려고 할 때 어려움을 겪을 수 있다. McGinnis와 Goldstein(2003)은 교실에서 배운 행동을 새로운 환경에 적용할 수 있도록 촉진하는 것과 관련하여 다음과 같은 제안을 하고 있다.

1. ***학생들에게 새로운 기술을 반복해서 가르치기***. 학생들에게 새로운 행동을 다양한 환경에서 실습해볼 수 있는 기회를 제공하고, 관련된 숙제를 내주고, 학습의 진행과정에 대해 피드백을 제공하고, 새로운 행동에 대해 충분히 칭찬해주어라. 만약 교사, 행정가, 교직원들이 교실 밖 공간에서 새로운 행동들을 실천해보도록 학생들을 지원해주는 데 특별한 노력을 기울이지 않는다면, 교실에서 배운 내용은 다른 영역에 전이되지 않을 것이다. 학생들이 새로운 기술을 사용할 수 있도록 가르쳐라. 학생들로 하여금 새로운 기술을 적용하기에 적합한 때가 언제인지 잘 인지하도록 메시지를 제공하라. 그리고 학생들로 하여금 새로운 기술을 사용할 필요가 있는 새로운 상황을 상상해보게 하라.
2. ***학생에 대한 지시를 천천히 중단하기***. 시간이 어느 정도 흐르면, 학생이 새로운 기술을 사용하기에 적합한 상황이라는 것을 스스로 인지하지 못하는 경우에 한하여, 새로운 기술에 대해 상기하는 메시지를 제공한다.
3. ***학생들에게 새로운 상황을 제공하기***. 학생들은 새로운 기술을 새로운 상황에서 연습해보는 것이 필요하다. 예컨대, 교실보다는 운동장에서 협동적인 게임을 하는 것이 곧 있을 현장학습을 준비하는 데 도움이 될 수 있다. 또한, 학생들이 미술 수업시간에 학교의 대형 벽화를 그리는 그룹 작업을 하면서 갈등해결 기술을 연습하거나 학급 친구들을 서로 알아가도록 할 수도 있다.
4. ***학교수준의 계획으로 이어가기***. 교사와 행정가들은 학교 전반에 걸쳐 적절한 행동들을 기대하고 강화하는 것이 필요하다. 갈등해결 모델을 사용하거나 기대행동을 보여주는 것은 일반적으로 학생의 학습을 촉진한다.

학교 수준의 프로그램이 변화를 지원하거나 교사들에게 효과적인 교육과정의 실행 기회를 허락한다면, 학교에서의 괴롭힘은 감소되고 긍정적인 사회적 관계는 촉진될 가능성이 높다.

괴롭힘과 공격성 예방 및 감소를 위한 프로그램의 선택

학교에서의 괴롭힘과 공격성을 줄이는 데 상당히 효과적이라고 입증된 프로그램들이 있다. 여기서 제공하는 정보들은 교육자들에게 편리한 참고자료를 제공하려는 것이며, 어떤 특정 프로그램을 공개적으로 보증하는 것은 아니다. 더욱이, 여기서 제시하는 프로그램 목록은 광범위하거나 종합적이지도 않다. 오히려, 제시된 프로그램들은 우리에게 친숙하면서도 일부 효과성이 증명된 프로그램들이다. 각각의 프로그램에 대한 세부 정보는 해당 프로그램을 제공하는 웹사이트에서 찾아볼 수 있다. 교육자들은 4장과 5장에서 다룬 모든 주제들을 다루기 위해, 하나 이상의 프로그램을 선택하거나 혹은 여러 개의 혼합된 프로그램을 개발할 필요도 있다. 프로그램을 구입하거나 선택할 때, 다음의 기준은 교육자들의 선택을 도와줄 수 있을 것이다.

1. ***학교의 목표***: 학교의 목표범위에 따라, 하나 또는 그 이상의 교육과정을 선택할 필요가 있다. 행정가들은 학교 징계 계획의 변경, 갈등 해결방법을 가르치기 위한 교직 연수, 학생들의 사회적 기술을 증진하기 위한 교육과정의 실행 등 환경과 기술개발 전략을 결합하는 프로그램을 실행하도록 결정할 수 있다.
2. ***성공의 증거***: 행정가와 교육자는 교육과정을 통해 어떤 종류의 성공이 성취되었는지, 그리고 그 프로그램이 성공적이었던 학교 맥락은 무엇인지 검토해야 한다.
3. ***연수***: 교육자는 숙련된 폭력 예방 전문가들이 프로그램을 실행하였을 때와 훈련되지 않은 학교 교사들이 실행하였을 때의 결과가 동일하지 않다는 것을 염두에 두고, 해당 프로그램이 누구에 의해 실행되었을 때 더욱 성공적이었는지 검토해야 한다. 그러나 폭력 예방 전문가들은 때때로 외부인으로 고려되기 때문에, 결국 교사들이 가지고 있는 수용성은 부족할 수 있다. 프로

그램을 성공적으로 실행하기 위해서 어떤 종류의 교사 연수를 얼마나 제공해야 하는지, 이러한 교사 연수의 필요를 충족시키기 위해서 얼마나 많은 자원이 마련되어 있는지도 고려해야 한다.

4. ***교수 전략***: 만약 교육자들이 어떤 교육과정을 실행하기로 결정하였다면, 그 교육과정이 분명한 목표와 체계적인 실행 절차를 제공하고 있는지 파악해야 한다. 교육과정이 얼마나 잘 조직되어 있고 실행하기 쉬운지에 따라, 교수활동과 프로그램 목표와의 일치 정도, 실천을 촉진하는 데 활용가능한 활동의 수, 학생들의 다양한 학습스타일에 적합한 활동의 종류, 학생의 교육과정 참여 정도가 달라진다.
5. ***문화적 적합성***: 프로그램을 선택하기 전에, 교육자들은 해당 교육과정이 자신의 학교 학생들에게 적합한지 살펴보아야 한다. 또한 교육자들은 해당 프로그램이 무심코 특정 학생 집단에 대한 선입견이나 고정관념을 강화하지는 않는지 확인해야 한다.
6. ***비용***: 마지막으로, 행정가들은 해당 프로그램이 자신의 예산에 적합한지 확인할 필요가 있다. 책, 추가 수업 교재, 학생 유인물, 교사 연수 등 해당 교육과정이 비용 측면에서 적절한가? 그 프로그램을 실행하는 데 얼마나 많은 교사 연수 시간이 필요한가?

괴롭힘 예방 및 감소 프로그램의 사례

많은 괴롭힘 예방 프로그램을 개발, 선택, 실행하였던 경험을 되돌아볼 때, 좋은 교육과정을 선택하는 것보다 그것을 엄격하게 실행하는 것이 더욱 중요하다는 것을 알게 되었다. 다음에서 논의하는 프로그램들은 우리가 검토한 기준에 부합하는 프로그램들이다.

The Peaceful Schools Project and the Back Off Bully Program

'The Peaceful Schools Project and the Back Off Bully' 프로그램은 유치원부터 5학년까지의 학생들을 대상으로 만들어진 프로그램이다(http://www.backoffbully.com). 'The Peaceful School Project'는 매뉴얼에서 제시한 원리를 수행하면서, 학교가 개입에 대한 철학을 내면화하도록 돕는 체계적인 프로그램이다. 'The

Peaceful School Project' 가 공격성을 줄이고 긍정적인 학교 풍토를 조성하기 위한 대규모 학교 변화 프로그램인 반면, 'the Back Off Bully Program' 은 학교에서의 괴롭힘을 줄이기 위한 교육과정이다. 이 프로그램은 학교 공동체의 학생과 모든 성인이 피해자에게 도움을 주는 주변인이 되도록 하는 데 목적을 두고 있다. 이 프로그램은 유치원부터 5학년의 교육과정을 가르치기 위한 단계별 교사 매뉴얼, 학생과 학부모를 위한 비디오, 삽화(예, 포스터, 마그넷, 패치), 문제의 심각성 정도를 평가하는 측정도구, 그리고 훈육 매뉴얼 등을 포함하고 있다. 이 프로그램은 효과적인 문제해결을 강조함으로써, 서로 협력하게 하고 힘겨루기를 회피하게 하는 환경 조성을 강조하고 있다.

Bully Busters

'Bully Busters' 프로그램은 유치원부터 5학년 학생들(Horne, Bartolomucci, & Newman-Carlson, 2003)과 6학년부터 8학년까지의 학생들(Newman, Horne, & Bartolomucci, 2000; http://www.bully-bustrers.com; www.researchpress.com)을 위해 개발된 프로그램이다. 이 두 집단에 대한 각각의 매뉴얼은 교사용 연수자료와 아동용 활동자료를 포함하고 있다. 이 프로그램은 괴롭힘에 대한 인식을 높이는 한편, 교사들이 괴롭힘 예방 및 감소를 위한 기술을 향상시킬 수 있도록 설계되었다. 연구 결과, 괴롭힘에 대한 지식과 괴롭힘 문제를 다루는 교사의 효과성이 증가한 것으로 나타났다. 괴롭힘을 예방하는 데 있어서 이처럼 교사의 향상된 기술은 징계 위원회에 신고된 건수의 감소에 반영되어 있었다.

Bullying Prevention Program

유치원 아동에서부터 12학년까지의 학생들을 대상으로 설계된 'Bullying Prevention' 프로그램은 학교, 교실, 개인 수준에서 괴롭힘의 행동을 포기하도록 하는 데 효과적이다(http://www.colorado.edu/cspv/blueprints/model/programs/BPP.html). 이 프로그램의 주요 특징은 학급 규칙을 만들고, 학급 토론모임을 마련하며, 긍정적 행동을 강화하는 것이다. 이 프로그램을 통해 교사, 학생, 학부모 모두는 교우관계와 학급 분위기를 개선하기 위해 함께 노력한다. 'Bullying Prevention' 프로그램은 괴롭힘 사건이 더 이상 발생하지 않도록 하고 가해자와 피해자의 문제를 개선하는 데 성공적이었던 것으로 보고되고 있다(Olweus, 1993b; Limber, 2004).

Bully Proofing

'Bully Proofing' 프로그램은 유치원 아동부터 5학년 학생과, 6학년부터 8학년까지의 학생들을 대상으로 개발된 프로그램으로, 괴롭힘을 줄이거나 예방하기 위한 몇 가지 매뉴얼과 교수 자료를 제공하고 있다(http://www.sopriswest.com). 이 프로그램은 괴롭힘의 감소를 확인할 수 있는 정보도 제시되어 있으며 학부모도 중요한 요소로 고려하고 있다(Bonds & Stoker, 2000; Garrity, Jens, Porter, Sager, & Short-Camilli, 2004).

Target Bullying: Ecologically Based Prevention and Intervention for Schools

'Target Bullying' 프로그램은 5학년부터 9학년까지의 학생을 대상으로 만들어진 프로그램으로, 학교 관계자들이 먼저 학교에서 가해-피해 문제에 대한 데이터를 수집한 다음, 그 데이터에 근거하여 학교와 지역사회에서 실행할 수 있는 효과적인 개입 및 예방 방법을 결정하도록 설계되었다. 교사, 학교 관계자, 학생, 학부모가 모두 참여하여 예방 및 개입에 대한 주인의식을 가질 때, 괴롭힘의 행동들은 감소되는 것으로 나타났다. 이 프로그램은 「Bullying in American Schools: A Social-Ecological Perspective on Prevention and Intervention」에 설명되어 있다(Espelage & Swearer, 2004; Swearer & Espelage, 2004).

University of Illinois School Bullying Taskforce

'University of Illinois School Bullying Taskforce'는 2학년부터 12학년의 학생들을 대상으로 개발된 것으로, 학교 행정가, 교사, 교직원들이 자신들의 학교에 적합한 괴롭힘 예방 및 개입 프로그램을 개발하도록 지원하는 프로그램이다(웹사이트는 사용 가능하지 않다; 더 많은 정보를 원한다면 espelage@uiuc.edu에 연락해보라). 이 프로그램에서는 교사 및 학부모의 태도, 또래 압력, 학급 분위기를 파악하기 위해, 학생, 교직원, 학부모를 대상으로 학교에서 어떤 유형의 괴롭힘이 발생하는지, 어디서 괴롭힘이 발생하는지, 그런 행동들이 어떻게 지속되고 있는지 설문조사를 실시한다. 이렇게 학교 내부의 데이터가 수집되면, 프로그램 스태프는 자문위원회와 협력하여 해당 학교나 지역사회의 필요에 적합한 프로그램으로 조정한다(Espelage, 2004).

공격성 예방 및 감소 프로그램의 사례

CASASTART

미국 국립중독약물남용센터(National Center on Addiction and Substance Abuse; CASA)는 3학년부터 8학년(8~13세) 학생을 대상으로 한 'Striving Together to Achieve Rewarding Tomorrows(START)' 프로그램을 개발하였다(http://www.modelprograms.samhsa.gov/pdfs/FactSheets/CASA.pdf). CASASTART 프로그램은 청소년들이 약물남용이나 비행행동에 연루되는 것을 방지하기 위해 개발되었다. 이러한 목적을 성취하기 위해, 이 프로그램은 지역사회 기반의 단체들, 경찰 인력들, 학군의 사람들이 협력할 수 있도록 동기를 부여한다.

Good Behavior Game

'Good Behavior Game'은 긍정적 보상 시스템에 근거하여 행동조절을 연습하게 하는 1~2학년 학생 대상 프로그램이다(http://www.bpp.jhu.edu). 매뉴얼에는 학생들의 긍정적 행동에 보상하는 방법을 활용하여 어떻게 긍정적인 행동은 촉진하고 공격성은 단념하게 할 수 있는지 기술되어 있다. 프로그램을 실행한 지 1년 후, 교사들은 1학년 학생들에게 공격적 행동이 감소하였다고 보고하였다(Embry, 2002; Ialongo, Poduska, Werthamer, & Kellam, 2001).

I Can Problem Solve

'I Can Problem Solve' 프로그램은 미취학 아동에서부터 6학년 학생을 위해 개발된 프로그램으로, 교사로 하여금 학생들이 갈등을 평화적으로 해결할 수 있도록 돕게 하는 프로그램이다(http://www.researchpress.com). 교사는 그림, 역할극, 인형극, 그룹토의 등을 수업에 포함하여 학생들이 그러한 기술을 훈련할 수 있도록 한다. 이 프로그램은 아동의 친사회적 행동과 문제해결 기술을 향상시키는 것으로 나타났다(Shure, 2001).

Life Skills Training

'Life Skills Training' 프로그램은 6학년부터 9학년 학생을 위해 개발된 프로그램으로, 학생으로 하여금 자기 관리기술(예, 목표 세우기, 갈등 해결하기, 스트레스 줄이기 등), 약물남용을 피하는 기술, 일반적인 사회적 기술들을 인식할 수 있도록 도움을 줌으로써, 학교 폭력과 약물남용을 예방하고 사회적 기술을 개발할 수 있도록 설계되었다(http://www.lifestraining.com/program.cfm). 이러한 세 가지 영역의 기술을 개발한 학생들은 청소년기 전반에 걸쳐 위험행동에 관여할 가능성이 낮은 것으로 나타났다(Botvin, Mahalic, & Gropeter, 1998).

Linking the Interests of Families and Teachers

'Linking the Interests of Families and Teachers' 프로그램은 1학년부터 5학년 학생과 학부모를 위한 10주 과정의 프로그램으로, 다음의 세 가지 주요 요소로 구성되어 있다: 교실 중심의 문제해결 및 사회적 기술 훈련, 놀이터(playground) 중심의 행동수정, 그룹 학부모 연수(http://www.colorado.edu/cspv/blueprints/promising/overview.html). 이러한 구성요소들은 학생들에게 결핍되어 있는 특정 사회적 기술(예, 반항, 일탈, 사회적 부적응)뿐만 아니라 학부모들의 양육 태도(예, 훈육 및 감시)의 문제를 다루고 있다. 이 프로그램은 공격성을 전반적으로 감소시키는 데 효과적인 것으로 나타났다(Eddy, Reid, & Fetrow, 2000).

Peace Builders

'Peace Builders' 프로그램은 유치원 아동에서부터 5학년 학생을 위해 설계된 프로그램으로, 공격적이고 적대적인 행동을 촉발하는 학교상황의 특성을 변화시키는 데 목표를 두고 있다(http://www.peacebuilders.com/). 이 프로그램은 다양한 인종이 섞여 있는 도시 및 교외 지역의 학교에서 사용되어 왔다. 연구 결과, 이 프로그램은 학생들의 사회적 역량을 개선하고, 공격적 행동을 완화시키는 것으로 나타났다(Flannery et al., 2003).

Positive Behavioral Interventions and Supports

'Positive Behavior Supports' 라고도 불리는 이 프로그램은 본래 유치원부터 12학년 학생을 위한 특수교육 프로그램으로 개발되었으나 일반 학교의 프로그램으로도 성공적으로 사용되어 왔다(http://www.pbis.org/schoolwide.htm). 이 프로그램은 전체 학교(예, 교직원들에 대한 지원, 데이터에 근거한 의사결정, 개선된 징계 시스템), 개별 교실, 그리고 학생(예, 사회적 역량, 학문적 성취; Sugai & Horner,

2002)을 위해 조직 차원의 교육을 증진시킴으로써 긍정적인 학교 환경의 개발을 강조한다.

Promoting Alternative Thinking Strategies

'Promoting Alternative Thinking Strategies(PATHS)' 는 유치원부터 5학년 학생의 감성능력을 증진하기 위해 개발된 학교 중심 프로그램이다(www.prevention-science.com). 교사와 전문가들은 이 프로그램을 실행하도록 훈련된다. PATHS는 사회적 인지, 사회 · 정서적 역량, 문제해결 능력을 증진시키는 것뿐만 아니라 공격성이나 우울증을 감소시키는 데 효과적인 것으로 나타났다(Greenberg, Kusche, & Mihalic, 1998).

Responding in Peaceful and Positive Ways

'Responding in Peaceful and Positive Ways' 의 예방 프로그램은 6학년부터 8학년까지의 학생을 대상으로 하는 프로그램으로, 행동 · 인지적 전략들을 사용하여 학교폭력을 예방할 수 있도록 가르치는 프로그램이다(http://www.modelprograms.samhsa.gov/pdfs/Factsheets/RiPP.pdf). 이 프로그램은 학생들에게 문제를 해결하거나 자신의 행동을 관리하는 과정에 비판적 사고기술을 적용해보도록 격려한다. 이 프로그램은 학생들의 신체적 공격성을 줄이는 데 일부 효과적인 것으로 나타났다(Meyer, Farrell, Northup, Kung, & Plybon, 2000).

Second Step

'Second Step' 은 초등학생(미취학 아동부터)을 위한 버전과 중학생을 위한 버전이 있다(http://www.cfchildren.org/). 초등학생용 버전은 공감, 충동조절, 분노관리를 다루고 있으며, 6주간의 학부모 교육도 포함되어 있다. 중학생용 버전은 학교 폭력 문제에 대한 이해를 높이기 위해 더욱 광범위한 인지적 요소들을 포함하고 있으며 공감, 분노조절, 문제해결, 기술적용을 목표로 하고 있다. 이 프로그램은 학생들의 신체적 공격성을 줄이는 데 일부 효과적인 것으로 나타났다(Grossman et al., 1997).

제3부

Bullying Prevention: *Creating a Positive School Climate and Developing Social Competence*

문제 다루기: 지속적인 괴롭힘 가해자

제8장

지속적인 괴롭힘: 상담적 개입

사물은 스스로 변하지 않는다; 우리가 변화시켜야 한다.
— Henry David Thoreau, 「Walden and Other Writings」

소수의 아동들은 학교 환경과 교실이 긍정적으로 변화되어도 계속해서 상대를 괴롭힌다; 우리는 이러한 아동들을 ***지속적인 가해자(persistent bullies)***라고 명명한다. 이러한 지속적인 가해자를 개인상담 혹은 가족상담을 통해서 돕는 것은 쉽지 않다. 왜냐하면 이러한 아동들을 위해서는 이들의 개인적 문제에 초점을 둔 맞춤형 개입을 제공해야 하기 때문이다. 이 장에서는 이러한 지속적인 가해자에게 제공하는 개입을 어떻게 개발하는지 그 기초에 대해 설명하고, 개인상담의 개입방법을 기술하고자 한다. 첫 번째 절에서는 괴롭힘 문제를 종합적으로 평가하는 것의 중요성에 대해 논의할 것이다. 두 번째 절에서는 지속적 가해자와 가족들을 돕는 상담자 및 정신건강 전문가들에게 요구되는 개인상담과 가족상담 기술을 고찰할 것이다. 마지막 절에서는 학교 상담자가 지속적인 가해자에게 제공할 수 있는 효과적인 개입들을 검토하고자 한다.

문제에 대한 종합적인 평가

최적의 학교 환경에서도—긍정적인 학교문화가 형성되어 있고 대부분의 아동들이 적절한 사회성 기술을 사용하는—모든 아동들이 또래와 교사에 대해 평화적이고 긍정적인 대인관계를 형성하는 것은 아니다. 지속적인 가해자들은 여러 가지 이유로 부적절한 행동 혹은 심지어 폭력적인 행동을 일삼는다. 상당수의 지속적 가해자들은 여러 위험요인(예, 역기능적 가정에서 거주, 비행 또래들과 어울림, 범죄율이 높은 지역사회에 거주)을 지니고 있는 반면 보호요인(예, 생활을 돌보는 성인의 존재, 공격성을 반대하는 종교집단에 소속됨)은 거의 없는 경우가 많다. 2장에서 설명한 것처럼, 폭력에 대한 위험요인의 총합은 보호요인의 합에 의해 상쇄되어 결과적으로 아동의 위험수준을 결정하게 된다. 불안이나 우울과 같은 정서적 문제가 적대적 반항장애나 품행장애와 같은 행동적 문제와 동시에 일어날 경우 지속적인 가해자를 위해 성공적인 개입 계획을 세우는 것은 더욱 중요한 문제가 된다. 긍정적인 학교문화가 지속적인 가해자에게 영향을 주지 못한다 할지라도, 이들의 행동을 변화시키기 위한 노력은 여전히 필요하다.

지속적인 가해자를 상담하는 것은 일반적으로 교사의 범위를 넘어서는 일이다. 대부분의 경우, 이러한 지속적인 가해자는 훈육 문제를 책임지는 교사나 담임교사에 의해 학교 상담자나 학교심리사에게 의뢰되는 경우가 일반적이다. 학교 상담자는 보통 학생의 문제에 대한 종합적인 평가를 실시한 후 학생과 작업동맹(working alliance)을 형성하고 변화를 위한 실행계획을 세운다. 학교 상담자가 개별 아동의 괴롭힘 문제에 대해 직접 평가하는 것 이외에 다른 학교 관계자로부터 관련 정보를 얻는 것은 도움이 된다. 예를 들어, 많은 학교에는 학생지원팀(Student Support Team; SST)이 있는데, 이 팀은 교사와 교직원 및 경우에 따라서는 학업 및 행동문제로 의뢰된 학생을 심사하는 부모로 구성된다. 이 학생지원팀의 목적은 학생의 성공을 방해하는 요소를 확인하고 개입계획을 만드는 것이다. 이 팀은 다양한 생각을 브레인스토밍하고 가장 효과적일 것 같은 전략을 확인하며 계획을 수립하고 계획의 수행 정도를 감독한다. 이러한 목표와 전략은 수시로 발생하는 요구에 따라 수정 및 변화되는 과정을 거친다. 담임교사와 학생지원팀은 여러 차례 기능적 행동 평가(functional behavioral analysis)를 실시한 후 부적응 행동을 지속시키는 요인을 확인해야 하며, 이를 바탕으로 부적응 행동을 줄이고 적절한 행동을 증가시키는 행동적 개입을 개발해야 한다. 이 과정에서 어디에서, 언제, 왜, 그리고 어떻게 문제가 발생하는지를 파악하기 위해 자료를 수집하는 것이 매우 중요하기 때문에, 여러 사람들의 도움이 필요한 경우가 생긴다. 기능적 행동 평가는 보통 특수교육과 관련된 과정이라고 여겨지기도 하지만, 학년에 상관없이 모든 학생에게 적용할 수 있다. 지속적인 괴롭힘 행동을 다루기 위해 심리학자, 사회복지사, 가족치료사 및 다른 지역의 정신건강 전문가들이 관여할 수 있다. 이들은 문제의 평가를 보다 원활하게 도울 수 있고, 학교와 지역사회에서 행해질 수 있는 개인 혹은 가족상담의 실행을 촉진시킬 수 있다. 이 장에서는 전문적인 학위의 종류에 상관없이 이러한 전문가들을 ***상담자(counselor)***라는 용어로 통일하여 사용하였다.

지속적인 괴롭힘 가해자를 위한 개입의 첫 번째 단계는 상담자가 괴롭힘 행동의 본질 및 정도와 심각성을 평가하는 것이다. 괴롭힘이 학교 차원의 개입에 의해 줄어들지 않는 경우, 괴롭힘은 다른 문제들, 예를 들어, 우울, 학습장애, 가족의 역기능, 또는 약물중독과 같은 문제들과 함께 일어날 가능성이 높다. 개입을 개발하기 위해서는 행동을 유지시키는 요인들을 면밀히 조사할 필요가 있다. 상담자는 학생에 대한 평가뿐만 아니라 가족과 지역사회의 특징을 조사해야 한다. 이 때 괴롭힘에 대한 부모의 태도, 문제의 심각성에 대한 부모의 인식, 학생 개인과 가족의 장점, 가족 환경의 특징 및 지역사회의 특징과 문화 등을 파악해야 한다.

학생에 대한 평가

괴롭힘의 심각성

지속적인 괴롭힘 가해자를 돕기 위한 프로그램 개발의 첫 단계는 특정 행동과 이를 둘러싸고 있는 환경에 대한 정보를 수집하는 것이다. 괴롭힘 행동이 얼마나 자주 발생하는가? 지속적인 행동인가 아니면 최근에 나타난 행동인가? 신체적, 언어적, 관계적 괴롭힘인가 아니면 복합적으로 일어나는가? 어디에서 발생하는가(예, 교실, 운동장, 버스, 체육관)? 문제를 해결하기 위해 학교는 (혹은 관련 기관은) 어떠한 조치를 취했는가? 가족은 어떻게 대응했는가? 이러한 조치의 결과는 어떠했는가? 괴롭힘이 반복하여 발생하는 경우, 대부분 학교 상담자나 심리사에게 의뢰되기 때문에, 문제 행동은 학교 관계자에 의해 기록으로 남을 가능성이 높다. 이러한 기록들은—자세할수록 도움이 됨—문제의 본질과 정도를 평가하는 데 매우 요긴하게 활용될 수 있다. 면밀한 조사를 통해서 문제의 심각성과 경중을 파악할 수 있어야 한다. 가족이 개입에 참여해야 하는 경우, 문제를 자세하게 기록하면 문제에 대한 가족의 인식을 높일 수 있고 개입에 대한 가족의 참여를 높일 수 있다.

동반(Comorbid) 조건

괴롭힘은 단독으로 발생하는 문제가 아니다. 품행장애(conduct disorders)와 적대적 반항장애(oppositional defiant disorders)에 관한 문헌에 따르면 공격적 행동은 다른 문제들과 함께 발생하는 경향이 있다. 예를 들어, 한 연구에 따르면 적대적 반항장애를 지닌 아동의 70%는 다른 장애를 동반한다(Simonoff et al., 1997). 또 다른 연구 역시 적대적 반항장애를 지닌 여학생의 39%, 남학생의 46%가 우울, 기분저하 또는 불안을 진단받는다고 보고하였다. 과잉행동과 공격성은 보통 서로 연관되어 있다(Maughan, Rowe, Messer, Goodman, & Meltzer, 2004). 뿐만 아니라, 공격성은 약물과 알코올 사용, 담배 사용, 조기의 성관계, 여러 사람과의 성관계, 혹은 자살시도와 동시에 발생할 가능성이 높다(Orpinas, Basen-Engquist, Grunbaum, & Parcel, 1995). 이처럼 괴롭힘 행동이 다른 숨겨진 문제를 행동으로 드러내는 점을 감안하면, 이들을 위한 효과적 개입을 마련하기 위해서는 문제에 대한 종합적인 평가를 해야만 한다. 그러나 문제를 인과적(causality)으로 가정해서는 안 된다. 예를 들어, 한 학생이 상대를 괴롭히고 동시에 우울을 경험한다고 괴롭힘이 우울을 발생시켰거나 우울 때문에 괴롭힘이 일어났다고 단정할 수 없다. 이러한 특징들은 동시에 독립적으로 나타날 수 있기 때문에 각각의 증상은 독립적인 치료가 필요할 수도 있다.

상담자는 공격성의 정도를 가늠하고 동반되는 문제를 확인하기 위한 여러 방법과 도구를 가지고 있으며 알고 있다. 아동과 청소년에게 가장 많이 활용되는 두 가지의 행동척도는 Behavior Assessment System for Children(BASC; Reynolds & Kamphaus, 1992)와 Achenbach Child Behavior Checklist(CBCL; Achenbach, 1991)이다. 이러한 척도들은 여러 사람들의 평가(예, 학생, 교사, 부모)를 통해서 학생의 문제에 대한 다면적 평가 정보를 제공해준다. 공격성과 과잉행동과 같은 외현적 행동과 우울과 불안과 같은 내재적 행동을 확인할 수 있다. 이러한 도구들을 통해 학습 기술 및 사회성 기술과 같은 적응 기술 또한 측정할 수 있다. BASC와 CBCL을 통해 얻은 개인점수는 연령, 성별, 인종 및 민족에 따른 규준점수와 비교가 가능하다.

그 밖에 많이 사용되는 도구는 부모가 작성하는 Eyberg Child Behavior Inventory이다(Eyberg, 1992). 이 도구는 BASC와 CBCL에 비해 아동의 구체적인 공격적 행동에 초점을 맞춘 도구이다. Sutter-Eyberg Child Behavior Inventory는 동일한

도구이지만 교사가 작성하는 점이 다르다(Eyberg, 1992). 물론, 지속적인 괴롭힘 가해자를 직접 관찰함으로써 공격적 행동과 이 행동에 대한 선행조건(antecedents) 그리고 그 결과에 대한 통찰을 얻을 수 있다. 따라서 관찰은 평가도구로서 간과될 수 없는 방법이다. McMahon과 Wells(1998)가 저술한 「Treatment of Childhood Disorders」에서 자세하게 설명된 행동관찰체제(behavioral observation systems)는 학급과 학교의 여러 장소 및 가정에서 다양한 형태로 활용될 수 있다.

행동을 지속시키는 요인

개입을 개발하기 위해서는 행동을 지속시키는 요인을 파악하는 것이 중요하다. 1장에서 논의된 바와 같이, 공격성은 도구적(instrumental) 성격을 지니며(예를 들어, 값진 물건을 획득하기 위해 공격적 행동이 사용된다), 반응적(reactive) 성격을 지닌다(예를 들어, 직접 공격받거나 공격받았다고 느끼면 이에 대한 보복으로 공격적 행동이 사용된다). 괴롭힘이 도구적 성격을 지니면 이득이 되기 때문에 지속되는 경향이 있다. 괴롭힘 가해자는 운동장에서 더 많은 놀이기구를 사용할 수 있고, 친구 돈을 빼앗아 마음대로 쓸 수 있고, 또래들을 괴롭힘으로써 다른 친구들로부터 주목과 인정을 받을 수 있다. 이러한 경우, 가해자는 선생님으로부터 가끔 부정적인 꾸중을 듣는 것보다 더 만족스러운 개인적인 이득이 있기 때문에 괴롭힘 행동을 지속하게 된다. 이들은 괴롭힘의 피해학생에 대해서는 공감하지 못하며, 괴롭힘 행동으로 인해 받는 처벌보다 더 큰 보상을 얻기 때문에 이러한 행동은 오히려 강화된다. 이러한 유형의 지속적 괴롭힘을 근절하기 위해서는, 가해자의 삶에 영향을 미칠 수 있는 성인이 개입하여 괴롭힘 행동에 대한 대가를 보다 가혹하게 치르도록 하고, 반면에 대안적인 행동을 할 수 있도록 유도해야 한다.

반응적 괴롭힘이 지속되는 경우는 보통 학생이 주어진 상황에서 보다 효과적으로 대처하는 기술이 부족해서 발생하는 경우가 일반적이다. 가해자들은 보통 자기조절력이 부족하기 때문에, 상대의 사소한 시비에도 상대에게 험한 표정을 짓거나 거친 말을 함으로써 공격적으로 반응한다. 이러한 학생들의 일부는 매우 복잡한 가정환경에서 생활하는 경우가 많으며, 가정에서 이미 위와 같은 공격적인 방식으로 양육되었기 때문에 일반적인 학교 차원의 괴롭힘 개입은 이들의 반응적인 괴롭힘 행동을 근절시키기에 충분하지 못하다. 4년 전 초등학교에서 학교차원의 괴롭힘 개입을 실시한 후 이 프로그램이 얼마나 효과적이었는지 교사에게 질문한 적이 있다. 대부분의 교사들은 프로그램을 통해 학생들의 공격성은 효과적으로 줄어들었지만 각 학급에서 그 효과를 보지 못한 학생이 한두 명씩 있다고 언급하였다(Orpinas, Horne, & Staniszewski, 2003). 우리는 교사들과 함께 이러한 학생들의 가족을 면담하였다. 짧게 말하면, 이러한 학생의 가정 분위기는 매우 혼란스러웠다. 이처럼 혼란스러운 가정에서 성장한 학생은 9장에서 논의한 것처럼 가족 프로그램을 통해 변화될 수 있다.

의미 있는 개입을 하려면 문제행동 뒤에 숨겨진 행동의 동기를 이해해야 한다. Adler는 아동의 문제행동에 대한 네 가지 동기를 설명하였다: 관심(attention), 힘(power), 복수(revenge), 부족함(inadequacy)(Dagley, 2000). 가해자들은 주목받기 위하여 괴롭힐 수 있다. 이들 중 일부는 관심을 끄는 유일한 방법으로 상대를 괴롭힌다. 일반적으로 이러한 괴롭힘은 비교적 약한 형태의 괴롭힘이며 다른 방식으로 상대의 관심을 끄는 방법을 익힘으로써 쉽게 해결된다(글상자 8.1에 제시된 주목을 끌기 위한 John의 경우에 해당된다). 그러나 관심을 끄는 것 이상의 동기가 괴롭힘을 유발할 수 있는데, Adler는 힘을 두 번째의 욕구로서 제시하였다. 많은 학생들은 또래와 어른에 대해 자신의 힘을 과시하기 위하여 부정적인 행동을 하는 경우가 있다. 대부분의 학교는 스포츠 활동과 학업성취도와 같은 적절한 활동을 제공하고 학생들은 이와 같은 활동을 통해 자신의 힘과 영향력을 발휘하게 된다. 그러나 가해자들은 힘에 대해 보다 강한 욕구를 지니고 있거나, 이러한 힘을 부정적인 방법으로 행사하거나, 자신의 힘을 인정받기 위하여 잔인하거나 공격적인 방법을 선택하는 경향이 있다(글상자 8.2에 제시된 힘을 추구하는 Roberto의 경우에 해당된다).

글상자 8.1 ■ 관심을 끌려는 John

새 학년이 시작되었을 때, John은 문제가 없어 보였다. 그러나 시간이 지날수록 John은 교실에서 점점 공격적으로 변했다. 특히 그는 내성적이고 온순한 두 명의 학급 친구를 괴롭혔다. 이들을 의도적으로 넘어뜨리고, 넘어진 친구들을 멍청이, 바보라고 놀렸다. 교실의 나머지 아이들은 John의 이런 행동을 보고 그저 웃어넘겼다.

이와 같은 John의 문제행동이 심화되자 담임선생님은 John을 학교 상담자에게 의뢰했다. 상담자는 John을 면담하면서 John이 학기 초에는 자신감이 넘쳤지만 시간이 지나면서 자신감을 잃고 있다는 것을 알게 되었다. 자신에 비해 다른 친구들이 공부를 더 잘하게 되었고, 몇몇 아이들은 자기보다 더 인기를 얻게 되었다는 것을 알게 되었다. 상담자는 담임선생님을 만나 학급에서 John이 리더십을 발휘할 수 있는 몇 가지 역할에 대해 논의하였다. 예를 들어, 체육시간에 운동기구를 교실로 나르는 역할이나, 교내식당에서 점심시간에 임무를 부여하는 방식들을 논의하였다. 또한 읽기집단에서 팀장의 역할을 부여하였다.

이와 동시에 선생님은 John과 함께 '은밀한' 수신호를 개발하여 John이 부적절하게 행동하거나 통제가 필요할 경우 사용하였다. John이 자기통제를 잘 할 경우 위에서 제시한 리더십의 역할을 수행할 수 있도록 하였다. 더 나아가 선생님은 John의 부모를 만나 John의 학업성적을 올리기 위한 부모의 역할에 관한 정보를 제공하였다. John의 문제행동은 매우 빠르게 감소하였고 그의 괴롭힘 행동은 중단되었다. 관심과 주목을 받고 싶어하는 그의 욕구는 여전히 강하지만, 보다 긍정적인 방식으로 욕구를 채우는 방법을 습득하게 되었기 때문이다.

글상자 8.2 ■ 힘을 추구하는 Roberto

Roberto는 새로 전학 온 학생인데 전학 온 지 며칠 안 되어 몇몇 친구들과 싸웠다. 담임선생님은 싸움의 원인이 무엇인지 확인하였는데, Roberto와 싸운 친구들은 Roberto가 새로 전학 온 주제에 너무 오만불손하다고 불평을 늘어놓았다. Roberto는 마치 '왕' 처럼 친구들에게 명령하듯이 대했고 친구들을 무시했다. 이러한 Roberto에게 거역하면, Roberto는 화를 내고 위협하며 계속해서 충돌을 일으켜 승복하게 하거나 결국은 싸움으로 발전시켰다. 상담자는 이러한 상황에 대해 Roberto와 면담하였고, Roberto는 자기가 동네에서 '왕'이었으며 학급에서도 '왕' 처럼 되고 싶다고 말했다.

부모와 면담을 한 후 상담자는 Roberto가 얘기한 것이 정말 사실이었다는 것을 확인하였다. Roberto의 부모 또한 Roberto가 학급 회장처럼 행동했으면 했다. 상담자는 Roberto의 부모에게 Roberto가 동네에서는 그렇게 행동했을지 몰라도, 그러한 행동이 학급에서는 허용되지 않는다는 것을 설명하였다. 상담자는 Roberto를 만나 스포츠나 그 밖의 학급활동을 통해 다른 방식으로 자신의 힘을 표현하도록 도왔다. Roberto는 도전받는 상황에서는 여전히 폭발하는 성향을 계속 나타냈지만, 상담자의 도움을 통해 자신을 통제하지 못하는 것보다 오히려 통제함으로써 자신의 힘을 과시할 수 있다는 것을 알게 되었다.

관심을 끌거나 힘을 과시하기 위해 괴롭히는 것은 분명히 공격의 도구적 성격이지만, Adler가 문제행동의 세 번째 동기로 제시한 보복은 명백하게 공격의 반응적 성격을 지닌다. 친구나, 교사 또는 학교 직원이 기분을 상하게 하는 경우(예, 부당한 대우를 당하거나, 또래 앞에서 모욕을 당한 경우, 별명으로 놀림을 당한 경우), 학생은 보복할 수 있다. 보복은 대중매체를 통해서 다양하게 소개되며 미국 비밀검찰국(U.S. Secret Service)이 수행한 연구에 따르면 학교총기사고의 이면에는 보복의 동기가 있음이 밝혀졌다(Vossekuil, Fein, Reddy, Borum, & Modezeleski, 2002). 초등학교와 중학교의 괴롭힘 가해자에 대한 10년간의 인터뷰 결과, 이들은 한결같이 '부당한' 상황을 언급하며 공격적으로 반응한 것의 정당성을 주장했고 분노를 표현했다(글상자 8.3에 제시된 복수하려는 Yancy의 경우에 해당된다).

글상자 8.3 ■ 복수하려는 Yancy

Yancy는 6학년인 다른 여학생들보다 약간 덩치가 크고 다른 학생들에 비해 공부를 잘 못한다. 학습 활동 중 특히 읽기 영역에서 어려움이 있고 학급에서 읽기가 늦은 학생 중 한 명이다. 학생들이 직접적으로 언급하지는 않지만 다른 여학생들은 대개 수업 중에 선생님이 Yancy에게 큰 소리로 글을 읽으라고 하면 눈살을 찌푸리거나 한숨을 쉬곤 한다.

학급에서 공부를 잘하는 학생들 몇몇은 자신들의 연필이 부러지고 종이가 찢겨지고 다른 학용품들이 고장 나 있는 등 자신의 학용품이 망가지는 일이 일어나는 것에 대해 불평을 했다. 선생님들은 기물이 파손되는 일이 있었던 책상 근처에서는 Yancy가 종종 있었다는 이유로 그녀를 의심했다. 선생님들이 그녀에게 기물 손상에 대해 질문했을 때 Yancy는 전혀 관련이 없는 일이라고 부정했다. 이후에 몇몇 여학생들이 Yancy와 맞서게 되었을 때 Yancy는 "더 많은 연필들이 부러질 수 있으니 조심하는 게 좋을 거야… 다른 것들도 역시 부서질 수 있겠지, 예를 들어 니 얼굴… 너는 네가 꽤나 똑똑하다고 생각하겠지." 하고 말했다. 이런 안 좋은 상황이 며칠 동안 지속되었다.

선생님은 Yancy와 다른 여학생들 간의 갈등에 대해 학교 상담자에게 알렸다. 상담 시간에 Yancy는 기물 파손 사건과 자신은 관련이 없다고 다시 부정하면서도 다른 여학생들은 그런 일을 당할 만하다고 되풀이하여 이야기했다. 상담자가 무슨 뜻이냐고 물었을 때 Yancy는 그 여학생들이 너무 잘난 척하고 자기들은 착한 일만 하는 것처럼 행동해서 그 애들의 학용품이 망가져 있는 것이 "당연하다"고 말했다. 상담자는 다른 여학생들의 경우 자신이 가지고 있는 것들—공부를 잘 하고, 좋은 학용품을 갖고, 쉽게 친구를 사귀고—이 그렇게 망가지는 것을 보면 괴로울 것이라고 생각하였고, Yancy도 다른 학생들이 느끼는 그러한 괴로움을 느끼는 것이 필요하다고 생각했다. Yancy는 상담자의 말을 인정했지만 그 여학생들에게 진짜 나쁜 일이 일어나기를 원하지는 않았었다고 자백하였다.

상담자는 다음 몇 주 동안 교사와 협력하여 Yancy가 학급의 다른 여학생들과 협동적인 학습 활동을 하도록 계획을 세웠고 Yancy는 매일 아침 학습 활동에 필요한 자료와 물품들을 나누어주는 책임을 맡게 되었다. 동시에 교사는 그녀에게 학급에서 리더 역할을 부여했다. 게다가 그녀는 점심 급식 도우미와 같이 함께 활동하는 역할을 시작하게 되었다. 상담자는 또한 Yancy와 매주 상담을 진행하면서 더 효과적인 사회적 기술을 발전시키도록 도움을 제공하였다. Yancy는 다른 여학생들과 덜 경쟁적이고 더 협동적으로 함께 지내는 것을 조금씩 학습해갔다. 마지막으로 Yancy의 읽기 기술 향상을 돕는 방과 후 프로그램을 위해 학습 멘토가 오게 되었다.

Adler가 지적한 문제행동 이면의 네 번째 동기는 부족함(inadequacy) 또는 열등감(inferiority)이다. Adler는 몇몇 아동들의 경우 자신이 부족하다고 믿거나 적절한 사회적 기술과 문제해결 기술을 발달시킬 수 없는 것처럼 행동한다고 설명했다. 이러한 아동들 중 몇몇은 외현적으로 드러나는 공격적 행동은 발달시키지 않지만, 대신 단순히 자기 자신을 포기하고 혼자 있고 싶어 한다. 자신이 부족하다고 생각하는 아동들은 굉장히 파괴적인—때로는 아주 기괴한—행동을 함으로써 자신의 부족함이 드러나지 않도록 그 행동 뒤에 '숨는다(hide)'. 이들은 공격적으로 행동할 때 늘 투덜거리는데 그 이유는 그들보다 다른 아이들이 더 인기 있고 잘 하기 때문에 상황이 공정하지 못하다고 불평한다. 이러한 학생들은 이러한 부족함 때문에 특권 또는 기회를 제공받게 된다. 예를 들어, 성인들이나 또래들은 이들에게 낮은 기대를 하게 되고 결과적으로 '평가절하' 하게 함으로써 방해가 되거나 문제가 되는 행동을 해도 그냥 넘어가도록 내버려두게 된다. 교사들이나 친구들의 낮은 기대로 인해 이 아이들은 자신이 가지고 있는 부정적인 자기상을 확인하게 된다.

이와 같은 역기능적 방식을 통해 자신들은 효과적인 사회적 기술을 학습할 능력이 없다고 주장하게 되며 자신의 행동을 향상시킬 책임 회피에 대한 변명을 찾게 된다(글상자 8.4에 제시된 부족함을 느껴서 다른 아이들을 괴롭히는 Ruth의 경우가 이러한 경우에 해당된다.).

글상자 8.4 ■ 부족함을 느끼는 Ruth

Ruth는 교실에서 심각하게 말썽을 일으키는 학생은 아니지만 산만한 편이다. 그녀는 자기 일을 해내는 데 어려움이 있었고 자기 과제를 끝내려고 시도도 하지 않고 가만히 앉아 있는 경우가 많다. 하지만 최근에 그녀는 다른 아이들, 특히 그녀 주변의 두 여학생을 성가시게 괴롭히기 시작했고 그 괴롭힘이 점점 심해지고 있다. 이 두 여학생들이 교사에게 불평을 했고 교사는 Ruth가 자기 일을 하도록 다독였지만 Ruth는 일이 너무 어려워 마치는 것이 불가능하다고 투덜거렸다. 교사가 Ruth 옆에 서서 차근차근 활동들을 알려줄 때만 Ruth는 일을 그럭저럭 마무리했다. 교사가 교실의 다른 곳에 주목할 때마다 Ruth는 두 여학생을 괴롭히기 시작했다. 학교심리사는 Ruth의 담당 교사에게 몇 가지 전략들을 제시하였다.

- Ruth를 격려하는 말들을 사용해서 Ruth가 일을 더 열심히 하게 하고, 진전을 보이도록 하며, 자신이 하는 일에 책임을 지도록 도와라. 예를 들어, 다음과 같은 말을 사용할 수 있다. "Ruth, 어려운 점이 있지만 계속 시도해봐. 앞으로 10분 동안 더 해봐. 그 때 내가 와서 도움을 줄게. 네가 10분 동안 노력하는 것을 확인한 후에 도와줄 거야."
- 협동 학습의 기회를 제공하라. 다른 두 여학생이 Ruth와 함께 과제를 수행할 수 있는지 평가하라. Ruth는 두 여학생의 주의를 끌고 싶었지만 적절하지 않은 방식으로 관심을 얻으려 한 점이 분명하다. 이 학생들과 적절하게 상호작용하는 것은 Ruth가 다른 아이들과 함께 있을 때 더 적절한 방식으로 행동하는 것을 도울 수 있다.
- Ruth가 교실에서 자신의 일을 끝마치지 못했을 때 부정적인 결과를 제공하라(예를 들어, 방과 후 과제). 방과 후 활동으로는 못 마친 과제 끝내기와 개별학습지도(academic tutoring) 등이 포함될 수 있다. 하지만 방과 후 활동이 학교를 마친 후 교사와 단독으로 시간을 보낼 수 있다는 점 때문에 Ruth가 오히려 문제를 더 일으키는 방식으로 강화되지 않도록 주의해야 한다.

글상자 8.1부터 8.4에 제시된 예들—John, Roberto, Yancy, Ruth—의 경우 부적절한 행동들을 수정하기 위한 목표는 각 학생의 정서적인 욕구에 따라서 방향이 정해지고 결정된다. 이러한 사례들은 괴롭힘에 대한 일반적인 프로그램들이 효과적이지 못한 경우로서, 위에서 제시한 학생들은 보다 강화된 구체적인 프로그램이 실행되어야 하는 경우를 보여준다.

가족과 지역사회에 대한 평가

강점

괴롭힘 행동을 없애기 위한 개입 조치들은 개인의 강점(예, 운동 능력)과 가족의 강점(예, 확대가족의 안정성)들을 이용할 수 있다. 가해자들이 가진 강점이 무엇인지를 탐색하여 이를 격려할 필요가 있다. 실제로 많은 가해자들은 리더십과 같은 능력을 보여주는데, 이러한 능력이 긍정적인 행동으로 전환될 수 있도록 도와야 한다.

괴롭힘에 대한 태도와 인식

괴롭힘에 대한 부모의 인식은 아동의 행동 문제에 대한 평가와 관련이 있으며, 특히 개인적 개입이 적절할지 또는 가족적 개입이 적절할지를 평가하는 것과 관련된다. 부모는 괴롭힘을 잘못된 것이라고 믿는가 아니면 괴롭힘을 일반적이고 적절하다고 받아들이는가? 이러한 부모의 태도는 가해자들의 행동에 강하게 영향을 미칠 수 있다. 가족치료 프로그램의 경우, 아동이 치료의 핵심이지만 아동에게 기대되는 변화는 부모의 행동과 태도의 변화를 통해서 발생한다. 따라서 가족상담의 경우 양육 방식은 상담 초기에 다루어져야 할 필요가 있다. 왜냐하면 부모의 기질이 상담과정에 대한 가족의 참여도에 영향을 미치기 때문이다. 동기 부여가 된 부모들—자녀가 형제 · 자매나 다른 아동들과 부적절하게 의사소통하는 것을 봤을 때 문제가 있다고 인식하는 부모들—은 개입을 잘 받아들인다. 왜냐하면 그들은 이미 자녀의 행동을 개선하려고 마음을 먹었기 때문이다.

부모가 자녀의 괴롭힘 문제를 다른 사람, 예를 들면 선생님의 탓으로 돌리고 가족의 영향력에 대한 이해를 거부하는 경우, 이러한 가정은 어떤 개입 프로그램에도 응하지 않는 경향이 있다. 종종 괴롭힘 행동을 문제라고 인식하지 않는 부모들은 괴롭힘을 전형적인 아동들의 행동이라고 간주하며, “남자애들이 다 그렇지 뭐.” 혹은 “그게 바로 애들이 행동하는 방식이야.”라는 말로 자신들의 의견을 표현한다. 자녀의 행동에 대해 만족하지는 않지만, 이러한 부모는 괴롭힘 행동을 특별하다거나 극단적인 것으로 인식하지 않는다. 실제 이러한 부모는 자녀의 행동이 일반적인 것보다 더 공격적이라는 것을 교사나 다른 가족이 확인한 후에야 인식하는 경향이 있다. 우리가 진행하고 있는 한 프로그램에 참여한 아동의 경우 소변을 병에 넣고 새로운 음료수라고 이야기하며 1학년 학생에게 그것을 마시라고 속였다. 그 가해자의 부모는 그의 행동이 아이들의 전형적인 행동이라고 변명했다. 몇몇의 부모들은 자신의 자녀가 위협을 당하거나 모욕을 당할 때마다 상대에게 보복하라고 부추기면서 괴롭힘을 인정하기도 한다. 부모의 의도를 올바르게 이해하지 못한 가해 아동들은 이러한 부모의 충고가 자신들의 행동을 칭찬하는 것으로 오해할 것이다. 가해자들은 아마도 부모가 자신에게 “맞서서 싸우라(fight back).”고 충고하는 것에 담겨진 숨겨진 의미를 깨닫지 못할 것이다.`이러한 상황은 자신의 자녀가 피해자가 되는 것을 막는 다른 방법을 찾지 못한 부모의 경우 발생하는데, 이와 같이 충고하는 것은 부모 자신의 무능력함을 인정하는 것으로 볼 수 있다. 가해 학생을 도울 때 상담자는 이러한 부모의 의도를 폄하하지 않으면서 맞서 싸우라는 부모의 조언을 보다 긍정적으로 아동에게 설명하되, 어떠한 경우에도 학교에서 싸움은 용납되지 않는다는 것을 명확하게 인식시켜야 한다.

가족 환경

상담자가 개인 아동과 함께 상담을 진행하든지 아니면 전체 가족과 함께 하든지, 상담자는 가족 환경을 조사하고 이해할 필요가 있다. 가족이 약물이나 알코올 남용, 우울, 부부 갈등, 또는 실업 등의 결과로 충분한 기능을 하지 못한다면, 괴롭힘 행동에만 초점을 맞춘 개입은 성공하지 못할 가능성이 높다. 위와 같은 스트레스 요인들이 주어진다면, 부모는 양육 프로그램에 참여하거나 효과적으로 자녀의 새로운 행동을 지원해주기가 매우 힘들 것이다. 따라서 상담자는 아동을 상담하는 것과 동시에 부모와 함께 프로그램을 진행하거나 부모가 도움을 받을 수 있는 적절한 지역사회의 관련 기관을 알려주어야 할 것이다.

지역사회와 문화

가해자들은 다양한 범위의 문화적 배경을 가지고 있으며, 그들의 공격적인 행동이 학습되고 유지되는 것에 영향을 미칠 수 있는 다양한 지역사회에 거주한다. 괴롭힘을 어느 정도 지지하는지, 폭력을 어느 정도 수용하는지에 대한 수준은 지역사회마다 매우 다르다. 비록 가해자들이 다양한 배경을 가졌다 할지라도 그 지역의 범죄율이 높거나 범죄 조직이 있거나 혹은 마약 거래가 빈번하게 일어나는 지역에 사는 아동들은 범죄율이 낮은 지역에 사는 아동들에 비해 추가적인 위험요인에 직면한다. 학교에서 괴롭힘 문제를 가진 일부 아동들은 사회적으로 소외된 아동들이다. 경제적으로, 정서적으로 이겨내려고 애를 쓰면서, 그들은 학교에서 문화적인 갈등을 느끼고, 그들의 부모로부터 학습된 '세상에 대항하는 우리(us against the world)' 태도를 고수할지도 모른다. 상담 프로그램은 이러한 복합적이고 다양한 아동, 가족, 학교, 지역사회 요인들을 민감하게 고민해야 한다. 상담자는 자신의 영향력의 범위 안에서, 그들의 어려움을 이해하고 그들의 문제를 줄일 수 있는 조치를 취해야 한다.

상담자 기술

가해자를 상담하는 성인이 성공을 거두기 위해서는 아동의 괴롭힘 문제를 돕기 위한 일련의 기술이 필요하다. 교사가 학생의 참여를 이끌어내기 위해서는 이들을 존중해주면서 동시에 권위 있는 태도를 보여야 한다. 반면 행정가들은 명확한 학교 지침을 제시함으로써 학생들을 보호해주어야 한다. 지속적인 가해자를 상담할 때 상담자 및 다른 정신건강 전문가들이 지녀야 할 효율적인 상담 기술은 크게 세 가지로 구분된다: 해결 중심 접근을 통해 개입을 설계하는 기술, 가해자와 소통하는 기술, 가해자의 가족을 상담하는 기술이다.

해결 중심 접근으로 개입을 설계하는 기술

괴롭힘 문제를 종합적으로 평가하기 위해서는 문제보다 해결에 초점을 맞춘 개입을 개발하는 방향으로 진행해야 한다(표 8.1). 가해자들이 전문 상담자에게 맡겨져 검사와 진단을 받는 경우, 결과적으로 그들에게 필요한 도움이 제공되지 못하

〈 표 8.1 〉 문제 중심 접근과 해결 중심 접근의 비교

문제 중심 접근	해결 중심 접근
– 무엇이 잘못되었는가?	– 어떻게 그 문제를 해결할 수 있는가?
– 왜 아동이 공격적인가?	– 아동이 덜 공격적이 될 수 있도록 어떻게 도울 수 있는가?
– 어떤 기술이 부족한가?	– 아동에게 필요한 기술을 개발시키기 위해 어떻게 도와야 하는가?
– 아동이 무엇을, 언제, 어디서, 왜 하였는가?	– 비슷한 상황이 다시 발생하는 것을 예방하기 위해서 어떻게 해결책을 찾을 수 있을까?

고 그대로 방치되는 경우가 흔하다. 해결 중심 접근은 다음과 같은 방법을 사용함으로써 이러한 취약점들을 극복하는 접근이다.

- 아동이 할 수 없는 것으로부터 이들이 할 수 있는 것으로 초점을 전환하기
- 문제 자체보다는 문제를 해결하기 위해 무엇을 해야 하는가에 초점을 두기
- 아동에 대한 기대와 신념을 바꿈으로써 변화를 일으키기
- 희망, 통제감 및 변화를 위한 긍정적인 전략에 초점을 두기
- 과거에 효과적이었던 것에 초점을 맞춤으로써 변화를 위한 모델 제공하기

해결 중심 접근은 「Solution-Focused Counseling in Middle and High Schools」(Murphy, 1997)에 자세하게 설명되어 있다. 이 책은 학생들을 위한 해결 중심 접근을 활용할 수 있는 이론적 구조와 함께 실제적인 학생 지원 방식을 분석하여 제시한다. Murphy는 공격성이 높고 괴롭힘 문제를 지닌 학생들에게 효과적이었던 구체적인 사례들을 제시하였고, 해결 중심 상담을 사용할 때 지켜야 하는 단계들을 기술하였다. 해결 중심 모형은 괴롭힘과 피해 문제를 다루는 상담자뿐만 아니라 다른 정신건강 전문가들에게도 유용한 자료이다. 이 접근은 이 책에서 설명하는 모든 개입에 적용될 수 있으며, 특히 보편적인 개입에 반응하지 않는 지속적인 가해자들에게 적용할 때 적절하다.

가해자와 소통하는 기술

상담자가 가해자와 치료동맹(therapeutic alliance)을 형성하기 위해서는 가해자와

소통하는 것이 필수적이다. 상담자가 가해자와 서로 소통하는 관계를 형성하지 못하면 가해자의 행동에 있어서 변화의 가능성이 크게 감소되기 때문에, 다음과 같은 중요한 5가지 기술을 특별히 강조한다.

1. *초청접근(invitational approach)을 사용하기*: 흔히 가해자는 상담과정에 초청받지 못한다. 이들은 오히려 지시받고, 요구받고, 또는 강요받는다. 이들이 이러한 상담에 참여하도록 요구받는 경우, 관계는 자동적으로 저항심과 방어심을 유발하며 대립적이거나 적대적인 상태에서 시작된다. 초청모델은 다음의 대화에서 제시된 것처럼 문제에 대한 열린 대화의 기회를 제공한다.

   상담자: Mike, 와서 얘기 좀 하자.

   Mike: 제가 뭐 잘못한 게 있나요? 무슨 일 때문에 난리세요?

   상담가: 너희 반 교실, 복도, 심지어 화장실에서도 몇몇 문제가 있었거든. 도대체 무슨 일이 있었는지 같이 얘기 좀 해보고, 네가 그 문제에 대해 어떻게 생각하는지 들어보고 싶다. 글쎄, 이 문제들을 어떻게 해결할지 함께 생각해 보자구. 네가 도와줄 수 있지?

   Mike: 음… 도울 수 있을 것 같아요.

2. *존중(respect)과 존엄성(dignity)을 보여주기*: 일반적으로 지속적인 가해자들은 문제 상황에 익숙하다. 그리고 긍정적인 배려 없이 무시당할 것으로 생각하곤 한다. 그들이 존중과 존엄성을 제공받는 것은 중요하다. 자신의 행동이 공손한지 아닌지에 대해 불확실할 때, 이렇게 질문하라. "초대된 가족의 손님을 대하듯—성인 손님—이 아동을 대하고 있는가?" 다음의 대화는 상대를 존중하는 의사소통의 전형적인 예이다.

   Mike: 그래서 오늘 일에 대해서 저한테 뭘 혼내시려고요? 정말 사람들이 귀찮게 하는 것에 진절머리가 나요.

   상담자: 무슨 뜻인지 알 것 같구나. 난 누군가가 널 혼내거나 야단치게 하고 싶지 않아. 난 네 사건에 대해 소리칠 생각도 없어. 너와 Gene 사이에 무슨 일이 일어났는지에 대해 함께 이야기했으면 좋겠어. 그리고 우리가 어떠한 갈등해결방법도 찾을 수 없다면, 현재 벌

어지고 있는 상황을 함께 살펴보자. 난 널 존중하고 네가 문제를 다루는 다른 방법을 너 스스로 찾을 수 있는 능력이 있다는 것을 믿는단다. 네가 어떻게 갈등을 겪게 되었는지 얘기해보자. 그리고 우리가 무엇을 할 수 있을지에 대해, 네가 어떻게 생각하는지 얘기하고 싶어.

3. ***솔직하게 단도직입적으로 대하기***: 가해자들은 상대의 무성의함을 알아차리는 데 능숙하다. 그리고 사람들이 그들에게 솔직하지 않을 때, 매우 의심하게 된다. 상담자는 문제를 확인한 후 내담자를 탓하거나 비난하지 않고 그 문제를 해결하기 위한 방법이 무엇인지 얘기할 수 있어야 한다.

Mike: 상담 선생님께서는 항상 친절하게 대해주셨잖아요. 그렇지만 선생님은 단지 저를 꼬드겨서 선생님이 원하는 대로 하려는 거 아니에요?

상담자: 네 말도 맞아. 난 네가 나에게 바라는 만큼 너에게 친절하게 대하려 하고 있어. 난 또 우리가 지금 일어나고 있는 사건들이 지속되지 않도록 이를 변화시키기 위한 방법들을 찾길 바라고 있지. 학교 내에서 어떤 학생이 다른 학생을 괴롭히고 위협하는 것은 용납되지 않아. 난 네가 학교에서 행복하게 지내기를 바래. 그러나 이런 것들은 꼭 지켜야 하는 규칙이야. 안전이 최우선이지. 문제를 해결하기 위해 무엇을 할지 이야기해보자. 나도 여기 앉아서 널 비난하거나 속이고 싶지 않아. 내 목표는 분명하거든. 첫째, 괴롭힘은 중단되어야 한다는 것이지. 여기서 네가 원하는 것을 성취하기 위한 다른 방법들을 찾을 수 있어. 아마도 다른 리더십 역할을 통해서 말이야. 이런 방식은 다른 사람에게 피해를 입히지 않으면서도 네가 원하는 방식이 될 거야.

4. ***이해하되 인정하지 않기***: 상담자는 문제에 대한 가해자의 인식을 이해할 필요가 있다. 그러나 동시에 부적절한 행동을 용납하거나 허용하는 인상을 주어서는 안 된다.

Mike: Gene이 멍청한 건 정말 제 잘못이 아니에요. 그 애는 너무 멍청해서 괴롭힐 수밖에 없다니까요. 그 애는 심지어 물어볼 때도 바보 같은 웃음소리를 내면서 물어봐요.

상담자: Mike, 난 네가 Gene에 대해 불평하는 것과 그 애의 웃음소리가 널 짜증 나게 한다는 것을 이해한단다. 하지만 Gene을 괴롭히고 때리는 것이 해결책이라고는 생각하지 않아. 너의 화를 조절할 수 있는 다른 방법을 찾는 것이 필요해. 그래서 네가 좋아하지 않더라도 그런 학생들을 참아내는 방법을 찾아야 한다는 거지.

5. ***가해자 및 관련된 다른 사람들, 예를 들어, 부모와 교사가 주어진 환경 속에서 최선을 다하고 있다는 것을 받아들이기***: 상담자는 판단하지 말아야 한다. 가해자 및 공격적으로 행동하는 다른 아동들도 자신의 주어진 환경 속에서 최선을 다하고 있다는 것을 믿어야 하며, 이들이 더 잘할 수 있었을 것이라는 기본적인 신념을 가지고 상담을 해야 한다. 물론 상담자는 가해자가 단순히 문제해결, 의사결정 혹은 다른 아동보다 적응할 수 있는 자기조절 능력이 부족하다는 전제를 인정해야 할지도 모른다. 다음의 대화와 글상자 8.5는 이 점을 예로 보여준다.

Mike: 선생님은 단지 그 멍청이를 옹호하고 있는 거라고요. 그 애가 날 화나게 하면 어쩔 수 없단 말이에요.

상담가: 아니야. 그렇지 않아. 난 그 애가 널 화나게 한다는 걸 이해해. 그리고 네가 Gene을 상대하기 위해 현재 네가 할 수 있는 최선의 노력을 다하고 있다고 생각해. 다만 네가 해왔던 것이 효과가 없었던 거지. 좋은 소식은 네가 다른 것들을 할 수 있다는 거야. 내 목표는 네가 Gene, 그리고 다른 사람들과 잘 지낼 수 있도록 그 동안 잘 몰라서 사용할 수 없었던 새로운 방법을 찾도록 돕는 거야. Mike, 난 네가 못된 사람이라고 생각하지 않아. 넌 할 수 있는 최선의 노력을 해왔지만 Gene에게 상처를 주었기 때문에 그 방법은 적합하지 않았던 거지. 대신 네가 할 수 있는 몇 가지 방법을 살펴보자.

글상자 8.5 ■ 주어진 환경에서 사람들은 최선을 다한다고 생각해라

Andrew는 정신건강 센터에 새로운 상담자로 부임해서 가족 상담을 맡게 되었다. 그러나 Andrew는 자신이 가족 상담을 맡게 되리라고는 전혀 예측하지 못했다. 아들이 아버지의 말을 듣지 않자, 아버지는 너무 화가 나서 그만 손에 잡히는 뭔가를 잡아들었다(이 경우, 부엌에 있는 프라이팬이었다). 그리고 아버지는 아들을 때리기 시작했다. 이 아들은 병원 신세를 져야 했고 아버지는 아동학대로 검거되었다. Andrew는 이 가족이 다시 재결합할 수 있을지를 탐색하고, 아버지의 행동이 부모로서 적절한 행동이었는지를 확인하기 위해 상담 약속을 잡았다.

Andrew는 이러한 상황에서 그러한 아버지는 분노만 느낄 것이라고 생각했다. 하지만 인터뷰를 하는 동안 그는 아버지가 양심의 가책을 느끼며 용서를 구하고 있다는 것을 깨달았다. 아버지가 과거에 폭력전과가 없었다는 것과 정상 참작할 만한 내용이 있다는 것을 알게 되었다. 당시 아버지는 감기로 인해 신체적 고통을 겪고 있었으며, 최근 직업을 잃었고, 부모 역시 암으로 투병하고 계셨다. 그리고 아들과 싸우기 바로 전에는 부인과 심하게 말다툼을 했었다. 화가 날 만한 상황이었다. 그는 "나는 그때 너무 화난 상태였어요.… 그래서 올바른 생각을 하지 못했어요."라고 말했다.

비록 상황이 그의 행동에 대한 변명이 될 수 없지만, 상담자들은 여러 가지 경감사유가 될 만한 특수한 상황을 분별할 수 있는 능력이 필요하다. 즉, 평소와 다른 특별한 상황으로 인해 폭력적이거나 적절하지 못한 행동을 하게 되었는지를 분별해야 한다. 상담자들은 보통 경제, 사회, 가족 간의 스트레스로 인한 다양한 위험 상황에 있지만 그 상황에서도 최선을 다하고 있는 내담자들을 돕는 역할을 한다. 상담자들은 가능하면 이러한 개인들이 자신의 환경을 바꿀 수 있도록 돕거나, 아니면 적응을 높여주는 스트레스 관리기법을 향상시킬 수 있도록 최선을 다해 도와주어야 한다.

상담자는 이런 상황을 더 잘 이해하고 상담기술을 향상하기 위해 다양한 자료들을 사용할 수 있다. Hazler(1996)는 상담자가 가해자와 치료적 관계(therapeutic relationship)를 형성하여 상담초기에 환영받는 느낌을 받게 하면서 동시에 문제를 변화시키는 것의 중요성에 초점을 두는 방법을 설명하였다. Purkey와 Schmidt(1996)는 상담자들이 까다로운 아동을 상담할 때 어떻게 이들을 환영하는 접근방식(invitational approach)을 사용하는지에 대해 심화된 논의를 제공하였다. Hill(2001)은 치료적 관계 형성의 경험이 없는 정신건강 관련 종사자를 위해서, 치료기술 개발에 관한 훌륭한 책을 편집하였다.

지속적인 괴롭힘을 위한 학교 상담자

지속적인 가해자들을 상담할 때 가장 기초가 되는 것—문제에 대한 종합적인 평가와 촉진기술—은 앞의 두 절에서 설명하였다. 그 밖에 지속적인 가해자를 위한 개입 프로그램들은 학교가 긍정적인 학교 풍토를 형성하고 다음의 세 가지 교훈을 명심하고 실행할 때 보다 효과적일 것이다. 세 가지 교훈은 다음과 같다. 첫째, 모든 아동은 배울 수 있으며, 둘째, 학교 공동체의 모든 사람은 존중받고 존엄성을 인정받아야 하며, 셋째, 학교에서는 어떤 폭력적인 행동도 허용되지 않는다는 점이다. 이러한 긍정적 학교 풍토에 대한 신념은 4장에서 설명하였다. 만약 학교가 역기능적인 정서적 분위기가 있거나, 지도력이 부족하거나, 또는 배움과 성장을 위한 헌신이 결여되어 있다면, 개인이나 집단치료 프로그램 그 어떠한 것에서도 성공을 기대하기 어렵다. 이 절에서는 학교 상담에서 어떤 것이 효과적이고, 어떤 것이 효과적이지 않은지를 설명하고 있다. 그리고 가해자를 위한 2개의 상담 프로그램 사례를 제시하고, 학교 괴롭힘 예방을 위한 또래지지의 역할에 대해 논의하고자 한다.

학교 상담: 효과적인 것과 효과적이지 않은 것

학교 상담의 성공을 평가하는 과정은 간단하지 않다. 학교 상담자들의 다양한 책임 역할에는 행정상 일을 처리해야 하는 의무와 학교 괴롭힘 예방을 위한 수업 진행, 그리고 학교 부적응 아이들을 개입해야 하는 임무도 포함된다. 학교 상담자는 이처럼 문제를 광범위한 범주에서 다룬다. 상담자들은 학생들이 학교 괴롭힘 문제를 극복할 수 있도록 도와주고, 불법 마약을 사용하지 않도록 지도한다. 또한, 스트레스와 정서적인 고통을 다루며, 진로를 결정할 수 있도록 도와주며 그 밖에도 다양한 많은 도움을 준다. 그리고 상담자는 학부모, 교사 및 행정가를 교육하기 위한 프로그램을 제공하기도 한다. 상담시간은 일반적인 일대일 상담, 집단상담, 가족치료와 자조 훈련(self-help training)을 포함한 다양한 형태로 활용된다.

아동을 위한 몇몇 상담 및 학교기반 치료 개입들이 일관되지 않은 효과성을 보이는 것은 아쉬운 일이다. 165개의 학교에 기반을 둔 예방 연구들의 논평에서 Wilson, Gottfredson과 Najaka(2001)는 일반적으로 상담이 부정적인 영향을 미친다고 결론지었다. 반면, 이들은 인지전략과 행동전략을 사용하는 개인 중재의 경우는 긍정적인 영향을 미친다는 점을 지적하였다. 즉, 상담이 자기조절과 사회적 능력을 증진시키기 위해 사용되었을 때에는 일관적인 성공을 거두었다. 미국 연방보건국의 보고서(U.S. Department of Health and Human Services, 2001) 역시 Lipsey와 Wilson(1998) 및 Andrews와 동료들(1990)의 메타 연구결과에 기초하여 유사한 결과를 제시하였다.

결과적으로, 연구에 따르면 개인상담 혹은 집단상담이 특정한 형태가 없는 그야말로 '말만 하는 치료(talk therapy)'의 형태로 진행되고 기술을 향상시키는 데 초점을 두지 않으면 효과가 없다는 점이 확인되었다. 가해자나 공격적인 아동을 위한 집단상담은 두 집단 모두에게 효과적이지 않다. 왜냐하면 일탈성향을 보이는 또래와의 접촉이 증가하면 공격적인 행동을 강화시키거나 단계적인 확대를 이끌 수 있기 때문이다(Dishion, McCord, & Poulin, 1999). 집단상담을 학교 괴롭힘 예방 프로그램의 일정 부분으로 사용하고자 한다면, 공격적인 아동과 그렇지 않은 아동을 같은 집단으로 구성하여 실행하여야 한다. 이러한 연구결과 및 상담자와 함께 작업했던 경험을 바탕으로, 학교 상담에서 가장 효과적인 방법을 다음과 같은 요소로 제안하고자 한다.

1. ***종합적인 평가***: 개입을 선택하기에 앞서, 상담자는 괴롭힘을 줄이거나 근절하는 데 가장 효과적일 것이라고 판단되는 전략을 알아내기 위해 지속적인 괴롭힘의 특성, 배경, 원인, 영향에 대해 철저한 평가를 실시해야 한다.
2. ***기술 개발***: 강력한 기술 개발에 초점을 둔 개입들이 훨씬 성공적인 것으로 보인다. 권장되는 기술로는 5장에서 논의했던 것들과 유사한데, 문제해결, 의사결정, 도덕적 추론, 공감, 분노조절을 포함한다. 학생들이 이러한 새로운 기술들을 습득하는 것을 돕기 위해 상담자는 구두로 지시하기, 퍼포먼스 피드백 주기, 기술의 연습 강화하기, 자기점검 가르치기, 복잡한 행동 조형하기, 새로운 행동 모델링하기를 포함하는 많은 사회적 학습 전략들을 사용해야 한다.
3. ***행동 조절***: 아동이 구체적인 공격적 행동들을 조절하도록 돕기 위해 많은 전략들을 사용할 수 있다. 아동의 행동을 유지하게 하는 요인이 무엇인지를 파악하여 제거해야 하고, 아동이 스스로의 요구를 건설적인 방법으로 만족시킬 수 있도록 도와야 한다.

4. ***다중적 접근***: 기술 개발과 행동관리가 중요하기 때문에, 부모와 교사가 직접 참여하는 개입의 경우 성공 가능성이 높다. 부모와 교사는 아동이 새로운 기술을 적용하고, 그러한 아동의 행동을 강화하는 데에 중요한 역할을 한다.
5. ***학업 발달을 위한 지지***: 학업 실패를 줄이면 학교 본연의 목적인 성취도 향상을 이룰 뿐만 아니라, 공격성을 줄이는 데에도 도움이 된다. 만약 괴롭힘 성향을 보이는 한 아동이 학업에서 향상을 경험하면, 아동의 자아존중감이 향상되고 이 아동이 미래에 공격적인 행동을 보일 가능성은 줄어든다.

마지막으로, 변화하기 힘든 아동을 변화시키기 위해서는, 해결 중심 접근을 사용하고 아동이 환영받는 느낌을 받게 하며 아동과 긍정적인 관계를 형성하는 개입을 근본적인 요소로 활용해야 한다. 아동에게 변화하라고 명령해서는 안 된다. 긍정적인 관계 안에서 그들은 보다 더 협조적이 되고, 프로그램도 보다 좋은 결과를 낳게 된다.

지속적인 괴롭힘을 위한 상담 프로그램의 사례

괴롭힘 문제들이 학교에 만연함에도 불구하고, 지속적인 괴롭힘을 위해 개발된 상담 프로그램의 수는 상대적으로 적다. 우리는 그 중 두 가지인 공격성 대체 치료(Aggression Replacement Therapy)와 공통 이슈 증진하기(Promoting Issues in Common)에 초점을 두고자 한다. 이 두 프로그램 모두 기술 개발을 강조하며, 효과적인 전략들을 중시한다(Wilson et al., 2001).

공격성 대체 치료(ART)

Goldstein과 동료들은 지난 수십 년간 아동과 청소년의 공격성을 줄이기 위해 연구해왔다. 이들이 개발한 프로그램은 '공격성 대체 치료(ART)' (Goldstein, Glick, & Gibbs, 1998)로, 변화시키기 어려운 괴롭힘 가해자에게 유용한 광범위한 개입 프로그램이다. 이 프로그램은 학교 사회적 역량 개발(School Social Competence Development) 및 괴롭힘 예방 모형(Bullying Prevention Model)(그림 5.1 참조)에서 제시된 학생 역량의 몇몇 측면을 다룬다. Goldstein과 동료들은 분노는 아동과 청소년이 친사회적 능력이 부족하기 때문에 나타나는 외현적 행동이라고 주장한다. 아동과 청소년은 이들이 세상에 대해 가지고 있는 인지적인 오해의 영향을 받아 감정적인 분노를 경험하고, 이것이 그들의 부적절한 괴롭힘 행동을 촉발한다고 보았다. 그러므로 Goldstein에 따르면 공격적 행동은 행동적, 인지적, 감정적 경험의 상호작용으로 나타난다. 이러한 요소들을 다루기 위해 이들은 세 가지 수준의 개입을 소개한다. 그것은 사회적 기술 훈련(스킬스트리밍(skillstreaming)이라고 명명), 분노 조절, 도덕적 추론이다. 공격성 조절과 감소를 위한 전반적인 모델인 ART는 이러한 세 가지 내용을 모두 포함한다.

ART 모델은 공격적 행동이 나타나는 장소가 학교이건, 그 밖의 장소이건 이것이 내면적인 영향과 외면적인 영향 모두의 기능이라고 가정한다. 상담자는 문제행동을 효과적으로 줄이기 위해 이러한 두 가지 영향을 모두 다루어야 한다. 외면적 수준에서는 친구, 부모, 이웃, 경제적 지위, 미디어를 포함하는 많은 요인들(2장에서 다룬 위험요인들과 유사)이 공격성에 영향을 미친다. 내면적 수준의 경우 ART 모델은 공격적인 아동이 분노조절 문제를 보이고, 그들의 갈등을 해소하는 데 공격성에 의존하며, 낮은 수준의 도덕적 추론을 하고, 개인적 윤리가 없거나 적다고 설명한다.

ART 모델은 주로 집단상담보다는 집단형태의 심리교육적 상담개입(psychoeducational counseling intervention)으로 제공된다. 다시 말해, 이 모델은 거의 학급에서 실행되는 행동적 기술훈련 프로그램(classroom behavioral skills trainning program)으로 시행된다. ART의 심리교육적 집단 모델은 새로운 행동을 훈련하고 강화할 때 집단의 형태로 이뤄지기 때문에 선호되는 접근방식이다. 공격적인 학생은 다양한 기술수준의 아동으로 구성된 집단의 일원이 됨으로써 더 향상된 기술을 가지고 있는 학생들로부터 배울 수 있고, 긍정적인 행동에 대한 지지를 받으며, 새로운 행동으로 역할극을 해보고, 이들의 무책임한 행동을 수정할 것을 요구받는다. 이러한 집단 모델은 매우 구체적인 기술습득 훈련들을 사용하기 때문에 구조화되지 않은 상담 집단과 매우 뚜렷하게 구분된다.

ART 개입은 필요에 따라 개입기간이 결정되는데, 최소한 10주 이상 수행하는 것이 권장된다. 45에서 60분 정도 진행되는 한 회기는 일주일에 세 번 제공된다. 이 세 가지 회기는 그 초점이 다른데, 기술 개발, 분노 조절, 도덕성 발달에 각각 초점을 둔다. ART는 집단에서 잘 기능하지 못하는 학생을 위해 일대일로 시행될 수도 있다. 집단의 지지 없이 기술을 배우게 될 때, 학생들은 역할극을 하거나 또래와 상호작용할 기회를 가질 수 없는데, 이를 보완하기 위해 상담자가 대신 역할극의 일원으로 참여할 수 있다.

ART 모델의 사회적 기술 요소(또는 스킬스트리밍)는 불평하기, 어려운 대화에 대처하기, 다른 사람의 분노 다루기, 싸움 피하기와 같은 50가지의 친사회적 기술을 포함한다. 미취학아동, 초등학생, 청소년을 위한 지도 매뉴얼이 개발되었다(Goldstein, McGinnis, Sprafkin, Gershaw, & Klein, 1997; McGinnis & Goldstein, 2003). 기술을 소개하기 위해서 상담자는 어떻게 이러한 기술을 효과적으로 사용할 수 있는지를 보여준다. 다시 말해, 상담자는 가르치고자 하는 기술에 대한 긍정적인 역할 모델링을 제공하면서 학생들에게 다가간다. 그리고 각각의 기술들을 단계적으로 보여준다. 모든 집단원들이 그 행동을 어떻게, 그리고 왜 수행하는지를 분명하게 아는 것이 중요하다. 다음은, 기술 숙달을 강화하기 위해 학생들이 새로운 기술을 연습한다(역할극을 통해). 집단 안에서 각각의 집단원은 피드백과 격려, 지지적인 비평을 받는다. 각각의 집단원은 자신이 그 기술을 정확하게 사용할 때까지 연습할 기회를 가질 수 있다(긍정적인 수행 피드백). 다음으로, 새로운 환경에 대한 지식의 전이를 촉진하기 위해, 상담자는 학생들이 마치 다른 환경(예, 교실, 구내식당, 가정, 또는 쇼핑센터)에 있는 것처럼 간주하며 연습하게 한다. 마지막으로, 학생들은 그들이 새롭게 배운 친사회적 기술을 얼마나 잘 적용하였는지 평가한다.

분노 조절 요소는 분노를 다루기 위한 효과적인 방법을 검증하는 오랜 연구 결과를 기반으로 한다. 이러한 연구 결과는 Novaco(1975)의 연구에서 시작되어, Meichenbaum(1977)이 실시한 스트레스 예방 훈련에 기초하고 있으며, Feindler와 Ecton(1986)의 연구 결과를 활용하였다. 상담 회기가 진행되는 동안, 학생들은 자기조절 기술과 평정을 찾는 법을 배운다. 상담자는 학생들에게 무엇이 분노를 야기하는지, 그리고 그들의 신체는 이러한 신호에 어떻게 반응하는지 자각하도록 도와준다. 학생들은 분노를 줄이는 전략을 익히게 된다. 예를 들어, 심호흡, 숫자 거꾸로 세기, 혹은 부정적인 자극에 대항할 긍정적인 심상 형성하기 등이 있다. 학생들은 또한 분노를 경감시키기 위한 인지적인 전략들도 배운다. 분노의 결과 평가하기, 분노를 줄이기 위해 고안된 자기 강화 문자 사용하기, 부정적인 신호를 긍정적으로 재해석하기와 같은 전략들이 이에 해당된다.

세 번째 요소인 도덕성 발달 훈련은 Kohlberg(1984)의 연구로부터 비롯되었다. 그는 도덕적 딜레마에 대한 집단 토론을 할 경우, 모든 집단구성원의 수준이 가장 도덕적으로 기능하는 사람의 수준에 맞춰 나아간다는 사실을 발견했다. 지난 20년간 다양성과 성별에 대해 좀 더 포괄적인 수준으로 모델이 발전하면서, 이 모델은 반사회성 행동을 줄이는 데 효과적인 개입으로 판명되었다. 보통 반사회성 행동을 제재하기 위해서는 학교의 징계조치 혹은 경찰의 개입이 필요했다(Arbuthnot & Faust, 1981).

ART 프로그램은 탄탄한 이론적 배경을 바탕으로 수년에 걸친 개발자의 실제적인 시행착오 경험을 통해 균형 잡힌 프로그램으로 여겨지는데, 그 동안 이 프로그램에 대한 몇몇 평가가 시행되었다(Goldstein et al., 1998). 단기적으로 보면 스킬스트리밍과 분노 조절 훈련은 공격성을 줄이는 데 효과적이다. 하지만 연구 결과는 주목할 만한 장기적인 효과를 입증하지는 못했다. 평가를 통해 도덕적 추론 훈련은 도덕적 가치의 변화를 보여주었지만, 이러한 변화가 개선된 윤리적인 행동으로 이어지는지는 입증하지 못했다. 그러나 연구는 ART의 이러한 세 가지 요소의 조합을 통해 가해자에 대한 영향력이 누적된다는 것을 확인했다. 이러한 접근은 그들의 행동 기술, 감정 조절, 도덕적 추론을 개선시키는 것과 동시에 그들의 공격성을 줄이게 된다. 이 프로그램의 저자들은 해당 프로그램을 소년원, 정신건강 시설, 학교에 적용했으나 가장 긍정적인 변화는 학교 현장에서 발생했다.

공통 이슈 증진하기(PIC)

Hazler(1996)의 공통 이슈 증진하기(Promoting Issues in Common; PIC) 프로그램은 가해자와 피해자를 일대일로 상대하는 상담자를 위해 특별히 개발되었다. 상담 과정은 다음의 3가지 단계로 시행된다. 첫 번째 단계에서 갈등에 연루된 학생들은 상담자에게 의뢰된다. 안전하고 편안한 분위기 속에서 이들은 상담자와 함께 문제에 대한 자신들의 인식을 공유한다. 상담자는 누가 잘못했는지 확인하거나 비난하지 않은 채, 사건에 대한 쌍방의 견해를 듣는다. 판단과 과오를 밝히는 것을 잠시 미루는 행위는 상담자와 학생들 사이에 신뢰적인 지지 관계를 위한 초석을 다져준다. 이 과정에서 상담자는 상대방의 이야기를 듣고, 공감하는 방법과 어떻게 사건에 대한 다양한 해석의 여지를 남겨두는지에 대한 본보기를 보여준다. 또한 첫 번째 단계에서 상담자는 가해자에게 그들의 행동을 그만둘 것을 요구한다.

PIC의 두 번째 단계에서 상담자는 가해자와 피해자 사이의 사전 관계를 조사하기 위해 이 둘을 각각 개별적으로 분리하여 상담한다. 이러한 예비 회기가 진행되는 동안, 상담자는 가해자와 피해자를 함께 돕는 공동 상담과 분리 상담 중 어느 것이 가장 최선의 전략일지 결정한다. 개별적으로 만나는 동안 상담자는 각각의 학생이 가지고 있는 다른 문제의 정도를 측정하고, 몇 가지 개별적 고민들을 다루기 시작한다. 개별 상담의 일환으로, 상담자는 문제를 다시 되돌아보고 모든 당사자들이 다른 사람의 견해를 이해하도록 돕는다.

PIC의 세 번째 단계에서 만일 상담자가 가해자와 피해자를 함께 상담하는 것이 가능하다고 판단했을 경우, 공동 상담을 계획한다. 일단 공동 상담 회기가 시작되면, 의뢰된 사건에 대한 상호 이해를 증진하고 상대방의 행동에 대한 동기를 인식하는 것에 초점을 맞춰야 한다. Hazler(1996)는 구체적인 기법을 기술하지는 않았지만, 개입이 가해자와 피해자의 상호작용을 일으켜야 한다는 것을 명시했다. 대부분의 학교 상담자는 상담이 필요할 때마다 PIC 모델을 적용할 수 있을 것이다.

Greene(2003)은 괴롭힘을 줄이기 위한 상담 프로그램을 검토한 후, 상담 프로그램으로 PIC 이외에, '공유된 걱정(Shared Concern)' (Pikas, 2002) 방법과 '무비난 접근(No Blame Approach)' (Maines & Robinson, 1992) 등을 제시하였다. 이 세 가지 방법 중 어느 것도 종합적이지는 않으며, 교사나 학부모를 적극적으로 개입시키지 않는다. 더욱이 이러한 프로그램의 효과성에 대한 평가도 아직 보고되지 않았다.

또래지지

상담자에 의해 주로 계획되고 감독되는 또래지지 전략은 또래상담, 또래멘토링, 또래리더와 같은 다양한 가능성을 내포한다. 또래 프로그램은 학교의 성인—일반적으로 상담자나 교사—을 포함하며 또래중재(peer mediation)와 같은 특정한 집단을 형성하여 제공한다. 또래중재 훈련에서 상담자는 학생들에게 기초적인 중재 기술을 지도한다. 중재 기술에는 이야기의 내용과 감정을 경청하기, 이야기의 양면에 주목하기, 갈등을 이해하기, 갈등상황에 있는 또래들과 문제해결 단계 따르기 등이 포함된다. 아쉽게도 대부분의 또래 주도 괴롭힘 예방 프로그램의 평가는 청소년 폭력을 줄이는 데는 비효과적이라는 점이 확인되었다. 특히 청소년 폭력에 대한 미국 연방보건국(The Surgeon General)에 따르면, 또래상담, 또래중재, 또래리더의 사용은 고무적이지 않다. 성인 주도 프로그램이 일반적으로 학생 주도 프로그램보다 더 효과적이다(U.S. Department of Health and Human Services,

2001). 또래 주도 괴롭힘 예방 프로그램에 대한 주된 우려사항은 이 프로그램을 통해서 또래들이 지나치게 학급 친구들에게 영향력을 미칠 수 있고, 비밀 정보(confidential information)를 다루는 것에 미숙한 아동들이기 때문에 비밀 보장이 유지되지 않을 수 있다는 점이다. 일반적으로 비밀 정보에 수반되는 책임은 성인 전문가들이 맡아야 한다(Ross, 2003). 또래 주도 프로그램을 실행하는 것이 힘들 수 있다는 점은 상담자와 행정가의 또 다른 우려사항이기도 하다. 몇몇의 또래상담 프로그램은 강도 높은 훈련—최대 45시간까지—과 성인 상담자에 의한 지속적인 감독이 요구된다(Carr, 1988). 훈련은 쉽지 않으며 이는 개인적 성장, 다양성의 존중, 자기 평가, 상담 기술 등 다수의 주제를 포함하게 된다(Robinso, Morrow, Kigin & Lindeman, 1991). 마지막으로, 실제적인 적용 문제는 또래 프로그램을 복잡하게 만들 수 있다. 또래 주도 교육과정은 많은 양의 성인 멘토링을 요구하며, 또래들은 그들의 의무를 수행하기 위해 수업을 빠져야 할 수도 있다.

또래 주도 프로그램의 비판에 대한 대응으로, Naylor와 Cowie(1999)는 영국의 중등학교와 대학교의 또래지지 시스템에 대한 대규모 평가를 시행했다. 그들은 또래지지 시스템이 피해자의 괴롭힘에 대한 부정적인 효과를 줄이며, 학생들이 서로 배려한다는 것을 느낄 수 있는 학교 풍토를 조성하는 데 도움이 된다고 결론 내렸다. 그들은 아동 및 청소년들은 또래지지자들이 성인에 비해 관련 경험이 많고 믿을 만하며 쉽게 다가갈 수 있다고 보고하였다(Cowie, 1999).

결론적으로 우리는 지속적인 괴롭힘을 변화시키는 것이 매우 어려우며, 효과적으로 다루지 않으면 더욱 악화되는 공격적인 행동과 같은 문제를 해결하기 위해서는 헌신이 요구된다는 점을 강조하고자 한다. 상담자의 역할에 있어서 최우선적인 초점은 괴롭힘을 막고, 그것을 줄이는 것이 되어야 한다. 이 목적을 달성하기 위해 상담자는 학교 공동체의 다른 구성원들의 협력을 요청해야 한다. 학생지원팀은 학교 공동체가 학교의 다른 구성원들도 책임을 맡을 수 있도록 계획을 짜고, 또 어떻게 이 계획이 실천되는지를 평가하는 데 참여할 수 있게 만드는 훌륭한 구심점이다. 또한 상담자는 문제를 다루기 위한 다양한 기법에 익숙해질 필요가 있다. 예를 들면 종합적인 평가 시행하기, 해결 중심 접근법 사용하기, 지속적인 괴롭힘 가해자와 소통하기 위한 기술 개발하기 등이 있다. 지속적인 괴롭힘을 줄이는 데 있어서 가장 강력한 접근 중 하나는 9장의 주제인 가족을 포함시키는 것이다.

제9장

지속적인 괴롭힘: 가족 개입

가족은 과거와의 연결고리이자, 미래를 향한 다리이다.
— Alex Haley

이 장에서는 지속적인 괴롭힘에 대한 가족 개입을 다루고자 한다. 대부분의 내용은 가족과 일하는 것에 대해 훈련을 받은 적이 있는 전문가, 특히 괴롭힘, 공격성, 폭력을 지속적으로 보이는 아동의 가족들과 일한 적이 있는 전문가에게 맞추어져 있다. 이 장은 네 개의 절로 구성되어 있다. 첫 번째 절은 폭력과 공격성을 감소시키기 위한 양육 프로그램의 개발에 대한 것이다. 두 번째 절에서는 공격적인 아동들에게서 성공적으로 행동변화를 가져왔던 양육 프로그램의 7가지 핵심요소를 검토한다. 세 번째 절에서는 가해자의 가족과 일하기 위해 필요한 핵심기술을 정리하는데, 이는 가족과 유대를 맺는 기술, 회기와 개입을 구조화하는 기술을 포함한다. 마지막 절에서는 지속적인 가해자와 그 가족들을 위한 일반적 및 특수한 개입 전략들을 논의한다.

가족과 양육 프로그램의 역사

교육자와 연구자들이 어떤 이유로 일부 아동들이 또래를 계속해서 괴롭히게 되는지를 질문할 때, 그 답은 흔히 역기능적 가족을 가리킨다. 제2장과 제3장에서 논의했듯이, 가족은 아동이 어떻게 행동하는지에 핵심적 역할을 담당한다. 실제로 가족은 대부분의 아동들에게 최초의 학습 환경이며, 그들이 학교에 가지고 들어오는 감정, 믿음, 사회적 기술은 가장 흔하게 가족 환경에 그 기반을 두고 있다. 결과적으로 가족치료, 양육 프로그램, 또는 심지어 가족 지지집단은 공격성 문제를 지닌 아동들을 위해 흔히 선호되는 개입이다.

가족이 사람의 인생에 매우 중요하다는 인식 때문에, 연구자들은 지난 반 세기 동안, 가족이 어떻게 아동기 공격성 발달에 영향을 주는지, 문제 많은 가족은 그렇지 않은 가족과 어떻게 구분될 수 있는지, 가족 치료자는 가족 구성원의 정서적 고통과 해로운 행동들을 어떻게 감소시킬 수 있는지에 대해 연구해왔다. 요약하면, 가족치료와 부모훈련은 가장 치밀하게 연구된 폭력 예방 프로그램에 속한다. 게다가 가족 프로그램은 아동의 공격적 행동을 수정하는 데 가장 성공적인 프로그램 중 하나일 것이다(Christophersen & Mortweet, 2001; Dadds, 1995; Forehand, Kotchick, Shaffer, & Dorsey, 2002; Horne & Sayer, 1990; Kazdin, 1987; Kazdin & Weisz, 1998; 2003; Kotchick, Shaffer,. Dorsey, & Forehand, 2004; Reid, Patterson, & Snyder, 2002).

이 절에서는 공격적인 아동의 가족들에 대한 연구 역사와 성공에 대해 개관한다. 가족연구의 역사를 간략히 살펴보는 것은 연구자들과 치료자가 가족 개입으로부터 무엇을 얼마만큼 기대할 수 있을지 가늠할 수 있게 한다. 가족 개입에 대한 연구는 괴롭힘 행동보다는 주로 공격적 행동을 감소시키는 것에 대한 효과성을 평가해왔지만, 공격성에 대한 긍정적 영향은 일관되게 증명되어 왔다. 지속적인 괴롭힘은 공격적 행동의 한 유형이기 때문에, 그리고 괴롭힘과 공격성이 흔히 연결되어 있기 때문에(Nansel, Overpeck, Haynie, Ruan, & Scheidt, 2003), 폭력 예방 실무자들은 가족 개입이 지속적인 괴롭힘 문제 역시 감소시킬 수 있다는 것을 확신해야만 한다. 가족 및 양육 연구의 역사는 세 단계로 나누어볼 수 있다(Forehand et al., 2002).

양육 연구의 첫 단계(1960~1975) 동안, 연구자들은 아동(개입의 대상)의 행동을 변화시키기 위해 부모(매개자 역할)와 일하는 가족 촉진자(family facilitator)를 포함한 양육 프로그램의 효과성을 검증하였다. 대부분이 기술적(descriptive) 연구와 단일사례 연구로 구성되었던 초기 연구들에 따르면, 양육 프로그램은 괴롭힘 가해자와 관련된 특성인 공격적이고 파괴적인 행동을 감소시키는 데 긍정적인 단기 효과를 보였다.

양육 연구의 두 번째 단계(1975~1985) 동안에는 연구자들은 부모훈련 프로그램이 다른 장면으로도 성공적으로 일반화될 수 있는지에 초점을 두었다. 이 시기의 연구는 미래의 폭력 예방 개입에 상당한 시사점을 지닌다. 첫째, 연구에 따르면 부모훈련은 다른 장면, 즉 임상장면에서 가정이나 학교로 일반화될 수 있다. 둘째, 1975년 이전에 행해졌던 연구에서 보고된 단기적 행동변화는 장기적인 변화로 연결되었다. 셋째, 연구된 개입들은 대상 아동의 행동뿐 아니라 다른 가족구성원, 즉 형제의 행동도 변화시키는 것으로 증명되었다. 마지막으로 연구는 부모훈련 개입이 학교 수행과 같은 아동 삶의 다른 영역들에서도 향상을 가져온다는 것을 보여주었다(Forehand et al., 2002; Horne & Sayger, 1990; Hotchick et al., 2004; Reid et al., 2002; Sayger, Horne, Waler, & Passmore, 1988).

양육 연구의 세 번째 단계는 1985년에 시작되었고 현재까지도 계속되고 있다. 오늘날의 연구와 개입에서 다루어지는 쟁점은 첫 두 단계에서 다루어졌던 주제들보다 훨씬 더 복잡하다. 현재의 연구는 부모훈련의 어떤 요소가 변화를 이끌어내고, 개입장면은 어떤 효과를 지니는지를 주로 검토하고 있는데, 이 두 주제는 가족 프로그램의 시간과 비용을 줄이는 데 중요한 시사점을 가지고 있다. 게다가, 가족 연구자들은 그들의 연구영역을 가족과 결혼의 특성에서 발달적 기질, 사회경제적 조건, 지역사회와 이웃의 특성, 인종적 · 문화적 요소 등 아동의 성숙에 영향을 미치는 다수의 요인을 포함하는 것으로 확대해왔다. 현재의 개입들은 가족과 지역사회의 연결, 그러한 연결이 아동의 행동에 갖는 영향처럼 새로운 관계를 탐색해오고 있다. 이 단계의 양육 연구 결과, 개입들은 공격적 아동과 그 가족들의 독특한 필요에 맞추어 만들어졌다(Blenchman, 1998; Calhoun, Glaser, & Bartolomucci, 2001; Conduct Problems Prevention Research Group, 1992; Prinz & Miller, 1996; Smith et al., 2004).

요약하면, 아동의 공격성을 줄이기 위한 가족치료와 양육 훈련에 대한 약 40년간의 연구는 가족 개입이 효과적이라는 경험적 증거를 제공하였다. 가족 개입은 임상심리학자, 학교 진로상담자, 사회복지사 등 촉진자의 전문적 성격과 가정이나 학교 등 장소의 서로 다른 특성에도 불구하고 지속적으로 긍정적인 결과를 보여왔다. 미국의 약물남용과 정신건강 서비스(Substance Abuse and Mental Health Services; SAMHSA) 웹사이트는 모델이 될 만한 우수한 가족 프로그램들을 소개하고 있다(http://www.meantlhealth.samhsa.gov/scholviolence/initiative.asp). 언급할 필요가 있는 「가족 프로그램」들에는 Karol Kumpfer의 'Strengthening Families

Program'(http://www.strengtheingfamilies.org), Lynn McDonalds의 'Families and Schools Together'(FAST; http://www.wcer/wisc.edu/fast/), Matt Sanders의 'Positive Parenting Program'(http://www.triplep-america.com/), Williams Quinn의 'Family Solutions for First-Time Offenders'(Quinn, 2004), 그리고 'Parents as Teachers'(http://www.parentsasteachers.org)가 있다.

공격적 행동에 대한 연구가 1960년대로 거슬러 올라가긴 하지만, 구체적으로 또래괴롭힘 예방을 목표로 하는 연구는 지난 20년 동안에 비로소 시작되었다. 부모가 자녀의 괴롭힘 행동이나 피해경험을 변화시키는 것을 돕기 위한 가족 개입에 대한 연구가 소수 존재한다. 공격성과 폭력에 대한 가족 개입의 성공적 원리를 이해하는 것은 지속적인 가해자에 대한 가족 개입을 개발하는 데 중요한데, 서로 많은 유사한 원리를 공유하기 때문이다. 가해자 가족에 대한 제한된 연구에도 불구하고 아동의 가해행동 또는 피해경험과 관련된 쟁점들을 다룰 때 상담자가 부모를 도울 수 있도록 하는 몇몇 책들이 출간되고 있다. 제9장의 마지막 부분에 있는 주석을 단 참고문헌 목록에 몇 가지 예를 제시하였다. 대부분, 이런 책들은 부모가 자녀의 공격성을 다룰 수 있도록 돕는 방법 또는 부모가 자기 자신을 도울 수 있는 방법에 대해 조언하고 있다.

효과적인 가족 및 양육 프로그램의 핵심요소

조지아대학교(University of Georgia)에서 행해진 30년 이상의 연구를 기초로, Forehand와 동료들(2002)은 공격성을 감소시키는 데 효과적인 양육 프로그램의 일곱 가지 핵심요소들을 식별해냈다. 괴롭힘을 감소시키기 위한 가족 연구와 공격성을 감소시키기 위한 가족 연구 간의 차이를 정리하기 위해 후속 연구가 필요하긴 하지만, 우리는 괴롭힘을 줄이기 위한 양육 프로그램을 설계할 때 기초적인 다음의 일곱 가지 요소를 제안하는 바이다(글상자 9.1). 다음 절은 이러한 요소들이 기존의 양육 프로그램에 어떻게 통합되어 왔는지를 설명한다.

글상자 9.1 ■ 효과적인 양육 프로그램의 핵심요소

1. ***개입시 부모에게 초점 두기.*** 부모는 a) 아동과 함께 하며 영향을 미치고, b) 가족과 종종 지역사회 내에서 권위를 지니며, c) 문제를 해결하기 위해 일할 동기를 가지고 있기 때문이다.
2. ***반사회적 문제보다는 친사회적 행동에 초점 두기.*** 효과적인 프로그램은 역기능적인 가족 특성에 집중하기보다는 가족 구성원들의 장점 위에 세워지기 때문이다.
3. ***부모에게 행동을 이해하고, 식별하며, 추적하도록 가르치기.*** 자녀의 행동을 변화시키기 위해서, 부모는 먼저 문제에 대한 인식을 늘리고, 문제의 정도를 이해하며, 문제의 행동적 선행사건에 대해 통찰을 얻어야 하며, 괴롭힘의 부적절성을 인정해야만 하기 때문이다.
4. 부모에게 괴롭힘 행동이 어떻게 발달하고 유지되며 변화될 수 있는지를 이해하는 틀로서 ***사회학습의 원리(예, 친사회적 행동의 강화, 적절한 문제해결 기술의 모델링, 효과적인 갈등해결의 시연)를 가르치기.*** 그 다음에 부모에게 자녀의 행동 패턴을 변화시키는 기술을 가르치기.
5. 새로운 가족 규칙을 시행하고, 긍정적 상호작용의 새로운 전략을 개발하며 가족 응집성을 향상시키는 것 같은 ***새로운 양육 기술을 가르치기.***
6. 변화가 다양한 장면에서 일어날 수 있도록 클리닉에서 학교 또는 다른 장소로 ***기술을 전이시키기.***
7. 부모의 약물남용처럼 특별한 주의를 요하거나 가족 프로그램을 방해하는 ***부모 및 가족의 위험요인 다루기.***

부모에 대한 개입에 초점 두기

부모는 공격적인 아동에 대해 다른 어떤 성인보다 엄청난 잠재적 영향력을 갖고 있는데, 이는 부모가 자녀와 일대일 시간을 가장 많이 보내며 아마도 자녀와 가장 강한 정서적 관계를 갖고 있기 때문일 것이다. 교사가 아동과 하루에 6시간을 보내는 것은 부모가 자녀와 보내는 시간과 양적인 면에서 거의 유사하지만, 교사는 전형적인 교실에서 아동과 개별적이고 사적인 상호작용을 할 기회는 거의 없다. 부모에게 자녀를 다루는 방법을 가르치는 것은 아동이 사회적 기술을 새로운 상황으로 전이시키는 훌륭한 기회도 제공한다. 자녀가 가정에서 친사회적 기술을 사용하도록 만드는 방법을 부모가 배우게 되면서, 부모는 아동이 그러한 기술을 다양한 새로운 장면(예, 동네 가게, 쇼핑몰, 할머니 집)에서도 적용할 수 있게 도울 수 있다.

마찬가지로 또래들을 괴롭히는 자녀를 가진 부모와 일할 때, 부적절한 행동은 다른 장면에서 다루려고 시도하기 전에 가정에서 먼저 다루어져야만 한다. 가정에서 자녀의 행동에 영향을 끼칠 수 없는 부모가 학교에서의 자녀 행동에 영향을 끼치는 것은 더 어렵다. 다시 말해서, 효과적인 양육 프로그램의 처음 초점은 부모가 가정에서, 자녀가 자신의 직접적 통제하에 있을 때, 자녀의 행동에 영향을 미칠 수 있는 새로운 양육 전략(예, 새로운 문제 해결 기술, 좌절에 대한 적절한 행동적 반응)을 숙달하도록 돕는 것에 맞추어져야만 한다. 불행하게도, 부모에게 가정에서 괴롭힘 문제에 초점을 둘 필요가 있다고 확신시키는 것은 부적절한 행동들이 다음의 예처럼 학교나 지역사회에서 일어났을 때에는 어려울 수 있다.

부모: 우리가 왜 그렇게 해야 하죠? 괴롭힘은 학교의 문제에요. 왜 우리가 관여될 필요가 있는 건가요?

상담자: 좋은 질문이에요. 저는 Lance의 선생님과 일하고 있는데, 좀 시간이 지난 후에 선생님이 우리와 함께 할 수 있도록 요청할 겁니다. 그러나 먼저, Lance가 부모님의 통제하에 있는 동안에 부모님께서 Lance의 행동에 영향을 미칠 수 있는지 확실히 하는 것이 중요합니다. 학교에서 다른 아이들을 괴롭히는 것은 바람직하지 않기 때문에, 학교는 이 문제가 통제되기를 원합니다. 우리는 부모님의 도움이 필요해요. 부모님께서 Lance가 집과 이웃에서 아이들을 괴롭히지 않도록 도울 수 있다면, Lance가 학교에서 적절하게 행동할 수 있도록 우리가 도울 수 있는 가능성은 더 커질 거에요. 다시 말하면, 부모님께서 집에서 Lance를 도울 수 있다면 우리는 학교에서의 그의 행동을 변화시키기 위해 함께 일할 수 있습니다. 그것이 목표입니다. 가정에서의 적절한 모니터링과 가르침… 그렇게 되면 그 행동들은 학교로 일반화됩니다. 부모님께서 그렇게 하실 수 있는지 방법에 대해 이야기해 보죠.

일단 부모가 가정에서 자녀의 행동에 영향을 미칠 수 있는 전략들을 숙달하게 되면, 양육 프로그램은 아동이 새로운 사회적 기술과 적절한 행동을 친숙한 상호작용 이상으로 일반화하도록 돕는 방법을 부모에게 가르쳐야만 한다. 새로운 사회적 기술은 운동장, 학교활동, 방과 후 프로그램들처럼 새로운 환경으로 전이될 수 있다.

친사회적 행동에 초점 두기

효과적인 양육 프로그램은 아동과 가족의 기존 장점 위에 세워진다. 상담자들은 종종 "이 아이는 전혀 바른 행동을 보이지 않는다." 거나 "항상 통제 불능이다." 와 같은 절대적인 성격의 불평을 듣는다. 그러나 대다수의 아동들, 심지어 가해자조차도 어떤 순간에는 협조적이고 순응적인 행동을 한다. 대부분의 부모들이 부정적 행동에 초점을 맞추기 때문에, 상담자들에게 어려운 과제는 부모가 자녀의 긍정적 속성을 알아차릴 수 있게 돕는 것이다. Patterson의 초기 연구(예, Patterson & Forgatch, 1987)에서, 그는 공격적 가족은 '혐오적' 이라고 간주한다. 그는 갈등에 대한 가족의 대화가 구성원이 공격적이 될 때까지 어떻게 악화되는지를 보고하였다. 부모를 도와서 자녀의 긍정적 행동과 자녀의 장점을 인식하도록 학습시키는 것은 혐오적 관계를 벗어나게 할 것이다. 대신 부모는 협력에 초점을 두게 되고 '아동이 잘 행동하는 순간' 을 알아차리게 된다. 부모는 자녀의 긍정적 행동들을 보상함으로써 그러한 행동이 더 빈번하게 일어나도록 할 수 있다. 그 과정에서 부모는 자녀가 그들의 행동뿐 아니라 사고뭉치라는 자신의 자아상을 보다 긍정적으로 바꿀 수 있도록 돕는다. 아동과 가족은 부정적 행동에 지속적으로 초점을 두었던 방식이 아니라, 긍정적인 방식으로 더 잘 협력한다. 이 과정을 정의하는 다른 방식은 다음과 같다. "친절함이 더 큰 친절함을 낳는 반면, 형편없음은 형편없음을 낳는다." 목표는 협력을 촉진하여 가족이 혐오적인 것에서 매력적인 것으로 변화하도록 하는 것이다.

프로그램의 촉진자(예, 임상심리학자, 학교 상담자)는 지속적인 가해자가 긍정적인 행동을 하도록 만들거나 계속하게 하는 상황을 식별하려고 노력해야만 한다. 촉진자는 자녀의 긍정적 속성을 유발하는 예들을 부모가 인식할 수 있도록 가르침으로써, 이러한 상황들을 이용하게 된다. 대부분의 부모는 자녀가 잘 행동하는 순간을 잡아내고 자녀의 잘못된 행동에 초점을 기울이지 않도록 하는 방법을 직접 볼 필요가 있다.

부모에게 행동을 이해하고 식별하며 추적하도록 가르치기

부모에게 자녀의 긍정적, 부정적 행동을 식별할 수 있도록 가르치는 것은 보통 매우 어려운 일이다. 그 과정은 부모가 자녀의 문제행동을 정의하도록 돕는 것으로 시작되는데, 분석되어야만 하는 괴롭힘 행동의 다양성(예, 신체적 싸움, 언어적 위협, 조롱, 소문 퍼뜨리기, 성적인 농담)을 고려해 본다면 이는 본질적으로 어려운 과제이다.

부모가 좋은 행동과 나쁜 행동을 정의하고 추적하는 데 보다 유능하게 되도록 돕는 효과적인 방법은 그들에게 일지나 사건일기를 쓰도록 요청하는 것이다. Horne과 Sayger(1990, p.172)가 제시한 것과 같은 글상자 9.2에 있는 체크리스트는 냉장고에 붙이거나 집안의 다른 공동장소에 매달아놓을 수 있다. 체크리스트를 개발하기 위해서, 촉진자는 부모가 구체적인 문제 영역을 식별하도록 도울 필요가 있다. 일반적인 사건을 기록하거나 '좋은' 또는 '비열한' 같은 일반적 표현을 사용하는 것은 너무 부정확하다. 기능적 리스트를 개발하는 과정을 촉진하기 위해서, 상담자는 부모에게 그들이 비디오 카메라로 자녀를 관찰하고 있는 것처럼 상상하게 할 수 있다. "만약 우리가 비디오를 돌려보고 있는 중이라면, 당신은 텔레비전 화면에서 무엇을 보고 있다고 기술하게 될까요? 아이가 무엇을 하고 있을까요?" 행동을 정의하는 과정에서, 촉진자는 특정 행동을 괴롭힘이나 문제행동으로 지각하지 않을 뿐 아니라 그런 행동들을 '아이들이 흔히 하는 것' 으로 정의하는 부모들로부터 저항을 경험하게 된다. 따라서 촉진자는 이러한 부모들이 많은 아동들이 비슷하게 행동하지는 않더라도 궁극적으로 그러한 행동들이 부적절하고 다른 사람들을 다치게 할 수 있다는 것을 이해할 수 있게 도와야 한다.

글상자 9.2 ■ 흔한 문제 체크리스트

1. 내 아이는 오빠(형)나 언니(누나)와 싸움을 시작했다.
2. 내 아이는 필요할 때 오빠나 언니를 돕지 않았다.
3. 내 아이는 음악이나 TV를 너무 크게 틀었다.
4. 내 아이는 집에 늦게 왔다.
5. 내 아이는 어떤 일을 하고서는 부엌이나 화장실을 치우지 않았다.
6. 내 아이는 대화를 중단시켰다.
7. 내 아이는 나에게 무례하게 답하였다.
8. 내 아이는 사람들 앞에서 부적절하게 행동했다.
9. 내 아이는 내 말을 듣지 않았다.
10. 내 아이는 집에서 옷들을 아무 데나 놓았다.
11. 내 아이는 집안일을 돕기를 거부했다.
12. 내 아이는 나에게 거짓말을 했다.
13. 내 아이는 물건을 훔쳤다.
14. 내 아이는 욕설을 했다.
15. 내 아이는 내가 전화 통화 중일 때 나를 방해했다.

注: From *Treating Conduct and Oppositional Defiant Disorders in Children*, by A. Horne and T. Sayger, 1990, Elmsford, NY: Pergamon Press. Copyright 1990 by Pergamon Press. Reprinted with permission.

부모에게 행동을 이해하고 식별하며 추적하도록 가르치는 것은 그들의 행동이 복잡한 연쇄적 사건들의 함수임을 이해하도록 돕는 것을 포함한다. 모든 아동들에게 사용될 수 있도록 제5장(글상자 5.5)에 개관되어 있는 생각과 행동의 A-to-E 과정은 부모들에게도 이러한 순서를 예로 들어줄 수 있을 것이다. 생각과 행동의 A-to-E 과정은 부적절한 행동의 촉발요인을 명료하게 만드는 효과적인 도구이다. 이 과정은 부모들이 하나의 사건을 궁극적으로 특정 행동으로 이끄는 믿음 및 정서와 연결시킬 수 있도록 도울 것이다. 이 모델은 부모들이 어떻게 자녀가 행동을 수정하도록 도울 수 있는지를 분명하게 할 수 있다. 이 과정의 예는 글상자 9.3에 제시되어 있다.

글상자 9.3 ■ 생각과 행동의 A-to-E 과정의 예

연쇄를 일으키는 선행사건(Antecedent) 또는 외부 사건: "그가 엄마를 나쁜 이름으로 불렀어."

사건과 관련된 믿음(Beliefs): "나는 그가 나를 모욕했다고 생각해." "나는 예의가 없는 사람들은 맞아야만 한다고 생각해."

일관된(Consistent) 정서: 정서는 사건에 의해 일어나는 것이 아니라 그 사람이 사건에 대해 가지고 있는 생각과 믿음(B)에 의해 일어난다. "나는 내 친구들 앞에서 모욕 당해서 너무 화가 나."

행동(Doing): 개인의 행동은 정서와 일치된다. "나는 너무 화가 나서 내가 그 아이를 때려야만 할지라도 그가 사과하게 만들 거야."

외적(External) 결과: 사람의 행동은 외적인 결과(예, 학교로부터 정학을 당하는 것)로 이어진다. 결과는 사람들이 종종 그런 것처럼 말을 하기는 하지만, 선행사건에 의해 미리 결정되어 있는 것이 아니다. "그는 무례했고, 그게 내가 학교에서 정학을 당한 이유야."

부모에게 사회학습의 원리 가르치기

대부분의 행동은 다른 사람들을 관찰함으로써 학습된다. 부모가 효과적인 문제해결과 의사소통을 모델링할 때, 그들의 자녀도 이를 관찰하며 학습하게 된다. 부모와 함께 어떻게 하면 효과적인 역할모델이 될 수 있는지를 연습하는 것은 매우 강력할 수 있으며, 궁극적으로 자녀의 행동을 완전히 변화시킬 수 있게 될 것이다. 게다가 괴롭힘 행동은 보상(예, 지속적인 가해자는 다른 아동들보다 더 오래 운동장 기구를 사용할 수 있고 또래집단 내에서 지위를 얻는다.)에 의해 강화된다. 괴롭힘 행동이 보상을 통해 영속화될 수 있듯이, 친사회적 행동도 적절한 보상을 통해 지속될 수 있다.

공격적 행동을 변화시키기 위해서 부모는 괴롭힘의 결과나 보상을 변화시키는 방법을 배울 필요가 있다. 다른 쪽을 바라보고 강도가 강도를 당하는 사람과의 갈등을 스스로 해결하도록 남겨두는 경찰관처럼, 파괴적인 자녀가 자신의 갈등을 스스로 해결하도록 내버려두거나 아예 무시하는 부모는 변화를 기대할 수 없다. 괴롭힘의 보상(행동 후에 오는 것)을 변화시키는 것뿐 아니라 부모는 괴롭힘의 선행 사건(행동 전에 오는 것)을 이해하고 변화시킬 필요가 있다. 부적절한 행동을 촉진시키는 상황을 이해함으로써 행동은 그것이 발생하기 전에 방지될 수 있다.

새로운 양육 기술 가르치기

공격적 아동의 부모는 새로운 기술(예, 가족 생활의 일정을 짜거나 구조화하는 것)을 배울 필요가 있으며, 이는 가족 전체에 영향을 미치게 될 것이다. 우리 경험으로는, 지속적으로 다른 아이들을 괴롭히는 자녀의 부모는 가정에서의 일과가 잘못 짜여 있거나 존재하지 않는 무질서한 생활방식을 가지고 있다. 이러한 가족과 일할 때, 상담자는 부모가 일정 기간(예, 3개월) 동안 규칙적인 일과를 세워보도록 만들어서 부모가 그들의 스케줄링 기술을 보강할 수 있게 할 것이다. 상담자는 가족에게 최소한 매일 같은 시간에 집에 와서 식사를 함께 하도록 하는 스케줄을 따르도록 요청할 수 있다. 부모는 그러한 일과가 너무 제재적이라고 걱정할 수 있겠지만, 상담자는 그러한 일과는 짧은 기간 동안에만 필요하며 가족이 보다 부드럽게 기능하게 되면 조정될 수 있다고 설명할 것이다.

촉진자는 새로운 양육 기술을 부모에게 소개하기 위해 다양한 활동들을 사용할 수 있다. 예를 들어, 상담자는 부모에게 '할머니의 법칙'이라 불리는 프리맥의 원리(Premack Principle), 즉, 더 바람직한 활동 이전에 덜 바람직한 활동을 해야만 하는 법칙을 적용하도록 가르칠 수 있다.

- "콩을 먼저 먹어야 그 다음에 후식을 먹을 수 있다."
- "잔디를 깎아야지 그 다음에 야구경기를 할 수 있다."
- "숙제를 먼저 해야지 그 다음에 TV를 볼 수 있다."

그런데 부모는 너무나 자주 프리맥의 원리를 거꾸로 적용한다.

- "좋아. 지금 쿠키를 먹어도 되지만, 조금 있다가 너는 저녁식사를 해야만 한다."
- "지금 게임을 해도 돼. 그렇지만 다음에는 숙제를 해야만 한다."

- "좋아. 오늘 농구를 해도 된다. 그렇지만 이번 주말에 너는 반드시 잔디를 깎아야만 해."

상담자는 부모에게 가족들이 다른 가족 구성원의 장점을 찾아내도록 하는 활동을 사용해서 긍정적인 가정 분위기를 만드는 방법을 가르칠 수 있다. 제5장에 소개된 교실활동과 마찬가지로, 가족 구성원은 하루를 끝낼 때까지 다른 가족 구성원을 위해 자신이 행할 좋은 행동을 말없이 찾아내는 것으로 하루를 시작한다. 밤에 가족 구성원들이 함께 모여 그날 각자가 다른 가족을 위해 했던 긍정적인 일이 무엇이었는지 추측한다. 그 결과, 가족들은 긍정적인 행동에 초점을 맞추고 서로를 돕는 방법을 찾게 된다. 이러한 새로운 기술을 사용한 결과로서 부모가 경험하게 되는 긍정적 변화들은 긍정적 의사소통을 통해 가족 구성원들에게 존경을 표시함으로써 다른 긍정적 상호작용으로까지 전달된다. 그들이 자신과 배우자, 자녀들을 진정으로 좋아하기 시작하면서, 부모는 다른 가족 구성원과 보내는 시간이 더 흥미롭고 재미있음을 깨닫게 된다.

마지막으로, 모든 부모는 자녀와 갈등이 있지만 대부분은 그 갈등을 효과적으로 해결할 수 있다. 적절한 의사소통을 사용하여 갈등을 효과적으로 푸는 방법을 배운 적이 없는 부모들은 자녀를 때리거나 소리를 지르는 방법에 의존한다. 상담자는 글상자 9.4에 제시되어 있는 것 같은 효과적인 의사소통 기술을 부모가 숙달할 수 있도록 가르치고 도울 수 있다. 부모는 새로운 기술을 보여주는 책자나 비디오의 도움을 받을 수 있다. 상담 회기를 비디오로 촬영하고 다시 시청하여 비효과적인 의사소통 전략들을 식별하고 대안적인, 보다 상대를 존중하고 해결-지향적인 표현을 연습할 수 있다. 더 중요하게, 촉진자는 효과적인 의사소통 기술을 가족에게 모델링하고 강화해야만 한다. 효과적인 기술을 연습하고 촉진자로부터 긍정적 강화를 받음으로써 가족은 의사소통하는 새로운 방법을 배울 수 있고, 가족 분위기 역시 개선될 수 있다.

전이 기술

대부분의 지속적 가해자는 새로운 장면에 새로운 기술을 적용하는 것을 어려워한다. 그들의 부모는 새롭게 획득된 기술을 다른 환경과 상황(예, 가게, 학교, 숙모의 집)에 적용하는 방법을 어떻게 자녀에게 가르쳐야 하는지를 배워야만 한다. 이러한 전이는 성공적일 수 있게 계획되고 리허설되어야만 한다. 촉진자는 부모가 자녀의 전이 과정에서 가능한 방해물(예, 지속적인 가해자가 부적절하게 행동하도록 항상 꾀어내는 학교의 다른 아동)을 관리하도록 도울 수 있다. 또한 부모들에게 새로운 환경의 가능한 자원(예, 자녀와 좋은 관계를 지닌 교사)을 어떻게 활용할지도 가르칠 수 있다. 회기에서, 촉진자는 부모에게 그들의 자녀가 어디에서 누구와 문제를 갖게 될 거라 기대하는지를 묻고, 만약 문제가 발생한다면 이를 어떻게 해결할지를 리허설하도록 도울 수 있다.

글상자 9.4 ■ 좋은 의사소통과 나쁜 의사소통의 예

'무엇을, 어디에서, 언제, 왜, 그리고 어떻게' 라는 표현을 사용하기

- 좋음: "나는 네가 식탁에서 저녁 먹은 그릇들을 치우기를 원해. 우리는 네 숙제를 포함해서 다른 것들을 해야 하기 때문에, 부업을 치워야만 한다."
- 나쁨: "이리 와서 부업 치워라. 너는 네가 해야만 하는 일들을 결코 하지 않지." 부정적 언어와 '결코' 와 같은 절대적 표현을 사용하는 것은 건설적인 피드백이 아니다.

기대된 행동 후에 보상을 제공하기

- 좋음: "지금 네 숙제를 하렴. 네가 다 마치고 내가 검토하게 되면, 너는 한 시간 동안 TV를 볼 수 있을 거야."
- 나쁨: "한 시간 동안 TV 보고, 그 다음에 숙제하렴."

이방인을 대하는 것처럼 가족 구성원을 대하기

- 좋음: "집에 들어오기 전에 신발을 벗어주세요. 진흙이 묻어 있네요."
- 나쁨: "이 바보야, 너 마구간에서 태어났니? 신발 벗어."

문제를 소유하기

- 좋음: "네가 Buster를 때려서 나는 매우 화가 난다. 우리 집에서는 그런 일을 하지 않아. 이제, 무슨 일이 벌어지고 있는지, 우리가 그것에 대해 무엇을 할 수 있는지 이야기해 보자. 조용한 목소리로 말해보는 거야."
- 나쁨: "네가 Buster를 때렸니?" 당신이 이미 답을 알고 있을 때는 질문하지 말아야 한다. "넌 정말 나를 화나게 하는구나." 부모가 자신의 분노에 대해 책임을 지고 있지 않다.

부모 및 가족의 위험요인 다루기

제8장에서 설명되었듯이(문제의 종합적 평가 부분), 가족은 제대로 다루어지지 않으면 가족 프로그램의 진행을 방해하게 될 위험요인들을 가지고 있을 것이다. 예를 들어, 부모가 우울증이나 다른 정신건강 문제를 겪고 있을 수도 있다. 부모가 의학적 주의를 필요로 하는 술이나 약물의존 문제를 가지고 있을 수도 있다. 고등학교를 졸업하지 않은 부모는 학교에서의 자신의 나쁜 경험 때문에 학교에 가는 것을 두려워하거나, 자녀의 학업발달을 지원할 기술을 가지고 있지 않을 수 있다. 부모는 갈등의 평화로운 해결이나 학업성취의 추구를 지지하지 않는 믿음을 가지고 있을 수도 있다. 학교 상담자나 가족 촉진자는 가족의 위험요인들을 평가하고 다음에 어떤 행동을 취하는 것(예, 그들의 필요를 다루어줄 지역사회 자원을 파악하기, 가족 회기 동안에 문제를 다루기)이 최상인지를 결정할 필요가 있다.

가족과 일하기 위한 핵심 기술

가족이 자녀의 공격성과 괴롭힘 문제를 해결할 수 있게 돕는 양육 또는 가족 프로그램을 이끄는 사람은 상담자, 심리학자, 사회복지사, 가족 치료사 또는 가족 집단을 이끄는 지식을 지닌 다른 정신건강 전문가일 것이다. 우리는 전문적 학위와는 상관없이, 편의를 위해 '촉진자(facilitator)' 또는 '상담자'라는 명칭을 사용한다. 또한 상담, 치료, 교육 프로그램을 포괄하기 위해 양육 또는 가족 프로그램이라는 일반적 용어를 사용한다.

가족과 일하기 전에, 모든 촉진자는 가족 집단을 이끄는 것에 대해 특수한 훈련을 받아야만 한다. 가족과 일하는 것은 가족 역동과 가족 시스템에 대한 지식을 요구하며 이는 특수한 훈련에 의해서만 얻어질 수 있다. 상담자는 가족이 그들의 현재 상황뿐 아니라 과거 역사와 미래를 가지고 온다는 사실을 인식해야만 한다. 부모는 가족의 현 상황(status quo)에 영향을 미치는 그들의 자녀 및 다른 가족 구성원들과 상당한 역사를 가지고 있다.

양육 프로그램과 관련된 일반적 지식과 기술에 덧붙여서, 촉진자는 가해자의 가족과 일하기 위해 특별 훈련이 필요하다. 이러한 가족과의 회기를 진행하려면 어떻게 가족이 강압적인 가족 시스템을 발달시키고 유지하는지에 대한 강한 이론적 배경이 필요하다. 모든 가해자가 매우 강압적인 가족을 가지는 것은 아니지만, 매우 강압적인 부모의 자녀들은 종종 공격적이다(Patterson, 1982). 가해자가 강압적이지 않은 가족 출신일 때, 그 가족은 보통 아동의 공격적 행동을 고치기 위해 촉진자와 더 기꺼이 협력한다. 이는 강압과 공격성이 이 가족들의 주된 갈등이 아니기 때문이다.

이론에 덧붙여서, 상담자는 가족이 괴롭힘 문제를 줄이도록 일하게 만들기 위해 좋은 관계기술을 발달시킬 필요가 있다(Horne, 2000). 치료 동맹(therapeutic alliance)을 만드는 방법에 대한 가족치료 문헌은 많지만, 우리는 지속적인 가해자의 가족과 일할 때 특히 유용한 10가지 기술을 두 가지 범주로 나누어 강조하는 바이다: 가족과 유대를 맺는 기술과 회기와 개입을 구조화하는 기술.

가족과 유대를 맺는 기술

1. ***가족을 참여시키기.*** 괴롭힘 문제에 대해 도움이 필요하다는 것을 가족이 깨닫도록 하는 것은 상당한 민감성을 요구한다. 대부분의 부모는 자신이 문제 아동을 가지고 있다는 이야기를 듣는 것에 저항적이다. 그들이 자녀가 공격적임을 인정한다고 해도, 많은 부모는 여전히 그 문제가 아동에게만 해당되는 것이라 정의하고 문제를 해결하기 위해 관여해야 함을 거부할 것이다. 따라서 촉진자는 문제를 해결하는 데 그들의 참여가 왜 중요한지에 대해 의사소통하는 상당한 능력을 가지고 있어야 한다. 부모로 하여금 매일매일 아동과 일하는 기술과 자원을 개발하도록 하는 것이 그 아동이 1주일에 1시간씩 촉진자를 만나는 것보다 더 효과적임은 자명하다. 분명히, 시간요인은 부모에게 제공되는 근본적 이유의 주된 부분이 될 수 있고 되어야만 한다.
2. ***공감을 의사소통하기.*** 촉진자는 가족이 기능하는 방식을 크게 변화시키거나 도움을 청하는 것이 부모에게 어려운 일이라는 것을 인지해야만 한다. 공격적이고 강압적인 가족에서, 대부분의 가족 구성원은 그들 모두가 어떤 시점에서 고통과 정서적 갈등을 경험하기 때문에 피해자이다. 따라서 촉진자는 다른 가족 구성원의 감정을 적절한 것으로 인지하고 지지할 수 있다. 촉진자는 적절한 구어체 표현을 포함하여 가족이 편하게 느끼는 언어를 사

용해야만 한다.

3. ***확신을 의사소통하고 가족의 도움 요청이나 상담에 참여하고자 하는 의지를 정상화하기.*** 도움을 청하는 것은 쉽지 않다. 흔히 가족은 도움을 청하는 것이 가족이 비정상적임을 나타내는 것이라고 두려워한다. 촉진자는 가족에게 양육은 어려운 일이며 많은 가족이 갈등을 경험한다는 것을 확신시켜야만 한다. 전문적 지원을 구하려는 가족의 결정을 지지하고, 전문적 상담이 자녀의 괴롭힘 행동을 변화시키기 위한 적절한 방법이라는 것을 가족이 이해할 수 있게 돕는 것은 상담자가 지녀야 할 중요한 기술이다. 다른 지원 활동(예, 세금 준비와 의학적 조언)과 비교하는 것은 부모의 창피함이나 인지적 부조화(즉, 전문적 도움을 구하려는 자신의 결정에 대한 의구심)를 덜어줄 것이다. 부모는 자녀의 괴롭힘 행동을 변화시키는 것이 긴급함을 이해해야만 하지만, 상담자는 도움을 구하는 것이 비전형적인 것이 아님을 부모에게 확신시키기 위해서 양육 문제의 보편성을 강조할 필요가 있다.
4. ***부모의 좌절을 이해하고 수용하기.*** 부모는 보통 자녀 때문에 좌절하고 화가 나며, 이러한 정서를 다루기 위해 도움이 필요하다. 촉진자는 가족 구성원 모두가 괴롭힘 문제의 피해자라고 재정의함으로써, 이러한 좌절과 분노를 가족이 다룰 수 있게 도울 수 있다. 가족 내에서 공격성과 강압이 지배할 때 누구도 행복하지 않으며, 모든 가족 구성원은 괴롭힘이 제거된다면 더 행복한 가족으로 변모할 수 있다.
5. ***개선을 위해 긍정적 기대를 강조하기.*** 가족은 확신과 지원이 필요할 것이다. 촉진자는 긍정적 변화를 약속할 수도 없고 약속해서도 안 되지만, 이전 노력들이 비슷한 걱정거리를 지닌 다른 부모들을 도와왔다는 것을 의사소통하는 것은 중요하다.

회기와 개입을 구조화하는 기술

1. ***계획과 구조를 제공하기.*** 상담자는 가족 프로그램을 시작하기 전에 치료 계획의 개요를 제공해야만 한다. 부모는 치료 프로그램의 기대되는 기간, 개별 회기에 대한 계획, 프로그램의 기대되는 이득을 알 필요가 있다. 치료

에 대한 이러한 개관은 변화과정에 대한 부모의 헌신을 촉진시키는데, 부모가 각 단계의 근본적 이유를 이해할 수 있게 돕기 때문이다.

2. ***가족에 대한 정보를 구하고 그 과정에서 그러한 정보가 왜 중요한지를 설명하기.*** 가족은 보통 양육 프로그램에 익숙하지 않거나 편안함을 느끼지 않으며 개인적 정보가 왜 필요한지, 그것이 어떻게 사용될 것인지를 이해하지 못할 수 있다. 따라서 공개된 모든 정보가 괴롭힘 문제를 줄이기 위해 사용될 것임을 재확인시키고 어떻게 정보가 사용될 것인지를 설명하는 것은 정보를 공유하고 가족의 변화를 만드는 데 대한 저항을 줄이게 될 것이다.
3. ***가족이 제대로 이해하고 있음을 확인하기.*** 부모가 그 과정과 개입전략을 이해하고 있는지 빈번하게 체크하라. 정보는 촉진자에게는 쉽고 명료한 듯하지만, 가족 구성원에게는 새롭고 낯설 수 있다. 친숙하지 않은 내용을 너무 빨리 다루는 것은 저항을 일으킬 수 있다. 가족의 프로그램에 대한 이해와 새로운 기술 획득을 가늠하기 위해서, 상담자는 문제의 성격, 문제를 해결하기 위한 전략, 기대되는 변화의 발생에 대해 가족 구성원과 수시로 대화할 필요가 있다.
4. ***저항을 예상하기.*** 부모에게 요구되는 많은 것들은 대부분 어려운 일들이다. 어렵지 않았다면 그들이 전문적 도움을 필요로 하지도 않을 것이다. 저항적인 부모는 참여를 피하고, 과제를 완성하기를 거부하며, 그들의 문제에 대해 다른 사람들을 비난할 것이다. 문제에 대해 그들이 비난받지 않는다는 것을 부모에게 확신시키고, 프로그램이 그들 가족에게 왜 적합한지를 설명하고, 부모가 자료를 이해하고 그것을 적용할 수 있는지 확인함으로써 부모들의 저항을 다룰 수 있다.
5. ***효과적 양육의 핵심요소를 따르기.*** 마지막으로 촉진자는 효과적 양육 프로그램의 핵심요소들을 적용해야만 한다. 부모에 대한 개입에 초점 두기, 친사회적 행동에 초점 맞추기, 부모에게 행동을 이해하고 식별하고 추적하는 것을 가르치기, 부모에게 사회학습의 원리를 가르치기, 새로운 양육 기술을 가르치기, 기술을 새로운 장면으로 전이하기, 부모 및 가족의 위험요인 다루기.

괴롭히는 아동 및 그들의 가족과 일하기

가해자의 가족과 일하는 것은 다른 유형의 가족과 일하는 것과는 다를 수 있는데, 특히 개입을 계획할 때 그러하다. 그 과정은 보통 교사나 다른 학교인사가 상담자에게 가족을 의뢰할 때 시작하며, 상담자는 아동이 보이는 괴롭힘의 성격과 정도를 평가하게 된다. 부모는 학교에서의 자녀 문제 때문에 가족 프로그램에 참여하고는 있지만, 촉진자는 구체적인 학교 행동문제를 즉각적으로 다루는 것은 피할 필요가 있다. 대신, 촉진자는 가해아동의 교사에게 다음 한두 달 정도까지는 부적절한 괴롭힘 행동을 예전처럼 그렇게 다루어 달라고 요청할 것이다. 이 지연 전략은 촉진자로 하여금 학교 요소를 소개하기 전에 가족과 일할 수 있는 시간을 허용한다. 지연 전략은 지속적인 가해자의 부모 대부분은 가정에서 자녀의 행동에 제한된 통제력을 가진다는 사실에 근거한다. 이 부모들은 학교에서의 자녀 행동에는 더 통제력이 없기 때문에, 부모가 가정에서 보다 효과적인 양육 기술을 개발하도록 돕는 것이 많은 양육 프로그램의 첫 단계이다. 부모가 가정에서 자녀의 행동에 어느 정도의 권위를 가질 수 있게 되었을 때에만이, 그들은 학교에서의 자녀 행동에 변화를 가져올 수 있게 될 것이다. 전형적으로 교육자는 이러한 지연 접근을 지지해 왔는데, 가정환경에서의 긍정적인 행동 변화가 학교행동의 개선으로 전환될 것임을 인식하고 있기 때문이다.

학교에서의 괴롭힘을 줄이기 위해 고안된 부모 프로그램은 다양한 장면에서 실시될 수 있지만, 프로그램이 어디에서 제공되든지 간에 중요한 것은 아동의 학교와 기관 또는 촉진자 간의 강한 유대를 만드는 것이다. 괴롭힘 문제를 가진 아동의 부모를 돕는 것은 최상의 상황에서도 어려운 일이며, 두 기관 간의 협력적 관계는 자녀의 괴롭힘 문제를 부모가 인식하는 것을 촉진할 것이다. 상담자와 촉진자는 학교가 그들 자녀에게 적대적이 아니며 그들 자녀를 골라내서 따로 다루기 위한 것이 아님을 설명하기 위해 교사와 협력할 수 있다. 오히려 학교 인사가 그들 자녀에 대해 걱정하는 것이 정당함을 강조해야만 한다. 그 다음, 이상적으로는 아동이 긍정적 사회적 기술을 배우도록 돕는 과정에 교사가 기꺼이 참여하고자 하며 적극적인 것으로 보여질 필요가 있다.

양육 프로그램은 한 가족 또는 비슷한 문제를 지닌 여러 가족들을 대상으로 행해질 수 있다. 학교에 의해 의뢰된 여러 가족 집단과 일할 때(예, Smith et al.,

2004), 집단의 힘과 역동은 모든 가족들을 위한 변화와 성장의 기회를 증진시킬 수 있다. 때때로 전체 가족과 일하는 것은 적절하지 않거나 지시되지 않는다. 또는 상담자는 오직 제한된 범위 내에서만 부모를 참여시키고자 결정할 수도 있을 것이다. 가족 프로그램은 또한 심리교육적(즉, 새로운 지식과 기술을 가르치기)부터 치료적(즉, 가족 과정, 규칙, 제한을 변화시키기)인 것까지 다양하며, 그들이 만들어 내고자 하는 변화의 깊이 측면에서도 다를 수 있다.

이 절의 나머지는 6개의 구성요소를 지닌다: 가족이 괴롭힘 문제를 이해하도록 돕기, 성공을 준비하기, 가족 모니터링하기, 결과를 적절하게 적용하기, 자신을 통제하기, 외부 자원을 활용하기. 이러한 구성요소들은 모두 지속적인 가해자의 가족에게 성공적인 개입을 제공하기 위해 중요하다.

가족이 지속적인 괴롭힘 문제를 이해하도록 돕기

가해자의 부모는 괴롭힘이라는 용어를 잘 이해하지 못한다. 그들은 먼저 가해자의 다양한 유형(공격적, 추종자, 관계적), 관련된 여러 괴롭힘 행동(신체적, 언어적, 관계적, 성적 괴롭힘)이 있음을 인식할 수 있게 배워야만 한다. 가해자의 가족과 일할 때, 촉진자는 부모가 괴롭힘이라는 개념을 이해할 수 있도록 고안된 다양한 활동들로부터 선택할 수 있다. 다음은 그러한 활동의 적절한 예이다.

1. ***자신의 아동기 가해자를 정의하기***. 부모에게 괴롭힘이라는 말을 들을 때 어떤 생각이 떠오르는지 기술하게 하고 그들의 아동기나 현재 삶 속에서 괴롭힘의 예를 들도록 청하라. 그들이 이러한 가해자를 떠올릴 때 어떤 느낌인가? 만약 부모가 그들이 더 어렸을 때 자신이 가해자였다고 인정한다면, 그들에게 지금은 자신이 그 또래들과 더 긍정적이고 덜 위협적인 방식으로 상호작용할 수 있었기를 기대하는지 질문하라.
2. ***가해자의 유형을 정의하기***. 유인물을 사용하여 가해자의 세 가지 흔한 유형(공격적, 추종자, 관계적)을 부모와 논의하고 그들에게 영화, 자신의 아동기, 자녀의 이야기들, 또는 다른 이야기들에서 이러한 유형들의 예를 찾도록 요청하라. 유인물에 있는 공식적인 정의와 실제 예들을 연결시키는 것은 부모로 하여금 "아이들은 원래 그렇다."고 귀인하거나 "아무 의미

없는 것"이라고 변명된 행동들이 실제로는 심각한 것일 수 있음을 이해하게 만들 것이다. 예와 더불어, 상담자는 부모에게 괴롭힘의 가능한 결과 또는 장기적 결과(예, 상해, 학교 결석, 비행, 약물중독)에 대해 정보를 제공해야만 한다. 상담자는 제3장에 논의된 폭력의 발달 경로를 논의할 수도 있다.

3. ***괴롭힘의 보상을 논의하기.*** 왜 아동들이 또래를 괴롭히는지에 대해 부모와 이야기를 나누고, 이러한 행동들이 결과나 보상에 의해 유지된다는 것을 부모가 이해할 수 있게 도와라. 괴롭힘의 긍정적 결과가 다른 수단(예, 지도자 역할을 하게 됨으로써 또래로부터 주의를 받는 것)에 의해 성취될 수 있는지, 그리고 부정적인 결과가 괴롭힘 행동을 멈추기에 충분하지 않은 이유를 검토하라. 생각과 행동의 A-to-E 과정을 활용하는 것은 부모와 자녀가 유발 사건부터 최종 결과까지 행동의 연쇄를 이해할 수 있게 도울 것이다.
4. ***가해자의 성장을 검토하기.*** 생태학적 모델에 대한 유인물을 사용해서(그림 3.2로부터 수정된), 공격적 행동의 발달에 영향을 미치는 다양한 요인을 설명하라(모델의 각 수준에 해당되는 위험요인과 보호요인은 표 2.1 참조). 이 때 위험요인을 직접적 원인으로 설명하지 말고, 괴롭힘 가능성을 높이는 요인으로서 설명하는 것이 중요하다. 이러한 구분은 위험요인을 가지고 있지만 공격적 행동을 보이지 않는 사람의 예("Johnny는 학교에서 정말로 성적이 나쁘지만, 그는 파리 한 마리도 죽이지 못할 걸요.")를 찾아서 위험요인의 타당성을 거부하는 부모에 대한 안전장치이다.
5. ***괴롭힘이 어떻게 시작되는지 논의하기.*** 아동들이 일반적으로 두 가지 다른 방식으로 괴롭힘을 배우게 된다는 것을 부모가 이해할 수 있게 도와라. 아동들은 괴롭힘 행동을 해서 보상을 받는 다른 아동들을 관찰하거나, 스스로 괴롭힘 행동을 해서 그 때문에 보상을 받을 수도 있다. 이러한 논의는 부모와 그들의 자녀가 현실과 미디어에서 긍정적, 부정적인 역할모델을 검토해 보도록 만들 수 있다. 아동들은 얼마나 많이 텔레비전을 시청하는가? 부모는 TV 노출의 양과 질을 제한할 필요가 있는가? 다른 더 긍정적 형태의 엔터테인먼트가 있는가? 아동의 친구들은 어떤 종류의 영향력을 발휘하는가?

〈표 9.1〉 목표설정지의 예, Kevin

우려사항	여동생	이웃 친구	집안일	학교 리포트
바람직한 행동	여동생과 싸우지 않고 즐거운 시간을 보내기	친구를 집에 불러 협동하며 놀기	누가 시키지 않아도 불평하지 않고 집안일을 하기	학교에서 좋은 경험하기
현재 수준	적어도 하루에 두 번 여동생과 싸우거나 소리 지름	처음 시작은 좋으나 곧 갈등을 일으키고 싸우거나 소리 지름	집안일을 하라고 여러 번 말할 때까지도 하지 않음	부모가 학교에서의 문제행동에 대해 빈번하게 보고받음
허용할 만한 변화	일주일에 두 번 이상 싸우거나 소리 지르지 않음	친구를 집에 오게 함. 일주일에 한 번 이하로 싸움	일주일에 세 번은 누가 말하지 않아도 스스로 집안일을 함	부모는 일주일에 한 번만 나쁜 행동에 대해 보고받음
기대된 것 이상	일주일에 한 번 정도만 싸우거나 소리 지름	친구와 싸우지 않음	일주일에 5번 정도는 누가 말하지 않아도 스스로 집안일을 함	부모는 나쁜 행동에 대한 보고를 더 이상 받지 않음

6. ***목표를 정하기.*** 부모는 종이에 그들의 현재 문제와 양육 프로그램에 대한 그들의 목표를 정의할 수 있다(표 9.1). 목표지의 완성은 부모와 아동으로 하여금 명확하고 측정 가능한 목표를 세우도록 가르치는 데 도움이 된다. 목표지의 예시는 다수의 양육 교재에 포함되어 있다(Christophersen & Mortweet, 2003; Fleischman, Horne, & Arthur, 1983; Forehand & Long, 2002; Patterson & Forgatch, 1987).

성공 준비하기

"1온스의 예방이 1파운드의 치료와 맞먹는다."라는 속담은 가족에도 적용된다. 아동들의 많은 문제는 예방될 수 있다. 성공을 준비한다는 개념은 부모들을 괴롭힘 예방에 초점 맞추도록 하기 위해 사용된다. 다른 말로 하면, 우리는 가족이 이미 하고 있어서 부모가 계속해서 할 수 있는 긍정적 활동과 행동을 강조하며 과거의 실수를 반복하지 않는 새로운 전략들을 논의한다. 성공을 준비하기 위한 활동들은 다음 절에서 설명된다.

괴롭힘을 정의하기 위한 가족회의

가족회의는 가족 문제들을 논의하기 위해 정기적으로 일정을 세운 가족 모임을 뜻한다. 이 모임은 주로 문제에 초점을 맞출 것이지만, 보통 회의 시간은 긍정적 · 부정적 사건 모두에 대한 가족의 의사결정을 포함한다. 예를 들어, 가족은 매주 토요일 아침에 45분씩 만나서 재미있는 활동이나 해야 할 일들 같은 주말 계획을 세우기 위해 논의를 할 수 있다. 부모는 이 시간에 가족 규칙을 논의하고 기대를 세우며, 계속되고 있는 갈등을 해결하거나, 가족 구성원들이 그들이 '자랑하고 싶은 일'과 '유감스런 일'(예, 이번 주에 가족에 대해 그들이 좋아했던 것, 가족의 경험이 어떻게 하면 향상될 수 있는지에 대한 제안)을 서로 이야기 나누도록 만들 수 있다. 가족회의 모임의 목표는 가족 구성원들 사이에 민주적이고 참여적인 논의를 촉진하는 것이다.

긍정적 진전을 만들기 위해서, 스스로 모임을 운영하기 전에 상담자 앞에서 이러한 가족회의 모임을 몇 차례 연습하는 것이 가족에게 도움이 될 것이다. 첫 번째 가족회의 모임에서, 다양한 유형의 괴롭힘 가해자들에 대한 정의와 예를 적은 유인물을 아동들에게 주고 함께 논의할 수 있다. 이런 식으로, 모든 가족 구성원은 서로 다른 괴롭힘 가해자와 행동에 공통의 용어를 갖게 되고 따라서 이후에 잘못 의사소통할 일이 적어지게 될 것이다. 마지막으로 가족은 가족의 상호작용에서 모든 형태의 괴롭힘을 금지하는 것이 왜 중요한지를 논의해야만 한다.

가족회의 규칙

가족회의가 다루어야만 하는 첫 번째 규칙들 중 하나는 집에서 그리고 집 밖에서 적절하게 행동하고 다른 사람들을 존중하는 것이다(예, '괴롭히지 않음.'). 가족회의는 또한 가족 규칙을 위반한 것에 대한 결과물을 확립할 수 있다. 부모는 구체적인 규칙을 세우는 데 도움이 필요할 수 있으며 새로운 규칙을 어떻게 자녀들에게 설명할지를 연습해야만 한다. 상담자는 새롭게 개발된 규칙과 결과를 부모와 검토하면서 그것들이 합리적이고 달성 가능한 것임을 확실히 할 수 있다.

'세상을 바꾸기' 활동

괴롭힘은 거의 항상 예측 가능하며 회피 가능한 맥락에서 일어난다. '세상을 바꾸기' 활동에서, 가족 구성원들은 괴롭힘에 앞서는 상황들과 갈등이 일어나는 것을 피할 수 있는 조치들을 논의할 수 있다. 예를 들어, Rodney의 부모는 저녁 식사 전의 그의 행동에 대해 걱정했다. Rodney는 학교에서 집에 막 돌아왔을 때에는 일반적으로 잘 행동하지만, 저녁시간이 흐르면서 여동생에게 점점 더 공격적이 되어갔다. 그의 부모는 집에서의 예측성과 안정성을 높이고 여동생에 대한 Rodney의 공격성을 유의하게 줄였던 두 가지 간단한 변화를 만들었다. 그들은 그가 학교에서 집에 돌아왔을 때 Rodney에게 과자를 주었고, 규칙적으로 6시에 저녁식사를 했다.

아동들과 의사소통하기

부모들은 종종 자녀와 이야기하는 더 효과적인 방법을 배우기 위해 도움이 필요하다. 효과적인 의사소통은 위협하지 않고 이야기하기, 명확하고 예의 바른 언어를 사용하기, 수용되는 행동과 수용되지 않는 행동에 대한 기대를 이해시키기를 포함한다. 좋은 언어적 의사소통에 따라오는 신체언어는 아동에게 가까이 앉기, 시선을 맞추기, 대화에서 아동의 이름을 사용하기를 포함한다. 부모가 그들 자녀가 특정 행동을 하기를 원할 때 그들은 단호하지만 예의 바른 목소리로, 아동에게 무엇이 기대되는지, 어떻게 그 일을 할 수 있는지, 그리고 언제 그 일을 마치기를 원하는지를 정확하게 말해 주어야만 한다. 부모는 또한 아동이 그 메시지를 제대로 이해했는지를 확인할 필요가 있는데, 다음의 예(또 다른 예들은 글상자 9.4 참조)를 살펴보도록 하자.

부모: Leo, 너는 아이들을 괴롭히는 문제를 보여왔고, 괴롭힘은 반드시 멈춰야만 해. 우리는 지난 주 가족회의에서 괴롭힘이 무엇인지에 대해 이야기를 했었어. 우리는 괴롭힘이 무엇인지, 그리고 괴롭힘을 멈춰야 한다는 것에 모두 동의했었다. Leo, 너는 계속해서 네 동생을 놀리고 있어. 나는 네가 동생에게 그를 놀린 것에 대해 사과하기를 원해. Leo, 너는 놀리지 말아야 하고, 만약 멈추지 않는다면 우리는 네 행동에 대한 결과물을 주게 될 거야. 나는 우리가 그렇게 하지 않게 되기를 바란다. 이해가 되니? 네가 이제 무엇을 할 것인지 내게 이야기해보렴.

부모들 사이의 협동을 향상시키기

모든 가족, 특히 지속적인 가해자의 가족들의 경우에 흔히 경험하게 되는 어려움은 한 부모가 다른 부모보다 더 관대하거나 자녀에 대한 다른 행동적 기대를 갖고 있다는 점이다. 별거나 이혼은 흔히 양육 스타일에서의 차이를 확대시킨다. 부모는 자녀의 문제를 다루기 위해 기꺼이 하나의 팀으로 일해야 한다. 그러한 팀워크는 서로 의사소통하기, 책임을 나누기, 서로를 지지하기를 포함하며, 별거 중이거나 이혼한 커플에게는 스트레스적인 행동들일 것이다.

적절한 행동을 모델링하기

부모가 더 효과적인 문제 해결 기술을 학습하도록 돕는 것은 그들에게 자녀를 위한 좋은 모델이 될 기회를 제공한다. 부모는 또한 그들 자녀가 싸우지 않고 갈등을 해결하도록 격려할 필요가 있다. 자녀에게 '복수' 하라거나, 싸움을 시작하지는 않지만 '싸움을 명확히 끝내는' 사람이 되어야 한다고 장려하는 부모는 공격성을 갈등 해결책으로 내세우는 것이다. 아동들에게 효과적인 의사소통으로 갈등을 다루게 하거나 다른 곳으로 가버림으로써 갈등을 완벽하게 피하라고 가르치는 것이 더 좋은 방법이다.

가족 모니터링

아동의 괴롭힘과 공격성의 주된 예측요인은 모니터링되지 않는 시간이다. 학교에서 화장실, 복도, 운동장 같이 감독되지 않는 장소는 괴롭힘의 주된 장소이다. 마찬가지로, 집에서도 아동은 감독이 낮거나 거의 없을 때 또는 그런 장소에서 괴롭힐 기회를 더 많이 갖는다. 공격성을 보일 기회는 책임 있는 성인의 존재로 감소된다. 모니터링을 늘리기 위해서 부모는 유소년 클럽(Boys and Girls Club)처럼 감독되는 방과 후 활동에 자녀를 등록시킬 수 있다. 또는 다른 가족 구성원에게 모니터링을 부탁할 수도 있다. 부모가 집에 있다면 그들은 자녀가 자신 앞에서 숙제를 하도록 만들 수도 있다. 아동과 함께 하는 것은 감독을 제공할 뿐 아니라 아동의 학교 과제와 다른 활동들에 부모 참여를 늘리기도 한다.

가족 모니터링의 다른 측면은 아동의 친구를 알게 되는 것을 포함한다. 자녀와 자녀의 또래들과 시간을 보냄으로써, 부모는 자녀가 방과 후와 주말에 어울리도록 허락될 친구 무리를 결정할 수 있다. 부모가 자녀의 또래들 사이에서 문제를 일으킬 만한 친구를 식별해내는 것은 특히 중요하다. 자녀 친구들의 부모를 만나고, 교사들과 이야기함으로써 부모는 문제가 되는 또래를 더 잘 알아차릴 수 있고, 가능하다면 자녀가 그러한 아이들과 어울리지 못하게 하거나 권고할 수 있다.

결과를 적절하게 적용하기

지속적인 가해자는 그들의 행동이 그냥 넘어갈 수 있기를 기대한다. 그렇지 않다면 그들은 괴롭히지 않을 것이다. 대부분의 경우에, 그들은 자신의 행동에 대해 처벌받지 않고 다른 아이들을 괴롭히는 데 성공한다. 가해자는 보통 자기 행동으로 인한 이득이 대가보다 더 크다는 것을 일찍 배우게 되기 때문에, 자녀의 행동에 긍정적인 방식으로 영향을 미치게 될 관련 있는 결과물을 부모가 만들어 두는 것이 중요하다. 다행스럽게도, 부모가 괴롭힘에 대한 효과적인 결과물을 세우는 것을 도와주기 위해 뛰어난 자원(제9장의 마지막에 제시된, 주석을 단 참고문헌 목록에 이러한 자원들이 열거되어 있다.)이 존재한다. 특히 Parenting That Works (Christophersen & Mortweet, 2003)는 유용하다. 부모가 결과물을 적용할 때 염두에 두어야 하는 가장 중요한 지침은 일관성, 공평성, 명확한 의사소통이다.

일관성

가해자들을 인터뷰하면 그들은 자신의 행동들에 대해 두드러지는 주제를 찾아낸다. 그들이 한 행동에 대한 일관적인 부정적 결과는 결코 존재하지 않는다. 가장 흔하게, 그들은 괴롭힘에 대해 처벌되지 않는다. 이러한 결과물의 결여는 흔히 어른들이 감독하지 않기 때문에 또는 부모가 작은 사건들이 크게 번지지 않기를 바라며 작은 사건은 그냥 무시하려 하기 때문에 일어난다. 부모가 괴롭힘을 줄이기 위한 프로그램을 시작할 때, 그들이 괴롭힘 사건의 심각성과 범위와는 상관없이 결과물을 일관되게 제공하는 것의 가치를 배우는 것은 중요하다. 효과적인 처벌의 예로는 타임아웃, 특권의 제거, 피해자에 대한 사과, 파괴된 물건의 배상이 있다.

공평성

아동들은 불공평하다고 생각하는 관계나 활동을 재빠르게 집어낸다. 그러나 공평성은 모든 사람들이 똑같은 것을 받아야 한다는 것이 아니라 모든 사람이 나이, 능력, 이전 경험처럼 그들의 필요와 상황에 따라 받아야 한다는 것을 의미한다. 가족회의 모임에서도 부모는 이러한 공평성의 의미를 설명할 필요가 있는데, 아동들이 공평성과 동등한 분배를 혼동하는 경향이 있기 때문이다. 따라서 가족은 개별 가족 구성원이 가지고 있는 서로 다른 필요를 논의하고, 무엇이 합당하고 정당한지에 대해 한 가족으로서 동의할 필요가 있다.

명확한 의사소통

자녀들에게 "제대로 행동해라." "그만둬." 또는 "아이들을 그만 괴롭혀라."라고 말하는 것은 부모가 기대하는 행동을 명확하게 의사소통하지 못하는 것이다. 상담자는 무엇을 하는지, 어떻게 그것을 하는지, 왜 그것을 해야만 하는지, 언제 그것이 완료되어야만 하는지에 대해 구체적인 지시를 주는 것과 같은, 효과적인 언어적 의사소통 기술을 부모가 발달시키도록 도울 것이다. 효과적인 의사소통은 무시, 냉소주의, 비난, 절망감의 표현을 배제한다.

의사소통은 또한 비의도적일 수 있다. 산만해지는 것, 두드러지게 불안해지는 것, 다른 곳을 쳐다보는 것 같은 부모의 비언어적인 의사소통은 수동성이나 관심 부족을 전달할 것이다. 흥미와 관심을 전달하는 부모는 가까이 앉으며, 시선을 분명하게 맞추고, 주의를 집중하며, 미소 짓고, 이완되고 개방적이고, 자발적이며 따뜻하고 온화하게 보인다. 아동은 언어적이든 비언어적이든 그들이 이해하지 못하는 의사소통의 어떤 측면에 대해서든 자유롭게 질문을 해야만 하며, 특히 그들이 양가적인 메시지를 받고 있을 때 그러하다.

아동이 부모의 기대를 명료화하기 위해 질문하는 것을 배우는 것이 중요한 것처럼, 부모도 불공평한 처우나 괴롭힘이 있는 상황에서 자녀가 도움을 청하는 때를 알아차리도록 배울 필요가 있다. 고자질하는 것과 도움을 청하는 것의 결정적 차이는 아동의 의도에 있다. 고자질쟁이는 다른 아동들에게 문제를 일으키려 하지만, 도움을 청하는 아이는 괴롭힘을 줄이고자 애쓴다. 게다가 아동이 다른 아이를 어려움에 처하도록 만들려 할 때와 아동이 합법적으로 도움을 청하려 할 때를 구분하는 것은 부모가 자녀와 개방되고 존중할 만한 관계를 확립하도록 도울 것이다. (제10장의 글상자 10.3은 고자질과 보고의 차이를 명료하게 제시한다.)

평정 유지하기

다른 아이들을 괴롭히는 아동들은 흔히 자기통제력이 부족하다. 즉, 그들은 자기가 한 행동의 결과에 대해 생각하지 않고 행동한다. 부모와 아동이 배워야 하는 핵심적 자기통제 기술은 이완 기법, 혼잣말, 단계적인 문제해결 모델을 포함한다. 종종, 효과적인 자기통제 기술이 없는 아동들에게는 마찬가지로 자기통제력이 부족한 부모가 있다. 따라서 만약 상담자가 부모가 자기통제를 모델링하고 자녀가 공격성 없이 문제를 해결하도록 돕기를 기대한다면, 상담자는 부모에게 자신의 감정을 다루는 방법을 가르칠 필요가 있다. 일단 상담자가 부모에게 이러한 기술을 어떻게 사용하는지를 코치할 수 있게 되면, 부모는 그들의 지식을 지시와 예를 사용하여 전달할 수 있다. 자녀에게 사회적 기술을 가르치는 책임을 짐으로써 그들 자신의 기술도 강화하게 될 것이다.

이완 기법

긴장된 상황에 반응할 때 침착함을 유지하는 것은 자기통제를 할 때 부모가 취할 수 있는 첫 번째 단계이다. 촉진자는 천천히 숨을 쉬며 깊이 호흡하는 것과 같은 단순한 호흡 기법부터 보다 세련된 이완 훈련방법이나 명상까지, 다양한 방식으로 부모가 자신의 불안과 흥분을 다룰 수 있도록 도울 수 있다. 촉진자는 부모의 흥미와 능력을 고려하여 선택해야만 한다. 사용하거나 설명하기 어려운 기술들은 성인이나 아동에게 크게 도움이 되지 못한다. 따라서 단순한 호흡과 '10까지 세기' 같은 활동들이 복잡한 이완 기법들보다 더 적용하기 쉽다. 촉진자는 부모와 그 기술을 연습하고, 부모에게 그것을 어떻게 사용할지 먼저 보여 달라고 요청하며, 자녀에게 그 기술을 어떻게 가르칠지에 대한 그들의 계획을 함께 논의한다.

혼잣말

촉진자는 부모로 하여금 자신이 스스로에게 무슨 말을 하는지를 들어보도록 도울 수 있다. 이는 ***혼잣말(self-talk)***, ***속말(inner talk)***, 또는 ***내적 대화(internal dialogue)***라고 불리며 5장에 자세히 기술되어 있다(Purkey, 2000). 자녀의 행동에 대해 그들이 스스로에게 무엇이라고 말하는지는 특히 중요하다. 만약 부모가 정서적 고통을 야기하는 혼잣말을 하고 있다면(예, "얘는 어떻게 행동해야 하는지 절대 배우지 못할 거야." 또는 "나는 그녀가 괴롭히는 일을 멈추도록 가르칠 수 없어."), 촉진자는 부모에게 속상하게 만드는 혼잣말을 문제 중심적인 진술로 바꾸는 방법을 가르칠 수 있다. 그 예들은 표 9.2에 제시되어 있다.

〈 표 9.2 〉 속상하게 만드는 혼잣말과 문제 중심적 혼잣말의 예

속상하게 만드는 혼잣말	문제 중심적 혼잣말
그가 그렇게 행동할 때 난 그걸 참을 수가 없어.	그가 그렇게 행동할 때 좋지는 않지만, 시간이 흐르면 나는 그에게 다른 아이들과 노는 더 효과적인 방법을 가르칠 수 있을 거야. 첫 번째 할 일은 평정을 유지하고, 목표를 생각하며, 그와 함께 대안에 대해 이야기하는 거야.
그녀는 끔찍한 가해자이고 괴물이야.	그녀는 자신이 원하는 것을 가지려 하는 아이야. 내 목표는 그녀에게 다른 아이들과 상호작용하는 더 효과적인 방법을 가르치는 거야.
희망은 없어.	내가 할 수 있는 일은 많아. 그는 문제를 해결하기 위해 아이들을 괴롭히는 것을 배웠던 거고, 그는 아이들과 지내는 더 좋은 방법을 배울 수 있어.

가족과 함께 혼잣말을 검토하는 것은 깨달음을 주며 고무적이다. 많은 부모들이 자신의 생각이 어떻게 자녀와의 상호작용의 질에 영향을 미쳐왔는지를 생각해 본 적이 없다. 부모들이 그 과정에 반응하는 것을 보는 것은 마음을 든든하게 만든다. 많은 부모들에게 그것은 통찰의 경험이 되는데, 이는 부모들이 자신의 생각이 자신의 양육 목표와 실제로 모순된다는 사실을 결코 깨달은 적이 없었기 때문이다.

문제해결

단계적인 문제해결 모델은 부모로 하여금 자신의 혼잣말 기술을 개발하고 정교하게 하도록 돕는다. 자기통제를 가르치기 위해서, 상담자는 학교가 학생들에게 가르치고 있는 것과 동일한 갈등해결 모델을 사용할 수도 있다. 흔히 학급 모델은 아동에게 적합한 갈등해결 버전을 사용한다(글상자 5.6에 개관된 STOPP처럼). 제5장에 소개된 5단계 모델은 아래 문단들에 제시된다.

단계 1: 문제와 목표를 정의하기. 출발점으로 부모는 그들의 문제와 무엇이 변화되기를 원하는지를 정의한다. 더 구체적으로, 부모는 구체적인 사건을 식별하고, 그 사건 동안 일어났던 문제를 정의하고, 특별한 해결책(목표)을 제시하도록 요청받는다. 어떤 경우에, 문제와 목표의 정의는 가족 구성원들로 하여금 상담이

필요한 이유를 이해하도록 돕는 양육 프로그램의 핵심사항이 될 것이다. 다음의 예를 보라.

- 문제:
  Chuck은 항상 자기 동생을 괴롭힌다(밀치고, 때리며, 놀린다).
- 부모의 반응:
  "Chuck, 그만둬."
- 목표:
  Chuck이 동생을 괴롭히지 못하게 하기.
- 부모의 설명:
  "문제는 Chuck이 항상 Barry가 눈물을 보일 때까지 괴롭힌다는 거에요. 예를 들면, 어젯밤 Chuck은 Barry가 숙제를 하고 있는 부엌으로 와서 Barry의 팔을 거칠게 떠밀었고, 그가 하고 있던 숙제장이 엉망이 되었죠. Barry는 Chuck에게 고함을 질렀고, 그가 숙제를 처음부터 다시 해야 했기 때문에 울기 시작했어요."

부모가 문제를 정의하고 상호간의 목표를 설정하도록 하는 과정을 밟게 하는 것의 목적은 성급한 결론을 지양하고 충동적으로 반응하기보다는 더 초연한 상태에서 객관적으로 문제를 검토하게 하는 것이다. 문제와 바람직한 해결책을 검토하는 것은 부모가 그들이 배우고 연습할 필요가 있는 양육 기술을 식별하도록 돕는다. 앞의 예에서, Chuck의 부모가 천천히 문제를 분석했었다면, 그들은 촉진자의 도움 없이 그들이 멈춰서 깊이 호흡하고 Chuck의 문제에 대한 해결책을 명확하게 정의하는 것을 배울 필요가 있다고 결론을 내렸을 수 있다. 촉진자는 이 부모들이 어떻게 그들의 행동이 문제를 해결하거나 악화시킬 수 있는지 이해하도록 도울 수 있었을 것이다. 화가 나서 Chuck에게 그만두라고 소리를 지를 때 부모는 자녀가 배우기를 원하는 행동을 모델링하고 있지 않다.

단계 2와 3: 해결책을 생성하고 그 결과들을 검토하기. 종종 부모들은 문제에 대해 생산적이지 못함이 증명된, 습관적 반응을 만들어낸다. 문제에 대한 해결책을 개발하는 것은 가족회의 모임동안 가족활동으로서 수행될 수 있다. 부모는 가족 구성원 간에 일어난 문제에 대한 논의를 조정할 수 있고, 모든 사람은 가능한

해결책을 찾아내는 데 참여할 수 있다. 가능한 해결책들은 각각 결과의 측면에서 논의되어야만 한다. Chuck의 예에 대해 제공된 표 9.3을 참고하기 바란다.

〈 표 9.3 〉 Chuck의 괴롭힘 행동에 대한 가능한 해결책과 결과물의 예

가능한 해결책(부모의 반응)	가능한 결과물
문제를 무시하기	Chuck은 괴롭힘 행동으로 어떤 결과물도 받지 않을 수 있음을 배운다. 곤경에 빠지지 않고도 어느 정도까지 그런 행동을 할 수 있는지 체크하려는 그의 시도와 함께, 그의 부정적 행동은 악화된다.
Chuck을 때리기	Chuck을 때리는 것은 즉각적 영향은 있겠지만, Chuck에게 a) 문제를 해결하기 위해 힘을 사용하는 것, b) 자신보다 작은 사람을 때리는 것, c) 때려질 거라는 두려움 때문에 어른들과 상호작용하는 것을 피하는 것을 가르친다.
Barry와 함께 Chuck이 망친 숙제를 고치도록 하기	이 협력적 노력은 실행가능한 선택일 수 있다. Chuck은 그가 일으킨 문제를 고치는 것을 도와야만 하고, Chuck과 Barry는 효율적으로 함께 일하는 법을 배울 수 있을 것이다. 만약 그들이 계속해서 문제에 대해 말싸움을 하고 옥신각신한다면, 이 접근은 덜 효과적일 것이다.
Chuck에게 사과하게 하고 Barry의 숙제 일부를 하게 하기	사과는 또 다른 실행가능한 대안이다. Chuck은 자신의 행동에 대한 결과물이 있다는 것과 자신의 실수를 고쳐야만 한다는 것을 학습한다. 그러나 이 대안은 Chuck이 분노나 적개심의 수준을 높이고 후에 사과를 강요받고 추가로 일을 한 것에 대한 복수를 하고자 한다면 역효과를 낳을 것이다.
Chuck에게 타임아웃 사용하기	타임아웃은 잘못 행동한 아동들에게 매우 강력하고 효과적인 개입이다. 이는 Chuck의 행동에 대한 결과물로서 매우 실행가능한 대안일 것이다. 그러나 타임아웃을 사용하는 것은 가족 구성원이 그것을 사용하는 데 있어 훈련과 슈퍼비전을 받을 것을 요구한다. 게다가, 부모들은 이 전략을 적용할 때 일관적일 필요가 있다.
Chuck에게 가족회의 모임에 오게 해서, 가족 전체가 그 문제에 대해 논의하기	가족회의 논의는 가족 내 모든 사람을 포함하기 때문에, 매우 효과적인 개입이다.

가능한 결과를 분석하는 것은 어려운 일이며, 아마도 부모의 첫 시도 동안에 촉진자의 도움을 필요로 할 것이다. 촉진자는 부모에게 자녀의 괴롭힘 행동을 다루기에 자신이 부적절하거나 준비되지 않았다고 느꼈던 상황을 기술하게 하고, 대안적인 행동방안에 대해 부모와 이야기한다. 대안적인 반응들에 대해 구체적인 예

를 살펴보는 것은 부모의 생각의 범위를 넓히게 될 것이다. 예를 들어, 촉진자는 타임아웃, 부적절한 행동에 대한 논리적 결과, 대화 시간(부모가 자녀와 함께 괴롭힘 행동에 대해 이야기하고 다른 더 적절한 행동을 제안하도록 자녀를 격려하는 전략) 같은 다양한 훈육기법들을 사용하는 방법에 대해 예를 들 것이다. 결과를 검토하는 부분은 제안된 해결책이 긍정적인 집 분위기와 가족 분위기를 이끌어내는지를 탐색하는 것을 포함한다.

괴롭힘 행동에 대한 적절한 반응을 결정할 때, 부모는 자녀의 공격적 행동이 도구적인지(즉, 보상적 괴롭힘), 반응적인지(즉, 지각된 공격에 대해 학습된 감정적 반응)를 객관적으로 분석해야만 한다. 행동이 도구적이라면, 부모의 해결책은 그 보상을 뛰어넘을 정도로 강해야만 한다. 행동이 반응적이라면, 부모의 해결책은 아동이 지각된 공격에 반응하는 더 적응적인 방법을 배울 수 있게 돕는 것이어야 한다. 즉, 부모가 선택하는 해결책과 그것의 결과물이 자녀의 괴롭힘에 대한 적절한 반응임을 확실히 할 필요가 있다. 이는 부모로 하여금 그들의 궁극적 목표, 즉 자녀의 행동문제를 해결하는 것을 이루도록 도울 것이다.

단계 4: 해결책을 선택하고 그것을 실시하기. 부모의 다음 행동은 적절한 훈육 반응을 선택하고 그것을 실시하는 것이다. 효과적인 반응을 시행할 때 부모가 비슷한 사건들에 대해 유사한 해결책과 결과물을 일관되게 이용하는 것은 매우 중요하다. 거의 예외 없이, 아동들은 괴롭힘에 대해 결과물을 제공한다는 부모의 결심을 시험하기 위해 '극단까지 밀어붙일' 것이다. 부모가 일관되게 시행하는 것에 실패할 때마다, 그들은 실제로 자녀의 괴롭힘을 강화하게 된다. 부모가 문제에 반응하고 해결책을 시행할 때, 그 행동이 신속하게 일어나는 것은 결정적이다. 부모는 한 사건에서 다음 사건으로 일관되게 반응해야만 하며, 공평하고 단호하게 적절한 결과물을 전달해야만 한다.

단계 5: 결과를 평가하기. 문제해결에 대한 인지적 과정의 마지막 단계로 부모는 자신이 선택한 해결책이 효과적인지를 검토해야 한다. 그것이 부모로 하여금 자신들의 목표에 더 가까워지게 했나? 자녀들이 부모의 결심을 시험할 것이기 때문에, 상담자는 부모가 이러한 문제해결 기술과 전략을 지속적으로 사용하도록 격려해야만 한다.

외부 자원 사용하기

부모들은 생활비 벌기, 가정을 관리하기, 가족의 요구들을 조정하기 등 매일 다수의 스트레스를 경험한다. 학교는 병원, 주택, 음식, 정신건강상담 등 지역사회 내에 가용한 자원과 서비스들을 정리하여 추천해 줌으로써 부모를 도울 수 있다. 마찬가지로 교회와 다른 사설 서비스기관들도 갈등을 겪고 있거나 도움이 필요한 가족들에게 흔히 지원과 멘토링을 제공한다. 제2장에서 다루었듯이, 부모들은 종종 시간이 없어서 자녀의 활동과 행동을 모니터링하는 것이 힘든 경우가 있다. 방과후와 주말 지원 프로그램들—Big Brother & Big Sister 프로그램, YWCA, YMCA 프로그램, 위탁 조부모(Foster Grandparents) 프로그램, Boys & Girls Clubs—은 잘 모니터링되는 환경 속에서 또래와 사회적으로 상호작용하는 추가적 기회를 제공한다. 분명하게, 이러한 모니터링되는 장소에서의 상호작용은 아동들에게 방과후 빈 집에 있을 때보다 적절한 사회적 기술을 발달시킬 기회를 만들어낸다.

학교 직원과 지역사회 기관 구성원은 종종 아동들의 문제에 대해 가족을 비난한다. 가족들이 아동의 삶에 강력한 위험 및 보호요인이기 때문에 비난의 대부분은 정당하다. 그러나 가족을 비난하는 사람들은 흔히 '피해자를 비난' 하는데, 그들의 자녀가 필요로 하고 받을 가치가 있는 따뜻하고 양육적인 환경을 제공하기 위한 적절한 자원을 갖지 못했다는 것 때문에 가족을 비난하는 것이다. 대다수의 가족은 그들의 자녀가 건강하고 성공적이길 원하지만, 종종 부모는 적절한 관리를 제공할 충분한 자원을 결여하고 있다. 어떤 부모는 가족을 먹여 살리기 위해 다수의 직업을 갖고 일해야만 하며, 따라서 자녀를 감독하고 상호작용할 기회가 거의 없다. 어떤 부모는 기준 이하의 집에 살고 자녀를 높은 수준의 범죄에 노출시키는 지역에 산다. 많은 부모들이 그들 자신의 낮은 학업적 기술 때문에 자녀의 학교과제를 도와주기 어려우며 학교에 대해 두려움을 느낄 수도 있다.

가족이 자녀가 필요로 하는 양육과 지원을 제공할 적절한 자원을 가지고 있지 않을 때, 우리는 사회적 정의의 잣대를 취하는 것이 지역사회의 책임이라고 믿는다. 학교 전문가들이 개별 아동과 그 가족과 일하는 동안, 그들은 또한 이 가족들에게 적절한 지원을 제공하기 위해 동네, 지역, 그리고 국가적 수준에서 논의를 불러일으킨다. 최소한 부모는 그들의 자녀를 먹이고 입힐 수 있는 안전한 집과 수입이 필요하다. "국제적으로 생각하고, 국지적으로 행동하라."라는 모토는 어른들에게 학급 내에서 그리고 지역사회 내에서 행동을 취하라고 요구하지만, 동시에 모든 아동과 가족들을 위한 사회적 지원 계획을 지속적으로 밀어붙인다.

주석이 있는 참고문헌

- 「Antisocial Behavior in Children and Adolescents: A Developmental Analysis and Model for Intervention」(Reid et al., 2002): 오레곤 사회학습센터(Oregon Social Learning Center)의 연구자들이 쓴 이 책은 아동기 발달과 양부모 가족, 편부모 가족, 계부모 가족, 위탁가족 등 다양한 가족 맥락에서 3세부터 18세까지 아동의 공격적 행동을 줄이기 위한 방법을 논한다.
- 「Bullying Prevention Program」(Limber, 2004; Olweus, 1993b): 학교에 초점을 둔 이 프로그램은 가해자와 피해자의 부모를 위한 지침을 제공하고, 교사가 학교 전체의 괴롭힘 예방 프로그램에 대한 부모의 협조를 구하기 위한 방법들을 제안한다.
- 「Bullyproofing Your Child: A Parents' Guide」(Bonds & Stocker, 2000; Garrity, Jens, Porter, Sager, & Short-Camilli, 2004): 이 책자는 전체 학교 대상의 더 크고 포괄적인 괴롭힘 예방 프로그램의 일부인 부모와 가족을 위해 특별히 준비되었다.
- 「Parent-Child Interaction Therapy」(Hembree-Kigin & McNeil, 1995): 이 읽기 쉽고 실제적인 안내서는 2세부터 7세 아동과 일하는 정신건강 전문가를 위해 개발되었다. 이 책은 아동의 파괴적 행동양식과 이 문제를 다루기 위해 부모가 사용할 수 있는 방법들에 초점을 맞추고 있다.
- 「Parenting That Works: Building Skills That Last a Lifetime」(Christophersen & Mortweet, 2003): 이 책은 아동이 효과적이고 영속적인 사회적 역량을 학습하도록 돕는 skill-building 접근을 강하게 사용한다. 이 접근은 괴롭힘 문제에도 적용될 수 있다.
- 「Parenting the Strong-Willed Child」(Forehand & Long, 2002b): 이 책은 지난 40년간의 연구에 기초되었으며 가족이 공격성을 줄이도록 돕는다.
- 「The Parent's Book About Bullying: Changing the Course of Your Child's Life」(Voors, 2000): 이 괴롭힘 예방 책은 특별히 부모를 대상으로 저술되었

다. 공격적 아동의 가족을 대상으로 한 임상경험과 연구를 바탕으로, 부모가 괴롭힘 문제를 이해하도록 돕고 자녀가 가해자이거나 피해자인 상황을 다룰 수 있도록 구체적인 제안을 제시한다.

- 「Troubled Families」(Fleishman et al., 1983): 이 책은 파괴적으로 행동하는 아동을 다루어야 하는 부모를 위해 개입전략을 제시한다. 이 책은 부적절한 행동을 줄이고, 친사회적인 행동을 늘릴 수 있는 방법들을 추천하고 있다.
- 「When Your Child is Difficult」(Silberman, 1995): 이 책은 부모들에게 가족 맥락 내에서 아동의 공격적 행동을 줄이기 위한 구체적 단계를 제공한다.
- 「Working With Parents of Aggressive Children: A Practitioner's Guide」(Cavell, 2000): 이 책은 지난 40년간의 행동적 부모훈련에 대한 연구에 기초하고 이를 관계증진모델과 통합하고 있다. 이 책은 정신건강 전문가에게 자녀의 공격성을 다루어야 하는 부모와 일할 수 있도록 강력한 모델을 제공한다.

제10장

괴롭힘의 대상이 되는 아동 돕기

매일 밤 나는 울다가 잠든다. 나는 그 가해자들 때문에 학교 가기가 두렵다.
— 8학년 학생

이 장에서는 괴롭힘의 대상이 되는 아동, 소위 '피해자' 에 대한 문제와 성인들이 무엇을 도울 수 있는지에 대해 탐구한다. 첫 번째 절에서는 피해자를 비난하는 문제와 무엇이 피해를 지속시키는지에 대해 논의한다. 두 번째 절에서는 피해자들이 괴롭힘에 대처할 수 있는 여러 전략들에 대해 논의하고, 마지막 절에서는 성인들이 괴롭힘의 대상이 되는 아동을 도울 수 있는 방법에 대해 논의한다.

어떤 행동이 괴롭힘을 부추기는가?

괴롭힘과 피해를 다루는 데 있어서, 피해자의 행동을 바꾸려고 하기보다는 괴롭힘을 멈추게 하는 것이 더욱 중요하다. 그러나 이러한 원리를 염두에 두고 교육자들과 학부모들은 괴롭힘의 대상에게 문제를 진단하고 그것을 해결하기 위한 기술을 연습하도록 도울 수 있다. 그렇게 하기 위해서, 관련된 성인들은 피해를 지속시키는 요인들뿐 아니라 피해자를 비난하는 문제에 대해 다루어야 한다.

피해자 비난하기

교육자의 역할은 괴롭힘을 멈추게 하고 그 가해자와 괴롭힘 대상 간의 갈등을 줄이기 위한 새로운 전략을 학습하도록 하는 것이다. 괴롭힘의 피해자들을 돕는 것이 성인들의 역할이지만, 이 과정에서 피해 아동들이 피해에 대해 비난받지 않도록 하는 것이 매우 중요하다. 일부 사람들은 "왜 Maggie는 다른 아이들이 자신을 괴롭히도록 두는가?" 혹은 "왜 Rafael은 그를 괴롭히는가?" 라고 묻는다. 이러한 질문들은 가정 폭력(intimate partner violence)이 발생했을 때 "왜 그녀는 그를 떠나지 않는가?", "왜 그는 그녀를 학대하는가?" 와 같은 질문을 하는 것과 아주 유사하다. 사실상 학대를 당한 배우자가 떠나지 않는 이유는 중요하지 않다. 법을 어긴 사람은 배우자를 때린 가해자이다; 학대를 당한 배우자가 집에 머무르는 것은 법을 어기는 것이 아니다. 배우자에게 학대를 당한 사람들은 많은 이유로 떠나지 않는다: 그들은 갈 곳이 없다, 그들은 도움을 청할 친구들이 없다, 그들은 떠나기 위해 필요한 재원이 없다, 그들은 너무 우울해서 조치를 취할 수 없다, 그리고 그들은 흔히 관계가 아니라 오로지 학대가 끝나기만을 원한다. 마찬가지로, 괴롭힘을 당하는 많은 아동들은 떠나지 못한다. 아동들은 일반적으로 그들이 등교하는 학교를 선택할 수 없다. 흔히 괴롭힘의 피해자들은 친구가 거의 없고 다른 아동들에 비해 사회적 기술이 적으므로 괴롭힘에 저항하거나 대응하기 어려워 자주 괴롭힘을 당한다. 아동들은 공부를 하고 친구를 사귀기 위해 학교에 가고 싶어 하고, 괴롭힘의 대상이 되는 아동들은 단지 괴롭힘이 멈추기를 원한다.

가정 폭력과 괴롭힘 모두 학대가 발생하는 이유는 기본적으로 옳지 않다; 학대는 결코 정당화되거나 받아들여질 수 없다. 가해자들은 음식이 정각에 준비되지 않았거나 혹은 배우자가 다른 사람과 바람을 피운다는 사실 또는 상상 때문에 배우자를 학대한다. 가해자들은 피해자들이 너무 뚱뚱하거나 말라서, 너무 똑똑하거나 멍청하다는 이유로 그들을 학대한다. 그러나 가정 폭력과 학교 폭력이 완전히 유사하지는 않다. 배우자 관계는 학교 폭력의 상호작용보다 훨씬 더 복잡하다. 전자는 배우자들 간의 한때 깊은 감정적 연대와 재산 공유를 끊는 것이다.

그럼에도 불구하고, 학교 폭력 가해자들은 배우자를 학대하는 가해자들과 공통적인 특성을 지닌다. 그들은 자주 그들 자신의 행동에 대해 피해자들을 탓한다. 사실상, 많은 피해자들 또한 학대에 대해 그들의 우울증과 무기력함을 덧붙여 스스로를 탓한다. 학대 관계에서 피해자가 학대를 유발하는 행동이 무엇인지에 집중하는 대신 "왜 학대하는 사람들은 그만두지 않는가?" 와 "우리(교육자, 경찰, 가족 구성원, 이웃, 지역사회)가 학대를 멈추기 위해 무엇을 할 수 있는가?" 에 대해 물어야 한다. 글상자 10.1은 피해자가 아닌 가해자에 대한 주목이 필요함을 보여주는 하나의 일화를 제공한다.

글상자 10.1 ■ 피해자 비난하기

성희롱 문제의 예방 및 대처를 전문으로 하는 상담자가 한 중학교 교장의 부름을 받았다. 교장은 행정가들이 여학생들로부터 또래 남학생들에게 성적으로 희롱을 당한 것에 대해 많은 불평을 받아왔다고 설명하였다. 남학생들은 복도에서 여학생들을 부적절하게 만지고, 여학생들의 신체 일부분에 대해 이야기를 하였으며, 여학생들의 셔츠를 치켜세우려고 하고, 쉬는 시간에 여학생들에게 음란 잡지를 보여주곤 하였다. 교장은 상담자에게 학교에 와서 여학생들에게 희롱에 대처할 수 있는 방법에 대해 이야기해 줄 수 있는지 물었다. 요청에 어리둥절한 상담자는 그의 우려를 나타내었다. "왜 제가 여학생들에게 가서 이야기를 해야 하나요? 남학생들과 그들의 행동에 대해 이야기하면 안 되나요?"

그러므로 가해자-피해자 문제를 다루는 첫 번째 단계는 괴롭힘이 일어나는 것을 막는 것이어야 한다. 불행하게도, 교육자들은 학대에 대해 알지 못한다. 교사들은 아동들에게 괴롭힘을 보고하는 것의 중요성에 대해 알려주고 그들의 보고가 진지하게 받아들여질 것임을 보장해줄 필요가 있다. 그러나 이와 똑같이 중요하게 교육자들은 피해자들이 그들 스스로 문제를 해결할 수 있는 힘을 기를 수 있도록 도와주고 괴롭힘을 줄일 수 있는 안전한 전략들을 가르쳐야 한다. 마지막으로, 가해자와 피해자 간의 상호관계를 이해하고 괴롭힘의 대상이 되는 아이가 괴롭힘의 원인을 제어할 수 있는 방법을 배우도록 돕는 것이 중요하다. 예를 들면, 비만인 모든 아이들이 반드시 피해자가 되는 것은 아니다. 따라서 비만인 일부 아이들이 피해자가 되고 다른 아이들은 그렇지 않은 이유를 이해하는 것은 특정 상황에서 가해자와 피해자의 괴롭힘 문제에 대한 원인을 명확하게 이해하는 데 도움이 될 수 있다.

무엇이 행동을 지속시키는지 이해하기

1장에서는 수동적, 관계적, 도발적 피해자들 간의 차이를 설명하였다. 각 피해의 유형은 다른 요인들에 의해 지속되며, 이러한 요인들을 이해하는 것은 문제에 대한 더욱 철저한 평가와 추후 더 나은 개입을 가져올 것이다.

수동적 피해자들은 가해자들을 자극하는 어떤 행동도 하지 않지만 가해자들의 공격의 대상이 된다(글상자 10.2는 괴롭힘의 대상이 되었던 Ramsey의 예를 제시한다.). 피해자들은 체형, 성, 인종, 민족성, 시력 문제, 질병 등과 같은 불변의 특성 때문에 표적이 될 수 있다. 게다가 이러한 아동들의 성격, 버릇과 같은 특징들은 이들을 주류와 구별시킨다: 여성스러워지는 것, 스포츠보다 책을 좋아하는 것, 물질주의를 삼가는 생활방식으로 사는 것, 또는 학교에서 다른 사람들과 구별되는 종교적인 신념을 가지는 것(Espelage & Asidao, 2001). 이러한 이유들 중 어느 것도 아동들이 괴롭힘의 대상이 되는 것을 정당화하지 않는다; 모든 이유들은 기본적으로 옳지 않다.

글상자 10.2 ■ Ramsey는 그의 행동을 바꾸어야 하는가?

Ramsey는 새로운 학교로 전학을 갔고, 다른 학생들은 즉각 그를 "다르다"고 꼬리표를 붙였다. 그는 웃거나 미소 짓지 않았고 다른 친구들과 함께 있는 것보다 혼자 있는 것을 더 좋아하는 것 같았다. 그는 일반적인 학생복—티셔츠와 청바지—보다는 넥타이를 매고 있었기 때문에 쉽게 눈에 띄었다. 그는 학교 식당에서 밥을 사 먹기보다는 집에서 점심을 가져왔으며, 그가 가져온 점심은 채식이었다. 그는 키가 작았고, 다른 학생들은 그가 운동을 하지 못한다는 것을 알았다. 그의 가족은 교회에 소속되어 있지 않았고, 그의 신념들에 대해 질문을 받았을 때 그는 그것에 대해 이야기하는 것을 거부하였다. 머지않아 다른 소년들은 교실에서 그를 놀리고 욕을 하기 시작했고, 이 행동들은 밀치고 때리는 것으로 악화되었다.

일부 학생들은 Ramsey가 그 자신의 행동 때문에 괴롭힘의 피해자가 되었다고 말하였다. Ramsey는 바뀌어야 하는가? 개인은 괴롭힘으로부터 안전하고 자유롭기 위해서 또래 집단의 기준—고기를 먹고, 운동을 하며, 국기에 경례를 하는—에 따라야 하는가? 아니다. Ramsey가 그저 Ramsey일 수 있도록 안전한 환경을 제공하는 것은 학교의 책임이다.

수동적 피해자들은 두 가지 이유에서 계속해서 피해를 당한다. 첫째, 그들은 어떤 대안을 찾지 않는다. 괴롭힘의 피해자들과의 인터뷰에서, 그들은 다른 선택권이 없었으므로 괴롭힘을 참았다고 자주 설명하였다. 그들은 누구에게 도움을 청할지, 그 행동을 멈추기 위해서 무엇을 할 수 있는지 알지 못했다. 이러한 아동들은 매우 우울했으며, 그들의 우울함은 더 아무 것도 할 수 없게 만들었다. 피해자들은 자주 쉬운 대상으로 인식되었다(Espelage & Asidao, 2001). 둘째, 피해자들은 무서웠기 때문에 피해를 계속 당했다; 그들은 가해자들에게 괴롭힘을 보고하지 말라고 위협을 받았다.

관계적 피해자들은 또래 집단으로부터 배척당함으로써 괴롭힘을 당하며, 우정을 깨겠다고 위협받거나 유언비어로 공격을 받는다. 패거리나 갱을 형성하는 학생들은 매우 자주 관계적 피해자들을 괴롭힌다. 수동적 피해자들과 유사하게, 관계적 피해자들은 대인관계 문제를 다루는 기술이 부족하고 성인과 의사소통하는 것을 꺼린다. 관계적 피해자들은 피해를 받은 관계를 끊는 것이 필요하기 때문에, 성인들은 진정한 친구란 무엇인지 명확하게 함으로써 관계적 피해자들을 도울 수 있다. 일부 피해자들에게는 또한 좋은 관계를 맺을 수 있는 방법을 학습하도록 도와줄 필요가 있다.

그러나 도발적 피해자들은 가해자의 공격을 부추긴다. 다행스럽게도, 피해자들 중에서 다른 사람들을 도발하는 아동들은 대체로 소수에 불과하다. 그들의 행동은 외부적 보상(예를 들어, 관심)이나 권력(예를 들어, 다른 사람들이 그들의 괴롭힘에 반응하도록 하는 것)에 의해서 지속된다. 이러한 아동들은 특히 극도의 우울함에 빠지고 무시나 거부를 당할 수 있기 때문에, 전문가와 가족 개입이 필요하다. 이러한 피해자들은 그들의 피해 양상에 가해의 요소가 있을 수 있기 때문에, 8장에 기술된 상담 전략과 9장에 기술된 가족 개입의 도움을 받을 수 있다. 그들은 그들의 행동을 바꾸어야 하고 그러기 위해서는 도움이 필요하다.

도발적 피해자들 중 일부 아동들은 대부분의 또래들로부터 거부당하며 가까운 관계를 맺고 있지 않다. 또래들은 그들을 거슬리고, 미숙하며, 무신경하거나 아주 불쾌하다고 규정한다. 거부당한 아동들은 학급 규칙을 따르려고 하지 않으며, 그들은 긍정적인 관계와 우정을 쌓는 데 필요한 사회적 기술(예를 들어, 다른 사람들을 칭찬하는 것, 대화를 지속하는 것, 그룹으로 협력하는 것)이 부족하다. 학교 상담자들과 교사들은 그들의 반사회적 행동들과 무단결석에 주의를 기울여야 한다.

이 같은 문제의 심각성에도 불구하고, 사회적 기술 향상을 위해 개발된 프로그램에 참여한 아동들의 일부는 그들의 행동을 변화시키는 데 성공하였다(Frankel, Cantwell, & Myatt, 1996).

괴롭힘에 대처하는 기술

모든 아동들에게 가장 중요한 기술은 '위험한' 괴롭힘과 '성가신' 괴롭힘을 구별하는 능력이다. 위험한 괴롭힘은 성인이라면 처벌받겠지만, 일부 가해 학생들은 처벌받지 않는 행위들을 의미한다: 예컨대 돈을 훔치는 것, 때리거나 해친다고 협박하는 것, 무기를 가지고 혹은 무기 없이 다른 사람들을 물리적으로 폭행하는 것 등을 포함한다. 그러나 성가신 괴롭힘은 악의가 없는 것에서부터 매우 잔인한 것까지 신체적, 언어적, 관계적, 성적으로 공격적인 행위들을 의미한다. 그러나 그들은 피해자들을 신체적인 피해로 위험에 빠뜨리지 않는다. 이 두 괴롭힘의 유형에 대처할 수 있는 전략들이 있다.

위험한 괴롭힘에 대처할 수 있는 전략

모든 학생들은 위험한 괴롭힘과 성가신 괴롭힘 간의 차이에 대해 분명하게 이해할 필요가 있다. 교사들은 차이를 설명하고, 명확한 예를 제시하며, 위험한 괴롭힘에 대응할 때 따라야 할 가이드라인에 대해 논의할 수 있다.

위험한 가해자들에 대처하는 첫 번째 가이드라인은 절대 목숨을 걸지 않는 것이다. 만약 아동들이 더 크거나 힘센 가해자들을 마주쳐 위험을 느낀다면, 피해자들은 자신의 안전을 첫 번째로 고려해야 한다. 도움을 청하기 위해 가해자들로부터 도망치거나 소리치는 것은 적절한 행동 방식이다. 만약 가해자가 돈이나 소지품을 요구한다면, 피해자는 이러한 물품들을 포기하는 것을 망설이지 말아야 한다.

두 번째 가이드라인은 어떤 일이 일어났는지 보고하는 것이다. 학생들이 학교 괴롭힘 사건을 신고하도록 하는 가장 좋은 방법은 피해자들과 주변인들을 포함하여 모든 아동들이 괴롭힘을 목격했을 때 그것을 보고하도록 권장하는 학교 전체의 정책을 수립하는 것이다. 그러한 방침을 마련하는 것은 피해자로부터 신고에 대한 큰 부담을 없애준다. 앞서 여러 장에서 논의한 바와 같이, 괴롭힘은 침묵 속에서 키워진다. 괴롭힘을 정확하게 보고하는 데 있어서, 모든 아동들은 고자질과 신고 간의 차이를 알 필요가 있다(글상자 10.3에는 그 차이가 열거되어 있다.). 교사들은 학생들이 차이를 이해할 수 있도록 예를 제공하고 다양한 방식으로 이러한 차이를 말해줄 필요가 있다. 초등학교 학생들을 대상으로 한 인터뷰에서, 3학년 정도의 학생들은 무엇이 고자질이고 보고인지 혼동하였다; 가장 어린 아동들만이 그들이 봤던 모든 것을 기꺼이 교사에게 말하였다. 피해자들은 고자질쟁이로 불리는 것을 두려워하고, 가해자들은 이러한 두려움을 조장한다(Espelage & Asidao, 2001).

글상자 10.3 ■ 보고는 고자질이 아니다

고자질

- 학생들은 누군가 곤경에 처하는 것을 원한다.
- 학생들은 다른 사람들의 눈에 좋게 보이는 것을 원한다.
- 학생들은 관심을 원한다.

보고

- 학생들은 그 자신들과 다른 사람들에 대한 보호를 원한다.
- 학생들은 그들과 다른 사람들의 소유물에 대한 보호를 원한다.
- 학생들은 무서워한다.
- 학생들은 위험에 처해 있다.

학교 정책이 괴롭힘에 대처하는 데 효과적인 절차로 수립되었을 때, 그리고 부적절한 행동에 대한 명확한 결과를 보여줄 때, 보고는 증가한다; 학생들은 보고가 장려되고 지지를 받는다고 느끼게 된다. 학생들의 가장 큰 우려는 괴롭힘 문제에 대한 학교 행정가들과 교사들의 비효과적인 대처이다: 명확한 정책이 없을 때, 학생들은 보고를 해도 달라지는 것이 없고 오히려 교사들이 문제를 더욱 악화시킬 것이라는 두려움을 느낀다(Espelage & Asidao, 2001; Glover, Gough,

Johnson, & Cartwright, 2000).

성가신 괴롭힘에 대처할 수 있는 전략

성가신 괴롭힘에 대응하는 가장 효과적인 방법에 대한 연구는 제한적이다. 그러므로, 대응 방법에 대한 연구자들의 제언은 상식과 아동 및 교사들을 연구한 그들의 경험에 근거한다. 두 가지 일반적인 규칙이 있다. 첫째, 피해자들은 짜증을 내서는 안 된다(또는 적어도 그들이 짜증났다는 것을 보여서는 안 된다.). 둘째, 피해자들은 공격으로 대응해서는 안 된다. 대부분의 괴롭힘은 피해자들이 침착하거나 무심할 때 그만두는 반면, 공격이나 무력함으로 대응하는 것은 괴롭힘을 증가시킨다(Salmivali, Karhunen, & Lagerspetz, 1996). 자주 괴롭힘을 당한 학생들은 문제가 없어지길 바라는 것과 같은 비효과적인 전략을 사용하는 경향이 있다(Hunter & Boyle, 2004). 가해자들의 목적은 그들의 피해자들이 당황하거나 화를 내거나 또는 두려움을 느끼게 하는 것이며, 피해자들이 이러한 반응을 보일 때 가해자들의 행동은 강화된다. 그러므로 단호하고 예상 밖의 반응을 보이는 것은 성가신 괴롭힘에 맞서는 최상의 응수이다. 우리는 괴롭힘을 가볍게 여기거나 혹은 소극적으로 대응해야 함을 주장하는 것이 아니다. 오히려, 피해자들은 무엇이 가장 효과적인 반응인지 결정하고, 그것을 실행해보며, 얼마나 효과가 있었는지 평가해야 한다. 교사들은 학생들이 그들 스스로 성가신 괴롭힘을 해결하도록 격려할 수 있으며, 한편으로 학생들은 또한 그들의 전략이 효과가 없을 때 도움을 청하는 것이 바람직함을 확신해야 한다.

때때로 피해자들은 사건에 대한 그들의 부정적인 감정과 가해자들의 태연한 반응 간의 모순에 대처할 방법을 알지 못한다. 가해자의 주장－"우리는 단지 장난이었다; 우리는 함께 재미있게 놀았다."－은 동일한 사건에 대한 매우 다른 해석을 드러낸다. 학생들은 괴롭힘과 거친 놀이 간의 차이를 알아야 하고(글상자 1.2에 나타내었다), "만약 피해를 준다면, 그것은 멈춰야 한다."는 것을 기억해야 한다. 교사들은 교실에서 긍정적인 유머와 부정적인 유머를 명확하게 구별하고 학생들이 그 차이를 인식할 수 있도록 할 필요가 있다. 긍정적인 유머는 사람들을 친밀하게 하고, 불안을 줄여주며, 의사소통을 증진시켜 준다. 부정적인 유머는 빈정거림을 사용하고 굴욕감을 주며 사람들을 배제하거나 상처를 주고 스트레스를 유발한다. 이는 흔히 고정관념과 편견에 근거하며, 원치 않는 피해자들을 표적으로 한다. 긍정적인 유머로 사람들은 같이 웃고 다른 사람들과 함께 한다. 부정적인 유머로 사람들은 다른 사람들을 비웃는다(Hageseth, 1988).

이 절에서는 피해자들이 가해자들의 공격적인 행동을 다루는 데 선택하여 사용할 수 있는 여러 가지 전략들에 중점을 두고 있다. 한 가지 최상의 전략은 없다. 가장 좋은 대응 방법을 선택하는 것은 상황과 가해자 및 피해자의 특성에 달려 있다. 가해자들에게 대처하는 더 많은 아이디어들은 Ross(2003)의 「Childhood Bullying, Teasing and Violence」, Hazler(1996)의 「Breaking the Cycle of Violence: Interventions for Bullying and Victimization」, 그리고 McCoy(1997)의 「What To do … When Kids Are Mean to Your Child」에서 찾아볼 수 있다. Webster-Doyle(1991)은 아동들에 대한 그의 책 「Why Is Everybody Always Picking on Me: A Guide to Handling Bullies」에서 그의 심리학적 지식과 무술의 전략들을 결합시켰다. 다음의 전략들이 유용할 것이다.

- ***가해자가 아니라 놀림을 비웃기.*** 비록 사람을 바보로 만드는 말이나 욕에 대한 자동적인 반응은 가해자에게 맞서 같은 식으로 반응하는 것이지만, 놀림을 비웃는 것이 더 효과적이고 덜 도발적이다.

  가해자: 너의 신발을 봐, 쓰레기장에서 구했니?
  피해자: 이 신발이 최신 스타일이 아니라고 말하는 거지?

  * * *

  가해자: 여기 피자 얼굴이 오네.
  피해자: 이젠 진부해. 뭐 새로운 말이 없니?

- ***가해자가 놀리는 것을 허락하기.*** 가해자가 놀리는 것을 허락하는 것은 가해자로부터 힘을 제거하고 피해자에게 힘을 준다. 이 전략의 변형은 이전의 가해자의 놀림을 상기시키고 나서 허락해주는 것이다.

  피해자: 잭(Jack)이 오네. 내가 너에게 놀릴 수 있게 허락해줄게.

  * * *

  피해자: 잭(Jack), 넌 어제 나에게 옷과 머리에 대해 놀렸었지. 오늘은 뭐 새로운 것 없니? 너는 나를 놀릴 수 있도록 허락을 받았어.

하지만 새로운 것을 말해줘.

- ***받아들이고 동의하고 넘어가기.*** 피해자는 특히 놀림이 사실인 개인적 특성에 대한 것일 때(예를 들어 비만이라는 것, 주근깨가 있다는 것, 안경을 썼다는 것, 무서워한다는 것)와 같이 일부 놀림의 유형들을 받아들여야 한다.

가해자: 싸우는 것이 무섭니?
피해자: 응. 또 다른 질문들은 없니?

- ***긍정적인 것으로 재구성하기.*** 대부분의 개인적 특성들은 밝은 면을 지니고 있으며, 피해자들은 이를 언급할 수 있다.

가해자: 안녕, 꼬마!
피해자: 음, 우리 엄마가 좋은 것은 작은 꾸러미들에 들어있다고 말씀하시곤 하셨어.

- ***행동을 그만두도록 요구하기; 적극적이기.*** 만약 그들이 부정적인 행동을 그만하도록 요구받는다 해도 모든 가해자들이 그만두는 것은 아닐 것이다. 그러나 많은 상황에서 그것은 효과적이고, 시도해볼 만한 가치가 있다.

가해자: [반 여자 친구의 엉덩이를 꼬집는다.]
피해자: 그만해. 그것은 잘못됐어! 꼬집는 것은 성희롱이야. 이것은 학교 정책에 반하는 것이고 나는 선생님께 말할 거야.
가해자: 뭐라고? 고자질?
피해자: 나는 네가 고자질과 보고 간의 차이를 배울 필요가 있다고 생각해.

* * *

가해자: [그의 앞에 앉아 있는 소녀의 머리를 잡아당긴다.]
피해자: 나의 머리를 다신 잡아당기지 마. 나는 이걸 싫어해.

- ***행동에 대해 이야기하기.*** 괴롭힘에 대해 반응하기보다 피해자들은 그 행동에 대해 이야기할 수 있다.

가해자: 미안해. 너는 이 학급 프로젝트에 우리와 같이 할 수 없어.

피해자: 너는 활동 그룹에서 누군가를 배제할 수 없어. 그것은 관계적 공격이고, 학교 정책에 반하는 것이야.

* * *

가해자: [학생이 식당에서 점심을 먹기 위해 줄을 서 있는 동안 그를 뒤로 민다.]

주변인: 너는 이 학교에 새로 온 것이 틀림없어. 우리는 학교에서 아이들을 밀지 않아. 미는 것은 학교 규칙에 반하는 것이야.

- ***가해자에 대해 긍정적인 것을 이야기하기. 그러고 나서 그의 행동에 대해 이야기하기.*** 사람들 각각은, 심지어 가해자도 긍정적인 자질(예를 들어 재빠른 재치, 스포츠열광, 좋은 외모)을 갖추고 있다. 대화를 시작할 때 그러한 자질들을 말하는 것은 전체적인 분위기를 변화시킬 수 있다. 그러고 나서, 피해자는 가해자에게 그의 행동에 대해 이야기할 수 있으며 그 행동에 대하여 어리둥절해하거나 혼란스러운 척할 수 있다.

피해자: 나는 이해되지 않아. 어제 너는 교실에서 정말 다정했어. 그런데 오늘 너는 가해자처럼 행동하고 있어. 나는 네가 다정할 때가 좋아.

피해자: 이상해. 너는 똑똑해. 그렇지 않으면 너는 B를 받지 못했을 거야. 나는 B를 못 받았어. 왜 그렇게 똑똑한 사람이 다른 사람들에게 상처주려고 시간을 낭비하니?

- ***일기를 적기.*** 괴롭힘 사건을 학교 행정부서에 보고하는 것은 괴롭힘 사건에 대한 중요 세부사항을 일기에 적음으로써 상당히 향상될 수 있다. 피해자들은 누가 누구에게 무엇을 했는지, 언제 어디에서 그 사건이 일어났는지, 주변인의 신원과 가해자에 대한 그들의 반응을 기록해야 한다. 또한 상황에 따라 피해자들은 그들이 일기를 적고 있다고 가해자에게 말할 수 있다.

가해자: [반 친구의 책을 바닥에 내려친다.]

피해자: 좋아. 내 일기에 적을 너의 또 다른 괴롭힘의 예가 필요했는데. 나는 교장 선생님께 일기를 가져갈 거야.

- ***무시하기***. 작은 문제들을 무시하는 것은 특히, 피해자가 공격적인 행동을 무시하고 있다고 명확히 말한다면 효과적일 수 있다. 그러나 이 전략은 두 가지 내재된 위험을 지니고 있다. 첫째, 피해자는 의식적 혹은 무의식적으로 원한을 품을 수 있고 여러 가지 괴롭힘 사건 후 누적된 화가 폭발할 수도 있다. 둘째, 일부의 경우, 괴롭힘을 무시하면 피해자의 반응을 유발하기 위하여 괴롭힘이 더 강해질 수 있다.

  가해자: 안녕, 잘난척쟁이.
  피해자: 안녕. 나는 네가 지금 비하한 말에 대해서는 무시할 거야.

- ***논의하기***. 문제에 대해 논의하는 것은 더욱 복잡한 기술이나, 학생들이 우정을 유지하길 원할 때 매우 중요한 것이다. 5장에 기술된 The STOPP (STOP, Think, Options, Plan, Plan Working) 모델은 문제에 대하여 이야기하거나 친구와 의견 차이가 있을 때 유용할 수 있다.

- ***친구들과 함께 있기***. 그룹으로 있는 것이 문제를 해결해 주지는 않지만 일반적으로 괴롭힘의 가능성을 줄여준다. 가해자들은 쉬운 희생감을 좋아한다. 대체로 혼자 있는 개인보다 그룹을 괴롭히기가 더 어렵다. 그러나 만약 어떤 학생이 학교에서 너무 무서워 피해를 피하기 위해 늘 친구들과 함께 있기를 원한다면, 그는 도움을 청해야 한다.

- ***도움을 청하기***. 학생들은 다양한 수준의 문제해결 능력을 가지고 있으며, 일부 학생들은 이러한 기술들을 발달시키기 위해 도움을 받아야 한다. 성인에게 도움을 청하는 것은 특히 위험한 괴롭힘 및 지속적인 성가신 괴롭힘과 같은 문제들을 해결해준다. 만약 아동들이 고자질과 보고 간의 차이나 위험한 괴롭힘과 성가신 괴롭힘 간의 차이를 알지 못한다면 도움을 청하는 것에 대해 불편함을 느낄 수 있다. 성인들이 아동들 스스로 자립해야 함을 강조하는 환경은 그들이 도움이 필요함을 인정하기 어렵게 만든다. 다른 아동들은 너무 우울해서 도움을 청하지 못하고 피해받는 것에 대해 스스로를 비난할 수 있다. 성인들은 이러한 아동들을 지지할 수 있어야 한다.

성인들이 어떻게 도와줄 수 있는가?

성인들은 아동들에게 안전하고 긍정적인 환경을 제공하는 데 있어서 결정적인 역할을 한다. 이 절은 교육자들, 부모들, 부양자들이 괴롭힘의 대상이 되는 아동들을 돕기 위해 취할 수 있는 구체적인 조치에 대해 논의한다.

교육자들

괴롭힘의 대상이 되는 아동들을 돕기 위하여 교사와 학교 상담자는 문제에 대해 잘 알아야 한다. 문호개방 정책을 유지하고 보고에 대해 명확한 학교 정책을 수립하는 것은 도움을 청하는 데 어려움을 느끼는 아동들과의 의사소통을 증대시키는 데 도움을 줄 것이다. 또한 피해의 경고 신호를 인식하는 것(글상자 10.4에 열거된)은 교육자들이 피해를 받고 있으나 침묵하는 아동들을 확인하는 데 도움을 줄 수 있다.

글상자 10.4 ■ 피해의 경고 신호

- 학교에 친구가 없다.
- 아무도 자신을 좋아하지 않는다고 말한다.
- 학교 가기를 두려워한다.
- 학교에 가야 하는 것에 대해 불안함을 느끼거나 특정 또래들과 마주치는 것에 대해 두려움을 느낀다.
- 불안 증상들을 보인다(예를 들어, 울음, 불안함, 야뇨증).
- 설명할 수 없는 감정적 폭발이 있다.
- 학교 가는 것을 피하기 위해 설명할 수 없는 아픔과 증상을 호소한다.
- 점심을 사 먹을 돈을 '빼앗겼기' 때문에 매우 배고파한다.
- 집에 도착하자마자 화장실로 달려가야 한다(즉, 학교에서 화장실에 가는 것을 무서워한다).
- 통화한 후에 기분이 갑자기 변한다(다른 학생들이 괴롭힐 수 있다).
- 매우 조용하고 부모와 의사소통하지 않는다.

어떤 학생이 괴롭힘의 대상이라는 것을 성인이 알았을 때, 문제에 대한 적절한 평가를 통해 가장 적절한 개입방법과 그 실행방법을 결정해야 한다. 어떤 상황에서는 피해자를 관련시키지 않고 가해자와만 함께 하면서 가해를 멈추도록 하는 것이 가장 적절할 수 있다. 또 다른 상황에서는 피해자와 교육자가 STOPP 문제해결모델(글상자 5.6에 제시한)을 이용하여 함께 해결책을 모색하는 것이 가장 적절할 수 있다. 문제를 해결하기 위해서는 피해자가 새로운 기술을 배워야 하는 경우도 있다. 가해자를 마주치기 전에 이러한 기술들을 사용하는 것에 대해 피해자가 자신감을 가져야 하므로 그 기술들을 연습하는 것은 성공의 중요한 요건이다. 다른 상황에서, 상담자는 8장에서 제시된 'Promoting Issues in Common'(Hazler, 1996)과 같은 상담방법을 사용하여 피해자 및 가해자와 이야기하는 것이 적절하다고 결정할 수도 있다. 8장에서 논의된 지속적인 가해자들을 대상으로 한 상담 원리들—해결중심접근을 사용하는 것, 초대적 관계를 구축하는 것, 기술 발달과 행동 변화에 초점을 두는 것, 학업적 성공을 증진시키는 것, 필요 시 교사들과 부모들을 관련시키는 것—이 피해자들을 대상으로 한 상담에도 적용된다.

부모들과 부양자들

교육자들과 같이, 부모들은 효과적인 도움을 제공하기 위하여 그들의 아동들이 직면하고 있는 문제에 대해 인식해야 한다. 긍정적인 부모-자식 관계와 괴롭힘에 대한 열린 의사소통은 모두 아동들이 그들의 부모에게 학교 문제에 대해 이야기할 수 있는 가능성을 증가시킨다. 부모들은 글상자 10.4에 기술된 피해의 경고 신호를 인식해야 한다. 부모들은 괴롭힘이 무엇인지에 대한 정확한 지식을 갖추고 그들이 우려하는 것을 교사 및 상담자들과 의사소통해야 한다. 만약 부모가 우려하는 바가 사실인 것으로 확인된다면, 부모는 학교가 모든 아이들을 위한 안전한 환경을 제공해야 한다는 점을 상기하고 문제를 해결하기 위한 즉각적인 조치를 취해야 한다.

표 10.1은 아이가 괴롭힘의 대상이 되어왔을 때 부모가 취할 수 있는 행동을 제시한다. 학교 상담자와 같이 부모들은 그들의 아동들이 괴롭힘 문제를 해결하기 위한 전략들을 브레인스토밍하고, 이러한 행동 전략들을 학교에서 시험해보기 전에 집에서 연습할 수 있도록 도울 수 있다. 예를 들면, 5학년인 Ray는 엄마에게 그가 학교에서 소년에게 괴롭힘을 당했다고 말했다. 괴롭힘은 몇 주 전에 시작되었

〈 표 10.1 〉 괴롭힘의 대상이 되는 아이의 부모들을 위한 제안

전략	방법
괴롭힘에 대해 이야기하기	당신이 괴롭힘에 대해 이야기하는 것에 대해 개방되어 있음을 당신의 아이가 알 수 있도록 초대적 관계를 맺거나 허용적이어야 합니다. 만약 집이나 인근, 학교에서 문제가 있다면 당신이 늘 도와줄 것임을 당신의 아이에게 알려주십시오.
	당신의 아이에게 괴롭힘은 잘못된 것이고 가해자들의 괴롭히는 행동을 정당화하려는 어떤 이유도 옳지 않다는 생각을 전해주십시오.
	당신의 아이에게 반격하라고 부추기지 마십시오. 아동은 학교에서 괴롭힘을 당해서는 안 되며 그것을 멈추게 하는 것은 피해자가 아니라 성인들의 책임입니다. 싸움은 문제를 더욱 나쁘게 만듭니다.
	괴롭힘을 비밀로 하겠다고 약속하지 마십시오.
	친구를 사귀는 효과적인 기술을 발달시키거나 문제에 대해 이야기하는 것과 같이 괴롭힘의 문제를 줄이거나 제거할 수 있는 전략들을 당신의 아이가 알 수 있도록 도와주십시오. 그리고 이러한 기술들을 아이와 함께 연습하십시오.
	형제 · 자매, 부모, 조부모, 사촌 등을 포함한 모든 가족 구성원들의 괴롭힘에 대한 인식을 높이십시오. 가족 내에서 괴롭힘은 용인되지 않을 것임을 보여주어야 합니다.
문제를 기록하기	괴롭힘의 물리적인 증거(예를 들어 멍, 상처, 손상된 책, 찢어진 옷)에 대한 사진을 찍으십시오. 이 기록을 아동들을 위한 안전한 환경을 주장하는 데 사용하십시오.
	누가, 어디에서, 언제, 어떻게 했는지를 기술한, 일어났던 모든 사건에 대한 기록을 보관하십시오. 또한, 누가 괴롭힘을 목격했고 어떻게 그들이 반응했는지에 대해 알아야 합니다.
	당신의 아이가 괴롭힘을 막고 멈추게 하기 위해 무엇을 해왔는지, 그러한 행동의 결과가 가해자들과 당신의 아이에게 어떤 것이었는지 알아야 합니다. 당신의 아이에게 문제가 해결될 수 있는지, 해결되어져야 하는지에 대해 어떻게 생각하는지 물어보십시오.
	만약 안전하고 쉬운 조치로 괴롭힘을 멈추었다면(예를 들어 점심시간에 다른 테이블에 앉는 것), 당신의 아이에게 그것들을 계속하기를 권하고 상황을 지켜보십시오. 만약 당신의 아이가 불안한 조치(하루 종일 화장실의 사용을 피하는 것)에 의존하거나 학교 가기를 두려워한다면, 교장과의 만남을 요청하고 즉각적인 조치를 취하십시오.
학교와 함께하기	침착하십시오.
	아동 및 청소년들의 괴롭힘의 본질과 그것의 전형적인 징후에 대해 정보를 얻으십시오. 당신의 아이의 권리에 대해 아셔야 합니다. 어떤 아이도 학교에서 괴롭힘을 당해서는 안 됩니다. 안전한 장소에서 공부하고 학습하는 것은 당신 아이의 권리입니다. 괴롭힘이라는 용어가 절도, 폭행, 괴롭힘과 같은 불법 행동에 대한 완곡한 표현으로 사용되어서는 안 됩니다.
	괴롭힘이 침묵 속에서 키워진다는 것을 기억하십시오. 당신은 그것을 비밀로 해서는 안 됩니다. 당신은 교장, 교사들, 가능하다면 가해자의 부모들과 이야기해야 합니다.
	교장을 만나서 문제를 해결하기 위한 계획을 구상하십시오. 계획이 실행되는 방법과 그것의 결과를 지켜보십시오. 계획이 구체적인지 확실히 해야 합니다: 누가 무엇을, 언제 할 것인지. 학교는 책임지고 그 계획을 실행해야 합니다.
	교장, 가해자의 부모들과 이야기한 것과 같이 괴롭힘을 멈추기 위해 당신이 취한 모든 행동의 기록을 보관하십시오.
	학교 및 괴롭힘을 줄이고 친사회적 기술을 증진시키기 위한 프로그램에 참여하십시오.
	학교와 지역사회에서 괴롭힘을 멈추기 위해 다른 부모들과 협력적으로 활동하십시오.

고 Ray가 했던 어떤 행동에 의해서 촉발된 것이 아니었다. 문제에 대해 논의한 후, 엄마는 "아마도 그가 너를 시기하는 것 같아."라고 말하였다. 엄마는 Ray가 가해자에게 그의 행동에 대해 의문을 제기할 것을 권하였고 가해 학생에게 왜 그러는지를 묻는 방법을 연습하도록 하였다. 다음날, 첫 괴롭힘을 당한 후에 Ray는 "왜 나를 괴롭히니? 나를 시기하니?"라고 물었다. 가해자는 Ray의 질문과 대응 행동에 매우 놀라서 Ray를 괴롭히는 것을 멈추었다.

특수 아동의 경우 부모의 우려는 더욱 깊다. 발달 지체, 신체적 장애, 시각 혹은 청각 장애가 있는 아동들은 때때로 거의 참을 수 없는 수준의 괴롭힘을 경험한다. 따라서 부모들은 그들의 아동들이 괴롭힘을 다룰 수 있도록 돕는 특별한 지원을 자주 요구한다. 아동과 열린 의사소통을 유지하는 것은 필수적이다. 그것이 없다면 부모는 그 상황을 완화하기 위해 그들이 개입해야 할 때를 알지 못한다. 다른 학생들과 마찬가지로 특수 아동들도 괴롭힘에 대한 효과적인 대응과 다른 부적절한 행동들에 대해 배울 수 있다. 만약 괴롭힘이 아이가 대처할 수 없는 방식으로 일어난다면, 부모는 괴롭힘을 멈추기 위해 학교 혹은 단체와 함께 즉각적인 조치를 취할 필요가 있다.

가장 중요한 것은 이러한 아동들의 특별한 필요를 수용하는 데 있어서 부모들이 학교(혹은 아이가 다니는 다른 단체)와 함께 활동하는 것에 대해 주도적일 필요가 있다는 것이다. 예를 들면, 부모들은 교사 또는 상담자가 다른 학생들과 각각의 아이들이 어떻게 특별한지 이야기할 것을 요청할 수 있다. 개인들의 차이에 대한 교사의 예는 일부 아동들이 특별한 필요의 수용을 특별대우로 오해하는 교실 내의 긴장을 상당한 정도로 완화시켜줄 수 있다. 일부 아동들은 집중할 수 있는 매우 조용한 장소를 필요로 하며, 다른 아이들은 수학을 위한 특별한 수업을 필요로 하고, 다른 아이들은 교실 앞자리에 앉고 안경을 쓰기를 원한다. 장애나 특별한 필요를 지닌 학생과 관계하는 방법에 대해 학생들과 이야기하는 것은 대체로 적절하다. 일부 교사들은 반 아이들에게 앞을 못 보거나 휠체어를 탄 또래 친구에게 그들이 어떤 종류의 도움을 제공할 수 있는지 확인하도록 요구하면서 한 단계 더 나아갈 수 있다. 이는 괴롭힘에 대한 규칙들이 모두에게 적용될 수 있음을 학생들에게 상기시키는 데 필수적이다. 따라서 어떤 아이도—특별한 필요를 지닌 아동들을 포함하여—배척되거나 괴롭힘을 당해서는 안 된다.

여러 가지 괴롭힘 예방 프로그램들은 피해를 받는 아동들의 부모를 위한 구체적인 자료를 갖추고 있다. 예를 들면, 'Olweus Bully Prevention Program'은 괴롭힘에 대한 학교 전체와 학급 수준의 회의에 부모들을 적극적으로 참여시키고, 각각의 학교에서 프로그램을 이끄는 조정위원회에 한 명 이상의 부모들을 포함시킨다(Limber, 2003). 부모들을 위한 유용한 정보를 지닌 다른 프로그램들에는 'Bllyproofing' (Garrity, Baris, & Porter, 200), 'Bully Busters' 등이 있다(Horne, Bartolomucci, & Newman-Carlson, 2003; Newman, Horne & Bartolomucci, 2000).

결론

괴롭힘은 어떤 학교나 지역사회에서도 받아들여지지 않는다. 성인들의 의무는, 그들이 아동들의 삶 속에서 어떤 역할을 하든, 학습이 일어날 수 있는 안전한 환경을 제공하는 것이다. 교육자, 심리학자, 정신 건강 관련자, 육아도우미, 연구자, 정책입안자, 관련 시민, 성인 등은 그들의 행동이 아동들의 안전에 영향을 미칠 수 있음을 인식해야 한다. 우리는 이 책의 각 장들이 괴롭힘에 관한 많은 질문들에 대한 대답과 이 문제들에 대해 어떻게 태도를 취할지 방향을 제공해 주었길 바란다. 더 나아가, 우리는 다음의 질문들에 대한 대답을 더 명확하게 이해하길 바란다.

- 당신은 괴롭힘을 어떻게 규정할 것인가? 당신이 아이였을 때 이후로, 당신이 아동들과 함께 하기 시작한 이후로, 당신이 이 책을 읽은 이후로 괴롭힘에 대한 당신의 이해는 어떻게 변화되었는가? 당신의 삶 혹은 지역사회에서의 아동들을 둘러싼 학교 환경에 대해 생각해보라. 그 곳에서 괴롭힘은 일어나고 있는가? 그 문제는 어느 정도인가?
- 괴롭힘의 원인들은 무엇인가? 어떤 제도 및 조직들이 괴롭힘 문제들을 더욱 민감하게 만드는가? 많은 개인들과 법인 단체들은 공격적인 행동의 원인들에 대한 이론들을 암암리에 가지고 있다. 괴롭힘의 원인을 밝혀내기 위한 어떤 기회가 당신에게 가장 적절하고 접근 가능한가?
- 긍정적이고 배려적인 환경을 조성하고 아동들에게 사회적 능력을 가르치는 데 있어 당신의 역할은 무엇인가? 당신은 갈등을 해결하기 위하여 공격 대신에 다른 대안들을 이용함으로써 사회적 능력을 갖춘 본보기가 되는가? 아동들과 매일 개인적으로 접촉하는 사람들이 있는가 하면, 어떤 사람들은 그

들의 일을 통해, 투표나 사회적 옹호 또는 공적인 장소에서 그들의 행동을 통해 아동들에게 간접적으로 영향을 미친다.

- 학교 사회성 역량과 괴롭힘 예방 모델(School Social Competence Bullying Prevention Model)과 같은 모델들을 채택하기 위한 학교의 노력들을 어떻게 용이하게 할 수 있는가? 이러한 모델들을 실행하는 것은 이미 존재하는 교육과정, 교직원 연수, 교과 구조에 영향을 미칠 것이다—그리고 그것에 맞게 만들 필요가 있을 것이다.
- 학교가 필요로 하는 평가를 착수하고, 괴롭힘 근절 프로그램을 시행하거나 프로그램 평가를 수행할 때, 다른 전문가들과의 협력이 자주 요구된다. 당신의 지역에서 학교들은 서로 그리고 상위 행정 부서와 긴밀한 협력 관계를 맺고 있는가? 당신의 학교가 이러한 노력의 일환으로 도움을 청하기 위해 활용할 수 있는 몇 가지 전략적인 관계들을 알고 있는가? 학교인가위원회, 대학 학술위원들, 정부 또는 민간 연구기관들, 또는 자문가로서 역할을 할 수 있는 다른 전문가들에 대해 생각해보라. 평가 또한 시간이 매우 소요된다. 평가를 위해 시간과 자원을 어떻게 할당하고 재분배할 수 있는가? 자원봉사자들이 그들의 시간과 재능을 평가에 이바지할 수 있는 기회가 있는가?
- 예방 프로그램들이 학교 환경의 안전과 아동들의 사회적 역량 기술을 극적으로 향상시킨다 해도, 일부 아동들은 다른 아이들을 계속해서 괴롭힐 것이다. 개입에 영향을 받지 않는 것처럼 보이는 지속적인 괴롭힘 행동들과 피해 행동들에는 어떤 것들이 있는지 알고 있는가? 더 많은 개별화된 상담 개입이 필요함을 나타내는 징후에는 어떤 것들이 있는지 알고 있는가? 당신 자신의 공격성을 통제하거나 다른 사람들의 공격성을 물리치는 당신의 기술을 찬찬히 들여다보라. 이러한 기술들을 어떻게 아동들과 공유할 수 있는가? 어떻게 괴롭힘의 대상이 되는 아동들을 도울 수 있는가?

부록에서 우리는 심리학자, 상담자, 교육자, 부모, 육아도우미, 아동, 연구자, 언론 등을 위한 부가 자료들을 제공한다. 우리는 이 책이 괴롭힘 문제에 대해 그리고 그것을 예방하고 최소화할 수 있는 방법이 무엇인지에 대해 비판적으로 생각하는 데 도움이 되기를 바란다. 우리는 당신이 행동에 옮기리라 기대한다.

부록

괴롭힘 예방을 위한 프로그램

미국심리학회(AMERICAN PSYCHOLOGICAL ASSOCIATION)

미국심리학회의 온라인 사이트(http://www.apa.org/topics/topicbully.html)는 괴롭힘의 정의 및 예방 방법에 대한 많은 자료, 연구 논문, 브로셔를 제공하고 있다. *Monitor on Psychology*에서 나온 보도 자료와 기사도 이용 가능하다. *Warning Signs of Teen Violence*도 http://www.apahelpcenter.org/featuredtopics/에서 이용 가능하다.

BAM! BODY AND MIND

질병관리예방센터(Center for Disease Control and Prevention)에서는 특별히 9~13세 아동들을 위해서 'Bam! Body and Mind' 를 개발하였다(http://www.bam.gov). 웹 사이트에서는 아동에게 친근한 언어를 사용하여, 게임, 퀴즈, 기타 상호 작용하는 기능을 제시한다. 웹 사이트는 또한 교사들에게 과학 및 보건 교과의 국가 교육 기준과 연관된 교육적이며 재미있는 활동들을 제공하고 있다. 'Str8Talk' 부분에서는 괴롭힘과 사이좋게 지내는 것에 대해 다루며, 'Head Strong' 부분에서는 스트레스 관리에 대해 다룬다.

BULLY ONLINE

영국의 Tim Field에 의해 유지되는 사이트인 Bully Online에서는 괴롭힘과 관련된 이슈의 종합적인 버전을 제공한다(http://www.bullyonline.org/). 이 사이트에는 학교, 직장, 가족 괴롭힘(예를 들면, 괴롭힘이 건강에 미치는 영향)에 대한 정보, 괴롭힘 관련 이슈에 대한 월간 뉴스, 괴롭힘을 막는 실제적인 조언, 법적 조언, 직장에서의 괴롭힘을 다루는 인사과와 인사 직원들을 위한 안내, 사례 연구, 괴롭힘과 관련 주제들에 대한 책 목록이 탑재되어 있다.

캘리포니아 교육부(CALIFORNIA DEPARTMENT OF EDUCATION)

캘리포니아 교육부에서는 괴롭힘 예방, 증오로 인한 범죄, 학급경영에 대한 많은 자료들을 제공한다(http://www.cde.ca.gov/ls/ss/se/). 이 사이트에서는 학교 정책의 예시들, 다운로드 가능한 문서들, 그 외 자료들에 대한 링크를 제공한다.

효과적협력실천센터
(CENTER FOR EFFECTIVE COLLABORATION AND PRACTICE)

효과적협력실천센터는 미국 연구소(American Institutes for Research)의 산하 기관이며 미국 교육부(U.S. Department of Education)와 미국 보건복지부(U.S. Department of Health and Human Services)의 재정 지원을 받고 있다(http://cecp.air.org/). School Violence Prevention and Intervention 홈페이지는 폭력 예방 계획을 개발하고 실행하는 데 학교들과 연구가들이 사용할 수 있는 많은 자료들을 포함하고 있다. 이 사이트는 특별히 괴롭힘은 다루고 있지 않지만, 일반적인 학교 폭력을 다룬다.

질병통제예방센터(CENTERS FOR DISEASE CONTROL AND PREVENTION)

질병통제예방센터는 미국에서 사람들의 건강과 안전을 보호하는 데 선두적인 역할을 하는 정부 기관이다(http://www.cdc.gov/). 이 웹 사이트에서는 폭력 및 부상

괴롭힘 예방 자료들

자료	청중						
	심리학자, 상담자	교육자	아동, 청소년	아동을 위한 활동	가족, 학부모	연구자	언론
미국심리학회(AMERICAN PSYCHOLOGICAL ASSOCIATION)	✓	✓			✓	✓	✓
BAM! BODY AND MIND		✓	✓	✓			
BULLY ONLINE	✓	✓			✓		✓
캘리포니아 교육부(CALIFORNIA DEPARTMENT OF EDUCATION)	✓	✓					
효과적협력실천센터(CENTER FOR EFFECTIVE COLLABORATION AND PRACTICE)	✓	✓					
질병통제예방센터(CENTERS FOR DISEASE CONTROL AND PREVENTION)	✓	✓				✓	✓
CYBER BULLYING	✓	✓	✓		✓		✓
FAMILY GUIDE TO KEEPING YOUTH MENTALLY HEALTHY AND DRUG FREE	✓				✓	✓	
해밀턴피쉬연구소(HAMILTON FISH INSTITUTE)	✓	✓			✓	✓	
I-SAFE AMERICA	✓	✓	✓	✓	✓		✓
KIDS COUNT						✓	
미네소타 폭력학대예방센터 (MINNESOTA CENTER AGAINST VIOLENCE AND ABUSE)	✓					✓	
국립교육통계센터 (NATIONAL CENTER FOR EDUCATION STATISTICS)	✓	✓				✓	
국립범죄피해자지원센터(NATIONAL CENTER FOR VICTIMS OF CRIME)	✓		✓			✓	
국립형사사법정보센터 (NATIONAL CRIMINAL JUSTICE REFERENCE SERVICE)	✓					✓	
전미교육협회(NATIONAL EDUCATION ASSOCIATION)	✓	✓	✓		✓		
국립정신건강교육센터 (NATIONAL MENTAL HEALTH AND EDUCATION CENTER)	✓	✓	✓	✓	✓		
국립학부모-교사연합회(NATIONAL PARENT-TEACHER ASSOCIATION)	✓	✓			✓		
국립청소년폭력예방정보센터 (NATIONAL YOUTH VIOLENCE PREVENTION RESOURCE CENTER)	✓	✓	✓		✓	✓	✓
STAY ALERT...STAY SAFE		✓	✓	✓			
TAKE A STAND. LEND A HAND. STOP BULLYING NOW!	✓	✓	✓	✓	✓		✓

과 관계된 문제들을 포함하여 건강, 발병 신호, 위험 요인, 예방 전략에 대한 신뢰로운 정보를 제공한다. 괴롭힘에 대한 구체적인 정보는 없으나 출판물, 언론 보도, 데이터, 재정 지원 기회들이 이용 가능하다. 미국 국립상해예방대책센터(National Center for Injury Prevention and Control)(http://www.cdc.gov/ncipc/)는 폭력의 다양한 유형에 대한 정보를 제공한다. 폭력을 측정하는 척도의 개요를 포함하여 수많은 무료 출판물들이 이용 가능하다. 이 사이트는 또한 주(state)별 또는 피해자의 인구학적 특성별로 최신의 살인과 자살 통계들을 제공한다(http://www.cdc.gov/ncipc/wisqars/). 청소년 건강 및 학교 보건 부서(Division of Adolescent and School Health)(http://www.cdc.gov/ HealthyYouth)에서는 통합된 학교 건강 프로그램, 학교 건강증진지표, 학교 자체평가서, 계획 도구를 포함하여 학교가 아동들과 청소년들의 건강을 증진시킬 수 있는 자료들을 제공한다.

CYBER BULLYING

Cyber Bully 웹 사이트는 안전하고 책임 있는 인터넷 사용센터(Center for Safe and Responsible Internet Use)에 의해 제공된다(http://cyberbully.org/). 이 사이트는 사이버폭력을 정의하고 교육자, 학부모, 아동들이 사이버 괴롭힘을 방지할 수 있는 자료들을 제공한다. 이 사이트는 또한 사이버 괴롭힘에 대한 매스컴 보도 자료를 링크하여 제공하고 있다.

FAMILY GUIDE TO KEEPING YOUTH MENTALLY HEALTHY AND DRUG FREE

Family Guide 웹 사이트는 미국 보건복지부(U.S. Department of Health and Human Services)의 약물남용 및 정신건강서비스관리국(Substance Abuse and Mental Health Services Administration; SAMHSA)의 후원을 받는다(http://www.family.samhsa.gov). SAMHSA의 임무는 약물 남용과 정신병을 예방·진단하고 치료하여 국가의 의료 능력을 강화하는 것이다. 이 웹 사이트는 정신 건강을 증진하고 아동과 청소년들의 술, 담배, 불법 약물의 사용을 예방하기 위해 노력하는 학부모와 교육자를 지원하고자 개발되었다. 이 사이트는 괴롭힘에 대한 구체적인 몇 가지 정보를 제공한다.

해밀턴피쉬연구소(HAMILTON FISH INSTITUTE)

해밀턴피쉬연구소는 조지워싱턴대학(George Washington University)의 교육·인간 발달 대학(School of Edcuation and Human Development)에 의해 관리되며 미국 법무부(U.S. Department of Justice) 산하의 청소년비행예방사무국(Office of Juvenile Justice and Delinquency Prevention)의 재정 지원을 받는다(http://www.hamfish.org). 이 연구소는 학교 폭력 예방 전략들에 대해 연구하고 개발하는 국가 자원이다. 이 연구소는 국가의 학교 폭력 수준과 경향에 대한 가장 최근의 정보를 제공하고, 종합적인 문헌 검토, 연구 논문, 폭력 예방 주제에 대한 데이터베이스를 제공하고, 폭력 예방에 효과적인 전략들과 가능성 있는 모델 프로그램들에 대해 자문하고, 폭력 예방과 개입 실행에 대해 평가할 수 있도록 학교에 도움을 주며, 지역, 주, 국가 수준에서 정책입안자들에게 자문을 주는 서비스를 제공하고 있다.

I-SAFE AMERICA

미국 법무부(U.S. Department of Justice)의 후원을 받는 'i-Safe America'는 아동과 십대들, 교육자, 학부모, 법 집행기관, 언론을 위한 인터넷 안전 정보를 제공한다(http://www.isafe.org/). 이 사이트는 뉴스레터, 비디오, 모니터링된 십대들의 채팅방, 보도 자료, 관련 사이트를 링크하여 제공한다.

KIDS COUNT

애니카시재단(Annie E. Casey Foundation)의 프로젝트인 'Kids Count'는 미국에서 아동들의 상태(status)를 추적하는 국가와 주의 노력을 담고 있다. 이 사이트에서는 연구가들과 정책입안자들에게 아동의 복지에 대한 상세한 통계들을 제공한다. 이 정보는 괴롭힘에 대해 구체적인 것은 아니다.

미네소타 폭력학대예방센터 (MINNESOTA CENTER AGAINST VIOLENCE AND ABUSE)

미네소타 폭력학대예방센터는 폭력 및 남용과 관련된 3,000개 이상의 자료들에 대한 접근 기회를 제공하는 전자정보센터이다(http://www.mincava. umn.edu). 이 사이트에서는 출판물, 연수 자료, 멀티미디어, 참고문헌, 서비스 제공기관, 강의, 전문가, 연구센터, 취업기회, 행사 일정, 재정지원을 포함하고 있다. 일부 자료들은 괴롭힘에 대해 구체적인 정보를 제공하고 있다.

국립교육통계센터(NATIONAL CENTER FOR EDUCATION STATISTICS)

미국 교육부(U.S. Department of Education) 산하의 국립교육통계센터(NCES)는 미국 교육에 대한 데이터를 수집하고 분석한다(http://nces.ed.gov). NCES는 또한 국제적으로 교육 활동을 검토하고 보고한다. 이 사이트에서는 연구자들을 위해 교육과 관련된 통계들을 제공하는 한편 아동을 위해서는 괴롭힘과 관련되지 않은 교육적인 홈페이지를 제공한다(http://nces.gov/nceskids/). 학교들을 위한 정보, 다양한 자료와 링크들을 제공한다. NCES는 괴롭힘에 대한 몇 가지 통계들을 제시하는 연간 보고서 「Indicators of School Crime and Safey」를 출판한다(온라인에서 이용 가능하다).

국립범죄피해자지원센터(NATIONAL CENTER FOR VICTIMS OF CRIME)

국립범죄피해자지원센터는 범죄 피해자를 위한 국가의 중요한 자원이자 변호 기관이다(http://www.ncvc.org/). 이 비영리기관은 폭력 피해자를 위해 무료 전화상담 서비스(1-800-FYI-CALL)를 운영한다. 이 기관은 지역, 주, 연방 단체와의 협력을 통해 직접적인 서비스와 자원을 제공하며 범죄 피해자들을 보호하기 위한 법과 공공 정책의 통과를 지지하고, 연수와 기술적 지원을 제공한다. 'Teen Victim Project(http://www.ncvc.org/tvp/)' 는 괴롭힘에 대한 구체적인 정보를 제공한다.

국립형사사법정보센터(NATIONAL CRIMINAL JUSTICE REFERENCE SERVICE)

미국 법무부(U.S. Department of Justice) 산하의 정의 프로그램 사무국(Office of Justice Programs)에 의해 관리되는 국립형사사법정보센터는 연구, 정책, 프로그램 개발을 지원하기 위해 정의와 관련되어 제공된 자료, 약물 남용 정보를 제공하며 연방으로부터 지원받는다(http://www.ncjrs.org/). 도서관 초록과 전문 출판물을 검색하면 수많은 괴롭힘과 관련된 글을 볼 수 있다.

전미교육협회(NATIONAL EDUCATION ASSOCIATION)

전미교육협회(NEA)는 공교육의 향상을 증진하는 데 전념하는 대규모의 전문직 기관이다(http://www.nea.org/schoolsafety/). NEA의 270만 명의 구성원들이 유치원부터 대학원 프로그램에 이르는 교육 환경에서 근무한다. 이 사이트에서는 교육자, 학부모, 아동을 위해 괴롭힘에 대한 구체적인 정보를 제공한다.

국립정신건강교육센터(NATIONAL MENTAL HEALTH AND EDUCATION CENTER)

학교심리학회(National Association of School Psychologists)의 공공서비스인 국립정신건강교육센터는 아동과 가족의 교육 및 정신 건강에서 최상의 실천을 발전시키는 정보 · 행동 네트워크이다(http://www.naspcenter.org). 자료와 정보는 교육자, 학부모, 아동, 십대들에게 이용 가능하도록 되어 있다. 연습문제지, 활동 자료, 출판물도 다운로드할 수 있다. 몇몇 문서들은 괴롭힘을 구체적으로 다루고 있다. 몇몇 자료들은 스페인어로 이용 가능하다.

국립학부모-교사연합회(NATIONAL PARENT-TEACHER ASSOCIATION)

국립학부모-교사연합회는 자발적이고 비영리의 아동 보호 기관이다(http://www.pta.org/bullying/). 6백만 명 이상의 구성원들은 학교와 지역사회에서 활동적인 학부모, 학생, 교육자, 시민들을 포함한다. 이 사이트에서는 괴롭힘에 대한 구체적인 정보를 제공한다.

국립청소년폭력예방정보센터
(NATIONAL YOUTH VIOLENCE PREVENTION RESOURCE CENTER)

국립청소년폭력예방정보센터는 질병통제예방센터(Centers for Disease and Prevention)와 많은 연방 단체들로부터 후원을 받는다(http://www.safeyouth.org/). 이 센터는 아동들과 십대들에게 벌어지는 폭력에 대한 예방 및 개입 프로그램, 출판물, 연구, 통계와 관련된 중요한 정보원으로서 설립되었다. 이 웹 사이트는 사용하기 쉽고, 청소년 폭력 예방 및 자살에 대한 국가 정보에 접근할 수 있다. 수많은 자료들이 괴롭힘에 대해 구체적으로 다루고 있다.

STAY ALERT...STAY SAFE

'Stay Alert...Stay Safe' 는 캐나다 교육과정 서비스(Curriculum Services Canada), 캐나다 경찰서장 협회(Canadian Association of Chiefs of Police), 온타리오 트릴리움 재단(Ontario Trillium Foundation)의 후원을 받는 캐나다의 웹 사이트이다(http://www.sass.ca). 이 사이트에서는 7~10세의 아동들에게 거리 안전에 대한 지식을 가르치는 "street-proofing" 게임과 활동을 제공한다.

TAKE A STAND. LEND A HAND. STOP BULLYING NOW!

'Take a Stand. Lend a Hand. Stop Bullying Now!' 캠페인 웹 사이트는 미국 보건복지부(U.S. Department of Health and Human Services)의 건강자원서비스관리(Health Resources and Services Administration)의 후원을 받는다(http://www.stopbullyingnow.hrsa.gov/). 이 사이트에서는 아동, 학부모, 교육자, 언론을 위해 괴롭힘에 대한 정보를 제공한다. 이 사이트는 아동과 청소년들(대체로 12세 정도)에게 괴롭힘이 무엇이고 어떻게 예방하는지에 대한 이해를 높이기 위해 아동에게 친숙한 언어와 캐릭터를 활용하여 고안된 게임과 활동을 제공한다. 학부모와 교육자들에게 이 사이트는 정보와 활동을 제공한다. 무료로 제공되는 괴롭힘 예방 교육자료 세트는 온라인에서 주문할 수 있다. 언론을 위해 이 사이트는 뉴스 기록 보관소와 공공서비스 이용안내 정보를 제공한다.

References

참고문헌

Achenbach, T. M. (1991). *Manual for the Child Behavior Checklist, 4-18 and 1991 Profile.* Burlington: University of Vermont, Department of Psychiatry.

Ainsworth, M. D. S., & Bowlby, J. (1991). An ethological approach to personality development. *American Psychologist, 46,* 333-341.

Alder, N. (2000). Part III: Creating multicultural classrooms. *Multicultural Perspectives, 2,* 28-31.

American Association of University Women. (2001). *Hostile hallways: Bullying, teasing, and sexual harassment in school.* Washington, DC: Author.

American Federation of Teachers. (2001). *Building on the best, learning from what works: Five promising discipline and violence prevention programs.* Retrieved June 8, 2005, from http://www.aft.org/pubs-reports/downloads/teachers/wwdiscipline.pdf

American Psychological Association, Council of Representatives. (1999). *Violence in mass media,* Retrieved May 12, 2005, from http://www.apa.org/pi/cyf/cyfres.html#media

Anderson, C. A., Berkowitz, L., Donnerstein, E., Huesmann, L. R., Johnson, J. D., Linz, D., et al. (2003). The influence of media violence on youth. *Psychological Science in the Public Interest, 4,* 81-110.

Andrews, D. A., Zinger, I., Hoge, R. D., Bonta, J., Gendreau, P., & Cullen, F. T. (1990). A clinically relevant and psychologically informed meta-analysis. *Criminology, 28,* 369-387.

Arbuthnot, J. B., & Faust, D. (1981). *Teaching moral reasoning: Theory and practice.* New York: Harper & Row.

Arsenio, W. F., & Lemerise, E. A. (2001). Varieties of childhood bullying: Values, emotion processes, and social competence. *Social Development, 10,* 59-78.

Aspy, D. N., & Roebuck, F. N. (1977). *Kids don't learn from people they don't like.* Amherst, MA: Human Resource Development Press.

Atlas, R. S., & Pepler, D. J. (1998). Observations of bullying in the classroom. *Journal of Educational Research, 92,* 86-99.

Baldry, A. C. (2003). Bullying in schools and exposure to domestic violence. *Child Abuse & Neglect, 27,* 713-732.

Baldry, A. C., & Farrington, D. P. (1998). Parenting influences on bullying and victimization. *Criminal and Legal Psychology, 3,* 237-254.

Bandura, A. (1973). *Aggression: A social learning analysis.* Englewood Cliffs, NJ: Prentice Hall.

Bandura, A. (1986). *Social foundations of thought and action: A social cognitive theory.* Englewood Cliffs, NJ: Prentice Hall.

Bartholomew, L. K., Parcel, G. S., Kok, G., & Gottlieb, N. H. (2001). *Intervention mapping: Designing theory- and evidence-based health promotion programs.* Mountain View, CA: Mayfield Publishing.

Bear, G. G. (1998). School discipline in the United States: Prevention, correction, and long-term social development. *School Psychology Review, 27,* 14-32.

Beck, A. T. (1972). *Depression: Causes and treatment.* Philadelphia: University of Pennsylvania Press.

Berthold, K. A., & Hoover, J. H. (2000). Correlates of bullying and victimization among intermediate students in the Midwestern USA. *School Psychology International, 21,* 65-78.

Biglan, A., Duncan, T. E., Ary, D. V., & Smolkowski, K. (1995). Peer and parental influences on adolescent tobacco use. *Journal of Behavioral Medicine, 18,* 315-330.

Blechman, E. (1998). Parent training in moral context: Prosocial family therapy. In J. M. Briesmeister & C. E. Schaefer (Eds.), *Handbook of parent training: Parents as co-therapists for children's behavior problems* (2nd ed., pp. 508-548). New York: Wiley.

Bogenschneider, K., Wu, M. Y., Raffaelli, M., & Tsay, J. C. (1998). Parent influences on adolescent peer orientation and substance use: The interface of parenting practices and values. *Child Development, 69,* 1672-1688.

Bohlin, K. E., Farmer, D., & Ryan, K. (2001). *Building character in schools: Resource guide.* San Francisco: Jossey-Bass.

Bonds, M., & Stoker, S. (2000). *Bully-proofing your middle school.* Longmont: Sopris West.

Bosworth, K. (2000). *Protective schools: Linking drug abuse prevention with student success.* Tucson: University of Arizona, College of Education. Retrieved February 20, 2005, from http://www.drugstats.org

Bosworth, K., Espelage, D. L., & Simon, T. R. (1999). Factors associated with bullying behavior in middle school students. *Journal of Early Adolescence, 19,* 341-362.

Botvin, G. J., Mahalic, S. F., & Grotpeter, J. K. (1998). *Life skills training* (Book 5, Blueprints for Violence Prevention). Boulder: Center for the Study and Prevention of Violence, Institute of Behavioral Science, University of Colorado at Boulder.

Boulton, M. J., & Smith, P. K. (1994). Bully victim problems in middle-school children: Stability, self-perceived competence, peer perceptions and peer acceptance. *British Journal of Developmental Psychology, 12,* 315-329.

Boulton, M. J., & Underwood, K. (1992). Bully/victim problems among middle school children. *British Journal of Educational Psychology, 62,* 73-87.

Bowen, M. (1985). *Family therapy in clinical practice.* New York: Jason Aronson.

Bowlby, J. (1982). *Attachment and loss* (2nd ed., Vol. 1). New York: Basic Books.

Brame, B., Nagin, D. S., & Tremblay, R. E. (2001). Developmental trajectories of physical aggression from school entry to late adolescence. *Journal of Child Psychology and Psychiatry and Allied Disciplines, 42,* 503-512.

Brener, N. D., Krug, E. G., Dahlberg, L. L., & Powell, K. E. (1997). Nurses' logs as an evaluation tool for school-based violence prevention programs. *Journal of School Health, 67,* 171-174.

Broidy, L. M., Nagin, D. S., Tremblay, R. E., Bates, J. E., Brame, B., & Dodge, K. A.(2003). Developmental trajectories of childhood disruptive behaviors and adolescent delinquency: A six-site, cross-national study. *Developmental Psychology, 39,* 222-245.

Brown, B. B., Mounts, N., Lambom, S. D., & Steinberg, L. (1993). Parenting practices and peer group affiliation in adolescence. *Child Development, 64,* 467-482.

Buka, S., & Earls, F. (1993). Early determinants of delinquency and violence. *Health Affairs, 12,* 46-64.

Busch, K. G., Zagar, R., Hughes, J. R., Arbit, J., & Bussell, R. E. (1990). Adolescents who kill. *Journal of Clinical Psychology, 46,* 472-485.

Calhoun, G. B., Glaser, B. A., & Bartolomucci, C. L. (2001). The juvenile counseling and assessment model and program: A conceptualization and intervention for juvenile delinquency. *Journal of Counseling and Development, 79,* 131-141.

Caprara, G. V., Barbaranelli, C., Pastorelli, C., Bandura, A., & Zimbardo, P. G. (2000). Prosocial foundations of children' s academic achievement. *Psychological Science, 11,* 302-306.

Can, R. A. (1988). The city-wide peer counseling program. *Children and Youth Services Review, 10,* 217-232.

Cavell, T. A. (2000). *Working with parents of aggressive children: A practitioner' s guide.* Washington, DC: American Psychological Association.

Center for the Study and Prevention of Violence. (n.d.). *Blueprints for violence prevention.* Boulder: Institute for Behavioral Sciences at the University of Colorado, Center for the Study and Prevention of Violence. Retrieved June 8, 2005, from http://www.colorado.edu/cspv/blueprints/

Centers for Disease Control and Prevention. (2003). *Overweight and obesity: Frequently asked questions.* Retrieved June 8, 2005, from http://www.cdc.gov/ nccdphp/dnpa/obesity/faq.htm

Chambless, D. L., & Hollon, S. D. (1998). Defining empirically supported therapies. *Journal of Consulting and Clinical Psychology, 66,* 7-18.

Chavez, E. R., Edwards, R., & Oetting, E. R. (1989). Mexican American and white American school dropouts' drug use, health status, and involvement in violence. *Public Health Reports, 104,* 594-604.

Christophersen, E. R., & Mortweet, S. L. (2001). *Treatme that work with children: Empirically supported strategies for managing childhood problems.* Washington, DC: American Psychological Association.

Christophersen, E. R., & Mortweet, S. L. (2003). *Parenting that works: Building skills that last a lifetime.* Washington, DC: American Psychological Association.

Cohen, D. A., Farley, T. A., Taylor, S. N., Martin, D. H., & Schuster, M. A. (2002). When and where do youths have sex? The potential role of adult supervision. *Pediatrics, 110,* e66.

Coie, J. D., & Dodge, K. A. (1983). Continuities and changes in children' s social status: A 5-year longitudinal study. *Merrill—Palmer Quarterly—Journal of Developmental Psychology, 29,* 261-282.

Coie, J. D., & Dodge, K. A. (1988). Multiple sources of data on social behavior and social status in the school: A cross-age comparison. *Child Development, 59,* 815-829.

Conduct Problems Prevention Research Group. (1992). A developmental and clinical model for the prevention of conduct disorders: The FAST Track program. *Development and Psychopathology, 4,* 509-527.

Cowie, H. (1999). Peers helping peers: Interventions, initiatives and insights. *Journal of Adolescence, 22,* 433-436.

Crick, N. R., & Bigbee, M. A. (1998). Relational and overt forms of peer victimization: A multi-informant approach. *Journal of Consulting and Clinical Psychology, 66,* 337-347.

Crick, N. R., Casas, J. F., & Ku, H. C. (1999). Relational and physical forms of peer victimization in preschool. *Developmental Psychology, 35,* 376-385.

Crick, N. R., & Dodge, K. A. (1994). A review and reformulation of social information-processing mechanisms in children' s social adjustment. *Psychological Bulletin, 115,* 74-101.

Crick, N. R., & Grotpeter, J. K. (1995). Relational aggression, gender, and social psychological adjustment. *Child Development, 66,* 710-722.

Curwin, R. L., & Mendler, A. N. (1997). *As tough as necessary: Countering violence, aggression, and hostility in our schools.* Alexandria, VA: Association for Supervision and Curriculum Development.

Curwin, R. L., & Mendler, A. N. (1999). *Discipline with dignity.* Alexandria, VA: Association for Supervision and Curriculum Development.

Dadds, M. (1995). *Families, children, and the development of dysfunction.* Thousand Oaks, CA: Sage.

Dagley, J. C. (2000). Adlerian family therapy. In A. M. Home & J. L. Passmore (Eds.), *Family counseling and therapy* (3rd ed., pp. 366-419). Itasca, IL: F. E. Peacock Publishers.

Dahlberg, L. L., Toal, S. B., Swahn, M., & Behrens, C. B. (2005). *Measuring violence-related attitudes, behaviors, and influences among youths: A compendium of assessment tools*

(2nd ed.). Atlanta, GA: Centers for Disease Control and Prevention, National Center for Injury Prevention and Control.

Development Services Group. (n.d.). *Model programs guide and database.* Retrieved June 8, 2005, from http://www.dsgonline.com/

DeVoe, J. F., Peter, K., Kaufman, P., Ruddy, S. A., Miller, A. K., nty, M. G., et al. (2002). *Indicators of school crime and safety: 2002.* Washington, DC: U.S. Department of Education, U. S. Department of Justice.

Dishion, T. J., McCord, J., & Poulin, F. (1999). When interventions harm—Peer groups and problem behavior. *American Psychologist, 54,* 755-764.

Dodge, K. A. (1980). Social cognition and children' s aggressive behavior. *Child Development, 51,* 162-170.

Dodge, K. A., & Coie, J. D. (1987). Social-information-processing factors in reactive and proactive aggression in children' s peer groups. *Journal of Personality and Social Psychology, 53,* 1146-1158.

Dodge, K. A., & Frame, C. L. (1982). Social cognitive biases and deficits in aggressive boys. *Child Development, 53,* 620-635.

Dodge, K. A., & Newman, J. P. (1981). Biased decision-making processes in aggressive boys. *Journal of Abnormal Psychology, 90,* 375-379.

Dodge, K. A., Price, J. M., Bachorowski, J. A., & Newman, J. P. (1990). Hostile attributional biases in severely aggressive adolescents. *Journal of Abnormal Psychology, 99,* 385-392.

Donnerstein, E., Slaby, R. G., & Eron, L. D. (1996). The mass media and youth aggression. In L. D. Eron, J. H. Gentry, & P. Schlegel (Eds.), *Reason to hope: A psychosocial perspective on violence and youth* (2nd ed., pp. 2 19-250). Washington, DC: American Psychological Association.

Dubow, E. F., Huesmann, R., & Eron, L. D. (1987). Mitigating aggression and promoting prosocial behavior in aggressive elementary schoolboys. *Behaviour Research and Therapy, 25,* 527-531.

Dwyer, K., Osher, D., & Warger, C. (1998). *Early warning, timely response: A guide to safe schools.* Washington, DC: U.S. Department of Education.

Eagly, A. H., & Steffen, V. J. (1986). Gender and aggressive behavior: A metaanalytic review of the social psychological literature. *Psychological Bulletin, 100,* 303-330.

Eddy, J. M., Reid, J. B., & Fetrow, R. A. (2000). An elementary school-based prevention program targeting modifiable antecedents of youth delinquency and violence: Linking the Interests of Families and Teachers (LIFT). *Journal of Emotional and Behavioral Disorders, 8,* 165-176.

Eden, D. (1990). *Pygmalion in management: Productivity as a selfrfulfilling prophecy.* Lexington, MA: Heath.

Eisenberg, M. E., Neumark-Sztainer, D., & Perry, C. L. (2003). Peer harassment, school connectedness, and academic achievement. *Journal of School Health, 73,* 311-316.

Ellis, A. (1962). *Reason and emotion in psychotherapy* (2nd ed.). New York: Lyle Stuart.
Embry, D. D. (2002). The Good Behavior Game: A best practice candidate as a uni-

versal behavioral vaccine. *Clinical Child and Family Psychology Review, 5,* 273-297.

Eron, L. D. (1987). The development of aggressive behavior from the perspective of developing behaviorism. *American Psychologist, 42,* 435-442.

Espelage, D. L. (2004). Preventing bullying among school-age children. *The Prevention Researcher, 11,* 3-6.

Espelage, D. L., & Asidao, C. S. (2001). Conversations with middle school students about bullying and victimization: Should we be concerned? *Journal of Emotional Abuse, 2,* 49-62.

Espelage, D. L., Bosworth, K., & Simon, T. R. (2000). Examining the social context of bullying behaviors in early adolescence. *Journal of Counseling and Development, 78,* 326-333.

Espelage, D. L., Bosworth, K., & Simon, T. R. (2001). Short-term stability and prospective correlates of bullying in middle-school students: An examination of potential demographic, psychosocial, and environmental influences. *Violence and Victims, 16,* 411-426.

Espelage, D. L., & Holt, M. K. (2001). Bullying and victimization during early adolescence: Peer influences and psychosocial correlates. *Journal of Emotional Abuse, 2,* 123-142.

Espelage, D. L., Mebane, S., & Adams, R. (2004). Empathy and the bully-victim continuum. In D. L. Espelage & S. M. Swearer (Eds.), *BullyinginAmeri can schools: A social ecological perspective on prevention and intervention* (pp. 37-61). Mahwah, NJ: Erlbaum.

Espelage, D. L., & Swearer, S. M. (Eds.). (2004). *Bullying in American schools: A social-ecological perspective on prevention and intervention.* Mahwah, NJ: Erlbaum.

Eyberg, S. (1992). Parent and teacher behavior inventories for the assessment of conduct problem behaviors in children. In L. VandeCreek & S. Knapp (Eds.), *Innovations in clinical practice: A source book* (Vol. 11, pp. 261-270). Sarasota, FL: Professional Resource Press/Professional Resource Exchange.

Faber, A., & Mazlish, E. (1995). *How to talk so kids can learn at home and at school.* New York: Fireside.

Farrington, D. P. (1989). Early predictors of adolescent aggression and adult violence. *Violence and Victims, 4,* 79-100.

Federal Bureau of Investigation. (n.d.). *A parent's guide to Internet safety.* Retrieved February 20, 2005, from http://www.fbi.gov/publications/pguide/guidee.htm

Feindler, E. L., & Ecton, R. B. (1986). *Adolescent anger control: Cognitive—behavioral techniques.* New York: Pergamon Press.

Fergusson, D. M., & Horwood, L. J. (1995). Early disruptive behavior, JQ, and later school achievement and delinquent behavior. *Journal of Abnormal Child Psychology, 23,* 183-199.

Fergusson, D. M., & Horwood, L. J. (2002). Male and female offending trajectories. *Development and Psychopathology, 14,* 159-177.

Feshbach, S. (1971). Dynamics and morality of violence and aggression: Some psychological considerations. *American Psychologist, 26,* 281-292.

Festinger, L. (1962). Cognitive dissonance. *Scientific American, 107,* 99-113.

Flannery, D. J., Vazsonyi, A. T., Liau, A. K., Guo, S. Y., Powell, K. E., Atha, H., et al.(2003). Initial behavior outcomes for the PeaceBuilders universal school-based violence prevention program. *Developmental Psychology, 39,* 292-308.

Flay, B. R. (2002). Positive youth development requires comprehensive health promotion programs. *American Journal of Health Behavior, 26,* 407-424.

Flay, B. R., & Allred, C. G. (2003). Long-term effects of the Positive Action program. *American Journal of Health Behavior, 27,* S6-S21.

Fleischman, M., Home, A. M., & Arthur, J. (1983). *Troubled families.* Champaign, IL: Research Press.

Forehand, R., Kotchick, B., Shaffer, A., & Dorsey, S. (2002, June). *Behavioral parent training: Accomplishments, challenges, and promises.* Paper presented at the Third International Conference on Child and Adolescent Mental Health, Brisbane, Australia.

Forehand, R., & Long, N. (2002). *Parenting the strong-willed child: The clinically proven five-weekprogramfor parents of two- to six-year-olds* (2nd ed.). Chicago: Contemporary Books.

Fors, S. W., Crepaz, N., & Hayes, D. M. (1999). Key factors that protect against health risks in youth: Further evidence. *American Journal of Health Behavior, 23,* 368-380.

Frankel, F., Cantwell, D. P., & Myatt, R. (1996). Helping ostracized children: Social skills training and parent support for socially rejected children. In E. D. Hibbs & P. S. Jensen (Eds.), *Psychosocial treatments for child and adolescents disorders: Empirically based strategies for clinical practice* (pp. 595-617). Washington, DC: American Psychological Association.

Fry, P. S. (1983). Process measures of problem and non-problem children' s classroom behaviour: The influence of teacher behaviour variables. *British Journal of Educational Psychology, 53,* 79-88.

Funk, J., Elliott, R., Bechtoldt, H., Pasold, T., & Tsavoussis, A. (2003). The Attitudes Toward Violence Scale—Child Version. *Journal of Interpersonal Violence, 18,* 186-196.

Garmezy, N. (1993). Children in poverty—Resilience despite risk. *Psychiatry—Interpersonal and Biological Processes, 56,* 127-136.

Garrity, C., Baris, M., & Porter, W. (2000). *Bully-proofing your child—A parent' s guide.* Longmont, CO: Sopris West.

Garrity, C., Jens, K., Porter, W., Sager, N., & Short-Camilli, C. (2004). *Bully-proofing your elementary school: Working with victims and bullies.* Longmont, CO: Sopris West.

Glover, G., Cough, G., Johnson, M., & Cartwright, N. (2000). Bullying in 25 secondary schools: Incidence, impact, and intervention. *Educational Research, 42,* 141-156.

Goldstein, A. P., Glick, B., & Gibbs, J. C. (1998). *Aggression Replacement Training: A comprehensive intervention for aggressive youth.* Champaign, IL: Research Press.

Goldstein, A. P., McGinnis, E., Sprafkin, R. P., Gershaw, N.J., & Klein, P. (1997). *Skillstreaming the adolescent: New strategies and perspectives for teaching social skills.* Champaign, IL: Research Press.

Goldstein, A. P., Sprafkin, R. P., Gershaw, N. J., & Klein, P. (1980). *Skillstreaming the adolescent: A structured learning approach to teaching prosocial skills.* Champaign, IL: Research Press.

Goleman, D. (1995). *Emotional intelligence.* New York: Bantam Books.

Gottfredson, D. C., & Gottfredson, G. D. (2002). Quality of school-based prevention programs: Results from a national survey. *Journal of Research in Crime and Delinquency, 39,* 3-35.

Gottfredson, D. C., Gottfredson, G. D., & Skroban, S. (1998). Can prevention work where it is needed most? *Evaluation Review, 22,* 315-340.

Greenberg, M. T., Kusche, C. A., & Mihalic, S. (1998). *Promoting alternative thinking strategies* (PATHS; Book 10, Blueprints for Violence Prevention). Boulder: Center for the Study and Prevention of Violence, Institute of Behavioral Science, University of Colorado at Boulder.

Greenberg, M. T., Speltz, M. L., & DeKlyen, M. (1993). The role of attachment in the early development of disruptive behavior problems. *Development and Psychopathology, 5,* 191-213.

Greenberg, M. T., Weissbeng, R. P., O' Brien, M. U., Zins, J. E., Fredericks, L., Resnik, H., et al. (2003). Enhancing school-based prevention and youth development through coordinated social, emotional, and academic learning. *American Psychologist, 58,* 466-474.

Greene, M. B. (2003). Counseling and climate change as treatment modalities for bullying in school. *International Journal for the Advancement of Counselling, 25,* 293-302.

Grossman, D. C., Neckerman, H. J., Koepsell, T. D., Liu, P. Y., Ashen, K. N., Beland, K., et al. (1997). Effectiveness of a violence prevention curriculum among children in elementary school: A randomized controlled trial. *Journal of the American Medical Association, 277,* 1605-1611.

Gruber, K. J., Wiley, S. D., Broughman, S. P., Striizek, G. A., & Bunian-Fitzgerald, M. (2002). School and staffing survey, 1999-2000: *Overview of the data for public, private, public charter, and Bureau of Indian Affairs elementary and secondary schools* (Publication No. NCES 2002-313). Washington, DC: U.S. Department of Education, National Center for Education Statistics.

Grunbaum, J. A., Kann, L., Kinchen, S., Ross, J., Hawkins, J., Lowry, R., et al. (2004). Youth Risk Behavior Surveillance—United States, 2003. *Morbidity and Mortality Weekly Report, 53*(SS-2), 1-96.

Guerra, N. G., & Slaby, R. G. (1989). Evaluative factors in social problem solving by aggressive boys. *Journal of Abnormal Child Psychology, 17,* 277-289.

Hageseth, C. (1988). *A laughing place: The art and psychology of positive humor in love and adversity.* Fort Collins, CO: Berwick Publishing.

Hawker, D. S., & Boulton, M. J. (2000). Twenty years' research on peer victimization and psychosocial maladjustment: A meta-analytic review of cross-sectional studies. *Journal of Child Psychology and Psychiatry, 41,* 441-455.

Hazier, R. J. (1996). *Breaking the cycle of violence: Interventions for bullying and victimization.* Washington, DC: Accelerated Development.

Hein, K. (2004). Preventing aggression in the classroom: A case study of extraordinary teachers (Doctoral dissertation, University of Georgia).

Hembree-Kigin, T. L., & McNeil, C. B. (1995). *Parent-child interaction therapy.* New York: Plenum.

Henderson, N., & Milstein, M. M. (2003). *Resiliency in schools: Making it happen for students and educators.* Thousand Oaks, CA: Corwin Press.

Herrenkohl, T. I., Guo, H., Kosterman, R., Hawkins, J. D., Catalano, R. F., & Smith, B. H. (2001). Early adolescent predictors of youth violence as mediators of childhood risks. *Journal of Early Adolescence, 21,* 447-469.

Hewitt, J. D., Huizinga, D., Elliot, D. S., Corley, R., Grotpeter, J. K., Smolen, A., et al. (2003, November). *The National Youth Survey Family Study: A muLtigenerational, mul~isciplinary,longitudinal design.* Paper presented at the Annual Conference of the American Society of Criminology. Retrieved June 8, 2005, from http://www.asc41.com/www/2003/absqt037.htm

Hill, C. E. (2001). *Helping skills: The empirical foundation.* Washington, DC: American Psychological Association.

Hoover, J. H., Oliver, R., & Hazier, R. J. (1992). Bullying: Perceptions of adolescent victims in the Midwestern USA. *School Psychology International, 13,* 5-16.

Home, A. M. (1991). Social learning family therapy. In A. M. Home & J. L. Passmore (Eds.), *Family counseling and therapy* (2nd ed., pp. 461-496). Jtasca, IL: F. E. Peacock Publishers.

Home, A. M. (2000). *Family counseling and therapy* (3rd ed.). Itasca, IL: F. E. Peacock Publishers.

Home, A. M., Bartolomucci, C. L., & Newman-Carlson, D. (2003). *Bully busters: A teacher' s manualfor helping bullies, victims, and bystanders (grades K-5).* Champaign, IL: Research Press.

Home, A. M., Orpinas, P., Newman-Carlson, D., & Bartolomucci, C. (2004). Elementary school Bully Busters program: Understanding why children bully and what to do about it. In D. L. Espelage & S. M. Swearer (Eds.), *Bullying in American schools: A social—ecological perspective on prevention and intervention* (pp. 297- 325). Mahwah, NJ: Erlbaum.

Horn, A. M., & Sayger, T. V. (1990). *Treating conduct and oppositional defiant disorders in children.* New York: Pergamon Press.

Horn, A. M., & Sayger, T. V. (2000). Behavioral approaches to couple and family therapy. In A. M. Horn (Ed.), *Family counseling and therapy* (3rd ed., pp. 454- 488). Itasca, IL: F. E. Peacock Publishers.

Howes, C., & Eldredge, R. (1985). Responses of abused, neglected, and nonmaltreated children to the behavior of their peers. *Journal of Applied and Developmental Psychology, 6,* 261-270.

Huesmann, L. R., & Eron, L. D. (1984). Cognitive processes and the persistence of aggressive behavior. *Aggressive Behavior, 10,* 243-251.

Huesmann, L. R., & Guerra, N. G. (1997). Children' s normative beliefs about aggression and aggressive behavior. *Journal of Personality and Social Psychology, 72,* 408-419.

Huesmann, L. R., & Malamuth, N. M. (1986). Media violence and antisocial behavior—An overview. *Journal of Social Issues, 42,* 1-6.

Hughes, J. N. (2003). Commentary: Participatory action research leads to sustainable school and community improvement. *School Psychology Review, 32,* 38-43.

Hunter, S. C., & Boyle, J. M. E. (2004). Appraisal and coping strategy use in victims of school bullying. *British Journal of Educational Psychology, 74,* 83-107.

Hyde, J. S. (1984). How large are gender differences in aggression? A developmental meta-analysis. *Developmental Psychology, 20,* 722-736.

Hyman, I. A., & Perone, D. C. (1998). The other side of school violence: Educator policies and practices that may contribute to student misbehavior. *Journal of School Psychology, 36,* 7-27.

Ialongo, N., Poduska, J., Werthamer, L., & Kellam, S. (2001). The distal impact of two first-grade preventive interventions on conduct problems and disorder in early adolescence. *Journal of Emotional and Behavioral Disorders, 9,* 146-160.

Ialongo, N. S., Werthamer, L., Kellam, S., Brown, C. H., Wang, S., & Lin, Y. (1999). Proximal impact of two first-grade preventive interventions on the early risk behaviors for later substance abuse, depression, and antisocial behavior. *American Journal of Community Psychology, 27,* 599-641.

Ingoldsby, E. M., Shaw, D. S., & Garcia, M. M. (2001). Intrafamily conflict in relation to boys' adjustment at school. *Development and Psychopathology, 13,* 35-52.

Joffe, R. D., Dobson, K. S., Fine, S., Marriage, K., & Haley, G. (1990). Social problem-solving in depressed, conduct-disordered, and normal adolescents. *Journal of Abnormal Child Psychology, 18,* 565-575.

Johnson, S. (1988). *The history of Rasselas, Prince of Abissinia.* New York: Oxford University Press. (Original work published 1759)

Kamphaus, R. W., Huberty, C. J., DiStefano, C., & Petoskey, M. D. (1997). A typology of teacher-rated child behavior for a national U.S. sample. *Journal of Abnormal Child Psychology, 25,* 453-463.

Kasen, S., Berenson, K., Cohen, P., & Johnson, J. G. (2004). The effects of school climate on changes in aggressive and other behaviors related to bullying. In D. L. Espelage & S. M. Swearer (Eds.), *Bullying in American schools: A social-ecological perspective on prevention and intervention* (pp. 187-210). Mahwah, NJ: Erlbaum.

Kashani, J. H., Deuser, W., & Reid, J. C. (1991). Aggression and anxiety: A new look at an old notion. *Journal of the American Academy of Child and Adolescent Psychiatry, 30,* 218-223.

Kashani, J. H., & Shepperd, J. A. (1990). Aggression in adolescents: The role of social support and personality. *Canadian Journal of Psychiatry, 35,* 311-315.

Kazdin, A. E. (1987). Treatment of antisocial behavior in children: Current status and future directions. *Psychological Bulletin, 102,* 187-203.

Kazdin, A. E., & Weisz, J. R. (1998). Identifying and developing empirically supported child and adolescent treatments. *Journal of Consulting and Clinical Psychology, 66,*

19-36.

Kazdin, A., & Weisz, J. R. (2003). *Evidence based psychotherapies for children and adolescents.* New York: Guilford Press.

Kelley, B. T., Loeber, R., Keenan, K., & DeLamatre, M. (1997). *Developmental pathways in boys' disruptive and delinquent behavior* (Publication No. NCJRS 165152). Washington, DC: U.S. Department of Justice, Office of Juvenile Justice and Delinquency Prevention.

Kelley, B. T., Thomberry, T. P., & Smith, C. A. (1997). *In the wake of childhood maltreatment* (Publication No. NCJ 165257, pp. 1-16). Washington, DC: U.S. Department of Justice, Office of Juvenile Justice and Delinquency Prevention.

Kochenderfer, B. J., & Ladd, G. W. (1996). Peer victimization: Manifestations and relations to school adjustment in kindergarten. *Journal of School Psychology, 34,* 267-283.

Kohlberg, L. (1984). *Essays on moral development: The psychology of moral development.* San Francisco: Harper & Row.

Kolb, K., & Jussim, L. (1994). Teacher expectations and underachieving gifted children. *Roeper Review, 17,* 26-31.

Kotchick, B., Shaffer, A., Dorsey, S., & Forehand, R. (2004). Parenting antisocial children and adolescents. In M. Hoghughi & N. Long (Eds.), *Handbook of parenting: Theory and research for practice* (pp. 256-275). Thousand Oaks, CA: Sage.

Krug, E. C., Mercy, J. A., Dahlberg, L. L., & Zwi, A. B. (2002). The world report on violence and health. *Lancet, 360,* 1083-1088.

Lacourse, E., Nagin, D., Tremblay, R. E., Vitaro, F., & Claes, M. (2003). Developmental trajectories of boys' delinquent group membership and facilitation of violent behaviors during adolescence. *Development and Psychopathology, 15,* 183-197.

Ladd, G. H. (1992). Themes and theories: Perspectives on processes in family-peer relationships. In R. D. Park & G. W. Ladd (Eds.), *Family-peer relationships: Modes of linkage* (pp. 3-34). Hillsdale, NJ: Erlbaum.

Larson, R., & Richards, M. H. (1991). Daily companionship in late childhood and early adolescence—Changing developmental contexts. *Child Development, 62,* 284-300.

Ledoux, S., Miller, P., Choquet, M., & Plant, M. (2002). Family structure, parent-child relationships, and alcohol and other drug use among teenagers in France and the United Kingdom. *Alcohol and Alcoholism, 37,* 52-60.

Leff, S. S., Kupersmidt, J. B., Patterson, C. J., & Power, T. J. (1999). Factors influencing teacher identification of peer bullies and victims. *School Psychology Review, 28,* 505-517.

Leff, S. S., Power, T. J., & Goldstein, A. B. (2004). Outcome measures to assess the effectiveness of bully-prevention programs in the schools. In D. L. Espelage & S. M. Swearer (Eds.), *Bullying in American schools: A social-ecological perspective on prevention and intervention* (pp. 269-293). Mahwah, NJ: Erlbaum.

Leff, S. S., Power, T. J., Manz, P. H., Costigan, T. E., & Nabors, L. A. (2001). School-based aggression prevention programs for young children: Current status and implications for violence prevention. *School Psychology Review, 30,* 344-362.

Lewin, K. (1951). *Field theory in social science: Selected theoretical papers.* New York: Harper & Row.

Lewis, T. J., Sugai, G., & Colvin, G. (1998). Reducing problem behavior through a school-wide system of effective behavioral support: Investigation of a school-wide social skills training program and contextual interventions. *School Psychology Review, 27,* 446-459.

Lickona, T. (1991). *Educating for character: How our schools can teach respect and responsibility.* New York: Bantam Books.

Lieberman, M., Doyle, A. B., & Markiewicz, D. (1999). Developmental patterns in security of attachment to mother and father in late childhood and early adolescence: Associations with peer relations. *Child Development, 70,* 202-213.

Limber, S. P. (2003). Efforts to address bullying in U. S. Schools. *American Journal of Health Education, 34,* 23-29.

Limber, S. P. (2004). Implementation of the Olweus bullying prevention program in American schools: Lessons learned from the field. In D. L. Espelage & S. M. Swearer (Eds.), *Bullying in American schools: A social-ecological perspective on prevention and intervention* (pp. 351-363). Mahwah, NJ: Erlbaum.

Limber, S. P., & Small, M. A. (2003). State laws and policies to address bullying in schools. *School Psychology Review, 32,* 445-455.

Lipsey, M. W., & Wilson, D. B. (1998). Effective intervention for serious juvenile offenders: A synthesis of research. In R. Loeber & D. Farrington (Eds.), *Serious and violent juvenile offenders: Risk factors and successful intervention* (pp.313-345). Thousand Oaks, CA: Sage.

Loeber, R., & Dishion, T. J. (1983). Early predictors of male delinquency: A review. *Psychological Bulletin, 94,* 68-99.

Loeber, R., Kalb, L., & Huizinga, D. (2001). *Juvenile delinquency and serious injury victimization* (Publication No. NCJ 188676, pp. 1-8). Washington, DC: U.S. Department of Justice, Office of Juvenile Justice and Delinquency Prevention.

Loeber, R., & Stouthamer-Loeber, M. (1998). Development of juvenile aggression and violence—Some common misconceptions and controversies. *American Psychologist, 53,* 242-259.

Maccoby, E. E., & Jacklin, C. N. (1974). *The psychology of sex differences.* Stanford, CA: Stanford University Press.

Magen, Z. (1998). *Exploring adolescent happiness: Commitment, purpose, and fulfillment.* Thousand Oaks, CA: Sage.

Maines, B., & Robinson, G. (1992). *Michael' s story: The "No Blame Approach."* Bristol, England: Lame Duck.

Maslach, C., & Jackson, S. E. (1993). *Maslach Burnout Inventory manual* (2nd ed.). Palo Alto, CA: Consulting Psychologists Press.

Masten, A. S., & Coatsworth, J. D. (1998). The development of competence in favorable and unfavorable environments—Lessons from research on successftul children. *American Psychologist, 53,* 205-220.

Maughan, B., Rowe, R., Messer, J., Goodman, R., & Meltzer, H. (2004). Conduct and oppositional defiant disorder in a national sample: Developmental epidemiology. *Journal of Child Psychology and Psychiatry, 45,* 609-621.

Maultsby, M. C. (1984). *Rational behavior therapy.* Englewood Cliffs, NJ: Prentice Hall.

May, R. (1980). *Sex and fantasy:* Patterns of male and female development. New York: Norton.

McCoy, E. (1997). *What to do ... When kids are mean to your child.* Pleasantville, NY: Reader' s Digest.

McGinnis, E., & Goldstein, A. P. (2003). *Skillstreaming in early childhood: New strategies and perspectives for teaching prosocial skills.* Champaign, IL: Research Press.

McMahon, R. J., & Wells, K. C. (1998). Conduct problems. In E. J. Mash & R. A. Barkley (Eds.), *Treatment of childhood disorders* (2nd ed., pp. 111-207). New York: Guilford Press.

Meichenbaum, D. K. (1977). *Cognitive-behavior modification: An integrative approach.* New York: Plenum Press.

Mendler, A. N. (2000). *Motivating students who don' t care: Successful techniques for educators.* Bloomington, IN: National Educational Service.

Mendler, A. N., & Curwin, R. L. (1999). *Discipline with dignity for the challenging youth.* Bloomington, IN: National Educational Service.

Mercy,J. A., Rosenberg, M. L., Powell, K. E., Broome, C. V., & Roper, W. L. (1993). Public health policy for preventing violence. *Health Affairs, 12,* 7-29.

Metzler, C. W., Noell, J., Biglan, A., Ary, D. V., & Smolkowski, K. (1994). The social context for risky sexual behavior among adolescents. *Journal of Behavioral Medicine, 17,* 419-438.

Meyer, A. L., Allison, K. W., Reese, L. R. E., Gay, F. N., & Multisite Violence Prevention Project. (2004). Choosing to be violence free in middle school—The student component of the GREAT schools and families universal program. *American Journal of Preventive Medicine, 26,* 20-28.

Meyer, A. L., Farrell, A. D., Northup, W., Kung, E. M., & Plybon, L. (2000). *Promoting non-violence in early adolescence: Responding in peaceful and positive ways.* New York: Kluwer Academic/Plenum Publishers.

Moffitt, T. E. (1993). Adolescence-limited and life-course-persistent antisocial behavior—A developmental taxonomy. *Psychological Review, 100,* 674-701.

Moffitt, T. E., Caspi, A., Harrington, H., & Milne, B. J. (2002). Males on the life-course-persistent and adolescence-limited antisocial pathways: Follow-up at age 26 years. *Development and Psychopathology, 14,* 179-207.

Multisite Violence Prevention Project. (2004a). Lessons learned in the Multisite Violence Prevention Project Collaboration—Big questions require large efforts. *American Journal of Preventive Medicine, 26,* 62-71.

Multisite Violence Prevention Project. (2004b). The Multisite Violence Prevention Project—Background and overview. *American Journal of Preventive Medicine, 26,* 3-11.

Munroe, R. L., Munroe, R. H., Turner, J., Zaron, E., Potter, H. A., & Woulbroun, E. J.

(1989). Sex differences in East-African dreams of aggression. *Journal of Social Psychology, 129,* 727-728.

Murphy, J. J. (1997). *Solution-focused counseling in middle and high schools.* Alexandria, VA: American Counseling Association.

Murray, N., Kelder, S., Parcel, G., & Orpinas, P. (1998). Development of an intervention map for a parent education intervention to prevent violence among Hispanic middle school students. *Journal of School Health, 68,* 46-52.

Mytton, J. A., DiGuiseppi, C., Gough, D. A., Taylor, R. S., & Logan, S. (2002). School-based violence prevention programs—Systematic review of secondary prevention trials. *Archives of Pediatrics & Adolescent Medicine, 156,* 752-762.

Nansel, T. R., Overpeck, M. D., Haynie, D. L., Ruan, W. J., & Scheidt, P. C. (2003). Relationships between bullying and violence among U.S. youth. *Archives of Pediatrics & Adolescent Medicine, 157,* 348-353.

Nansel, T. R., Overpeck, M., Pilla, R. S., Ruan, W. J., Simons-Morton, B., & Scheidt, P. (2001). Bullying behaviors among U.S. youth—Prevalence and association with psychosocial adjustment. *Journal of the American Medical Association, 285,* 2094-2100.

Nasby, W., Hayden, B., & Depaulo, B. M. (1980). Attributional bias among aggressive boys to interpret unambiguous social stimuli as displays of hostility. *Journal of Abnormal Psychology, 89,* 459-468.

Nastasi, B. K., Pluymert, K., Varjas, K., & Moore, R. B. (2002). *Exemplary mental health programs: School psychologists as mental health service providers.* Bethesda, MD: National Association of School Psychologists. Retrieved June 8, 2005, from http://www.naspcenter.org/Exemp/EMHPfront matter.pdf

Naylor, P., & Cowie, H. (1999). The effectiveness of peer support systems in challenging school bullying: The perspectives and experiences of teachers and pupils. *Journal of Adolescence, 22,* 467-479.

Neel, R. S., Jenkins, Z. N., & Meadows, N. (1990). Social problem-solving behaviors and aggression in young children: A descriptive observational study. *Behavioral Disorders, 16,* 39-51.

Nelson, J. R., Benner, G. J., Reid, R. C., Epstein, M. H., & Currin, D. (2002). The convergent validity of office discipline referrals with the CBCL-TRF. *Journal of Emotional and Behavioral Disorders, 10,* 181-188.

Nelsen, J., Lott, L., & Glenn, H. S. (2000). *Positive discipline in the classroom: Developing mutual respect, cooperation, and responsibility in your classroom* (3rd ed.). Roseville, CA: Prima Publishing.

Newman, D. A., & Horne, A. M. (2004). Bully Busters: A psychoeducational intervention for reducing bullying behavior in middle school students. *Journal of Counseling and Development, 82,* 259-268.

Newman, D. A., Horne, A. M., & Bartolomucci, C. L. (2000). *Bully Busters: A teacher's manual for helping bullies , victims, and bystanders.* Champaign, IL: Research Press.

Ney, P., Colbert, P., Newman, B., & Young, J. (1986). Aggressive behavior and learning difficulties as symptoms of depression in children. *Child Psychiatry and Human*

Development, 17, 3-13.

Novaco, R. W. (1975). *Anger control: The development and evaluation of an experimental treatment.* Lexington, MA: D. C. Heath.

Olweus, D. (1979). Stability of aggressive reaction patterns in males: A review. *Psychological Bulletin, 86,* 852-875.

Olweus, D. (1991). Bully-victim problems among school children: Basic facts and effects of a school based intervention program. In K. Rubin & D. Pepler (Eds.), *The development and treatment of childhood aggression* (pp. 411-448). Hillsdale, NJ: Erlbaum.

Olweus, D. (1993a). Bullies on the playground: The role of victimization. In C. H. Hart (Ed.), *Children on playgrounds* (pp. 85-128). Albany, NY: SUNY Press.

Olweus, D. (1993b). *Bullying at school: What we know and what we can do.* Cambridge, MA: Blackwell Publishers.

Olweus, D. (1994a). Annotation: Bullying at school: Basic facts and effects of a school based intervention program. *Journal of Child Psychology and Psychiatry, 35,* 1171-1190.

Olweus, D. (1994b). Bullying at school: Long-term outcomes for the victims and an effective school-based intervention program. In L. R. Huesmann (Ed.), *Aggressive behavior: Current perspectives* (pp. 97-130). New York: Plenum Press.

Olweus, D., & Limber, 5. (2002). *Bullying prevention program* (Book 9). Boulder: University of Colorado at Boulder, Center for the Study and Prevention of Violence, Institute of Behavioral Science.

O' Moore, M. (2000). Critical issues for teacher training to counter bullying and victimisation in Ireland. *Aggressive Behavior, 26,* 99-111.

O' Moore, M., & Kirkham, C. (2001). Self-esteem and its relationship to bullying behaviour. *Aggressive Behavior, 27,* 269-283.

Orpinas, P. (1999). Who is violent? Factors associated with aggressive behaviors in Latin America and Spain. *Revista Panamericana de Salud Pública, 5,* 232-244.

Orpinas, P. K., Basen-Engquist, K., Grunbaum, J. A., & Parcel, G. S. (1995). The comorbidity of violence-related behaviors with health-risk behaviors in a population of high school students. *Journal of Adolescent Health, 16,* 216-225.

Orpinas, P., & Frankowski, R. (2001). The Aggression Scale: A self-report measure of aggressive behavior for young adolescents. *Journal of Early Adolescence, 21,* 51-68.

Orpinas, P., Horne, A. M., & Multisite Violence Prevention Project. (2004). A teacher-focused approach to prevent and reduce students' aggressive behavior—The GREAT Teacher Program. *American Journal of Preventive Medicine, 26,* 29-38.

Orpinas, P., Horne, A. M., & Staniszewski, D. (2003). School bullying: Changing the problem by changing the school. *School Psychology Review, 32,* 431-444.

Orpinas, P., Kelder, S., Frankowski, R., Murray, N., Zhang, Q., & McAlister, A. (2000). Outcome evaluation of a multi-component violence-prevention program for middle schools: The Students for Peace project. *Health Education Research, 15,* 45-58.

Orpinas, P., Murray, N., & Kelder, S. (1999). Parental influences on students' aggressive behaviors and weapon carrying. *Health Education & Behavior, 26,* 774-787.

Patterson, G. R. (1982). A social learning approach: Volume 3. *Coercive family process.* Eugene, OR: Castalia Publishing.

Patterson, G. R., DeBaryshe, B. D., & Ramsey, E. (1989). A developmental perspective on antisocial behavior. *American Psychologist, 44,* 329-335.

Patterson, G. R., & Forgatch, M. (1987). *Parents and adolescents living together.* Eugene, OR: Castalia Publishing.

Patterson, G. R., Reid, J. B., Jones, R. M., & Conger, R. E. (1975). *A social learning approach to family intervention.* Eugene, OR: Castalia Publishing.

Patterson, G. R., & Stouthamer-Loeber, M. (1984). The correlation of family management practices and delinquency. *Child Development, 55,* 1299-1307.

Patton, M. (1996). *Utilization-focused evaluation.* Thousand Oaks, CA: Sage.

Pellegrini, A. D. (1996). *Observing children in their natural worlds: A methodological primer.* Mahwah, NJ: Erlbaum.

Pellegrini, A. D. (1998). Bullies and victims in school: A review and call for research. *Journal of Applied Developmental Psychology, 19,* 165-176.

Pellegrini, A. D., & Bartini, M. (2000). An empirical comparison of methods of sampling aggression and victimization in school settings. *Journal of Educational Psychology, 92,* 360-366.

Perry, D. G., Kusel, S. J., & Perry, L. C. (1988). Victims of peer aggression. *Developmental Psychology, 24,* 807-814.

Perry, D. G., Perry, L. C., & Rasmussen, P. (1986). Cognitive social learning mediators of aggression. *Child Development, 57,* 700-711.

Perry, D. G., Williard, J. C., & Perry, L. C. (1990). Peers' perceptions of the consequences that victimized children provide aggressors. *Child Development, 61,* 1310-1325.

Pettit, G. S., Bates, J. E., Dodge, K. A., & Meece, D. W. (1999). The impact of after-school peer contact on early adolescent externalizing problems is moderated by parental monitoring, perceived neighborhood safety, and prior adjustment. *Child Development, 70,* 768-778.

Pianta, R. C. (1999). *Enhancing relationships between children and teachers.* Washington, DC: American Psychological Association.

Pierce, C. (1994). Importance of classroom climate for at-risk learners. *Journal of Educational Research, 88,* 37-42.

Pikas, A. (2002). New developments of the shared concern method. *School Psychology International, 23,* 307-326.

Pollak, S., & Gilligan, C. (1982). Images of violence in Thematic Apperception Test stories. *Journal of Personality and Social Psychology, 42,* 159-167.

Porche-Burke, L., & Fulton, C. (1992). *The impact of gang violence: Strategies for prevention and intervention.* Newbury Park, CA: Sage.

Price, J. H., Merrill, E. A., & Clause, M. E. (1992). The depiction of guns on primetime television. *Journal of School Health, 62,* 15-18.

Prinstein, M. I., Boergers, J., & Vernberg, E. M. (2001). Overt and relational aggression in adolescents: Social-psychological adjustment of aggressors and victims. *Journal of Clinical Child Psychology, 30,* 479-491.

Prinz, R. J., & Miller, G. E. (1996). Parental engagement in interventions for children at risk for conduct disorder. In R. Peters & R. J. McMahon (Eds.), *Preventing childhood disorders, substance abuse, and delinquency* (pp. 16 1-183). Thousand Oaks, CA: Sage.

Purkey, W. W. (2000). *What students say to themselves: Internal dialogue and school success.* Thousand Oaks, CA: Corwin Press.

Purkey, W. W., & Schmidt, J. J. (1996). *Invitational counseling: A selfrconcept approach to professional practice.* Pacific Grove, CA: Brooks/Cole.

Quinn, W. H. (2004). *Family solutions for youth at risk: Applications to juvenile delinquency,truancy, and behavior problems.* New York: Brunner-Routledge.

Reid, J. B. (1978). *A social learning approach to family intervention: Observation in home settings* (Vol. 2). Eugene, OR: Castalia Publishing.

Reid, J. B., Patterson, G. R., & Snyder, J. (2002). *Antisocial behavior in children and adolescents: A developmental analysis and model for intervention.* Washington, DC: American Psychological Association.

Resnick, M. D., Bearman, P. S., Blum, R. W., Bauman, K. E., Harris, K. M., Jones, J., et al. (1997). Protecting adolescents from harm—Findings from the National Longitudinal Study on Adolescent Health. *Journal of the American Medical Association, 278,* 823-832.

Reyna, C. (2000). Lazy, dumb, or industrious: When stereotypes convey attribution information in the classroom. *Educational Psychology Review, 12,* 85-110.

Reynolds, C. R., & Kamphaus, R. W. (1992). *BASC—Behavioral Assessment System for Children: Manual.* Circle Pines, MN: American Guidance Service.

Robinson, S. E., Morrow, S., Kigin, T., & Lindeman, M. (1991). Peer counselors in a high school setting: Evaluation and training impact on students. *School Counselor, 39,* 35-40.

Rohrbach, L. A., Graham, J. W., & Hansen, W. B. (1993). Diffusion of a school-based substance abuse prevention program: Predictors of program implementation. *Preventive Medicine, 22,* 237-260.

Rosenthal, R. (1994). Interpersonal expectancy effects—A 30-year perspective. *Current Directions in Psychological Science, 3,* 176-179.

Ross, D. M. (1996). *Childhood bullying and teasing: What school personnel, other professionals, and parents can do.* Alexandria, VA: American Counseling Association.

Ross, D. M. (2003). *Childhood bullying, teasing, and violence: W7hat school personnel, other professionals, and parents can do* (2nd ed.). Alexandria, VA: American Counseling Association.

Rowlings, J. K. (1999). *Harry Potter and the chamber of secrets.* New York: Arthur A. Levine Books.

Rule, B. G., & Ferguson, T. J. (1986). The effect of media violence on attitudes, emotions, and cognitions. *Journal of Social Issues, 42,* 29-50.

Rusnak, T. (1998). *An integrated approach to character education.* Thousand Oaks, CA:

Corwin Press.

Sabella, R. A., & Myrick, R. D. (1995). *Confronting sexual harassment: Learning activities for teens.* Minneapolis, MN: Educational Media Corporation.

Sallis, J. F., & Owen, N. (2002). Ecological models of health behavior. In K. Glanz, B. K. Rimer, & F. M. Lewis (Eds.), *Health behavior and health education: Theory, research, and practice* (3rd ed., pp. 462-484). San Francisco: Jossey-Bass.

Salmivalli, C. (1999). Participant role approach to school bullying: Implications for interventions. *Journal of Adolescence, 22,* 453-459.

Salmivalli, C., Karhunen, J., & Lagerspetz, K. M. J. (1996). How do the victims respond to bullying? *Aggressive Behavior, 22,* 99-109.

Salmivalli, C., Kaukiainen, A., Kaistaniemi, L., & Lagerspetz, K. M. J. (1999). Self-evaluated self-esteem, peer-evaluated self-esteem, and defensive egotism as predictors of adolescents' participation in bullying situations. *Personality and Social Psychology Bulletin, 25,* 1268-1278.

Salmivalli, C., Lappalainen, M., & Lagerspetz, K. M. (1998). Stability and change of behavior in connection with bullying in schools: A two-year follow-up. *Aggressive Behavior, 24,* 205-218.

Sayger, T. V., Horne, A. M., Walker, J. M., & Passmore, J. L. (1988). Social learning family therapy with aggressive children: Treatment outcome and maintenance. *Journal of Family Psychology, 1,* 261-285.

Scales, P., & Leffert, N. (1999). *Developmental assets.* Minneapolis, MN: Search Institute.

Schmidt, J. J. (1997). *Making and keeping friends: Ready-to-use lessons, stories, and activities for building relationships grades 4-8.* West Nyack, NY: Center for Applied Research in Education.

Schneider, M., & Robin, A. (1976). The turtle technique. In J. Krumboltz & C. Thoresen (Eds.), *Counseling methods* (pp. 157-162). New York: Holt, Rinehart & Winston.

Schwartz, D., Dodge, K. A., & Coie, J. D. (1993). The emergence of chronic peer victimization in boys' play groups. *Child Development, 64,* 1755-1772.

Schwartz, D., Dodge, K. A., Pettit, G. S., & Bates, J. E. (1997). The early socialization of aggressive victims of bullying. *Child Development, 68,* 665-675.

Seligman, M. E. P., Reivich, K., Jaycox, L., & Gillham, J. (1995). *The optimistic child: A proven program to safeguard children against depression and build lifelong resiliency.* New York: HarperPerennial.

Sessions, P., Fanolis, V., Corwin, M., & Miller, J. (2003). Partners for success: A collaborative approach. In J. Miller, I. Martin, & G. Schamess (Eds.), *School violence and children in crisis: Community and school interventions for social workers and counselors* (pp. 241-254). Denver, CO: Love Publishing.

Shapiro, E. S., Dupaul, G. J., Bradley, K. L., & Bailey, L. T. (1996). A school-based consultation program for service delivery to middle school students with attention-deficit/hyperactivity disorder. *Journal of Emotional and Behavioral Disorders, 4,* 73-81.

Shaw, D. S., & Bell, R. Q. (1993). Developmental theories of parental contributors to antisocial behavior. *Journal of Abnormal Child Psychology, 21,* 493-518.

Shure, M. B. (2001). *I can problem solve: An interpersonal cogrdtive problem-solving program. Kindergarten and primary grades.* Champaign, IL: Research Press.

Silberman, M. L. (1995). *When your child is difficult: Solve your toughest child-raising problems with a four-step plan that works.* Champaign, IL: Research Press.

Silvernail, D. L., Thompson, A. M., Yang, Z., & Kopp, H. J. P. (2000). *A survey of bullying behavior among Maine third graders.* Retrieved February 20, 2005, from http://lincoln.midcoast.com/~wps/against/bullying.html

Simonoff, E., Pickles, A., Meyer, I. M., Silberg, J. L., Maes, H. H., Loeber, R., et al. (1997). The Virginia Twin Study of adolescent behavioral development—Influences of age, sex, and impairment on rates of disorder. *Archives of General Psychiatry, 54,* 801-808.

Skiba, R. J. (2000). *Zero tolerance, zero evidence: An analysis of school disciplinary practice* (Publication No. SRS2). Bloomington: Indiana Education Policy Center.

Skroban, S. B., Gottfredson, D. C., & Gottfredson, G. D. (1999). A school-based social competency promotion demonstration. *Evaluation Review, 23,* 3-27.

Slaby, R. G., & Guerra, N. G. (1988). Cognitive mediators of aggression in adolescent offenders: 1. Assessment. *Developmental Psychology, 24,* 580-588.

Slaby, R. G., Wilson-Brewer, R., & Dash, K. (1994). *Aggressors, victims, and bystanders: Thinking and acting to prevent violence.* Newton, MA: Education Development Center.

Smith, E. P., Connell, C. M., Wright, G., Sizer, M., & Norman, J. M. (1997). An ecological model of home, school, and community partnerships: Implications for research and practice. *Journal of Educational and Psychological Consultation, 8,* 339-360.

Smith, E. P., Gorman-Smith, D., Quinn, W. H., Rabiner, D. L., Tolan, P. H., Winn, D. M., et al. (2004). Community-based multiple family groups to prevent and reduce violent and aggressive behavior—The GREAT Families Program. *American Journal of Preventive Medicine, 26,* 39-47.

Smylie, M. A. (1989). Teachers' views of the effectiveness of sources of learning to teach. *Elementary School Journal, 89,* 543-558.

Solomon, D., Battistich, V., Watson, M., Schaps, E., & Lewis, C. (2000). A six-district study of educational change: Direct and mediating effects of the Child Development Project. *Social Psychology of Education, 4,* 3-51.

Somersalo, H., Solantaus, T., & Almqvist, F. (2002). Classroom climate and the mental health of primary school children. *Nordic Journal of Psychiatry, 56,* 285-290.

Staub, E. (1999). Aggression and self-esteem. *APA Monitor Online, 30.* Retrieved June 8, 2005, from http://www.apa.org/monitor/jan99/pcp.html

Stein, N., Gaberman, E., & Sjostrom, L. (1996). *Bullyproof: A teacher's guide on teasing and bullying for use with fourth and fifth grade students.* Wellesley, MA: Wellesley College Center for Research on Women.

Steinberg, L., Fletcher, A., & Darling, N. (1994). Parental monitoring and peer influences on adolescent substance use. *Pediatrics, 93,* 1060-1064.

Steinberg, L., & Morris, A. S. (2001). Adolescent development. Annual *Review of Psychology, 52,* 83-110.

Steinberg, M. S., & Dodge, K. A. (1983). Attributional bias in aggressive adolescent boys and girls. *Journal of Social and Clinical Psychology, 1,* 312-321.

Stockdale, M. S., Hangaduambo, S., Duys, D., Larson, K., & Sarvela, P. D. (2002). Rural elementary students' , parents' , and teachers' perceptions of bullying. *American Journal of Health Behavior, 26,* 266-277.

Stokols, D. (1996). Translating social ecological theory into guidelines for community health promotion. *American Journal of Health Promotion, 10,* 282-298.

Straus, M. A. (1994). *Beating the devil out of them: Corporal punishment in American families.* New York: Cambridge University Press.

Straus, M. A., Sugarman, D. B., & GilesSims, J. (1997). Spanking by parents and subsequent antisocial behavior of children. *Archives of Pediatrics & Adolescent Medicine, 151,* 761-767.

Substance Abuse and Mental Health Services Administration [SAMHSAI, & U. S. Department of Health and Human Services. (2005). *SAMHSA model programs: Effective substance abuse and mental health programs for every community.* Retrieved June 8, 2005, from http://modelprograms.samhsa.gov/

Sugai, C., & Homer, R. (2002). The evolution of discipline practices: School-wide positive behavior supports. *Child & Family Behavior Therapy, 24,* 23-50.

Sullivan, K. (2000). *The anti-bullying handbook.* Auckland, New Zealand: Oxford University Press.

Sutton, J., Smith, P. K., & Swettenham, J. (1999a). Bullying and "theory of mind": A critique of the "social skills deficit" view of anti-social behaviour. *Social Development, 8,* 117-127.

Sutton, J., Smith, P. K., & Swettenham, J. (1999b). Social cognition and bullying: Social inadequacy or skilled manipulation? *British Journal of Developmental Psychology, 17,* 435-450.

Swearer, S. M., & Espelage, D. L. (2004). Introduction: A social—ecological framework of bullying among youth. In D. L. Espelage & S. M. Swearer (Eds.), *Bullying in American schools: A social ecological perspective on prevention and intervention* (pp. 1-12). Mahwah, NJ: Erlbaum.

Swearer, S. M., Song, S. Y., Cary, P. T., Eagle, J. W., & Mickelson, W. T. (2001). Psychosocial correlates in bullying and victimization: The relationship between depression, anxiety, and bully/victim status. *Journal of Emotional Abuse, 2,* 95-122.

Terry, R. (2000). Recent advances in measurement theory and the use of sociometnc techniques. In A. Cillessen & W. Bukowski (Eds.), *Recent advances in measurement of acceptance and rejection in the peer system: New directions in child and adolescent development* (pp. 27-53). San Fransisco: Jossey-Bass.

Thomas, M. H., Horton, R. W., Lippincott, E. C., & Drabman, R. S. (1977). Desensitization to portrayals of real-life aggression as a function of exposure to television violence. *Journal of Personality and Social Psychology, 35,* 450-458.

Thompson, N. J., & McClintock, H. O. (2000). *Demonstrating your program' s worth: A primer on evaluation for programs to prevent unintentional injury* (rev. ed.). Atlanta, CA:

Centers for Disease Control and Prevention, National Center for Injury Prevention and Control.

Tomada, G., & Schneider, B. H. (1997). Relational aggression, gender, and peer acceptance: Invariance across culture, stability over time, and concordance among informants. *Developmental Psychology, 33,* 60 1-609.

Tripp, G., & Alsop, B. (1999). Sensitivity to reward frequency in boys with attention deficit hyperactivity disorder. *Journal of Clinical Child Psychology, 28,* 366-375.

Tripp, G., & Alsop, B. (2001). Sensitivity to reward delay in children with attention deficit hyperactivity disorder (ADHD). *Journal of Child Psychology and Psychiatry and Allied Disciplines, 42,* 691-698.

Trouilloud, D. O., Sarrazin, P. G., Martinek, T. J., & Guillet, E. (2002). The influence of teacher expectations on student achievement in physical education classes: Pygmalion revisited. *European Journal of Social Psychology, 32,* 591-607.

Troy, M., & Sroufe, L. A. (1987). Victimization among preschoolers: Role of attachment relationship history. *Journal of the American Academy of Child and Adolescent Psychiatry, 63,* 166-172.

Twemlow, S. W., Fonagy, P., Sacco, F. C., Cies, M. L., Evans, R., & Ewbank, R. (2001). Creating a peaceful school leaming environment: A controlled study of an elementary school intervention to reduce violence. *American Journal of Psychiatry, 158,* 808-810.

U.S. Department of Education, & Safe, Disciplined, and Drug-Free Schools Expert Panel. (2002). *Exemplary and promising: Safe, disciplined, and drug-free schools programs-2001.* Retrieved June 8, 2005, from http://www.ed.gov/admins/lead/safety/exemplary0l/exemplary0l .pdf

U.S. Department of Health and Human Services. (2001). *Youth violence: A report of the Surgeon General.* Rockville, MD: U.S. Department of Health and Human Services; Centers for Disease Control and Prevention, National Center for Injury Prevention; Substance Abuse and Mental Health Services Administration, Center for Mental Health Services; and National Institutes of Health, National Institute of Mental Health.

Van Evra, J. (1990). *Television and child development.* Hillsdale, NJ: Erlbaum.

Vessels, G. G. (1998). *Character and community development: A school planning and teacher training handbook.* Westport, CT: Praeger.

Virginia Commonwealth University, Center for the Study and Prevention of Youth Violence, & Virginia Department of Education. (n.d.). *Virginia best practices in school-based violence prevention.* Retrieved June 8, 2005, from http:// www.pubinfo.vcu.edu/vabpi

Volling, B. L., & Belsky, J. (1992). The contribution of mother-child and father-child relationships to the quality of sibling interaction: A longitudinal study. *Child Development, 63,* 1209-1222.

Voors, W. (2000). *Bullying: Changing the course of your child's life.* Center City, MN: Hazelden.

Vossekuil, B., Fein, R., Reddy, M., Borum, R., & Modzeleski, W. (2002). *The final report and findings of the safe school initiative: Implications for the prevention of school attacks in the United States.* Washington, DC: U.S. Department of Education, Office of Elementary and Secondary Education, Safe and Drug-Free Schools Program, and U.S. Secret Service, National Threat Assessment Center.

Walker, E. A., Gelfand, A., Katon, W. J., Koss, M. P., Von Korff, M., Bernstein, D., et al. (1999). Adult health status of women with histories of childhood abuse and neglect. *American Journal of Medicine, 107,* 332-339.

Webster-Doyle, T. (1991). *Why is everybody always picking on me: A guide to handling bullies.* Middlebury, VT: Atrium Society.

Welsh, M., Parke, R., Widaman, K., & O' Neil, R. (2001). Linkages between children' s social and academic competence: A longitudinal analysis. *Journal of School Psychology, 39,* 463-482.

Weltmann, R., & Center for Applied Research in Education. (1996). *Ready-to-use social skills lessons and activities for grades 7-12.* New York: Society for Prevention of Violence.

Werner, E. E. (1989). High-risk children in young adulthood—A longitudinal study from birth to 32 years. *American Journal of Orthopsychiatry, 59,* 72-81.

Whitaker, T. (1999). *Dealing with difficult teachers.* Larchmont, NY: Eye on Education.

Widom, C. S. (1989a). The cycle of violence. *Science, 244,* 160-166.

Widom, C. S. (1989b). Does violence beget violence? A critical examination of the literature. *Psychological Bulletin, 106,* 3-28.

Williams, K., Chamgers, M., Logan, S., & Robinson, D. (1996). Association of common health symptoms with bullying in primary school children. *British Medical Journal, 313,* 17-19.

Wilson, D. B., Cottfredson, D. C., & Najaka, S. S. (2001). School-based prevention of problem behaviors: A meta-analysis. *Journal of Quantitative Criminology, 17,* 247-272.

Wolke, D., Woods, S., Bloomfield, L., & Karstadt, L. (2001). Bullying involvement in primary school and common health problems. *Archives of Disease in Childhood, 85,* 197-201.

Index

찾아보기

역자 소개

한유경 University of Wisconsin-Madison 교육학 박사(교육행정 전공)
현, 이화여자대학교 교육학과 교수

정제영 서울대학교 교육학 박사(교육행정 전공)
현, 이화여자대학교 교육학과 교수

김성기 서울대학교 교육학 박사(교육행정 전공)
현, 협성대학교 교육대학원 교수

김성식 서울대학교 교육학 박사(교육사회학 전공)
현, 서울교육대학교 초등교육과 교수

장원경 Indiana University 법학 박사(법사회학 전공)
현, 이화여자대학교 스크랜튼학부 교수

박주형 Florida State University 교육학 박사(교육행정 전공)
현, 한국교육개발원 연구원

이주연 이화여자대학교 교육학 박사(교육과정 전공)
현, 이화여자대학교 학교폭력예방연구소 연구교수

오인수 Pennsylvania State University 상담자교육 박사(교육상담 및 심리 전공)
현, 이화여자대학교 교육학과 교수

이승연 University of Iowa 학교심리학 박사(심리학 전공)
현, 이화여자대학교 심리학과 교수

서경혜 Teachers College, Columbia University 교육학 박사(교육과정 전공)
현, 이화여자대학교 교육학과 교수

괴롭힘 예방: 행복한 학교 문화 조성과 사회적 역량 개발

Bullying Prevention: Creating a Positive School Climate
and Developing Social Competence

발행일 | 2013년 10월 15일 초판 발행
저　자 | Pamela Orpinas, Arthur M. Horne
역　자 | 한유경, 정제영, 김성기, 김성식, 장원경
박주형, 이주연, 오인수, 이승연, 서경혜
발행인 | 홍진기
발행처 | 아카데미프레스
주　소 | 413-756 경기도 파주시 문발동 출판정보산업단지 507-9
전　화 | 031-947-7389
팩　스 | 031-947-7698
웹사이트 | www.academypress.co.kr
이메일 | info@academypress.co.kr
등록일 | 2003. 6. 18 제406-2011-000131호
ISBN | 978-89-97544-38-7 93370

값 18,000원